2025

경기도 임용 2차 수업실연과 나눔엔

답답하고 막막한 수업실연과 나눔엔

사이다 수업

2차엔 사이다

CIDER CLASS

종수민 · 구성모 공저

수업실연 필수 전략

'깊이 있는 수업' 완벽 정리
경기 교사다운 실연의 기술 제시

수업나눔의 A to Z

나눔 답변의 핵심 요소부터
답안 구조화 전략까지 총망라

문제풀이로 반복 연습

기출문제 풀이로 출제 유형 파악
실전 모의고사 30회 수록

박문각

① 경기도교육청의 임용 2차 '수업능력평가'

2025학년도 경기 교사를 선발하는 임용 2차 시험이 본격적으로 시작되었습니다. 여러분이 치르실 경기도교육청의 임용은 타 시도와 다릅니다. 특히 수업능력평가에서는 수업실연평가 직후 수업나눔평가를 치러야 하지요. 지금까지 발표된 2025학년도 시험 시행 일정과 2차 시험 과목 구성 및 배점은 다음과 같습니다.

📋 2025학년도 경기도 교사 임용 시험 시행 일정

구분	1차 시험	1차 합격자 발표	2차 시험	최종 합격자 발표
초등	2024. 11. 9.(토)	2024. 12. 11.(수) 10:00(예정)	2025. 1. 8.(수) 면접 2025. 1. 9.(목) 수업 2025. 1. 10.(금) 영어	2025. 2. 5.(수) 10:00(예정)
중등	2024. 11. 23.(토)	2024. 12. 26.(목) 10:00(예정)	2025. 1. 21.(화) 수업 2025. 1. 22.(수) 면접 실기 교과 – 실기 추가 2025. 1. 15.(수) 비교수 교과 – 수업 제외 2025. 1. 22.(수) 면접	2025. 2. 11.(화) 10:00(예정)

📋 경기도의 2차 시험 과목 구성 및 배점

구분		배점 (단위: 점)			
		초등	유치원, 특수, 중등 일반교과	실기 교과 (체육, 음악, 미술)	비교수 교과 (보건, 사서, 상담, 영양)
실기평가		–	–	30	
심층면접평가	개별면접	40	40	40	100
수업능력평가	수업실연	25	30	20	–
	수업나눔	25	30	10	–
영어 수업실연		5	–	–	–
영어 면접		5	–	–	–
합계		100	100	100	100

* 교육청의 사정에 따라 변경될 수 있음

왜 이렇게까지 어렵고 복잡한 일정으로 2차 시험을 진행하게 되었을까요? 경기도는 '경기도형 신규 교사'를 뽑기 위해 현재와 같은 2차 시험을 실시하기로 하였다고 합니다. 그리고 이로 인해 새롭게 선발된 신규 교사들이 기존의 학교 문화를 변혁시키고 있다고 믿고 있지요. 각계각층에서 경기도교육청의 개선된 2차 시험을 통해 선발된 교사들이 학교 현장을 바꾸어 나가고 있다고 평가하기 때문입니다.

그렇다면 여기서 경기도형 신규 교사는 어떤 사람이어야 할까요? 경기도교육청은 '경기도 교사의 핵심 역량'을 다음과 같이 밝힌 바 있습니다.

역량군	역량
교육과정 역량군	교육과정 설계 역량, 수업 운영 및 평가 역량
생활교육 역량군	생활교육 역량, 진로교육 역량
학교공동체 운영 역량군	학급·학교경영 역량, 소통 및 협력 역량, 교육생태계 활용 역량
자기개발 역량군	변화대응 역량, 교직전문성 개발 역량, 자기관리 역량

즉, 경기도교육청이 바라는 교사는 학생 중심의 교육을 실천하며, 전문성과 소통 능력을 갖추고, 끊임없는 자기개발로 변화에 능동적으로 대응하는 교사입니다. 즉, 교육과정의 설계부터 수업 운영, 평가까지 전문적으로 수행하고, 학생들의 삶과 진로를 지도하며, 학급 등을 효율적으로 경영하고, 동료와 함께 지역 자원 등을 적극 활용하여 소통과 협력을 이끌어낼 수 있는 교사를 원합니다.

결국 경기도교육청이 바라는 교사는 자신만의 교육관과 철학을 확고히 갖춘 교사입니다. 자신만의 교육 철학이 있어야만 다양한 역량을 유기적으로 결합하여 학생들에게 경기교육이 추구하는 깊이 있는 수업을 제공할 수 있기 때문입니다. 경기도교육청은 이러한 교사를 통해 미래 교육을 선도하고자 합니다.

예비 경기 선생님! 어떠한 교육관을 갖고 계신가요? 선생님의 교육관이 아직 명확히 세워지지 않았다면, 혹은 세워놓았다고 하더라도 그 교육관이 경기도교육청이 지향하는 가치와 연계되지 않는다면 시험을 준비하는 내내 크게 흔들릴 수 있습니다. 2차 시험 준비를 시작하는 단계인 지금, 자신만의 '경기도 교사관'을 제대로 세우는 것을 추천합니다.

intro

② 2025 개정의 주안점

《2025 사이다 수업》은 경기도 교원 임용 2차 시험인 수업능력평가 대비에 특화된 유일한 전문 교재입니다. 경기도교육청이 요구하는 수업실연평가와 수업나눔평가를 모두 완벽하게 대비할 수 있도록 구성되었습니다. 또한, 합격자들의 생생한 노하우와 선배 교사의 따뜻한 조언을 담고 있어, 여러분이 실전에서 바로 적용할 수 있는 팁과 전략을 제공합니다.

이 책은 초·중등 교사 모두를 위해 출간되었습니다. 그러나 지면의 제한으로 교과별, 학교급별로 상이한 상황들을 전부 반영할 수는 없었습니다. 선생님의 상황에 맞게끔 수용할 것은 수용하고 더 필요한 것은 자발적으로 보충할 수 있어야 합니다. 2차 시험은 그만큼 중요한 시험이니까요.

올해 전면 개정을 맞이한 《2025 사이다 수업》의 개정 주안점은 다음과 같습니다.

첫째, '깊이 있는 수업'의 완벽한 반영
경기도교육청은 최근 '깊이 있는 수업'이라는 새로운 수업 패러다임을 제시하였습니다. 이는 기존의 배움 중심 수업을 대체하는 경기교육의 새로운 수업 패러다임으로, 학생들의 사유 능력을 키우는 데 초점을 맞추고 있습니다. 작년 초등 수업실연 문제와 중등 수업나눔 문제에서도 '깊이 있는 수업'과 관련된 내용이 출제되었습니다.
《2025 사이다 수업》은 이론부터 전략, 모의 문항까지 모두 '깊이 있는 수업'에 적합하게 전면 수정되었습니다. 선생님들께서 깊이 있는 수업을 제대로 이해하고 적용하는 데 이만한 서적이 없을 것이라 자부합니다.

둘째, 교육 철학의 본질 추구
예비 선생님들은 짧은 시간에 인생의 향방을 결정짓는 중요한 시험을 준비하느라 마음이 급하실 것입니다. 하지만 경기도교육청이 원하는 교사는 단순히 정책을 외우고 말만 앞서는 사람이 아닙니다. 자율, 균형, 공존의 가치를 실천하며, 경기 교사다운 교육 철학으로 단단히 무장한 교사를 원합니다.
《2025 사이다 수업》은 이러한 요구에 부응하기 위해 노력하였습니다.
- Step 1에서는 IVY Sentence를 통해 경기 교사다운 교육관을 성립하도록 도와드립니다.
- Step 2에서는 수업실연과 수업나눔의 이론을 탄탄하게 공부할 수 있도록 구성하였습니다.
- Step 3과 4에서는 교사다운 철학을 보여주는 수업실연과 수업나눔 전략을 제시하고 있습니다.

- Step 5에서는 이 모든 것을 아울러, 경기 교사답게 철학을 준비하고 실천하는 과정을 안내하고자 하였습니다.

이 과정을 통해 여러분은 경기교육이 바라는 '교육 철학을 갖춘 경기 교사'로 성장하게 될 것입니다.

셋째, 가독성 향상을 위한 노력

전문서적으로서 많은 내용을 담고 있다 보니, 필요한 정보를 찾기 어려웠다는 선생님들의 의견이 있었습니다. 이번 개정에서는 가독성을 높이기 위해 다음과 같은 노력을 기울였습니다.

- 각 챕터의 시작 부분에 '이것만은 꼭!'을 넣어 핵심 내용을 정리하였습니다.
- 챕터 말미에는 '사이다 체크박스'를 배치하여 본문을 소화했는지 확인하고 스스로 적용할 수 있도록 하였습니다. 특히 체크박스의 '적용하기'는 해당 본문의 엑기스를 나의 수업과 나눔에 적용하는 방안을 고민할 수 있도록 구성하였습니다.

반드시 전부 풀이하겠다는 부담을 갖지는 마시고, 가볍게 확인하며 학습에 활용하시면 됩니다. 머릿속으로 생각해 보거나 키워드 위주로 정리해 보는 것만으로도 충분합니다.

넷째, 합격자들의 생생한 노하우와 따뜻한 조언

합격자, 그러니까 '선배 경기 선생님'들의 적극적인 참여야말로 《사이다》 시리즈의 진가입니다. 이번 개정에서는 선배 경기 교사들의 합격 노하우와 조언을 가득 실었습니다.

- 저자가 선배 교사로서 따뜻하게 인사를 건네는 Song page는 힐링하는 페이지처럼 보이지만, 내용은 매우 깊이 있습니다. 반드시 정독하시길 권합니다.
- '합격자 Advice'를 대폭 정리하고, 실전에 유용하게 활용할 수 있는 노하우들을 새롭게 추가하여 '사이다 노하우'를 크게 보강하였습니다.
- 구체적인 예시 사례들을 풍부하게 싣고자 노력하였습니다. 그러나 예시자료들은 말 그대로 사례일 뿐입니다. 나만의 것을 만들어가는 데 참고하는 용도로 활용하시길 바랍니다.

생생한 선배들의 경험과 조언은 여러분이 실전에서 경쟁력을 갖추는 데 큰 도움이 될 것입니다.

다섯째, 수업나눔 부분의 완벽한 정리

수업나눔은 생각보다 점수 비중이 크지만, 많은 분들이 제대로 준비하지 못하고 있습니다. 이번 개정에서는 수업나눔에 대해 더욱 심도 있게 다루었습니다.

- 수업나눔의 답변 요소를 준비하는 PRO-X 전략을 제시하였습니다.
- 답변을 구조화하는 방법인 SEED-L 전략을 도입하였습니다.

그러나 이 모든 것은 그대로 암기해야 할 것이 아닙니다. 교사답게 나의 나눔을 만드는 기초 자료로 삼으신다 생각하세요. 나의 교육관에 적합하게 변화하고 정련할 줄 알아야 합니다.

③ 《사이다 수업》 활용법

(1) 첫걸음: 전반적인 이해부터!

우선 이 책을 펼치신 순간부터, 특히 초수생이라면 반드시
Step 1을 천천히 읽으면서 수업능력평가의 구조와 흐름을 파악하세요.
이 단계에서 시험의 전반적인 이해와 함께, 멘탈 관리와 마음가짐을 다잡는 것이 중요합니다.

(2) 이론 공부와 기초 다지기: Step 1, 2 활용

Step 1에서 IVY Sentence를 만들어 자신만의 교육관을 정립하세요.
Step 2에서 수업능력평가와 관련된 이론과 경기교육 정책을 탄탄하게 공부하세요.
이론 학습과 교육관 정립을 병행하여 경기 교사다운 철학을 갖추게 됩니다.

(3) 훈련 방법과 학습 계획 수립: Step 5 확인

Step 5를 읽고 나만의 훈련 방법과 학습 계획을 수립하세요.
이 단계에서 어떤 순서로 무엇을 공부해야 할지 명확히 하여 효율적인 학습이 가능합니다.

(4) 실전 준비: Step 3, 4 집중 학습

Step 3에서 수업실연평가의 실전 전략과 기술을 익히며 연습문제를 풀어보세요. 특히 세 가지의
사이다 전략은 선생님의 수업실연을 깊이 있는 수업으로 이끌어 줄 주요한 방법이 될 것입니다.
Step 4에서는 수업나눔평가의 답변 전략을 학습하고, PRO-X 전략과 SEED-L 전략을 참고하
여 답변을 구성하세요.
수업실연과 수업나눔은 항상 세트로 같이 준비하시길 권장합니다.

(5) 기출문제로 출제 경향 파악: Step 6 활용

Step 6의 기출문제와 답안 사례를 통해 출제 경향과 답변의 방향성을 파악하세요.
특히 기출문제를 직접 풀이해 보면, 시험의 난도와 연습 방향성이 어느 정도 파악됩니다.

(6) 스터디와 연계한 실전 대비: Step 7 적극 활용

Step 7의 수업나눔평가 모의고사를 통해 실전 감각을 키우세요.
다양한 예상 문항을 풀어보고, 스터디와 연계하여 실전처럼 연습하세요.
수업나눔 모의고사는 여러분의 실력 향상에 큰 도움이 될 것입니다.

(7) 훈련 방법 재점검: Step 5 다시 확인

Step 5를 다시 한번 읽으며 나의 연습 상태를 점검하세요.

실전 연습 후에 자신의 훈련 방법과 학습 계획을 재검토하여 부족한 부분을 보완하고, 앞으로의 학습 방향을 더욱 명확히 할 수 있습니다. 또한, Step 5는 시험이 다가온 상황에서 선생님이 무엇을 점검해야 하는지를 명확히 제시하고 있는 만큼, 여러 번 톺아보며 체화하시길 바랍니다.

④ 마지막으로 드리고 싶은 말씀

책의 본문에서는 경어를 자제하고, 선생님들을 '수험생'으로 지칭하고 있습니다. 이는 시험을 앞둔 여러분들의 맥락을 반영한 것으로, 양해 부탁드립니다.

교사의 꿈을 향해 열심히 달려오신 여러분을 진심으로 응원합니다. 부디 《2025 사이다 수업》이 여러분의 청춘에 한 페이지가 될 수 있었으면 좋겠습니다. 《사이다 수업》을 잘 활용하여 합격할 수 있었다는 수기를 접하면, 참 뿌듯합니다. 보다 더 많은 선생님들에게 도움이 되는 책이었으면 좋겠습니다.

소통하면서 선생님들께 힘이 되어드리려고 이번에 유튜브와 인스타그램을 개설하였습니다. 문의 사항이 있다면 이쪽으로 연락주시면 됩니다.
- 유튜브: https://www.youtube.com/@cider_sup
- 인스타그램: @cider_sup

이번 전면 개정된 《2025 사이다 수업》이 완성되기까지 많은 선생님들의 노력이 있었습니다. 특히 매번 원고를 꼼꼼하게 살펴주신 한수빈 선생님, 초등 합격자 기출풀이를 제공해 주신 박정현 선생님, 설예림 선생님, 중등 합격자 기출풀이와 전체 원고를 검토해 주신 정수훈 선생님, 에듀테크 수업과 관련하여 아낌없는 조언을 주신 정태형 선생님께 감사의 말씀을 전합니다.

저자는 여러 번의 임용 시험을 거쳐 어렵게 교사가 되었습니다. 학교 현장에서 일하는 매 순간이 기쁘고 벅차며, 아이들과 함께하는 삶이 늘 보람찼습니다. 특히 경기교육에서 즐겁게 배우며 성장할 수 있었습니다. 이 책을 활용하실 예비 경기 선생님들도 이 행복을 꼭 경험하시길 간절히 바랍니다. 여러분의 노력이 반드시 결실을 맺을 것이라 믿습니다. 늘 응원하고 지지합니다.

차 례

차 례

STEP ③ 사이다! 수업실연평가

STEP ④ 사이다! 수업나눔평가

STEP 7 실전 수업나눔평가 모의고사

사이다 수업

STEP

1

2025 경기 교사 되기

01 · 경기도 2차 수업능력평가

이것만은 꼭!

경기도 교원 임용 2차 시험 수업능력평가는 다른 시도 시험과 달리 수업실연과 수업나눔 평가가 동시에 이루어집니다. 이는 경기도가 지향하는 경기형 교사로서의 역량을 평가하기 위함이니, 평가가 어떻게 진행되는지 이해하는 것부터가 2차 시험의 준비라고 할 수 있습니다.

구성		평가 영역	문항 수	평가 방법	평가 시간
수업능력평가	수업실연	교사로서의 학습지도 능력과 의사소통 능력	구상형, 1문항	주어진 문제에 대해 25분 구상 후 수업실연	1인당 15분 이내
	수업나눔		즉답형, 3문항	주어진 문제에 대해 즉답형 수업나눔	1인당 10분 이내
진행 절차	구상(25분) − 실연(15분) − 나눔(10분) − 퇴실				

1 수업능력평가 = 수업구상 → 수업실연 + 수업나눔

경기도 교사 임용 2차 시험의 수업능력평가는 수업실연과 수업나눔으로 이루어진다. 경기도만의 특징은 지도안 작성 없이 25분간 수업을 구상하고, 이어서 15분간 실연, 그리고 10분간 수업나눔을 진행한다는 점이다.

(1) 수업구상(25분)

경기도에서는 수업 구상 시 교수·학습 지도안을 작성하지 않는다(비지도안 지역). 수험생은 "주어진 문제지의 〈조건〉을 바탕으로, 수업실연과 나눔을 모두 고려"한 설계를 해야 한다. 짧은 구상 시간(25분) 동안 조건을 분석하고, 이를 충실히 반영하여 학생 맞춤형의 깊이 있는 수업을 설계하는 것이 핵심이다. 지도안 작성이 없기 때문에 구상실에서 얼마나 빠르게 정신을 가다듬고 구상하는지가 중요하다. 따라서 경기도 2차 수업능력평가에서는 순발력과 이를 기르는 기존의 연습량이 결과에 큰 영향을 미친다.

(2) 수업실연(15분)

수업실연은 15분 동안 주어진 문제 조건에 맞춰 진행된다. "실제 학생이 있다고 가정하고 수업을 설계해야 하며", 형식적인 도입-전개-정리보다는 "주어진 조건을 중심으로 수업을 이끌어 가는 것"이 중요하다. 문제지에 명시된 수업의 핵심 활동을 충실히 반영해 실연해야 고득점으로 이어진다. 또한, 학생 활동을 생략하거나 축소하라는 조건이 있을 경우에는 그에 맞게 유연하게 대응하는 것이 필요하다. 형식보다는 내용과 목적에 충실한 수업을 보여 주는 것이 평가의 관건이다.

송쌤 Say

수업실연을 실제 수업이라 생각해야 합니다

공문확인 　**수업실연평가의 관점**(2018 임용 시험 개편 설명회 질의응답 자료)

수업실연의 적합한 환경은 가르침의 대상인 학생들이 실재하여야 하나 수많은 수험생이 수업실연을 하게 될 평가 당일은 이러한 환경이 제공되지 않는다. 따라서 수험생은 다양한 배움의 격차를 지닌 학생들을 상대로 수업을 한다는 가정하에 수업실연을 해 주길 바란다. 수업실연에 대한 평가관점은 구상시간에 수업실연 설계안과 함께 제공해드리며, 평가영역은 수업 중 영역이다.

경기도교육청에서는 2015년 임용 시험 개선안을 발표하면서, '실제 수업을 15분 동안 구상하라'는 방식으로 문제를 출제하겠다고 이야기한 적이 있어요. 개선안 이전까지는 15분 안에 전체 수업을 축약해서 진행하다 보니 도입, 전개, 정리 같은 정해진 틀에 얽매여서, 형식적인 수업이 되는 경우가 많았거든요. 그래서 개선안 도입 이후 현행 수업실연평가에서는 진짜 수업처럼 학생이 있다고 가정하고, 그 주제에 맞춰 수업을 구상하게 되어 있어요.

그러니까 도입부터 차시 예고까지 꼭 해야 한다는 부담은 이제 버리세요. 예를 들어 특정 부분의 학생 활동을 생략하라고 쓰여 있다면, 해당 활동 장면을 굳이 실연할 필요도 없고요. 〈전개 1〉부터 바로 시작하라고 하면 그냥 그 지점부터 실행하면 되는 거죠. 중요한 건, 문제지에 나온 조건을 정확히 반영하여, 학생 맞춤형의 깊이 있는 수업을 잘 설계하고 실연하면 되는 거예요. 특히 제시된 조건들이 곧 평가기준이니까. 그 조건에 맞춰 수업을 구상하고 실연하는 것이 핵심입니다.

(3) 수업나눔(10분)

수업나눔은 실연한 수업에 대한 성찰과 교육 철학을 묻는 10분간의 질의응답 시간이다. 나눔에서는 수업에서 학생들이 경험한 배움을 성찰하고, 이를 통해 교육적 목표를 어떻게 달성했는지 설명해야 한다. 구체적인 수업 장면을 기반으로 하여 깊이 있는 수업이 어떻게 이루어졌는지, 그리고 교사의 교육 철학이 어떻게 반영되었는지를 드러낼 수 있어야 한다. "실제 방금 한 수업을 성찰한" 답변을 준비해야 하며, 여기에 자신의 교육관과 철학을 자연스럽게 녹여내는 것이 필요하다.

 **Advice**

수업나눔 – 수업실연 = 0

수업나눔의 본질은 수업에 대한 성찰과 반성입니다. 수업나눔을 할 때에는, 선생님들의 수업에 대한 이야기가 꼭꼭 들어가야 합니다. 내가 다른 면접자들과 차별될 수 있는 부분이 바로 이 부분이니까요. 창의적인 수업 활동이 아니어도 괜찮아요. 내가 한 수업을 나눔에서 다시 짚어줌으로써 선생님께서 답변 중에 성찰을 하고 계심을 보여 주는 것이 중요합니다.

• 사이다 합격자 김예원 선생님

---

② 수업능력평가 일정과 절차

구분	수업실연평가	수업나눔평가
구상 시간	25분	따로 없음(즉답형)
평가 시간	이동 및 대기 시간 5분 평가 시간 15분	실연 끝난 뒤 바로 나눔 진행 10분
평가 문항	1문항	3문항(즉답형)

수업능력평가는 수업실연과 수업나눔평가가 동시에 이루어진다는 점에서 면접평가와는 다르다. 한 조당 최대 12명의 수험생이 배정되고, 세 명의 평가위원이 평가를 담당한다. 평가위원은 주로 장학관, 장학사, 교장, 교감을 포함한 현직 교사로 구성되며, 대개 고경력 교사들이 평가에 참여하지만, 기본적으로는 교직 경력 5년 이상의 교사라면 자격을 충족한다. 시험장에서 평가위원에 대해 섣부르게 추측하거나 긴장할 필요는 없으며, 본인의 수업실연과 나눔에 집중하는 것이 중요하다.

(1) 시간 운영 계획

관리 번호	평가조 (대기실)	이동 (대기실 ➡ 평가실)	구상 시간 (구상실)	이동 (구상실 ➡ 평가실)	평가 시간 (평가실)
1	평가 1조	09:00~09:10	09:10~09:35	09:35~09:40	09:40~10:05
2	평가 2조	09:35~09:40	09:40~10:05	10:05~10:10	10:10~10:35
3	평가 3조	10:05~10:10	10:10~10:35	10:35~10:40	10:40~11:05
4	평가 4조	10:35~10:40	10:40~11:05	11:05~11:10	11:10~11:35
5	평가 5조	11:05~11:10	11:10~11:35	11:35~11:40	11:40~12:05
6	평가 6조	11:35~11:40	11:40~12:05	12:05~12:10	12:10~12:35
점심시간(12:35~13:15), 13:20 수험생 이동(대기실 ➡ 구상실)					
7	평가 7조	13:20~13:25	13:25~13:50	13:50~13:55	13:55~14:20
8	평가 8조	13:50~13:55	13:55~14:20	14:20~14:25	14:25~14:50
9	평가 9조	14:20~14:25	14:25~14:50	14:50~14:55	14:55~15:20
10	평가 10조	14:50~14:55	14:55~15:20	15:20~15:25	15:25~15:50
11	평가 11조	15:20~15:25	15:25~15:50	15:50~15:55	15:55~16:20
12	평가 12조	15:50~15:55	15:55~16:20	16:20~16:25	16:25~16:50

평가 종료 16:50
(고사장마다 차이가 있을 수 있음)

(2) 대기실, 구상실, 평가실 배치

수업능력평가의 대기실, 구상실, 평가실은 보통 한두 개 층에 나눠 배치되며, 대기실은 별도의 층에 있고 구상실 1개와 평가실들이 나란히 배치된 경우가 많다. 대기실에 도착하면 보통 칠판에 '시험장 배치도'가 게시되어 있으니, 이를 확인하고 본인이 어느 구상실과 평가실로 이동해야 하는지 동선을 미리 세밀하게 파악해 두는 것이 좋다. 여러 수험생이 동시에 구상실과 평가실로 이동하는 구조이기 때문에 수험생이나 복도 감독위원들이 혼란스러워할 수 있다. 그러나 평가위원들도 이러한 상황을 충분히 인지하고 있으니, 너무 당황하지 말고 차분하게 대처하는 것이 중요하다.

📑 대기실-구상실-평가실 배치도 예시

[제3시험장] ○○중학교 시험실 배치도(안)

□□과목(1~17)

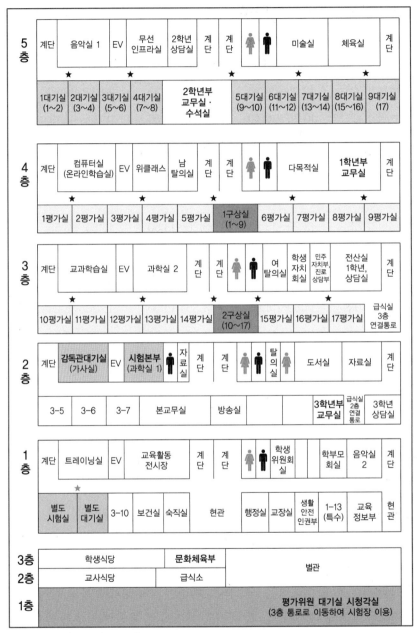

* 고사장마다 차이가 있을 수 있음

(3) 평가 절차

대기실	• 수험생의 지정된 시험장 및 시험실 입실 확인 • 수험생 유의 사항 및 시험 진행요령 확인 • 휴대전화(전원 OFF), 통신기기 및 전자기기 등 소지(반입) 금지 물품 및 개인 소지품 수거 • 전체 응시 인원을 대상으로 실별 관리번호 추첨(수험번호 순) ➡ 좌석 재배치(관리번호 순) ➡ 관리번호 명찰 패용, 개인 소지품 교실 앞 이동 ★ **주의** 구상실로 이동하기 전까지 각종 자료(서적, 신문, 잡지 등 포함) 열람 및 메모 불가(화장실은 감독관 허가하에 1명씩 가능) ★ **주의** 수험생이 지참한 음식 섭취는 휴식시간(간식), 점심시간(도시락) 중에 해당 대기실의 지정 좌석에서만 허용 ★ **주의** 평가위원과 평가시간 이외 접촉 금지, 감독관과도 시험 진행상 필요한 대화 이외에는 불허
9:00 평가 1조 구상실 이동	각 평가실별 관리번호 1번 수험생부터 신원 확인받고, 개인 소지품을 가지고 구상실로 이동

구상실로 이동(수험생 개인 소지품은 구상실 복도에 비치함)

구상실	• 필기도구만 지참한 채로 구상실 입실(수험표 지참 금지) • 구상실 입실 이후에는 시험이 끝날 때까지 화장실 이용 금지
9:10 평가 1조 구상 시작	• 문제지(B4 단면 1~3장 – 문제지, 자료, 지도안) 배부, 관리번호 기재 후 구상 • 25분간 구상, 문제지 여백에 메모 가능 • 9:25 평가 종료 10분 전 벨이 한 번 울림(딩동) • 9:35 평가 1조 구상 종료(딩동댕동)

평가실로 이동(수험생 개인 소지품은 평가실 복도에 비치함, 문제지만 가지고 입실)

평가실	• 입실 후 "관리번호 ○○번입니다." 크게 인사, 교탁 옆 대기석(의자)에 착석 대기 • 평가위원 "교탁 옆 대기석에서 대기하고, 시작령이 울리면 교탁 앞으로 이동하여 주세요."
9:40 평가 1조 실연 시작	• 시작령이 울리면 평가위원 "수업을 실연하십시오!" • 15분 이내 수업을 실연함. 구상내용을 메모한 문제지(연습지) 활용 가능. 발표 끝에 "이상입니다."라고 종료 표시 후 대기 • 평가위원 "교탁 옆 대기석에서 대기하다가 벨이 울리면 답변석으로 이동하세요." • 9:55 수업실연 종료(수업나눔 시작)를 위한 벨이 울리면 답변석으로 이동하여 착석
9:55 평가 1조 나눔 시작	• 평가위원 "총 10분 동안 수업나눔 3문항을 보시고 차례대로 말씀하십시오." • 즉답형 문제지(메모 금지)를 보고 시간 안배하여 답변 • 답변 끝에 "이상입니다."라고 종료 표시. 평가 종료시간 전에 수업나눔 답변 종료 시 조기 퇴실 가능 • 10:05 종료령이 울림. 평가위원 "수고하셨습니다! 나가셔도 됩니다!(퇴실하십시오!)" • 퇴실 시 구상 문제지(연습지) 제출 후 퇴실

평가 종료 후(복도 감독관에게 관리번호 명찰 반납, 반입금지 물품 인계받아 퇴장)

* 고사장마다 차이가 있을 수 있음
** 경기도교육청의 공고를 수시로 확인할 것

3 문제지 양식

구상실에서는 수업실연을 위한 〈문제지〉, 〈자료〉, 〈지도안〉 등이 제공된다. 학교급에 따라 〈자료〉와 〈지도안〉은 주어질 수도 있고, 그렇지 않을 수도 있다. 모두 B4 용지로 주어지는 경우가 많고, 혹은 A3 용지로 제공되기도 한다. 실제 시험장에서 받게되는 〈문제지〉는 《사이다 수업》에 예시로 편집된 문제들이나 인터넷에 복기된 기출문제보다 길이가 길거나 조건이 더 타이트하다. 따라서 스터디를 할 때도 실제 시험장에서처럼 큰 용지를 사용하거나 다양한 상황을 가정한 연습을 하며 미리 시험 상황에 적응하는 것을 추천한다. 중등 외국어 교과의 경우 〈문제지〉와 〈자료〉가 해당 외국어로 제공될 수 있다.

(1) 별도의 구상지는 없을 수 있다.

당해 공고에 따라 다르지만, 보통 구상지는 별도로 제공되지 않는다. 대신 〈문제지〉에 여백을 두어 구상할 공간을 제공하거나, 〈문제지〉나 〈자료〉 뒷면을 활용하여 구상하도록 한다. 물론 〈연습지〉가 제공될 때도 있으니 다양하게 대비해 두는 것이 좋다.

(2) 문제지는 평가기준 그 자체이다.

수업실연 〈문제지〉에 포함된 [실연 방법]과 [교수·학습 상황]은 평가기준 그 자체라 할 수 있다. 그러므로 〈문제지〉를 꼼꼼하게 분석하고 이해하는 것이 필수적이다. 최근에는 수험생의 수업 역량을 보다 직접적으로 평가하기 위해, 느슨한 조건을 제시하는 문항도 출제되고 있다. 예를 들어, 수험생이 '직접 선택'하거나, '자율적으로 결정'할 수 있도록 공란을 두는 방식이다. 이 경우 나눔 문제에서 "어떻게 구상하였고, 왜 그렇게 하였는가?"라는 질문으로 이어질 가능성이 크며, 실연 평가의 채점기준이 될 확률도 높으니 주의해야 한다.

🔎 **예시**

〈문제지〉의 [실연 방법]

• 교수·학습 지도안의 〈수업실연 1〉에 해당하는 부분을 수업으로 실연하시오.
  – 〈수업실연 1〉에서는 다음의 조건을 포함하여 실연하시오.
    가. 〈자료 1〉을 활용하여 실연하시오.
    나. 다양한 토론, 토의 기법 가운데서 적절한 것을 활용하시오.
• 다양한 형태의 발문을 활용하여 실연하시오.
• 학생이 발표했다고 가정하고 교사 피드백과 동료 피드백을 반드시 포함하시오.
• 모둠별로 구체적인 해결 방안을 발표하는 상황을 반드시 포함하시오.
• 필요한 부분에 반드시 판서를 활용하시오.

(3) 〈문제지〉, 〈지도안〉, 〈자료〉 양식 예시

① 초등 수업실연 〈문제지〉 형태

- 초등의 경우 A3(B4) 크기의 문제지 한 장이 가로로 인쇄되어 주어지는 경향이 강함
- 교수·학습 조건과 실연 방법이 1/2쪽에 제시되고, 나머지 1/2쪽은 구상공간으로 쓰임

2025학년도 경기도 초등교사 신규임용후보자 선정경쟁 시험 (2차)

수업실연 문제지

| 관리 번호 | |

- 학습 주제:
- 과목:
- 학년:
- 성취기준

ㅣ ㅣ

- 본시 학습목표 : :
- 핵심역량 : :
- 실연 부분 : :
- 차시별 계획

| 1차시 |
| 2차시 |
| 3차시(본시) |

아래 공간에 구상하시오. (뒷면 사용 가능)

② 중등 수업실연 〈문제지〉 형태

2025학년도 경기도 교사 신규임용후보자 선정경쟁시험 (2차)

수업실연 문제지

관리 번호	

문항에서 요구하는 내용이 제한되어 있으면, 요구한 대로 실연하라.
판서는 가능하며, 기자재를 활용해야 하는 경우 언급으로 대신하라.

【문제】자료를 반영해 수업을 실연하라.

〈실연 방법〉
• 교수·학습 지도안의 실연 1, 2에 해당하는 부분을 수업으로 실연하시오.
• 실연 1에서는 다음의 조건을 포함해 실연하시오.
 – 자료 1, 2를 활용하여 실연하시오.
 –
• 실연 2에서는 다음의 조건을 포함해 실연하시오.
 – 학생이 발표했다고 전제하고 잘한 작품과 미흡한 작품에 대한 교사의 피드백과 동료 피드백 과정을 실연하시오.
 –

〈교수·학습 조건〉
– 과 목:
– 대 상:
– 시 간:
– 단원명:
– 단원의 구성

단원		
성취기준		
차시별 계획	차시	주요 활동, 수업 형태, 평가 활동
	1	진로 관련 읽을 책 선정하기
	2~3 (본시)	독서 후 활동하기
	4~5	

③ 수업실연 〈지도안〉 형태

- 실연 장면이 아닌 곳은 빈 칸 없이 가득 차 있는 경우가 많음
- 학교급과 교과에 따라 교사와 학생이 구분되지 않거나 형태가 약간씩 상이할 수 있음
- 지도안이 주어지지 않을 수도 있음(특히 초등은 차시계획만 주어지는 경우가 대부분임)

2025학년도 경기도 교사 신규임용후보자 선정경쟁시험 (2차)
수업실연 지도안

관리번호	

단계		교수·학습 활동		시간	자료 및 유의 사항
		교사	학생		
도입	인사				
	전시학습 상기				
	동기유발				
	학습목표 제시				
전개		• [전개 1] 수업실연 1			〈자료 1〉 〈자료 2〉
		• [전개 2] 수업실연 2			〈자료 3〉
	전개 3				
	평가	관찰평가, 수행평가			
정리	학습내용 정리				
	차시 안내				
	인사				

④ 수업실연 〈자료〉 형태

• 자료가 별도로 주어지지 않는 경우도 많음

자료 1 온라인 수업 장면

자료 2

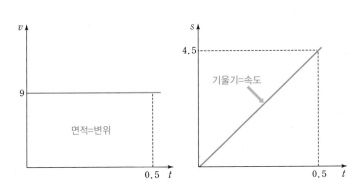

資料 3

<たべもの>	<くだもの>
すし	バナナ
うどん	すいか
ラーメン	りんご

<スポーツ>　やきゅう　　サッカー

⑤ 수업나눔 〈문제지〉 형태

- A4용지에 세 문항이 간격을 두고 인쇄되어 있으며, 나눔 책상에 비치되어 있음
- 계속 재활용됨. 〈문제지〉에 필기할 수 없고, 가지고 나갈 수도 없음

2024학년도 경기도 교사 신규임용후보자 선정경쟁시험 (2차)

수업나눔(즉답형)

관리 번호	

【문항】 실연한 수업에 대하여 다음 질문에 답하시오(총 10분 이내).

【질문 1】

> 수업에서 사용한 질문 전략과 사용 의도를 말하고, 질문이 일상화된 교실을 위해 노력할 점 3가지를 말씀해 주십시오.

【질문 2】

> 오늘 수업에서 이루어진 삶과 연계한 학습을 위한 활동을 말하고, 이를 통해 학생에게 기대되는 성장 2가지를 말씀해 주십시오.

【질문 3】

> 만약 내가 학생이었다면 수업의 어느 부분에 가장 적극적으로 참여했을지 그 이유와 함께 말씀해 주십시오.

전략적으로 휴식 취하기

고생했어요. 잠시 숨을 고르세요!

고된 1차 시험이 끝났네요. 정말 많이 힘들었죠? 그동안 쌓였던 피로를 풀고, 지친 마음을 달래봅시다. 친구와 만나 웃고, 밀린 드라마도 보고, 하고 싶었던 것들을 잠시 해보는 것도 좋을 것 같아요. 하지만! 너무 오래 쉬는 건 위험할 수 있어요. 딱 일주일 정도만 여유를 즐기고 다시 마음을 다잡는 것이 중요합니다.

1차에서 받은 점수가 여러분의 교직 생활을 결정짓는 것이 아닙니다. 지금부터가 진짜입니다. 그렇기 때문에 새로운 마음가짐으로 2차 시험을 전략적으로 준비하는 것이 중요합니다.

작지만, 정말 중요한 고민들

쉬는 동안 가끔씩 '2025년 3월, 학교에 발령받으면 어떤 교육 활동을 할 수 있을까?' 생각을 해보세요. 유튜브에서 교육 관련 영상을 보거나 서점에서 교육 서적을 한두 권 집어들어도 좋습니다. 중요한 것은 '나라면 이 상황에서 어떻게 할까?'라는 질문을 던지는 거예요. 이 작은 고민들이 2차 시험에서 여러분의 답변에 깊이를 더해 줄 것입니다.

지금부터가 진짜 '교사가 되는 시험'

이제는 2차 시험을 준비할 때예요. 이 시기에는 흔들리지 않는 마음과 전략이 필요합니다. 1차 점수 때문에 걱정이 되거나, 주변의 이야기에 불안해질 수도 있죠. 하지만, 점수에 얽매이지 말고 여러분의 가능성에 집중하세요. 2차 시험이 여러분의 진짜 모습을 평가하는 무대입니다. 여러분은 그동안 충분히 준비해 왔고, 교사가 될 자격이 충분합니다. 이제는 스스로를 믿고, 준비해 온 모든 것을 시험에서 보여주기만 하면 됩니다. 이 기회를 놓치지 않도록 마음을 굳게 다잡으세요.

 **Advice**

최종 합격을 위한 멘탈 잡기

1차 시험이 끝난 후 1차 시험과 관련된 커트라인 소문과 가채점한 점수 등에 휘둘리지 말고 자신만의 강철 멘탈로 2차 시험 준비에 몰두해야 합니다. 이 시험은 다수가 응시하므로 시험 점수가 정규 분포를 따를 확률이 높고, 당연히 커트라인 점수 근처에 수험생들이 밀집 분포되어 있을 가능성도 높습니다. 아무리 시험 문제의 난도가 낮다고 하더라도 누구나 자책(이 문제 지금 보니 맞추겠는데 시험장에서는 왜 틀렸지?)할 만한 실수를 합니다. 합격자 평균 점수를 보더라도 수석이나 고득점 합격자는 소수이고 대다수의 합격자는 커트라인 점수 근처에 몰려 있었습니다. 2차 준비 시간은 길면 길수록 좋습니다. 제한된 시간이지만 시간을 효율적으로 배분하여 교육 관련 기사, 뉴스, 칼럼, 도서 등을 가까이 한다면 수업나눔, 면접, 토의 등 교육에 관한 다양한 발상에 도움이 될 것입니다. 1차 시험과 관련하여 근거 없는 무성한 소문에 시간 낭비를 하면 안 됩니다. 누군가는 최종 합격으로 웃고, 또 누군가는 최종 불합격이라는 고배를 마시는 시험입니다. 같은 시간에 1차 시험에 대한 미련은 버리고 2차 시험 준비에 몰두하는 다른 예비 교사들이 있다는 것을 명심하길 바랍니다.

• 사이다 합격자 윤연희 선생님

교육 방향에 '공감'하고, 내 것으로 만들기!

저는 즉답형 면접이나 수업나눔에 정말 취약한 사람이었는데요. 잘 알고 있다 생각하고 달달 외웠던 것들도 조금이라도 긴장하면 좀처럼 떠오르질 않았습니다. 특히 경기도 교육 정책을 암기하는 게 쉽지 않았는데요. 아무리 이 정책이 좋아 보여도 무슨 의도로 만들어졌고, 어떤 프로세스로 운영되는지를 스스로 제대로 이해하지 않으면 내 말로 잘 옮겨지지도 않고, 면접 상황에서도 인출하기 어렵더라고요.

여러 선생님들께도 저와 비슷한 상황에 대한 고민이 많으실 것이라 생각합니다. 정책을 '소화'하여 내면화하기 위해서는 반드시 경기 정책에 '공감'하는 과정이 필요합니다. 예를 들어 '경기공유학교' 정책을 이해한다고 하면,

① 정의는 지역사회와의 협력을 기반으로 다양한 학습 기회를 보장하기 위한 지역교육협력 플랫폼이며, ② 목적은 대학 및 전문기관과 연계하여 학생의 진로 개척 및 전문 학습 역량을 신장하는 것이고…… 하며 외우는 것이 아니라,

경기공유학교가 '어떤 의도'로 만들어진 것이고, 그래서 '어떤 과정을 통해' 학교 현장에 실천될 수 있는지를 파악하여, 궁극적으로는 "내가 경기공유학교를 활용하여 교육 활동을 한다면, 어떻게 할 수 있을까?"를 생각해 봐야 합니다. 그것이 '공감'해서 '내면화'하는 방법입니다.

자, 전략적으로 휴식을 취하는 동안, 경기교육정책을 찾아보세요. 유튜브에서 키워드를 검색하고, 교사들이 직접 해당 정책을 소개하거나 활용하여 올린 영상들을 시청해 보세요. 없다면 교육청에서 제작한 영상을 보세요. 그리고 그 정책들에 공감하여 내 것으로 만드는 시간을 가져보세요. 2차 시험에서 정말 큰 힘이 될 것입니다.

 **Advice**

매 순간 현장을 고민하기

2차를 준비하면서 자연스럽게 어떻게 하면 학생들에게 더 교육적이며 좋은 수업을 할 수 있을지 고민을 했었는데요. 실연에서는 얼마든지 해낼 수 있지만, 현장에서는 어려운 부분들도 있을 것 같다는 생각을 여러 번 했습니다. 예를 들어 '간식을 활용해서 학생의 참여를 얻는 것이 늘 옳은 것인가?'라는 것 등이요. 이런 내용들을 수업과 나눔, 면접에서 십분 활용했습니다.   • 사이다 합격자 이지연 선생님

교육적인 인풋으로 나의 생각 만들기

혼자 생각하는 데는 한계가 있기에 좋은 인풋이 필요했습니다. EBS 교육다큐를 틈틈이 보고, 교육 서적 코너에서 20여 권을 필요한 부분만 발췌해서 보았습니다. 그리고 공감되는 내용을 정리했습니다. 아무리 좋은 말이라도 공감이 가는 내용이 아니라면 굳이 정리하지 않았습니다. 진정성이 없다고 생각했기 때문입니다. 그리고 저의 언어로 바꾸는 작업을 했습니다. 실제로 제가 공감되지 않으면 아무리 좋은 말이라도 입에 붙지 않았고, 억지로 수업실연이나 나눔 때 활용하게 되면 반드시 버벅거리게 됐습니다. 공감하지 않으면 나의 생각이 될 수 없고, 나의 생각이 아니라면 진정성이 떨어지기에 반드시 티가 난다는 것을 명심했으면 좋겠습니다. 이 작업은 틈틈이, 일찍 해둘수록 좋습니다.   • 사이다 합격자 정은지 선생님

02. 수업능력평가 고득점 전략 세우기

수업능력평가에서 좋은 점수를 받기 위해서는, 경기교육을 제대로 이해하여 연계한 나만의 수업 철학을 바탕으로 끊임없이 반복·연습하고 스스로를 성찰할 수 있어야 합니다.

전략			핵심 내용
교육관	IVY Sentence 만들기	I	어떤 교사가 되어 어떤 교육을 하고 싶은지 정체성 세우기
		V	학생이 어떤 모습으로 성장하길 바라는지 가치 찾기
		Y	교사가 되려는 이유와 교사로서의 특별한 경험 정리하기
경기교육	경기교육의 방향성과 교육과정을 이해하고 수업능력평가 전반에 반영하기		
성찰하기	수업 전후 성찰하고 개선점을 찾아 지속적으로 발전시키기		

이 책을 집어든 여러분은 2차 시험, 특히 수업능력평가에서의 고득점을 목표로 하고 있을 것이다. 수업능력평가에서 고득점을 받기 위해서는 무엇이 필요할까? 그저 만능틀을 암기하고 연습만 많이 하는 것으로는 절대 좋은 점수를 받기 어렵다. 만점을 위해서는, 수업능력평가의 본질을 이해하고, 평가가 어떻게 설계되었는지 제대로 파악하는 것이 핵심이다.

2차 시험에서 왜 수업실연평가와 수업나눔평가를 치를까? 1차 시험은 해당 교과목의 교사로서 적절한 수준의 내용지식을 갖추고 있는지를 확인하는 시험이었다. 2차 시험은 거기에서 더 나아가 그러한 내용지식을 활용하여, 교사로서 자신만의 교육 철학을 갖춘 채, '경기교육'이 추구하는 인재들을 양성해 낼 수 있는 자질을 갖추고 있는지를 보고자 하는 시험이다.

경기도교육청의 수업능력평가는 크게 세 가지 역량을 갖추고 있는지를 평가하려 한다.

자질	내용	관련 과목
수업 설계 역량	교사 교육과정에 근거하여 학생 맞춤형의 창의적인, 깊이 있는 수업을 효과적으로 설계할 수 있는 능력	수업실연평가
수업 실연 역량	주어진 시간 내에 수업을 실제로 실행하며, 학생과의 상호작용을 통해 교육 목표를 효과적으로 달성하는 능력	
수업 성찰 역량	자신의 수업 활동을 돌아보고, 개선점을 찾아 발전시킬 수 있는 능력	수업나눔평가

수업 설계 역량은 학생 맞춤형 수업을 설계하는 능력이다. 특히 경기도교육청은 사유하는 학생을 위한 깊이 있는 수업을 지향하고 있으니 이에 적합한 수업을 설계할 수 있어야 한다. 수업 실연 역량은 수업을 실제로 실행하며 학생과의 상호작용을 통해 효과적으로 학습 목표를 달성하는 능력을 말한다. 성찰 역량은 수업 후 자신의 교육 활동을 돌아보고 개선점을 찾아 지속적으로 발전시키는 능력으로, 수업나눔평가에서 주요하게 확인된다.

여기서 중요한 점은, 이러한 자질을 수험생이라면 당연히 갖추고 있어야 하는 기본 역량으로 이해하고 있다는 것이다. 2차 임용 시험은 곧바로 현장에 투입될 교사를 선발하는 시험이다. 즉, 경기교육이 요구하는 자질을 이미 어느 정도 갖춘 '준비된' 교사를 선발하려는 것이다. 게다가 상대평가로 이루어지는 만큼, 상향평준화된 수험생들 사이에서 고득점을 얻기 위한 차별화가 필요하다.

결국 경기교육이 추구하는 방향성을 깊이 이해하고, 그에 맞게 사고하며 수업을 설계하는 것이 중요하다. 그러므로 자신의 수업 철학을 경기교육의 방향성과 일치시켜야 하며, 그 철학이 수업 구상과 실연 과정에 녹아들어야 한다. 특히, 새로운 경기교육이 지향하는 수업 목표는 단순한 지식 전달을 넘어 학생이 스스로 사고하고 문제를 해결하도록 돕는 깊이 있는 수업이다. 학생의 사유를 진작하기 위해서는 교사부터 깊게 생각할 줄 알아야 한다.

더불어, 경기교육의 이해는 수업나눔에서 교사의 성찰 능력을 평가하는 기준이 된다. 경기교육이 중요시하는 것은 끊임없는 성찰과 발전이다. 자신이 했던 수업을 돌아보고, 개선할 점을 찾아 나가며, 이 과정에서 학생들에게 더 나은 교육적 경험을 제공할 수 있어야 한다. 이렇듯,

반복된 성찰과 연습을 통해 자신의 수업 철학을 다지고, 경기교육의 방향성에 부합하는 교사로서 성장해 나가는 것이 바로 득점의 관건이다.

요컨대, 탄탄한 '수업 철학'을 바탕으로 '경기교육'의 방향성에 맞게 사고하며, 자신의 수업을 '끊임없이 성찰'할 수 있는지가 고득점을 결정한다. 단순히 수업을 잘하는 것을 넘어서, 수업의 방향과 본질을 명확히 이해하고, 그 안에서 스스로를 돌아보는 능력이 핵심이다.

 **Advice**

수업 철학은 경기 교사의 본질

사실 국가 교육과정이나 정책을 이해하는 것은 1차 시험을 통과한 여러분이라면 충분히 해낼 수 있습니다. 관련 문서를 읽고 주요 정책 사례를 찾아보는 것이 전부이기 때문이죠. 가장 중요한 것은 여러분 마음속에 어렴풋이 자리 잡고 있는 '수업 철학'을 끄집어내는 것입니다. 즉, 나만의 '교육관'을 정립하는 것인데요. 다른 사람의 수업실연과 수업나눔을 여러 번 듣다 보면, 그 사람이 '교육'에 대해 얼마나 고민했는지가 느껴집니다. 결국 진정성이 느껴지는 교육관이 중요한데, 이 진정성은 그저 번지르르한 말이 되어서는 안 되는 것 같습니다. 교육에 대한 나의 생각, 즉 나는 어떤 교사가 되고 싶은지, 어떤 교육을 하고 싶은지, 그리고 이러한 교육을 통해 학생들이 어떻게 성장하도록 도와주고 싶은지, 그리고 이와 같은 생각을 갖게 된 나만의 이야기가 무엇인지를 일관성 있게 정리하는 것이 진정한 교육관 정립이라 생각해요.   • 사이다 합격자 한수빈 선생님

1 [교육관] IVY Sentence 만들기

수업 철학이란 경기 교사로서의 교육관과 교직관을 바탕으로 학생 맞춤형의 수업 목표와 방향을 설정하는 능력이다. 이는 수업 구상과 실연, 나눔 과정 전체에서 지속적으로 드러나야 하며, 교사의 교육적 신념을 보여주는 중요한 요소이다. 단순한 이론 이해를 넘어, 수업을 통해 학생들에게 어떤 교육적 가치를 전달하고자 하는지에 관한 나의 가치관을 명확히 하고 그것을 자신의 색으로 만드는 것이다. 수험생은 예비 경기 교사로서 가져야 할 교육관을 충분히 고찰하고, 그것을 수업에서 어떻게 드러낼지를 고민하고 또 연구해야 한다. 이를 위해 《사이다 수업》은 IVY Sentence를 만드는 작업을 제안한다.

IVY Sentence란, 경기 2차 시험을 전략적으로 치르기 위한 나만의 교육관을 담은 기초 문장이다. IVY의 의미는 다음과 같다.

Identity	교사로서의 정체성. 어떤 교육자가 되고 싶은지, 또 어떻게 교육하고 싶은지
Virtue	가치 함양. 학생이 어떤 모습으로 성장하길 바라는지
You	나만의 이야기

그간의 기출문제에 따르면 경기교육은 경기 교사에게 경기 교사다운 교육관을 갖추고 있을 것을 요청하고 있다. 예컨대 2023학년도의 경우 수업나눔에서 학생에게 어떤 가치와 덕목을 길러주고자 했는지를 물었다. 현장 교단에 섰을 때 '어떤 모습의 교육을 실천하는 경기 교사가 되겠다.'라는 것을 충분히 고민해 두었던 수험생이라면 당황하지 않고 경기교육이 원하는 '정답'을 이야기할 수 있었을 것이다. 이러한 경기 교사로서의 관점을 다져가는 과정이자 산출물이 바로 IVY Sentence이다.

IVY Sentence 정립은 형식이 중요한 것이 아니라 인출하는 과정이 중요하다. 예비 경기 선생님의 학생관과 인생관, 가치관, 교육적 경험과 철학을 충분히 고민해 보고, 이를 정리하는 작업을 경험하는 데에 초점을 맞추어야 한다.

(1) Identity: 교사로서의 정체성 찾기

교사의 정체성은 '내가 어떤 교사가 되어 어떤 교육을 하고 싶은지'에 대한 고민을 바탕으로 정립할 수 있다.

연습하기 ★

교사로서의 정체성 갖추기

내가 가르치는 교과(혹은 전공)에서 가장 중요한 능력은 무엇이라고 생각하는가? 그 이유는 무엇인가?

⑩ 역사적 사고력, 심미적 감수성, 창의력 등

나의 '강점' 찾기: 나의 수많은 장점들 중 교사로서 빛을 발하는 강점이 있을 것이다. 나는 어떤 강점을 지니고 있는가?

나의 '단점' 찾기: 교사로서 꼭 고쳐야 하는 자신의 단점이 있는가? 왜 고쳐야 하는가? 그리고 이 단점을 보완하기 위해서는 어떤 덕목이 필요한가?

'훌륭한 교사'는 어떤 교사인가? 어떤 덕목을 지닌 교사가 훌륭한 교사인가?

----

(2) Virtue: 학생의 삶을 고려한, 학생에게 필요한 덕목과 가치

Virtue는 학생들이 어떠한 가치를 지향하는 사람으로 성장하길 바라는지를 의미한다. 이때 가치의 기준은 경기교육에 두어야 한다. 역량을 키우는 교육과정, 학생 맞춤형의 깊이 있는 수업, 교육 생태계와의 협력 등 경기교육이 지향하는 방향에 유효한 가치와 덕목을 고민해 보자.

연습하기★

학생에게 필요한 역량과 가치

학생들이 살아갈 미래 시대의 특징은 무엇인가? 그래서 학생에게 필요한 것은?

예 지식보다 지혜가 필요한 시대, 하루가 다르게 급변하는 불안정한 시대 등

학생들이 지향했으면 하는 가치는 무엇인가? 그 이유는 무엇인가?

예 협력하는 태도, 타인에 대한 배려심, 정의로움 등

학생들에게 길러주고 싶은 역량은 무엇인가? 그 이유는 무엇인가?

예 깊이 사유하는 역량, 학생 주도성, 의사소통 역량 등

학생들이 어떤 사람으로 성장하길 바라는가?

나는 나와 만나는 학생들이 (   )하게 성장하기를 바란다. 그 이유는,

----

(3) You: 예비 경기 교사로서의 당신의 이야기

수험생을 교사로 만들어 온 '경험'을 말한다. 쉽게 말하면 교사가 되려는 이유, 교사로서 나만의 특징을 만들어 왔던 그 독특한 '이야기'를 고민해 보는 것이다. 교사가 되려는 이유는 시험 준비가 아니더라도 한 번쯤은 다시 꼭 상기해 보았으면 한다. 긍정적인 자극이 되어 줄 것이다. 교사로서의 나만의 특징은 성향일 수도 있고, 습관일 수도 있으며 목표일 수도 있다.

연습하기 ★

나만의 이야기 찾아보기

학교, 교사와 관련된 나의 특별한 이야기가 있다면 무엇인가?

나는 왜 교사가 되고자 하는가?

수업과 평가 시 꼭 해 보고 싶은 교육 활동과 그 이유는 무엇인가?

학부모, 지역 등 교육 생태계와 관련한 나만의 이야기와 교육적인 의미는 무엇인가?

학생들에게 어떤 선생님으로 기억되고 싶은가?

----

❷ [경기교육] 경기교육 이해하여 내 수업 속에 녹이기

여러분은 결국 경기도교육청 소속의 교사로 근무하게 될 것이다. 그 전에, 경기도교육청에서 주관하는 임용 2차 시험, 수업능력평가와 심층면접평가에 통과해야 한다. 본인만의 교육관을 지닌 뛰어난 수험생들 가운데, 당신을 합격시킬 수밖에 없는 강점들이 필요하다. 다양한 강점들 중 하나, 경기교육의 지향점이 반영된 수업을 만들어가는 것이다. 따라서 수험생 본인은 경기교육의 주요 취지를 이해하고 있어야 한다.

경기교육이 어떤 방향성을 지니고 있는지 이해하기 위해 가장 기본적으로 해야 할 일은 〈2025 경기교육 기본계획〉을 직접 훑어보는 것이다. '경기교육 기본계획'은 매년 경기도 교육의 방향성과 목표를 제시하는 중요한 문서이다. 경기도 내 교육 현장에서 학생들에게 제공될 교육의 큰 틀을 설명해 준다.

물론 교육의 본질은 변하지 않기에, 지나치게 '정책 용어'에 얽매이지 않아도 된다. 기본적으로 2022 개정 교육과정과 경기교육이 추구하는 방향이 무엇인지 파악하고, 이를 구현하기 위한 교사의 노력이 드러나면 된다. 또한 수업나눔평가 시 문항으로 경기교육정책이 나왔을 때, 그것이 어떤 내용인지만 파악해 답변해 낼 수 있으면 된다. 지레 겁먹지 말자.

그럼, 어떻게 하면 경기교육을 이해해서 녹일 수 있을까? Step 2_사이다! 수업능력이론을 찬찬히 숙독하고, Step 3_사이다! 수업실연평가를 그대로 따라와 보자. 어느 순간 나도 모르게 경기교육을 온몸으로 체화하여 경기 교사다운 수업을 하고 있을 것이다.

경기도교육청 누리집을 통해 경기교육과 친해지기

경기도교육청 사이트(http://www.goe.go.kr/)는 예비 경기 교사에게 필요한 다양한 정보를 제공하고 있어요. '교육청 소개' 탭에서는 경기도교육청의 교육정책, 경기 교육브랜드, 조직 등을 안내해주어 경기도교육청에 대한 기초적인 이해를 도울 수 있어요. '교육정책' 페이지에는 여러 정책 문서가 게시되어 있어, 경기교육정책에 대한 기본 문서를 확인할 수 있답니다. 또한, 뉴스/소식 탭의 '보도자료' 게시판도 꼭 살펴보길 권해요. 보도자료는 경기도교육청이 언론을 통해 알리고 싶은 정책들이 담겨있기 때문에, 교육청이 현재 집중하는 정책과 관심 분야를 파악하기에 좋죠.

더불어, 경기도교육청은 뉴미디어 채널을 통해 교육 수요자의 이해를 돕고 소통과 참여를 확대하려는 노력을 기울이고 있어요. 메인페이지에 게시된 이 채널들에 올라온 영상들은 경기교육의 방향성을 이해하는 데 가장 좋은 콘텐츠에요. 잠들기 전이나 이동 중에, 여유롭게 식사할 때 천천히 둘러보면 좋답니다!

❸ [성찰하기] 실제로 자신의 수업과 나눔을 지속적으로 성찰하기

수업능력평가에서 좋은 점수를 받기 위한 세 번째 전략은 '실제로 성찰하기'이다. 가능하면 첫 수업실연과 나눔부터, 그것이 어렵다면 어느 정도 익숙해진 후에는 반드시 자신의 수업실연과 나눔 모습을 촬영하여 확인하는 것을 추천한다. 또한 이렇게 촬영된 영상은 수업능력평가 스터디에서도 요긴하게 활용될 수 있다. 번개 스터디나 서브 스터디 형태로도 좋다. 배속이 가능하니 효율적이기도 하고, 영상을 서로 공유하며 댓글을 통해 피드백을 제공할 수도 있다.

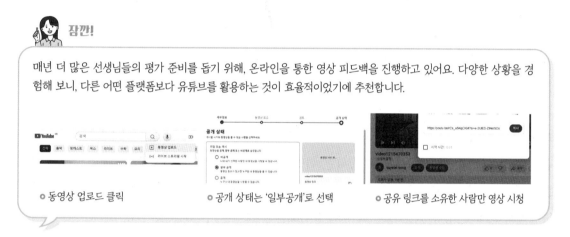

잠깐!

매년 더 많은 선생님들의 평가 준비를 돕기 위해, 온라인을 통한 영상 피드백을 진행하고 있어요. 다양한 상황을 경험해 보니, 다른 어떤 플랫폼보다 유튜브를 활용하는 것이 효율적이었기에 추천합니다.

● 동영상 업로드 클릭 ● 공개 상태는 '일부공개'로 선택 ● 공유 링크를 소유한 사람만 영상 시청

많은 수험생이 자신의 모습을 보는 것을 창피해하거나 쑥스러워한다. 그러나 촬영한 영상을 통해 예상치 못한 문제점들을 발견할 수 있다. 예를 들어, 미소를 지었다고 생각했지만 표정이 굳어 학생이 당황했을 가능성, 학생 발표에 적절한 피드백을 제공하지 못했을 때, 혹은 자신이 제대로 조건을 수행했다고 생각했지만 영상에서는 드러나지 않는 경우 등이 있다. 특히 비언어적인 습관은 꾸준히 신경을 쓰면 개선될 수 있으니, 영상을 지속적으로 촬영하고 확인하며 성찰해 보도록 하자.

이 과정은 수업나눔평가에도 큰 도움이 된다. 수업 중 고민했던 부분들은 실제 시험에서도 문제가 될 가능성이 크다. 특히 매일 성찰하며 해온 고민들은 나눔 답변에서 그대로 활용할 수 있다.

"오늘 수업 당시 학생의 대답에 대한 제 피드백이 부족했던 것 같습니다. 아무래도 경험이 부족하다 보니 매번 수업 때마다 피드백을 어떻게 할지가 고민인데요. 책으로 공부하거나 연수를 찾아 듣는 것만으로는 한계가 있었습니다. 실제 학생의 성장을 지원할 수 있는 양질의 피드백을 제공할 수 있도록 선배 선생님들께 많이 여쭤보고 개선해 나가고 싶습니다."

이 같은 답변은 진정성 있게 들릴 것이며, 고득점으로 연결될 가능성도 크다. 수업나눔은 자신의 교육활동을 제대로 성찰하고 개선할 수 있는 '성찰 역량'을 평가하는 것이기 때문이다.

수업실연은 수험생이 학교 현장에서 겪을 다양한 상호작용을 미리 연습하는 소중한 기회이다. 수업나눔은 그 과정을 돌아보며 자신의 교육 활동을 어떻게 발전시킬 수 있을지 고민하는 과정이다. 결국, 수업은 학생의 배움뿐만 아니라 교사의 배움도 함께 이루어지는 공간이다. 학생의 성장이 어디에서 이루어졌는지, 혹은 더 나은 성장이 가능했는지를 수업실연 당시에는 알아차리기 어렵지만, 실연이 끝난 후 영상을 숙찰하다 보면 점점 보이기 시작할 것이다. 그리고 수업나눔에서 이러한 부분을 논의, 보완할 방법을 고찰하고 답변에 녹여내면 된다.

또한, 수업에서 놓쳤던 부분이나 부족했던 점을 깨달아 다음번에 어떻게 극복할지 고민하는 과정 자체가 매우 중요하다. 이번에 실수한 부분을 다시 실수하지 않는다는 보장은 없으며, 아쉽게 놓친 부분을 반드시 챙길 수 있다는 확신도 없다. 하지만 꾸준히 성찰하고 자신을 돌아보는 연습을 한다면, 어느새 조금씩 성장한 자신을 발견하게 될 것이다. 이를 통해 실연과 나눔 평가에서 더욱 진정성 있는 경기 교사로서의 모습을 보여줄 수 있을 것이다.

경기도 2차 수업능력평가, 어떻게 해야 할까?

체크리스트	적용하기
☐ 경기도 2차 수업능력평가와 다른 지역의 평가는 '지도안 없이' 수업을 실연하고, '수업나눔'평가를 구성한다는 데서 차별화된다.	시험 과목 구성을 보고 준비 시 유의할 점을 작성해 보자.
☐ 구상 시간(25분) 동안 학생 맞춤형의 깊이 있는 수업과 나눔 답변을 함께 구상한다.	수업구상 시 핵심적으로 고려해야 할 요소를 작성해 보자.
☐ 수업실연평가에서는 문제에 주어진 '조건'을 정확하게 반영해야 고득점을 받을 수 있다.	빠짐없이 조건을 반영해 수업을 실연하는 나만의 방법을 고민해 보자.
☐ 수업나눔평가는 실제 실연한 수업을 성찰하는 것이 중요하다.	실연 후 자신의 수업 중 성찰해야 할 부분을 3가지 작성해 보자.
☐ 수업실연과 수업나눔평가에서 일관성 있는 답변을 제공하기 위해서는 '수업 철학'과 '구체적인 수업 장면'을 연결해서 설명해야 한다.	수업실연 중 중요한 장면을 예로 들어, 어떻게 자신의 교육철학을 반영하고 나눔 답변에서 드러낼 수 있을지 작성해 보자.
☐ 나만의 교직관, 교육관, 수업관을 확립하고 이를 평가에 반영해야 한다.	완성된 나만의 IVY Sentence를 작성해 보자.
☐ 경기교육이 추구하는 '사유하는 학생, 깊이 있는 수업'이라는 목표를 수업 설계와 실연에서 고려해야 한다.	경기교육의 목표를 반영한 수업의 모습을 작성해 보자.

수업능력평가 시험 당일 미리 그려보기

임용 2차 시험 날, 긴장과 불안이 밀려와 눈앞이 하얘지고 준비한 것들이 갑자기 떠오르지 않을 수 있습니다. 이러한 상황에서 당황하지 않기 위해선, 시험 절차를 미리 상상하며 이미지 트레이닝을 해 두는 것이 큰 도움이 됩니다. 지금부터 수험생 ○○선생님의 시험 날을 따라가며, 자신도 그 상황을 마음속에 그려봅시다.

1. 대기실에서 구상실로 이동하기

○○선생님은 4 대기실에 앉아있습니다. 옆에는 다른 수험생들도 긴장된 표정으로 앉아 있습니다. 드디어, 방송이 나옵니다.

"평가 3조 수험생들은 구상실로 이동해 주세요."

앞서 안내에 따라 뽑았던 관리번호는 3번. ○○선생님은 3조에 해당해 구상실로 이동합니다. 복도 감독관 선생님이 손짓으로 안내를 해주십니다. 손에 든 소지품을 챙기고 한 층을 내려가거나, 혹은 올라가면서 구상실로 향합니다.

구상실에 도착하면 복도에 개인 소지품을 비치하고, 필기도구만 챙겨서 입실하게 됩니다. 입실 후 자신의 자리에 앉으면 한 번 크게 심호흡을 합니다.

2. 구상실에서 구상하기(25분)

구상실에 들어서자 책상이 여러 개 놓여 있습니다. 7 평가실에서 수업실연이 진행될 ○○선생님은 7번 책상에 앉고, 주어진 B4 크기의 문제지를 마주하게 됩니다. 문제지는 철하여 한 장씩 넘기며 볼 수 있게 되어 있습니다. 구상실 앞쪽에 비치된 탁상시계를 확인하니, 현재 시각만 표시되어 있어 눈에 잘 안 들어옵니다. 아날로그 손목시계를 별도로 챙겨오기를 잘했습니다. 이때 방송에서 구상 시간이 시작됨을 알립니다.

문제지를 넘기자 문제와 자료들이 보입니다. 휙휙 종이를 넘기는 소리만이 곳곳에서 울립니다. 빠르게 제공된 자료와 문제지를 좌우로 나누어 펼쳐 놓고, 확인합니다. "주어진 조건을 꼭 충실하게 반영해야 해." 스스로 다짐하며 수업 설계를 시작합니다. 구상지가 별도로 주어지지 않아서, 〈지도안〉 뒷면을 활용하기로 합니다. 절반을 접고 또 절반을 접어서 작은 직사각형을 만들어, 빨간 볼펜으로는 〈문제지〉의 '조건'을 적고, 파란 볼펜으로는 〈자료〉의 번호를 적었습니다. 녹색 볼펜으로는 학생의 질문과 대답을 적고, 나머지는 모두 검은 볼펜입니다. 학생 맞춤형의 깊이 있는 수업을 어떻게 설계할지, 수업 나눔에서 어떻게 강조할지 빠르게 구상합니다.

딩동! 구상 종료 10분 전을 알리는 종소리가 울립니다. 그 순간 심장이 더 빨리 뛰기 시작하지만, 여기서 당황하지 않고, '학생들에게 맞춘 수업이 잘 녹아났는지?', '조건을 빼먹은 건 없는지?' 문제지에서 구상한 수업의 흐름을 한 번 더 점검하고 머릿속에 시뮬레이션합니다.

3. 구상실에서 평가실로 이동하기

"평가 3조 수험생은 평가실로 이동하고, 평가 4조 수험생은 구상실로 이동하십시오."

구상 시간이 종료되었습니다. 필기구와 문제지를 챙겨 평가실로 이동합니다. 복도에서 또 한 번 긴장된 마음이 몰려오지만, 감독관의 안내를 따라 평가실로 들어갑니다. 이제부터 진짜 시험이 시작됩니다.

○○선생님은 문을 두드린 뒤, 여닫이 문을 활짝 열고, "안녕하십니까, 관리번호 3번입니다."라고 큰 목소리로 인사를 하며 입실합니다. 평가위원들은 벽면에서 복도를 바라보며 앉아있었고, 칠판 앞에는 대기 좌석이 놓여 있습니다. 숨을 고르며 대기 좌석에 앉고는, 다시 한번 자신이 준비한 내용을 복기합니다. 역시 시계가 잘 보이지 않을 수 있으니 손목시계를 확인하며, 수업 시간을 체크할 준비를 합니다.

4. 수업실연하기(15분)

드디어 "수업을 시작하십시오."라는 평가위원의 말이 들려옵니다. ○○선생님은 구상한 내용을 바탕으로 15분의 수업실연을 시작합니다.

"자, 1반 친구들! 오늘도 함께 활동을 시작해 볼까요?" 오늘 수업실연은 전개1부터 시작입니다. 학생들에게 말을 건네며 자연스럽게 시작하지만, 순간 머릿속이 하얘지는 순간이 찾아옵니다.

긴장이 몰려오는 순간, 창밖을 잠시 바라보고 평정심을 찾습니다. 다시 차분하게 수업을 이어나갑니다. 문제지의 조건을 빠짐없이 반영하며, 수업의 핵심 장면을 하나하나 진행합니다. 작은 실수가 있었지만, 이내 흐름을 되찾고 수업을 마무리합니다.

5. 수업나눔평가하기(10분)

딩동

"수업 종료령이 울렸습니다. 수업나눔을 위한 답변석에 착석해 주세요."

수업이 끝나고 바로 이어지는 수업나눔평가! 평가위원이 이야기합니다. "총 10분 동안 수업나눔 3문항을 보시고 차례대로 말씀하십시오."

○○선생님은 자신이 방금 진행한 수업 장면을 떠올리고, 학생들이 협력하고 배려하는 모습을 상상하며 준비한 답변을 이어갑니다. 문항별 답변 시간을 스스로 안배해야 하기 때문에, 평가위원 앞쪽에 배치된 탁상시계를 계속해서 확인했습니다. 교육 철학과 구체적인 수업 장면을 연결해 진솔하게 설명합니다. "이 수업을 통해 학생들이 자발적으로 문제를 해결하고, 서로 협력하는 능력을 기르도록 설계했습니다. 이상입니다!" 자신감 있게 대답을 마치고, 평가위원의 고개 끄덕임을 확인합니다.

6. 평가 종료

수업나눔평가가 종료되고, 긴장이 풀리면서 마침내 시험이 끝났다는 안도감이 몰려옵니다. 복도에 계신 감독위원 선생님의 따뜻한 미소를 뒤로하고, 시험장을 떠납니다. 그동안 준비한 모든 순간들이 스쳐가며, 이제는 결과를 기다릴 시간입니다.

이렇게 당신의 2025학년도 경기도 교사 임용후보자 선정경쟁시험 제2차 시험이 끝났습니다.

Step 2는 경기 교사가 수업능력평가를 치르기 위해 반드시 이해하고 나의 것으로 만들어야 할 '이론'들을 정리한 파트입니다. 경기교육의 방향성과 2022 개정 교육과정, 깊이 있는 수업이라는 경기교육의 핵심 정책 등 교사로서 실천해야 할 철학 이론을 다룹니다. 다양한 경기교육 공식 문서와 보도 자료, 교육과정 자료 및 내부 문서 등을 깊게 소화하여 경기교육의 엑기스를 보기 좋게 정리하고자 하였으니 반드시 숙독하시기 바랍니다.

수험생은 이론을 단순히 이해하는 것에서 그치지 않고 실제 나의 수업실연과 수업나눔 평가에 적절하게 적용하는 것이 매우 중요합니다. 이를 위해 Step 2는 활용하기 를 통해 수험생이 실제 이론 중 수업능력평가 준비에 활용해야 할 부분을 짚고, 방향을 제시하고 있습니다. 스스로 수업실연과 수업나눔 평가에서 이러한 이론들을 어떻게 녹여낼 수 있을지를 고민하며 살펴보길 바랍니다.

 Step 2의 경우, 이론을 정리하는 데 다양한 필수 문헌들을 참고하였습니다. 1차 합격자 발표 전까지는 시간이 있으니, 해당 문서를 직접 살펴보는 것을 추천합니다. 관련한 문서 다운로드 링크를 모아둔 페이지를 QR코드에 연결해 두었으니 참고하세요.

STEP

2

사이다!
수업능력이론

01· 2022 개정 교육과정 이해하기

이것만은 꼭!

2022 개정 교육과정은 미래 사회에 대비해 학생들의 주도성, 협력적 소통, 창의적 문제 해결 역량을 강화하는 것을 목표로 개정되었습니다. 수업 설계 시에도 학생의 삶과 연계된 학습 경험을 제공하고, 교과 간 연계와 학습 성찰을 고려해 학생이 주도적으로 학습할 수 있는 환경을 만드는 것이 중요합니다.

핵심 개념	요약
미래 사회의 변화	인공지능, 디지털 전환, 기후 변화 등으로 복잡해진 사회에서 문제 해결과 협력이 요구됨. 학생 맞춤형 학습 필요성이 증가함
교육과정 핵심 역량	자기관리 역량, 지식정보처리 역량, 창의적 사고 역량, 심미적 감성 역량, 협력적 소통 역량, 공동체 역량
깊이 있는 학습	단순한 지식 암기를 넘어서, 핵심 개념과 아이디어를 깊이 이해하고 실생활 맥락에서 적용할 수 있도록 설계해야 함
교과 간 연계와 통합	여러 교과의 내용을 연계하여 학생들이 다양한 문제 해결 방식을 탐구할 수 있도록 통합적 사고를 유도해야 함
삶과 연계한 학습	실생활과 관련된 맥락을 제공하여 학생들이 배운 내용을 실제로 적용하고, 의미 있는 학습 경험을 제공해야 함
학습 과정에 대한 성찰	학생들이 스스로의 학습 과정을 성찰하고 개선할 수 있는 기회를 제공해 자기주도 학습 역량을 기를 수 있도록 해야 함

1 2022 개정 교육과정의 도입 배경과 목적

(1) 배경: 미래 사회 변화

① **불안정한 사회**: 인공지능 기술 발전과 디지털 전환, 기후·생태환경 변화, 인구 구조 변화 등 사회의 불확실성이 증가하고 있음

② **사회의 복잡성과 다양성 확대**: 복잡하고 다양한 사회 문제 해결을 위한 협력 필요성이 증가하고 상호 존중과 공동체의 중요성이 높아짐

③ 학생 맞춤형 교육 요구: 학생 개개인의 특성과 진로에 맞는 학습을 지원해 주는 맞춤형 교육에 대한 요구 증가

(2) 교육과정의 중점

① 학생 주도성: 학생들이 변화에 능동적으로 대응하고, 자신의 삶과 학습을 스스로 이끌어 가는 주도성을 함양하도록 함

② 공동체 의식: 학생 개개인의 인격적 성장을 지원하고, 사회 구성원 모두의 행복을 위해 서로 존중하고 배려하며 협력하는 공동체 의식을 함양할 수 있도록 함

③ 기초 소양 강조: 모든 학생이 언어·수리·디지털 기초 소양을 습득할 수 있도록 함

④ 맞춤형 교육과정: 학생 맞춤형 교육과정 체계를 통해 각자에게 적절한 시기에 학습할 수 있도록 하고, 학생이 자신의 진로와 학습을 주도적으로 설계하도록 함

⑤ 깊이 있는 학습: 교과 교육은 깊이 있는 학습을 통해 역량을 함양할 수 있도록, 교과 간 연계와 통합, 학생의 삶과 연계된 학습, 학습에 대한 성찰을 강화함

⑥ 학생 참여 및 문제 해결 수업: 다양한 학생 참여형 수업을 활성화하고, 문제 해결 및 사고 과정을 중시하는 평가를 통해 학습의 질을 개선함

••• 예시 ....

교육과정의 문장을 수업나눔 답안에 활용한 사례 활용하기

- 사회가 복잡하고 다양해지면서, 사회 문제의 해결을 위한 협력 역량이 강조되고 상호 존중과 공동체 의식의 함양이 중요해지고 있습니다. 이에 저는 오늘 수업에서 모둠학습에 기반한 PBL 수업을 설계하였습니다.
- 2022 개정 교육과정은 학생 맞춤형 교육과정 체계를 통해 학생들이 자신의 진로와 학습을 주도적으로 설계하도록 하고 있습니다. 이에 본 수업이 시작할 때, 학생들이 자신의 학습을 직접 설계할 수 있도록 오늘 수업 계획서를 스스로 작성하는 시간을 갖도록 하였습니다.

(3) 추구하는 인간상과 핵심 역량

① 인간상: 포용성과 창의성을 갖춘 주도적인 사람

② 핵심 역량

역량	의미	함양 방안 예시 활용하기
자기관리 역량	자아정체성과 자신감을 갖고 자신의 삶과 진로를 스스로 설계하며 이에 필요한 기초 능력과 자질을 갖추어 자기주도적으로 살아갈 수 있는 역량	수업 중 학생들에게 개인 학습 계획을 세우도록 하거나, 목표를 스스로 설정하고 학습 진행 상황을 점검하도록 지도함

지식정보처리 역량	문제를 합리적으로 해결하기 위하여 다양한 영역의 지식과 정보를 깊이 있게 이해하고 비판적으로 탐구하며 활용할 수 있는 역량	학생들에게 다양한 자료를 제공하고, 그 자료를 분석하여 문제를 해결하는 활동을 수업 중에 제공하기. 정보의 출처를 평가하고, 정보를 비교해 합리적인 해결책을 도출하도록 유도하기
창의적 사고 역량	폭넓은 기초 지식을 바탕으로 다양한 전문 분야의 지식, 기술, 경험을 융합적으로 활용하여 새로운 것을 창출하는 역량	학생들이 자유롭게 아이디어를 내고, 다양한 해결책을 모색할 수 있는 토론과 브레인스토밍 활동을 진행함. 이때 예술, 과학 등 다양한 영역의 지식을 융합한 문제 해결 과제를 제공할 것
심미적 감성 역량	인간에 대한 공감적 이해와 문화적 감수성을 바탕으로 삶의 의미와 가치를 성찰하고 향유하는 역량	문학, 미술, 음악 등을 활용한 활동을 통해 학생들이 예술적 감수성을 기를 수 있도록 수업을 전개함. 예를 들어, 시나 미술 작품을 감상하고, 자신의 감정을 표현하는 활동
협력적 소통 역량	다른 사람의 관점을 존중하고 경청하는 가운데 자신의 생각과 과정을 효과적으로 표현하며 상호 협력적인 관계에서 공동의 목적을 구현하는 역량	그룹 프로젝트나 협동 학습을 통해 학생들이 서로 의견을 나누고 협력하는 과정에서 공동의 목표를 달성하도록 유도. 역할 분담과 상호 소통 활동 강조
공동체 역량	지역·국가·세계 공동체의 구성원에게 요구되는 개방적·포용적 가치와 태도로 지속 가능한 인류 공동체 발전에 적극적이고 책임감 있게 참여하는 역량	지역 사회 문제를 다루는 프로젝트 수업을 통해 학생들이 공동체의 일원으로서 사회적 책임감을 느끼고, 문제 해결에 적극적으로 참여할 수 있도록 유도함

2 학교급별 교육 목표

(1) 초등학교

① 학생들이 기본 습관과 기초 능력을 기르며 바른 인성을 함양하는 데 중점을 둠

② 이를 통해 건강한 생활 습관과 문제 해결 능력을 키우고,

③ 규칙과 배려심을 함양하여 풍부한 학습 경험을 통해 꿈을 키우도록 도움

(2) 중학교

① 자아존중감과 책임감을 바탕으로 진로 탐색과 도전정신을 기르는 데 중점을 둠

② 학생들은 창의적 사고와 문제 해결 능력을 키우며, 세계 문화에 대한 이해와 공감을 함양함

③ 이를 통해 공동체 의식과 민주시민의 자질을 갖추고 타인과 소통하는 능력을 기름

(3) 고등학교

① 학생의 적성과 소질에 맞는 진로 개척과, 세계시민의 자질을 함양하는 데 중점을 둠

② 성숙한 자아의식과 평생 학습 능력을 바탕으로 창의적 문제 해결 능력을 키우고,

③ 다양한 문화 이해를 통해 문화 창출에 기여할 자질을 함양함

④ 이를 통해 배려와 나눔을 실천하는 세계시민으로 성장할 수 있도록 함

··· **예시** ··

학교급별 교육 목표가 반영된 수업 구상과 나눔 답안 (활용하기)

초	실연	학생들에게 "교실에서 지켜야 할 규칙"을 주제로 그룹별 토론을 진행하게 하고, 그 결과물을 발표하도록 함. 또한, 자기 관리 능력을 기르기 위해 자신의 하루 일과를 계획하고 발표하는 활동을 포함시킴
	나눔	이번 수업에서 제가 중점을 둔 것은 학생들의 기본 습관과 자기관리 능력을 기르는 것이었습니다. 교육과정이 제시하는 초등학교의 교육 목표를 상기하여, 학생들이 규칙을 지키는 태도를 배우고, 자신의 일상을 계획하며 자기주도적인 학습 태도를 함양할 수 있도록 설계하고자 하였습니다.
중	실연	토론 기반 학습을 통해 학생들이 비판적 사고와 창의적 사고를 기를 수 있도록 함. 찬반이 나뉘는 교과 관련 이슈에 대해 조사를 하고, 이를 바탕으로 모둠별로 토론을 진행함. 학생들은 자신의 의견을 정리하고, 타인의 의견을 수용하며 협력적 소통 역량을 기르게 됨
	나눔	저는 급변하는 미래 사회에서 살아갈 학생들에게는, 비판적 사고와 협력적 소통 역량을 기르는 것이 중요하다고 생각합니다. 특히 학생들이 중학생임을 고려하여, 서로 다른 의견을 존중하고 민주시민의 자질을 함양할 수 있도록 토론을 설계하였습니다. 이를 통해 학생들은 창의적으로 문제를 해결하고, 협력적 사고를 기반으로 공동의 목표를 이루기 위한 방법을 스스로 탐구할 수 있었습니다.
고	실연	외국 학생들과 가상으로 연결되어, 모둠별로 글로벌 이슈를 해결하기 위한 공동 프로젝트를 수행함. 각 모둠이 자료를 조사하고, 온라인 협업 도구를 활용해 문제 해결 방안을 도출한 후, 이를 발표하는 방식. 이를 통해 학생들은 협력적 소통 역량과 비판적 사고 능력을 기르게 됨
	나눔	본 수업은 세계시민 의식과 자기주도적인 학습 능력을 기를 수 있도록 설계되었습니다. 학생들이 글로벌 이슈를 탐구하고 다양한 문화를 이해하며 협력적 문제 해결을 경험할 수 있도록 한 것이 핵심이었습니다. 이 과정에서 학생들이 비판적 사고를 통해 문제를 분석하고, 진로 탐색과 연계하여 자기주도적인 학습 태도를 발전시킬 수 있도록 유도하였습니다.

3 2022 개정 교육과정에서 바라보는 좋은 수업

2022 개정 교육과정은 학생의 삶과 연계하여 유의미한 맥락 속에서 배운 내용을 활용할 수 있는 역량을 함양하는 데 중점을 두고 있다. 특히 '올바른 학습'의 상태를 ① 깊이 있는 학습으로 요약하면서, 이를 위해서는 ② 교과 간 연계와 통합 ③ 삶과 연계한 학습 ④ 학습 과정에 대한 성찰이 중요하다고 강조하였다.

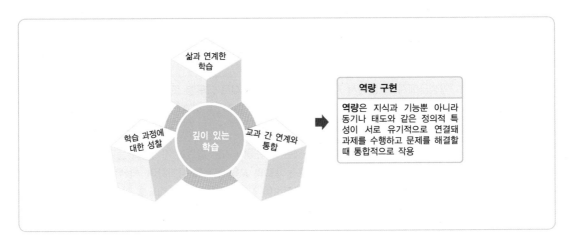

(1) 깊이 있는 학습

① 등장 배경

- **활동 중심 수업의 문제**: 학생의 역량 성장을 목표로 한 활동이 깊은 사고나 탐구와 연결되지 않거나, 활동 자체가 목적이 되어 '활동을 위한 활동'이 되거나, 실질적인 학습 효과가 없는 텅 빈 경험으로 전락하는 경우 발생 ➡ 깊이 있는 학습은 단순한 활동을 넘어서, 학생들이 활동을 통해 사고하고 탐구할 수 있는 기회를 제공함으로써 학습의 질을 높이고자 함
- **지식 중심 수업의 문제**: 지식의 중요성만을 강조하여 비판적 사고나 창의적 사고로 확장되지 못하고, 학생들이 깊이 있는 탐구나 사고를 경험하지 못하는 경우 발생 ➡ 깊이 있는 학습은 지식을 단순히 암기하는 것을 넘어, 실생활 맥락에서 이해하고, 이를 통해 새로운 문제 상황에 창의적으로 적용할 수 있도록 설계됨

② 의미

- 학생들이 단순히 지식을 암기하는 것이 아니라, 핵심 개념과 '핵심 아이디어'를 깊이 이해하고, 이를 실생활 맥락에서 응용할 수 있는 능력을 기르는 학습 방식

- 각 교과의 고유한 핵심 개념과 탐구 방식을 내면화하여, 학생들이 다양한 문제 상황에서 창의적이고 융합적으로 해결할 수 있는 역량을 기르는 것을 목표로 함

③ 주요 특징
- **핵심 아이디어 중심 학습**: 각 교과의 '핵심 아이디어'를 기준으로, 지식-이해, 과정-기능, 가치-태도의 내용 요소를 교과 고유의 탐구 과정을 통해 유기적으로 연결하는 학습
- **융합적 사고와 문제 해결 능력**: 교과 내, 교과 간 연계성을 신중히 고려하여 융합적으로 사고하고 창의적으로 문제를 해결하는 능력을 강조함
- **실생활 맥락에서의 학습**: 학습 내용이 실생활과 연결될 수 있도록 맥락을 제공함. 이를 통해 삶에 의미 있는 학습이 될 수 있도록 하고 학습의 실용성을 높임
- **자기주도 학습**: 학생들이 스스로 학습 전략을 점검하고 탐구 과정을 통해 학습의 폭과 깊이를 확장함. 자기주도적으로 학습할 수 있는 역량을 키움
- **기초 소양 강화**: 깊이 있는 학습을 위해 언어, 수리, 디지털 기초 소양 등을 모든 교과에서 통합적으로 기를 수 있어야 함

(2) 교과 간 연계와 통합

① 의미
- 여러 교과의 핵심 내용을 통합하여 학습자가 지식과 기능을 서로 관련지어 습득하고, 이를 적용하여 문제를 해결하도록 지원하는 것을 의미함
- 학생이 여러 교과에서 배운 지식과 기능을 통합적으로 사고하여 자기만의 개념적 틀과 인지 지도를 만들고 새로운 맥락에 적용함

② 주요 특징
- **학생 중심의 통합**: 교사가 교과를 통합하는 것이 아니라, 학생이 통합의 주체가 되어 여러 교과의 지식과 기능을 연결하고 적용함. 이때 통합은 학생 삶과의 통합, 교과 내·간 지식의 통합 모두를 의미함
- **교사의 역할**: 어떻게 하면 학생이 통합적으로 사고할 수 있도록 할 것인가를 고민해야 함(교육과정을 어떻게 통합할 것인가를 고민하는 것이 아님)
- **교과 내·간 연계성 강화**: 교과 내 영역 간, 교과 간 내용 연계성을 고려하여 학생들이 아이디어들 간의 관계를 파악하고, 사고와 경험의 통합을 이루도록 함
- **통합적 사고 촉진**: 다양한 교과의 지식을 바탕으로 현상을 탐구하고 문제를 해결하는 과정을 통해 융합적 사고 능력을 향상시킴

- 전이 능력 함양: 학습한 지식을 일반화하여 새로운 상황에 적용하는 능력을 기르며, 변화하는 상황과 요구에 유연하게 대응할 수 있도록 함

(3) 삶과 연계한 학습

① 의미

- 학생들이 맥락 속에서 배운 지식과 기능을 실생활에서 적용하고 실천할 수 있도록 기회를 제공하는 것을 의미함
- 교과에서 학습한 내용이나 결과물, 수행 과정이 학생과 타인에게 의미 있고, 학교 밖 실생활에서도 가치 있게 활용될 수 있도록 돕는 학습

② 주요 특징

- **실생활 맥락에서의 학습**: 지식과 기능을 실제 삶의 상황과 연결하여 학습의 의미와 실용성을 높임. 실생활에서 지식을 전이할 수 있도록 함
- **학생의 탐구와 사고 능력 강화**: 학생이 주체적으로 지식을 구성하고, 체계적인 탐구를 수행하며, 고등사고 기능을 활용함
- **실제 수행 강조**: 학습한 내용을 다른 맥락과 상황에 적용하고 문제를 해결하는 실제적인 수행 경험을 제공하여 전이 능력을 기름
- **지식의 실천 기회 제공**: 학생이 배운 지식을 자신의 삶 속에서 직접 활용하고 실천하는 경험 제공. 학습 내용을 정교하게 표현하고 소통할 수 있는 기회를 제공하여 의사소통 능력을 강화함

(4) 학습 과정에 대한 성찰

① 의미

- 학생이 자신의 학습 과정과 성과를 점검하고 반성하며, 새로운 상황에서 자신의 지식을 적용하는 방법을 이해하는 것을 의미함
- 학생이 스스로의 학습 방법과 문제 해결 과정을 되돌아보고 개선하는 메타인지적 활동

② 주요 특징

- **성찰을 통한 성장**: 학생이 자신의 학습 과정을 성찰하여 스스로 학습 전략을 개선할 기회를 제공함
- **메타인지 능력 함양**: 사고 과정에 대한 사고를 통해 학생이 자기 자신의 학습 방법과 사고 과정을 인식하고 조절하는 성찰적 사고

- 자기주도적 학습 강화: 학습자가 스스로 학습 목표를 설정하고 달성하기 위한 전략을 수립하며, 지속적인 학습 동기를 부여받음
- 과정 중심 평가: 학습의 결과뿐만 아니라 과정 자체를 중시하는 평가를 통해 학습자가 자신의 발전 상황을 파악하고 다음 학습을 계획할 수 있도록 지원함

4 수업 설계 시 지향점 활용하기

중점 사항	수업 설계 지향점
깊이 있는 학습	• 핵심 내용 중심 수업: 단순 지식 전달이 아닌 학생들이 핵심 개념을 깊이 이해하고 이를 실생활에 적용할 수 있는지를 설계해야 함 • 학생 참여 기반 수업: 이때 참여는 그저 출석이 아니라, 학생이 호기심을 갖고 수업에 '생각이 참여'하는 것을 의미함. 학생의 몰입과 학습의 즐거움을 강조 • 지식 융합적 구성: 창의적 사고와 융합적 문제 해결 능력을 측정할 수 있는 평가 방법 • 탐구 기반 학습: 학생의 자발적인 탐구와 자기주도 학습을 촉진하는 방식으로 수업 설계 및 평가가 이루어져야 함
교과 간 연계와 통합	• 교과 통합을 통해 문제 해결 유도: 교과 간 연계성과 통합적 사고를 촉진하는 수업 설계. 학생이 스스로 교과 간 지식을 연결하여 문제를 해결하는 능력을 중시해야 함 • 전이 능력 중시: 학생들이 배운 내용을 새로운 상황에 어떻게 적용하는지 확인할 수 있는 과제가 포함되어야 함 • 융합적 사고 촉진: 수업 중 융합적 사고와 통합적 학습 경험을 강화하는 평가 도구를 개발하여 적용해야 함
삶과 연계한 학습	• 실생활과 연계된 학습: 학생의 실제 삶과 연결되는 문제와 주제를 다루어 학습의 의미를 강화할 것 • 학생의 실질적인 수행 유도: 학생의 눈높이에 맞춘, 학생의 일상세계와 연결된 적절한 탐구 질문을 제공해 실제 상황에서 학생이 직접 연습할 수 있도록 수업을 설계
학습 과정에 대한 성찰	• 자기 성찰 기회 제공: 학생이 메타인지적 활동을 통해 학습 과정과 전략을 스스로 점검하고 개선할 수 있도록 탐구 기회 제공 • 과정 중심 평가: 지식뿐 아니라 문제 해결 과정과 학습 전략을 평가하는 방식으로 전환

 **Check Box**

2022 개정 교육과정, 어떻게 실천할까?

다음 2022 개정 교육과정과 관련된 핵심 개념을 설명할 수 있어야 한다.

체크리스트	적용하기
☐ 2022 개정 교육과정의 도입 배경	사회 변화(인공지능, 기후 변화, 인구 구조 변화 등)에 대응하기 위한 교육의 방향성을 작성해 보자.
☐ 2022 개정 교육과정이 중점적으로 강조하는 사항	학생 주도성, 공동체 의식, 맞춤형 교육과정을 위해 고려해야 할 요소를 작성해 보자.
☐ 2022 개정 교육과정에서 제시되는 핵심 역량	6개의 핵심 역량 중 2가지를 선택해 수업에서 어떻게 실연할 것인지와 그와 연계된 나눔 답안을 키워드 중심으로 작성해 보자.
☐ 깊이 있는 학습	학생이 깊이 있는 학습을 통해 얻은 결과나 성장을 나눔 답변에서 어떻게 표현할지 구상해 보자.
☐ 삶과 연계한 학습	수업 내용을 학생들의 실생활과 연결하여 실질적인 학습 효과를 얻을 수 있도록 고민해 보자.
☐ 교과 간 연계와 통합	교과 간 연계와 통합을 통해 문제 해결 능력을 키울 수 있는 수업 방안을 고민해 보자.
☐ 학습 과정에 대한 성찰	학습 후 자기 성찰 기회를 제공하고 메타인지적 사고를 키울 수 있는 수업 전략을 작성해 보자.

02. 경기교육의 기조

이것만은 📖

경기교육은 자율, 균형, 미래라는 세 가지 기조를 중심으로 학생들이 자기주도적이고 공동체성을 실천하는 인간으로 성장할 수 있도록 돕는 교육을 지향하고 있습니다. 특히, 교사의 자율성과 전문성을 바탕으로 한 교사 교육과정 운영을 강조하며, 미래 사회에서 요구되는 창의적 문제 해결력을 함양할 수 있는 교육을 목표로 합니다.

핵심 기조	수업 설계 및 운영 방향
자율	학생이 학습 목표를 스스로 설정하고 주도적으로 학습하도록 지원함
균형	인지, 사회, 정서적 능력을 균형 있게 발전시킬 수 있는 학습 경험을 제공함
미래	에듀테크 활용 및 문제 해결력 중심의 수업을 통해 미래 사회에 적응할 수 있도록 함

1 경기교육의 지향

- **인재상**: 인류애와 기본 인성을 바탕으로 복잡한 사회문제를 해결할 수 있는 능력을 갖춘 인재를 기르는 데 중점을 둠
- **교육상**: 학생들이 자기주도적인 학습을 통해 기본 인성과 기초 역량을 함양하고, 공동체성 및 인류애를 실천하는 인간으로 성장하도록 하는 교육을 중시함
- **핵심 기조**: 이를 위해 자율, 균형, 미래의 세 가지 핵심 기조를 바탕으로 한 교육을 지향함

(1) 자율

① 의미: 교육공동체가 신뢰를 바탕으로 교육의 전반에 대해 스스로 결정하고 책임감 있게 실천하는 역량을 의미

② 경기교육은 모든 교육 주체가 상호 존중과 협력을 통해 함께 성장하는 문화를 조성하며, 학생의 요구와 사회적 필요를 반영한 교육과정을 제공함

(2) 균형

① 의미: 교육의 본질에 집중하며, 인지적, 사회적, 정서적, 신체적 영역에서 조화로운 발달을 지원하는 교육과정을 의미

② 경기교육은 학생들이 조화롭게 성장할 수 있는 다양한 경험을 제공하며, 서로 다른 특성과 잠재력을 인정하고 존중하는 교육 환경을 조성함

(3) 미래

① 의미: 경기교육이 지향하는 방향으로, 학생들이 스스로의 꿈을 펼치고 미래를 향해 나아갈 수 있도록 지원하는 교육을 의미

② 경기교육은 에듀테크를 활용한 맞춤형 교육과정을 제공하여 학생들이 변화하는 사회에 능동적으로 대처할 수 있는 문제 해결력과 창의력을 기를 수 있도록 도움

예시

경기교육의 지향을 평가 시 반영한 사례 활용하기

- 나눔 답안: "경기교육은 교육 주체인 학생의 자율을 강조합니다. 이에 오늘 수업에서 저는 학생들이 스스로 학습 목표를 설정하고 탐구할 수 있도록 자율적인 학습 환경을 조성했습니다. 각 팀은 자신들이 선택한 주제에 대해 책임감을 가지고 연구를 진행하며 협력하는 경험을 했습니다. 이 과정에서 학생들은 자율적으로 학습을 주도하는 역량을 키우고, 공동체 내에서 협력과 소통을 실천할 수 있었습니다."
- 수업 중 '스마트 도시 문제 해결'이라는 주제로, 학생들이 온라인 협업 도구인 패들렛(Padlet)를 사용하여 아이디어를 공유하고, 각 팀이 스마트 도시의 문제를 연구한 후, 미래 사회에서 적용할 수 있는 해결책을 발표하도록 함. 나눔 답안으로 "오늘 수업 중 에듀테크를 활용하여 학생들이 미래 사회에 필요한 창의적 문제 해결력을 기를 수 있도록 설계하고자 하였습니다. 이를 통해 학생들이 미래 변화되는 사회에 능동적으로 대처할 수 있는 역량을 기를 수 있도록 노력했습니다."

2 경기도 교육과정의 특징 활용하기

① 인간상: 기본 인성(도덕성, 공동체 의식, 인간다움)과 기초 역량(지식과 기능, 가치를 통합적으로 활용해 문제 해결을 할 수 있는 역량)을 갖춘 자기주도적인 사람

② 인성교육으로 공동체성을 함양하는 교육: 인성 교육과 디지털 시민성을 바탕으로 공동체성을 함양함

③ 기초 소양의 토대 위에 역량을 함양하는 교육: 지식 전달이 아닌, 실생활에서 필요한 역량을 키우기 위해 기초 소양을 바탕으로 깊이 있는 학습을 지원함

④ **전문성과 자율성에 기반한 유연한 교육**: 교사와 학교의 자율성을 보장하고, 학생 맞춤형 교육과정을 설계하여 학생의 성장을 촉진함

⑤ **지역과 협력하여 교육 생태계를 확장하는 교육**: 학교와 지역이 협력하여 학습 공간을 확장하고, 교육 생태계를 조성함

⑥ **지속 가능한 미래로의 전환을 추구하는 교육**: 에듀테크 등을 활용해 지속 가능한 미래로의 전환을 지원하는 맞춤형 교육과정 운영

3 교사 교육과정

(1) 교사 교육과정 설계의 중점

① **교사 자율성 기반 설계**: 교사는 국가와 지역 교육과정을 근간으로 하여 교육과정을 해석하고 재구성할 수 있으며, 이를 통해 학생의 성장을 촉진하는 교육과정을 설계함

② **협력과 상호작용 중시**: 교사는 동 학년 모임, 교과별 협의회, 현장 연구를 통해 교육과정을 공동체적으로 해석하고 운영함. 이는 교육과정의 질을 높이는 데 필수적인 요소로 작용

③ **학생의 특성 반영**: 교사는 학생들의 인지적, 사회적, 정서적 능력을 계발할 수 있도록 상호작용을 중시하며, 학생 개개인의 특성을 반영한 교육과정을 설계함

④ **실생활과 연계**: 학습 내용은 학생이 실생활에서 의미를 구성할 수 있도록 설계되어야 하며, 교사는 이를 통해 학생들이 학습한 내용을 현실 세계에 적용하고 성찰할 수 있는 기회를 제공함

(2) 교사 교육과정 운영 시 주요 사항

① **성취기준 재구조화**: 교사는 학교와 학생의 상황에 맞게 성취기준을 재구조화할 수 있으며, 이를 통해 학생들에게 적합한 학습 경험을 제공함

② **교육과정 통합**: 교과 간 다학문적, 간학문적 통합을 통해 학생들이 여러 교과의 핵심 개념을 연결하여 사고할 수 있는 교육과정을 설계함

③ **학생의 사회적 능력 배양**: 교사는 학생들이 다양한 관점에서 사회적 문제를 탐구하고, 협력적으로 문제를 해결할 수 있는 기회를 제공하도록 교육과정을 설계함

사이다 Check Box

경기교육이란 무엇인가?

체크리스트	적용하기
☐ 경기교육의 3가지 기조는 자율, 균형, 미래이다.	자율, 균형, 미래의 기조가 내 수업에서 어떻게 드러날 수 있을지 고민해 보고, 나눔에서 설명할 방법을 구상해 보자.
☐ 경기교육의 인간상은 기본 인성과 기초 역량을 갖춘 자기주도적인 사람이다.	수업실연에서 보여줄 수 있는, 기본 인성을 갖춘 자기주도적인 학생을 위한 간단한 장치를 구상해 보자.
☐ 인성교육과 디지털 시민성을 바탕으로 공동체성을 함양하는 교육과정을 지향한다.	공동체성을 키우기 위해, 수업 중 어떤 활동을 설계할 수 있을지 생각해 보고 나눔에서 이를 어떻게 설명할지 준비해 보자.
☐ 교사와 학교의 자율성을 보장하며, 학생 맞춤형 교육과정을 설계하는 것을 중요하게 여긴다.	학생 맞춤형 교육을 어떻게 실연에서 실천할 수 있을지 생각해 보자.
☐ 지역과 협력하여 교육 생태계를 확장하고, 학교 밖에서도 학습 공간을 제공한다.	수업 중 지역과의 협력이나 확장된 학습 공간을 어떻게 활용할 수 있을지 구상하고, 나눔에서 설명할 방법을 정리해 보자.
☐ 지속 가능한 미래로의 전환을 목표로 에듀테크 등을 활용한 교육과정을 지향한다.	에듀테크를 사용하여 수업에서 창의적 문제 해결을 촉진할 수 있는 방법을 작성해 보자.
☐ 교사는 동 학년 모임, 교과별 협의회 등을 통해 교사 교육과정을 공동체적으로 운영한다.	협력적인 교사 모임을 통해 수업의 질을 높일 수 있는 방안을 구상하고, 나눔에서 협력의 중요성을 어떻게 설명할지 작성해 보자.

교사 교육과정을 위한 교육과정 문서 읽기의 필요성

2022 개정 교육과정은 교사가 단순히 수업을 실행하는 존재를 넘어서, 교육과정을 설계하고 개발하는 역할을 맡아야 한다고 강조하고 있습니다. 이른바 "교사 교육과정"이라 하여, 교사가 교육과정의 주체가 되어 지역과 학교의 특성, 그리고 학생 개개인의 요구를 반영한 맞춤형 교육과정을 만들어야 한다는 것이죠.

이와 같은 "교사 교육과정"의 관점은 경기도교육청에서도 매우 강조되고 있습니다. 교사는 여기서 교육과정의 철학을 제대로 이해하고, 교사의 교육과정, 수업, 평가에 일관되게 그 철학을 적용할 수 있어야 합니다. 이때 교육과정 문서를 단순히 따르기만 하는 것이 아니라, 스스로 해석하고 적용하여 지역과 학교의 특성에 맞춘 수업을 구성하는 것이 중요합니다. 그렇기에 지금 이 시점, 2022 개정 교육과정과 경기교육이 강조하는 '깊이 있는 수업' 개념을 정확하게 이해할 필요가 있습니다.

그런데 교수·학습과 평가에서 교육과정과 수업, 그리고 평가를 일관성 있게 만들려면 무엇을 참고해야 할까요? 이를 위해서는 다시 '교육과정 문서'를 꼼꼼히 살펴보는 것을 추천합니다. 특히 [2022 개정 교육과정 총론]에서 제시된 '교수·학습' 및 '평가' 설계 방안과 그에 기반한 [경기도교육과정 총론]에 제시된 '교수·학습' 및 '평가' 설계 방안, 그리고 [2022 개정 교육과정 각론]의 '성취기준 적용 시 고려사항', '교수·학습 및 평가'를 참고하면, 수업 설계와 운영 시 학생의 성장과 발달을 어떻게 지원할 수 있을지에 대한 유용한 힌트를 많이 얻을 수 있습니다.

물론 교육과정이 대강화된 만큼, 교사들은 더 자유롭게 수업에서 활용하는 교수·학습 방법을 창의적으로 설계할 수 있습니다. 그 과정에서 평가 역시 수업과 밀접하게 연계되어야 하며, 이를 통해 학생의 성장을 지원하는 평가 설계 방안을 찾는 것이 핵심입니다. 그러나 '학생 맞춤형의 깊이 있는 수업'이라는 기조는 벗어나지 않는 것이 필요하겠지요. 이러한 내용을 바탕으로, 수업실연이나 수업나눔평가를 준비할 때도 교육과정의 일관성과 체계성을 유지할 수 있도록 대비하는 것이 필요합니다.

 QR코드는 여러분이 확인하고 읽어서 체화해야 할 교육과정 문서의 몇몇 부분을 정리해둔 페이지입니다. 문서화된 교육과정을 확인하고, 이를 반영하여 나의 수업과 평가가 어떻게 설계되어야 할지 고민해 보세요. 그리고 그러한 고민을 나눔으로 연결해 보세요. 교육과정의 핵심 원칙을 이해하고 이를 수업실연과 나눔에 녹여내면, 실제적인 수업 능력 계발과 시험 결과 모두에서 좋은 성과를 얻을 수 있을 것입니다.

03. 경기 교수학습의 방향: 깊이 있는 수업

임태희 교육감 취임 이후, 경기도교육청에서는 그간의 경기교육을 성찰하고 미래교육의 담론 속에서 경기 교수학습의 방향을 '깊이 있는 수업'으로 재설정하였습니다. 깊이 있는 수업의 철학, 실천원리, 지향점에 대해 깊이 있게 이해하는 것이 중요합니다.

경기 교수학습 방향	미래 역량		자율과 학생 주도성, 균형과 조화, 미래와 창의성
	사유하는 학생		자율적으로 사고하고 자신의 경험과 사회적 맥락에서 의미를 구성하며, 비판적 사고를 통해 자신의 신념과 가치를 성찰하는 학생
	깊이 있는 수업		개념 이해와 실생활 문제 해결을 강조하며, 학생 주도성과 교사 주도성이 조화를 이루는 수업으로 비판적 사고와 문제 해결 역량을 중점적으로 향상시킴
깊이 있는 수업	철학	학습	학습은 학생의 사유와 능동적 이해 과정
		교사	교사는 주도성을 발휘하여 학생의 성장에 맞춰 교육과정을 재구성함
		성장	교사는 교육과정 문해력과 맞춤형 수업 역량을, 학생은 자기주도성, 창의성, 통합적 사고 및 공동체 의식을 함양하여 함께 성장함
	실천원리		학생과 교사의 주도성이 조화되는 수업 활성화, 질문과 탐구 중심 수업: 탐구–실행–성찰 수업 실천, 삶의 맥락 중심 문제 해결을 반영한 수업 구조화
	지향점		학생들이 질문하고 탐구하며 스스로 의미를 구성하는 과정을 통해 삶의 문제를 해결할 수 있도록 설계된 수업을 목표로 함. 학생 개개인에게 다양한 학습 지원을 제공하고, 성장을 돕는 수업을 지향함

1 새로운 경기 교수학습의 방향

(1) 경기교육이 추구하는 미래 역량

① **자율과 학생 주도성**: 학생이 자율적으로 학습하고 미래에 대응할 수 있는 능력, 학생의 진로와 선호에 맞춘 수업 설계 필요

② **균형과 조화**: 사회·정서적 성장을 포함한 지식과 감정의 균형 추구, 학생과 교사 간 상호 존중과 협력 중시

③ 미래와 창의성: 디지털 전환 시대에 맞춰 창의적 사고와 새로운 가치 창출 능력 강조, 학생이 질문하고 탐구할 수 있는 수업 설계 필요

(2) **경기 교수학습 방향**: 사유하는 학생, 깊이 있는 수업

① 사유하는 학생: 개인의 경험, 지식, 문화, 사회적 맥락에 따라 구성된 가치와 신념을 탐색하고, 이에 대해 비판적으로 생각하며 스스로 자신의 믿음과 가치에 대해 깊이 성찰하는 학생

② 깊이 있는 수업: 학생이 개념 이해를 바탕으로 삶의 맥락을 반영한 문제를 해결하는 학습을 강조하는 수업으로, 학생의 사유와 질문으로 학생과 교사 주도성이 조화를 이루어 비판적 사고 및 문제 해결 역량 등 미래 역량을 향상시키는 데 중점을 두는 수업

 잠깐!

> 경기도교육청은 그동안 '배움중심수업'이라는 용어를 활용하여 교육청 차원에서 지향하는 수업의 상을 구체적으로 제시해 왔습니다. 그러나 이제 사유하는 학생을 키우는 '깊이 있는 수업'을 중시하고 있으니, 배움중심수업과 비교하여 '깊이 있는 수업'의 의미를 정확하게 파악하고 적극적으로 활용할 수 있어야 합니다!

2 깊이 있는 수업의 철학 활용하기

(1) **학생의 학습에 대한 관점**: 학생의 학습 = 학생의 사유 + 능동적 이해

① 삶의 의미를 구성하는 과정: 무엇을 아는 것에 머물지 않고, 자신의 삶에서 적극적이며 적절히 활용할 수 있는 능력을 갖추는 것

② 새로운 상황에 적용(전이): 교과의 핵심 아이디어를 바탕으로 학습한 것을 새로운 상황에 적용하는 전이가 중요함

③ 학생의 사유와 능동적 이해의 결과: 학습은 학생이 깊게 사유하고 능동적으로 이해할 때 가능함

④ 과도한 활동 지양: 단지 과제나 활동에 집중하거나 치우치면 학생에게 학습이 나타나지 않음. 과도한 활동이 학생의 학습을 잠식하지 않도록 해야 함

(2) **교사에 대한 관점**: 교사 주도성과 교사 교육과정

① 교사 교육과정: 교사가 학생의 삶을 중심으로 국가, 지역, 학교 수준 교육과정을 공동체성에 기반해 적극적으로 해석하고 학생의 성장 발달을 촉진하도록 편성, 운영하는 교육과정

② 교사 주도성의 발현: 전문성과 자율성을 바탕으로 교육과정을 적극적으로 탐구하고 연구함

③ 협력적인 탐구: 교사는 동 학년 모임, 교과별 모임, 현장 연구, 자체 연수, 전문적 학습 공동체 등 다양한 교육 주체와 협력해 수업에 대해 적극적으로 탐구하고 질을 높여나감

(3) 성장에 대한 관점

교사 성장	교육과정 문해력	교수학습 방법 개발	평가 및 피드백
	교과 내용 체계와 성취기준에 근거하여 학생의 학습과 성장 지원	학생의 성취수준 도달 정도 지원을 위한 다양한 수업 방법과 전략 마련	학생의 역량 함양을 위한 평가 및 환류로 성공적 학습 지원

학생 성장	자기주도성	창의성	통합적 사고
	자신의 삶의 과정 선택하고 결정하면서 문제 해결 및 세계와 연결	비판적 사고와 논리적 사고를 촉진하여 새로운 아이디어와 가치를 창출하는 능력	학습 경험의 폭과 깊이를 확장하여 교과의 고유 사고와 탐구 방법을 활용한 융합

① 교사의 성장

- 교육과정 문해력 신장: 교과목의 핵심 아이디어를 중심으로 교육과정을 해석하여 개별 학생에 맞추어 학습 경험의 폭과 깊이를 확장하도록 수업을 설계할 수 있게 됨
- 교수학습 방법 개발: 학생의 성취수준 도달을 위해 다양한 수업 방법과 학습 전략을 효과적으로 수립할 수 있게 됨
- 맞춤형 수업, 평가, 피드백: 학생의 역량을 함양하는 맞춤형 평가와 피드백을 제공하고 성공적인 학습을 지원할 수 있게 됨

② 학생의 성장

- 자기주도성의 성장: 급격한 변화 속에서 삶과 학습을 스스로 이끌어 갈 자기주도성이 성장함. 다양한 문제 해결 방법을 탐구하고, 비판적 사고를 통해 자신의 학습 과정을 반성하는 등 자기주도적인 학습 태도를 기를 수 있음
- 창의성의 함양: 폭넓은 기초 소양을 바탕으로 새로운 가치를 창출하는 창의적인 역량이 확장됨. 특히 실생활 맥락과 교과 내/교과 간 내용을 통합하여 융합적으로 사고하고, 문제를 다각도로 분석하여 해결하는 과정에서 비판적 사고와 논리적 사고가 촉진, 새로운 아이디어를 창출하는 창의적인 경험을 함

- 통합적 사고의 축적: 문화적 소양과 다양한 가치에 대한 이해를 바탕으로 통합적 사고가 누적됨. 다채로운 관점과 배경을 이해하는 과정에서 통합적인 사고가 더욱 발전함
- 공동체 의식의 성장: 다른 친구들이 갖고 있는 가치, 태도를 알고 공유하면서 상대방에 대한 배려와 협력의 공동체 의식이 성장함

3 깊이 있는 수업의 실천 원리

(1) 학생과 교사의 주도성이 조화되는 수업 활성화

① 학생 주도성: 학생은 스스로 사유하는 주도적인 학생으로 배움의 주도권을 가짐

② 교사 주도성: 교사는 학생의 학습을 중심으로 교사 교육과정을 주도적으로 설계함

예시

학생과 교사의 주도성이 조화를 이루는 깊이 있는 수업 실천 방안 사례 [활용하기]

전략	예시
학생들의 인지적(사고력), 정의적(태도), 행동적 참여를 고루 설계하고 자기 및 동료 평가를 경험하도록 함	• 학생들이 토론하거나 문제를 해결하는 활동을 포함하여 능동적인 사고력을 기르도록 함 • 학생들이 스스로 또는 서로의 참여도를 평가할 수 있는 기회를 제공함으로써 책임감과 성찰 능력을 강화
학생이 수업 활동에 참여하는 기회를 다양하게 제공하고, 자신의 학습에 책임을 다하는 수업 환경 조성	• 학생이 참여하는 기회 제공(개별, 모둠) • 수업 활동 최종 결과물 형태를 학생이 직접 결정하게 함
신뢰, 책임, 공정, 다양성을 존중하는 수업 문화를 조성	• 상호 존중을 위한 수업 활동 에티켓 제시하기 • 자유롭게 학생 스스로 발표 방식을 선정해 소개할 수 있도록 격려하기
학생 개개인이 삶과 성장을 주도할 수 있는 다양한 학습 지원(상담, 피드백, 성찰 기회 등) 제공	• 모둠 활동 소감문을 공유하고, 모둠 활동을 성공적으로 했던 경험 떠올려 보도록 하기 • 활동의 진행을 위한 구체적인 지침을 제공하고, 여러 예를 들어 설명해 학생 활동 지원하기

(2) 질문과 탐구 중심 수업: 탐구–실행–성찰 수업 실천

① 탐구: 학생이 학습 과정에 깊게 파고들어 스스로 질문하고 탐색하면서 문제를 해결하는 과정. 탐구를 촉진하는 핵심 질문을 제공하여, 학생이 개념을 이해하고 실생활에 적용할 수 있도록 함

② **질문:** 학생의 사고를 촉진시키고 개념을 제대로 이해하게 하기 위해 교사가 탐구 질문(핵심 질문)을 제공함. 이때 질문은 사실에 관한 질문(사실적 질문), 개념적 이해를 요구하는 질문(개념적 질문), 나아가 논쟁할 수 있는 질문(토론적 질문)으로 유형이 구분됨

③ **탐구-실행-성찰 수업:** 핵심 개념 이해를 바탕으로 하는 심층 탐구 수업으로, 탐구-실행-성찰의 순환적 과정으로 구성됨

- **탐구:** 학생의 탐구 과정. 교사는 교육과정의 핵심 아이디어를 기준으로 낮은 수준의 사고에서 높은 수준의 사고로 나아갈 수 있도록 적절하게 핵심 질문을 개발하고 제공함. 학생은 핵심 질문으로부터 촉진되어 스스로 질문을 생성하고 생성한 질문을 탐구하며 탐구 과정에 몰입함

- **실행:** 학생의 탐구 과정을 이끄는 수업 실행. 실험, 실습, 관찰, 조사, 실측, 수집, 견학 등 교과의 특성과 주제에 맞는 다양한 탐구 활동 경험이 충분히 이루어질 수 있도록 하며 토의·토론 학습을 통해 자신의 생각을 표현하는 기회를 가질 수 있도록 함

- **성찰:** 평가 또는 확인 과정을 통해 학생이 자신의 탐구 과정을 돌아봄. 탐구 과정에서 '성찰'은 메타인지와 같이 모든 단계에 포함되며, 이를 통해 학생들은 사고와 이해를 정교화하고 종합화함

(3) 삶의 맥락 중심 문제 해결을 반영한 수업 구조화

개인과 사회의 행복	정체성과 주도성	책임 있는 민주시민	공감과 상호협력
포용력과 이해력	보편적 사회복지	생태전환과 기후변화	디지털과 AI 구현

① **삶의 맥락을 반영한 수업:** 개인에서 공동체, 세계로 확장되는 수업 설계와 디지털 전환 및 다양성을 포함하고 지역 특성을 살린 교육. 삶의 맥락을 중심으로 교과, 학년, 학교 간 융합 수업 활성화

② **문제 해결로 몰입을 경험하는 수업:** 학생의 일상, 지역 사회의 이슈, 직면한 현실적 문제와 같은 실생활과 연계된 문제를 해결하고 수업에 통합함으로써 실용적이고 의미 있는 학습 경험이 되도록 함. 이를 통해 문제 해결 능력, 성취감, 배움의 깊이를 더함

삶과 연계된 교수학습의 사례 [활용하기]

하위 요소	세부 내용	구체적인 수업 방안 사례
학습자 자신과 학습에 대한 이해	• 학습자 자신의 이해 • 감정조절, 자기관리 등을 통한 성장과 학습 마인드셋 함양 • 학습자의 관심, 흥미 정보 • 학습자의 목표 성취에 대한 학습 이유 탐색 • 학습 과정에서의 인지적, 정서적 어려움을 스스로 인식	• 자기관리 노트 작성: 학생들이 학습 목표와 진행 상황을 기록하며 스스로 관리하는 활동 • 감정 일기: 감정 조절을 위한 감정 일기 작성 및 공유 • 학습 이유 탐색 토론: 학습 이유를 학생들이 서로 토론하며 공유하도록 지도
소통, 협력, 참여 문화 조성	• 소통과 공유를 통한 학습공동체의 협력적 학습 • 학습자의 성장에 의미 있는 교사(멘토)와의 소통	• 모둠 프로젝트: 모둠별로 주제 발표를 하고, 서로의 발표에 대해 피드백을 주고받는 협력 활동 • 멘토-멘티 시스템: 학급 내 멘토-멘티제도를 운영하여 성장 경험을 공유하는 활동
지역 사회와 연결된 교육 실천	• 지역 사회 자원을 적극 활용한 교과별 세상이 공유하는 융합적 학습 실천 • 지역 문화와 특성의 반영과 연계 • 실천적 경험을 통한 학습자 주도적 참여 • 시민으로서의 세상에 대한 관점 형성	• 경기공유학교 연계 지역 공동체 프로젝트 운영: 경기공유학교 네트워크를 활용하여 지역 공동체와 함께하는 학생 주도 프로젝트 진행 • 현장 학습 및 인터뷰: 지역 전문가나 주민과의 인터뷰를 통해 지역의 특성을 탐구하고 학습함 • 지역 공유자원 활용 수업: 도서관, 공공 공간, 전문가 인적 자원 등을 활용한 체험 학습 운영

④ [종합] 깊이 있는 수업의 지향점 (활용하기)

(1) 깊이 있는 수업의 모습

① 학생이 질문하고, 탐구하고, 궁금해하고, 자신과 타인 그리고 세상에 대해 이론을 만들어 가고, 궁극적으로 핵심 아이디어와 개념에 기반하여, 다층적인 이해를 발전시킬 수 있는 수업

② 학생의 학습이 중심이 되는 수업을 전개하며, 학생은 확대된 선택권으로 학교와 지역을 연계한 다양한 학습과 학습 설계를 경험하고, 스스로 자신의 삶과 성장을 주도해 감

③ 학생 개개인에게 다양한 학습 도움(상담, 피드백, 성찰 기회 등)이 제공됨

(2) 학습의 방식: 질문과 탐구 중심 수업

① 질문과 탐구의 과정: 질문 기반의 수업. 학습 초기에 던지는 질문이 학습하며 탐구하는 동안 바뀌고 변모하며 발전함

② 문제를 해결하는 심층적 학습: 실생활의 맥락과 연계된 문제를 제공하여 해결하는 방식

③ 전이가 가능한 학습: 단순히 지식을 암기하는 것이 아니라 수업을 통해 얻은 지식을 삶에 의미 있게 활용할 수 있도록 함

(3) 수업 설계 방향

학생과 교사 주도성의 조화	질문과 탐구 중심 수업	삶의 맥락 문제 해결 중심 수업
• 학생을 중심으로 수업을 설계하는 교사 주도성과 스스로 사유하는 학생 주도성의 조화를 지향함 • 학생이 자신의 진로와 선호를 바탕으로 학습에 몰입할 수 있도록, 교사는 안전한 수업 분위기를 조성하고, 상호 존중 속에 협력적인 탐구가 실천되도록 설계해야 함	• 학생들의 능동적인 수업 참여를 바탕으로 질문과 탐구로 지식을 구성하고 정교화함 • 학생의 질문은 사유의 시작이고 탐구과정으로 의미를 구성하므로 학생의 학습이 깊어질 수 있도록 교육과정을 재구성하여 수업을 설계함. 또한 학생 개인차를 고려하여 수업 방식과 내용을 적절하게 조절하는 데 충분한 노력을 기울여야 함	학생이 새로운 가치를 만들 수 있는 사고력을 함양하기 위해서는 기본 지식을 바탕으로 자신만의 생각을 만들 수 있는 교사의 수업 실천이 중요함. 이를 위해 교사는 수업 내용을 구조화하고 단순한 문제부터 시작하여 융복합적인 문제를 해결하는 수업과제를 활용해야 함. 따라서 교사는 다양한 교수학습 전략을 활용할 수 있는 수업 전문성을 가져야 함

① 학생 맞춤형 수업 설계: 학생 개인 맞춤형 수업 전략을 고안하여 적용함

② 수업 방법: 비판적 질문, 토의토론 수업, 협업 수업, 실험 실습 활동 등의 수업을 제공해 학생들이 수업을 스스로 주도하도록 모색해야 함

③ 학생 참여 수업 설계: 학생의 능동적인 수업 참여를 바탕으로 질문과 탐구로 지식을 구성하고 정교화함

④ 의미 지향 수업 설계: 학생이 주도적으로 의미를 구성하도록 사회·정서적 능력과 인지적 능력을 함께 계발하게 함

⑤ 협력수업 설계: 수업과 평가에서 협력적 문제 해결 등 다양한 상호작용의 기회를 제공해야 함

⑥ 삶의 문제 중심 설계: 학생이 삶의 문제를 주체적으로 해결하고 현상을 다각도로 탐구하도록 수업을 통합적으로 설계 및 운영해야 함

⑦ 질문과 탐구 중심 수업: 학생들의 탐구 질문에 기반하여 수업을 구성하고, 학생들은 탐구 질문에 대한 대답을 찾기 위해 의미 있는 탐구 활동을 전개하는 수업

⑧ 학생이 스스로 발견하게 하는 수업 설계: 학생이 개념을 학습할 때 교사가 개념을 제시하는 것이 아니라 개념과 개념 간의 관계가 어떤 모습인지 학생이 직접 발견할 수 있도록 설계하여, 새로운 상황을 맞닥뜨릴 때 학생이 직접 문제를 해결하는 전이적 학습에 다다를 수 있도록 함

⑨ 교과 통합적 설계: 학생이 여러 교과의 내용을 연결하여 사고하고 배운 것을 삶의 맥락에 적용할 수 있도록 함. 이때 학생 스스로 중요한 문제, 주제, 여러 교과의 핵심 아이디어를 중심으로 교과를 연결, 통합할 수 있도록 해야 함

⑩ 다양한 피드백 제공: 학생과의 능동적 소통 공간을 마련하고, 정서적 지원 전략을 제공해야 함. 다양한 피드백 전략을 고안, 제공하여 학생의 성찰을 독려함

⑪ 학생 성찰 독려: 학습 과정에서 학생이 새로운 상황과 문제에 자신이 학습한 것을 적용하면서 어떻게, 왜, 언제 적용해야 하는지를 알도록 학습 과정별로 산출물을 공유하고 성찰 기회를 제공해야 함

 잠깐!

'깊이 있는 수업'의 지향점을 종합한 이 내용들은 반드시 숙지하고 내 것으로 만들기를 바랍니다. 수업실연 및 수업 나눔 답안 구성 시 전반적으로 녹일 수 있어야 합니다.

경기 교수학습 방향, '깊이 있는 수업' 이해하기

체크리스트	적용하기
☐ 학생의 학습은 학생의 사유와 능동적 이해로 이루어진다.	수업 중 학생이 스스로 생각하고 자신의 학습 과정에서 주도성을 발휘할 수 있는 활동을 설계해 보자.
☐ 과도한 활동을 지양하고, 학생이 사유할 수 있도록 학습 활동을 설계한다.	과도한 활동을 피하고, 학생이 충분히 생각할 수 있는 시간을 제공하는 활동을 구상해 보자.
☐ 교사는 학생의 삶을 중심으로 국가, 지역, 학교 수준의 교육과정을 공동체성에 기반해 적극적으로 해석하고 운영한다.	학생의 실제 삶과 연계된 주제를 반영한 교육과정을 재구성하는 방법을 모색해 보자.
☐ 교사는 동 학년 모임, 교과별 모임, 현장 연구 등을 통해 다양한 교육 주체와 협력하며 수업의 질을 높인다.	동 교과(동 학년) 교사들과 교과 간 융합 수업을 구현하는 방안을 생각해 보자.
☐ 교사는 탐구를 촉진하는 핵심 질문을 제공하여, 학생들이 개념을 깊이 이해하고 실생활에 적용할 수 있도록 한다.	학생들이 탐구할 핵심 질문을 3가지만 구상해 보자.
☐ 실험, 실습, 토의 및 토론 학습과 같은 다양한 학습 활동을 통해 학생의 탐구 과정이 실현될 수 있도록 수업을 구성한다.	실험·실습·토의 활동 중 하나를 선택하여 해당 활동을 통해 문제를 해결하는 수업 흐름을 구상해 보자.
☐ 학생이 질문하고 탐구하며, 핵심 아이디어와 개념을 기반으로 다층적인 이해를 발전시킬 수 있도록 수업을 설계한다.	학생들에게 주제를 제시하고, 그 주제에 대해 여러 가지 질문을 던지며 토론을 통해 해결책을 찾는 과정을 구상해 보자.
☐ 학생이 자신의 학습 과정과 탐구를 되돌아보고 성찰할 수 있도록 한다. 개개인에게 맞춤형 학습 지원(상담, 피드백, 성찰 기회)을 제공하여 성장을 돕는다.	학생들이 탐구 후 성찰 기록지를 작성하게 하고, 교사는 이를 기반으로 개별적인 피드백을 제공하는 장면을 설계해 보자.
☐ 실생활 문제와 연계된 문제 해결형 수업을 통해 학생이 능동적으로 학습하고, 배운 지식을 새로운 상황에 적용할 수 있도록 한다.	지역 사회 문제를 탐구하고 해결책을 제시하는 프로젝트 기반 학습(PBL)을 구상해 보자.
☐ 협력적 문제 해결과 상호작용을 촉진하는 협력 수업을 설계한다.	학생들이 팀을 이루어 문제를 해결하고 서로 피드백을 주고받는 협력 수업을 계획해 보자.
☐ 배운 지식을 실생활에 적용할 수 있도록 전이를 유도하는 수업을 계획한다.	학생들이 교실에서 배운 이론을 가정이나 지역 사회에서 직접 활용할 수 있도록 가이드라인을 제시해 보자.
☐ 학생이 능동적으로 참여하고, 지식을 구성하며, 사회·정서적 및 인지적 능력을 함께 계발하는 의미 지향 수업을 설계한다.	학생이 스스로 학습 목표를 세우고 학습 과정을 스스로 조정해 나가는 기회를 제공하는 수업을 구상해 보자.

04. 깊이 있는 수업의 실제

이것만은

경기도교육청은 '탐구-실행-성찰' 수업 모형을 제시하여, 각 학교급과 교과에 깊이 있는 수업을 설계하는 방안을 강조하고 있습니다. 학생들이 질문과 탐구를 통해 사고하고, 학습한 내용을 삶의 맥락에 적용하며 전이 학습을 경험하도록 도와야 합니다. 교사는 학생 주도의 학습을 촉진하고, 핵심 질문을 중심으로 성취기준을 반영한 수업을 설계해야 합니다. 또한, 교과 특성에 맞는 탐구 과정과 개념 기반 학습을 통해 학생들의 깊이 있는 이해를 돕는 것이 중요합니다. 깊이 있는 수업을 실천하는 가이드를 친절하게 담은 이 챕터는 반드시 연습하고 실습해 보세요!

① 탐구와 질문 기반 수업

(1) 탐구

① 탐구의 정의: 학생이 학습 과정에 깊게 파고들어 스스로 질문하고 탐색하면서 문제를 해결하는 과정. 의사소통을 위해 원인과 결과를 추론하는 국어활동, 더 멀리 뛰기 위한 몸의 움직임을 이해하는 체육활동, 풍경화를 그리기 위해 원근법을 사용하는 미술활동 등이 모두 각 교과의 탐구 과정을 학습하는 수업임

② 탐구 학습의 단계: 표면적 학습 ➡ 심층적 학습 ➡ 전이 학습의 단계를 밟음
- **표면적 학습**: 사실과 주제에 관한 다양한 활동을 통해 여러 정보를 인지하는 학습
- **심층적 학습**: 표면적 학습을 넘어 학생이 핵심 질문에 대한 답을 찾기 위해 문제를 깊게 파고들며 탐구하는 학습
- **전이 학습**: 다양한 맥락에서 탐구 과정이 반복되면서 어느 순간 개념을 이해하고, 개념과 개념의 관계에 대한 통찰이 일어나는 학습

📄 **교과 고유의 탐구과정 중심 설계**

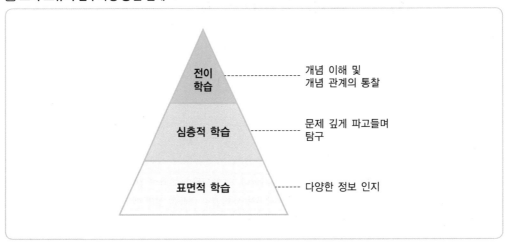

(2) 질문

① **핵심질문의 필요성**: 학생의 사고를 촉진시키고 개념을 제대로 이해, 전이하기 위해 교사가 탐구 질문(핵심 질문)을 제공함. 학생은 탐구 질문을 통해 교과별 특성에 맞는 탐구 및 사고 과정을 거치며, 새로운 삶의 맥락에 적용하며 전이 경험을 가짐

② 탐구 질문은 사실적 질문, 개념적 질문, 논쟁적 질문의 세 유형으로 구분됨

- **사실 질문**: 비교적 간단한 아이디어나 사실에 관한 질문. '왜, 어떻게, 무엇이'의 형식 사용
- **개념 질문**: 학생이 개념을 깊이 이해할 수 있도록, 개념과 개념 간의 연관성, 개념의 본질을 파악하는 질문

  📵 (   )와 (   )는 어떤 관계가 있는가?, (   )는 (   )에 어떤 영향을 미치는가? (   )와 (   )는 (   )에 어떤 효과가 있는가?

- **토론·토의 질문(논쟁적 질문)**: 쉽게 대답하지 못하고 다양하게 고찰해야 하며, 사람마다 관점과 경험에 따라 다양한 의견이 나올 수 있는 질문. 공동체 안에서 다양한 논쟁이 되면서 공동체의 다양성, 의사소통의 의미에 대해 사고할 수 있음. 교육이 단순히 정답을 배우는 것이 아니라 지속적으로 질문에 대해 생각하며 사고하는 힘을 길러줌을 알게 함

  📵 인권은 보편적 가치인가?, 정의로운 사회는 어떤 모습인가?, 과학과 종교는 양립하는가?

③ **핵심 질문을 만드는 과정**: 핵심 아이디어와 성취기준으로부터 핵심 개념 도출 ➡ 핵심 개념을 연결하여 학생이 수업을 통해 도출하기를 기대하는 문장으로 진술하기 ➡ 핵심 문장을 질문화 활용하기

주제	물질의 구성	주요교과	과학	대상	중학교 1학년	차시	총 8차시
		연계교과	초등 5~6학년 '용해와 용액'				
영역	물질	핵심 아이디어	물질은 다양한 상태로 존재하며, 그 상태와 물리적 성질은 구성 입자의 특성과 운동에 의해 결정된다.				
성취 기준	[9과11-01] 원소와 화합물의 정의를 알고, 원소와 화합물을 화학식으로 표현할 수 있다. [9과11-02] 원소를 구성하는 입자인 원자는 양성자, 중성자, 전자로 구성되며, 양성자의 수에 따라 원소의 종류가 달라짐을 입자 모형을 활용하여 설명할 수 있다. [9과11-03] 원소는 양성자의 수에 따라 주기율표에 배치됨을 알고, 주기율표에서 성질이 유사한 원소를 찾을 수 있다.						

> **[핵심 개념]**
> 원소와 화합물, 화학식, 원자 구조(양성자, 중성자, 전자), 주기율표와 원소의 배열

문장	탐구 질문
• 원소와 화합물의 차이를 이해하고, 이를 화학식으로 표현한다. • 원자의 구성 요소와 양성자의 역할을 이해하여, 원소의 종류가 어떻게 결정되는지 설명한다. • 주기율표에서 원소가 배열되는 기준과 성질이 유사한 원소의 특징을 이해한다.	• (사실적 질문) 원소와 화합물은 무엇이며, 화학식으로 어떻게 표현할 수 있을까? • (사실적 질문) 원자는 어떤 입자로 구성되어 있으며, 양성자와 전자는 각각 어떤 역할을 할까? • (개념적 질문) 양성자의 수와 원소의 종류는 어떤 관계가 있을까? • (개념적 질문) 원소가 주기율표에서 배열되는 방식은 원소의 성질과 어떤 연관성이 있을까? • (논쟁적 질문) 화학 반응에서 원자가 결합하거나 분리되면서 새로운 물질이 생성되는 원리는 일상생활의 어떤 현상에 적용될 수 있을까?

② 경기 교수학습 및 평가 운영계획(탐구–실행–성찰 과정) 활용하기

📖 탐구–실행–성찰 교육과정

탐구 과정(기능)	수업 방법	평가 방법	수업·평가 연계의 주안점
• 성취기준 도달을 위한 학생의 탐구 과정 또는 기능 • 교과별 각론의 내용체계표의 '과정·기능' 참고	공동 수업 방법 및 평가 방법 예시		• 학생의 학습이 잘 일어날 수 있도록 하는 수업과 평가 연계의 주안점을 서술 • 학생의 탐구기능을 키우기 위해, 이런 수업과 평가를 하고자 할 때, 특히 관심을 가지고 주의해야 할 점 작성
	• 강의법 • 토의·토론법 • 프로젝트 학습 • 문제해결학습 • 탐구학습 • 문답법 • 협동학습 • 블렌디드 러닝	• 서술·논술 • 구술·발표 • 토의·토론 • 프로젝트 • 실험·실습 • 포트폴리오	
	2022 개정 교육과정 각론의 수업 및 평가 방법 예 기술·가정		
	• 놀이 체험중심 학습 • 실천적 문제 중심학습 • 메이커 중심학습 • 봉사기반 학습	• 연구보고서 • 실험실습보고서 • 학습노트 • 포트폴리오	

💬 예시

수업·평가 계획서(역사과)

월	주	단원명	교육과정 성취기준	탐구–실행–성찰 과정			
				탐구 과정(기능)	수업 방법	평가 방법	수업·평가의 주안점
11	1	4. 평화 통일을 위한 노력	[9역12–04] 통일을 위한 노력을 파악하고, 평화 통일의 방안에 대해 탐색한다.	역사적 서사를 구성하여 다양한 방식으로 표현하기	프로젝트수업 ★ 다문화교육 (다문화이해)	자기평가	(자기평가) 통일을 주제로 한 프로젝트 수업에서 자신의 제작 과정을 성찰하기 위한 체크리스트 제공
11	2	3. 민주주의의 발전 4. 평화 통일을 위한 노력	[9역12–03] 우리나라 민주주의 발전 과정을 이해한다.	역사적 개념을 이해하고 활용하기	토의·토론 모둠협력수업 ★ 통일교육	자기평가 동료평가 (지필평가)	(자기평가) 자신의 토의·토론 과정을 성찰하기 위한 체크리스트 제공 (동료평가) 토의·토론 과정을 통해 동료평가
11	3	3. 민주주의의 발전 4. 평화 통일을 위한 노력	[9역12–03] 우리나라 민주주의 발전 과정을 이해한다. [9역12–04] 통일을 위한 노력을 파악하고, 평화 통일의 방안에 대해 탐색한다.	• 역사적 서사를 구성하여 다양한 방식으로 표현하기 • 자료의 선택·분석·해석과 논쟁을 통해 역사 지식을 형성하기	프로젝트수업 ★ 독도교육	자기평가	(자기평가) 조선 후기 스토리 프로젝트 수업에서 자신의 스토리 창작 과정을 성찰하기 위한 체크리스트 제공

3 깊이 있는 수업 설계 프레임워크

단계	활동	내용
〈1단계〉 교육과정 읽기	수업 질문 상기하기	무엇을 가르칠 것인가, 왜 가르칠 것인가, 어떻게 가르칠 것인가를 수업 설계 전 과정에서 계속 고민한다.
	핵심 아이디어 살펴보기	교육과정의 핵심 아이디어를 살펴보고, 핵심 개념 및 역량을 중심으로 구성하기
	성취기준과 내용 체계 분석하기	성취기준, 지식-이해, 과정-기능, 가치-태도 확인하기
	삶의 맥락 초점화하기	학생의 삶과 수업을 연계하기 위해 맥락 초점화 **삶의 맥락(8가지)** ① 개인과 사회 공동의 행복 ② 정체성과 자기주도성 ③ 보편적 사회 복지 ④ 포용력과 이해력 ⑤ 공감과 상호 협력 ⑥ 생태전환과 기후변화 ⑦ 디지털 전환과 AI ⑧ 책임 있는 민주시민
〈2단계〉 탐구 질문 개발하기	탐구 질문 개발하기	• 학생의 사고와 탐구를 촉진하는 질문 만들기 • (질문 1-사실/이해, 질문 2-개념/탐구, 질문 3-토론/논쟁) • 낮은 사고에서 높은 사고로 나아갈 수 있도록 조정할 것
〈3단계〉 삶과 연계된 수행 과제 개발	분석 · 학습 목표	핵심 질문 자체가 학습 목표가 되도록 구성하기
	평가 설계 · 총괄평가 계획 수립	• 핵심 질문이 잘 드러나는 평가 과제를 개발함. 이때 삶의 맥락과 핵심 개념, 총괄평가가 연계되어야 함 • 과정중심평가로 계획하고, 루브릭 개발
〈4단계〉 탐구- 실행- 성찰 적용하기	교수-학습 설계하기	• 탐구 질문에 기반한 학습 경험 및 수업 활동 설계하기 • 개념과 개념 간의 관계를 발견하여 '전이될 수 있도록 교수-학습 설계하기, 구체적인 실생활 맥락 제시하기 • 학생이 스스로 다양한 질문을 생성하며 핵심 질문에 대한 자신의 답을 찾아 나갈 수 있도록 함 • 교과 내, 교과 간 통합과 융합의 기회를 제공 • 학생 맞춤형 피드백 제공
	성찰 과정	학생이 스스로 목표를 설정하고, 자기 평가할 수 있도록 함

깊이 있는 수업 설계안 (활용하기)

〈1단계〉 교육과정 읽기

주제	지속 가능한 세계의 글로컬 시민	영역		지속 가능한 세계	
주요교과(연계교과)	사회(과학, 도덕)	대상	중1학년	차시	총 3차시
핵심 아이디어	자원과 환경의 지속 가능성을 이해하고, 공동체와 지구의 번영을 위해 지속 가능한 생활 방식을 실천하는 글로컬 시민으로서의 태도를 기른다.				
삶의 맥락	생태보전과 기후변화, 보편적 사회적 책임, 공간과 상호 협력, 책임 있는 민주 시민				
성취기준	[9사(지리)12–01] 우리나라 주요 식량 자원 및 에너지 자원의 소비 현황과 수입국 현황을 분석하여 이와 관련된 문제를 파악하고, 자원의 지속 가능한 확보 방안을 모색한다. [9사(지리)12–02] 지역 개발과 환경 보존을 둘러싼 글로컬 환경 이슈에 관심을 가지고 자신의 웰빙 및 공동체의 지속 가능한 발전을 위해 참여하고 실천한다.				
내용 요소 범주	**지식·이해** 지속 가능한 자원 사용, 글로컬 환경 문제, 자원과 환경 보존	**과정·기능** 지리적 문제 해결 및 실천 방안 탐구, 환경 이슈에 대한 비판적 검토와 의사소통		**가치·태도** 지속 가능한 발전을 위한 환경 감수성, 글로컬 시민으로서의 책임감과 참여 태도	

〈2단계〉 탐구 질문 개발하기

핵심 질문	지속 가능한 세계를 위해 글로컬 시민으로서 우리는 어떤 실천이 필요한가?
탐구 질문	[사실 질문] 우리나라의 주요 자원 소비 현황은 어떠하며, 이와 관련된 문제는 무엇일까? [개념 질문] 지역 개발과 환경 보존은 서로 어떤 관계가 있을까, 그리고 어떻게 조화롭게 해결할 수 있을까? [토론 질문] 지속 가능한 발전을 위해 우리는 어떤 역할을 해야 하며, 그 이유는 무엇일까?

〈3단계〉 삶과 연계된 수행과제 개발

핵심 질문	지속 가능한 세계를 위해 글로컬 시민으로서 우리는 어떤 실천이 필요한가?
총괄 평가 과제	지속 가능한 발전 방안 제안서 작성하기 **총괄평가 과제명: 우리 지역과 세계를 위한 지속 가능한 발전 방안** 기후변화와 자원 부족 문제가 심각해지고 있습니다. 지역 사회와 세계를 지속 가능하게 만들기 위한 발전 방안을 제안해 주세요. 제안서에는 자원 절약과 환경 보호를 위한 구체적인 실천 방안, 기대되는 효과, 그리고 지역 및 글로벌 공동체의 웰빙에 기여할 수 있는 방법을 포함해 주세요.

수준	A	B	C	D	E
총괄 평가 기준 내용	자원 절약과 환경 보호의 필요성을 이해하고 실천 가능한 구체적 방안을 제시하며, 공동체와 지구에 미치는 긍정적 효과를 설명할 수 있다.	자원 절약과 환경 보호의 필요성을 이해하고 실천 방안을 제시하지만, 공동체나 지구에 미치는 효과 설명이 부족하다.	자원 절약과 환경 보호에 대한 기본적인 이해는 있지만 실천 방안을 구체적으로 제시하지 못했다.	지속 가능한 발전에 대한 이해가 부족하며 실천 방안을 제시하지 못했다.	자원 절약과 환경 보호에 대한 관심이 부족하고, 실천 방안이나 기여도에 대해 설명하지 못했다.

〈4단계〉 탐구−실행−성찰 과정안 설계

차시	탐구−실행−성찰 과정	탐구 방법	학습 성찰 방안 (형성평가, 개별화 전략)
1	**[탐구 질문−사실 질문]** 우리나라 주요 자원 소비 현황과 이와 관련된 문제는 무엇일까? • 우리나라 주요 자원의 종류와 소비량 조사 • 자원 소비와 관련된 문제 이해하기 • 자원 소비 문제에 대한 다양한 의견 교환 **활동: 자원 소비 현황 자료 조사 및 발표** • 학생들은 다양한 자원 소비 자료를 참고하여, 자원 소비 현황과 문제점에 대해 발표하고 토의 • 발표 후 자원 소비 문제를 해결하기 위한 기초적인 방안을 제안	자료 조사 및 발표	• 개별화 전략: 각 학생이 자원 소비와 관련된 개별 자료 조사 후 발표 • 에듀테크 활용: 자원 소비 현황을 시각화하여 학습하기 • 형성평가: 자원 소비 현황 보고서 및 발표 평가
2	**[탐구 질문−개념 질문]** 지역 개발과 환경 보존 간의 관계는 무엇이며, 두 요소를 조화롭게 해결할 수 있는 방법은 무엇일까? • 실제 개발 사례와 환경 보존 사례 비교 • 개발과 보존의 균형을 위한 요인 분석 및 사례 연구 **활동: 개발과 보존의 균형을 위한 방안 모색** • 각 모둠은 지역 개발과 환경 보존 간의 관계를 논의하고 발표 • 발표 후, 다른 모둠의 의견을 경청하고 피드백 세션 진행	사례 연구 및 모둠별 토의	• 개별화 전략: 모둠별로 서로 다른 개발과 보존 사례를 배정하여 비교 분석 • 형성평가: 모둠별 개발·보존 관계 분석 보고서 작성 및 발표 • 형성평가: 모둠별 발표 내용에 대한 피드백 기록 및 개선사항 반영
3	**[탐구 질문−토론 질문]** 지속 가능한 발전을 위해 글로컬 시민으로서 우리는 어떤 역할을 해야 할까? • 지속 가능한 발전 방안에 대한 개인별 및 모둠별 실천 방안 토의 • 각자 실천 방안을 작성하고 발표하여 공유	모둠별 발표 및 피드백 세션	• 개별화 전략: 각 모둠에서 실천 방안을 작성하고, 타 모둠의 피드백을 통해 보완 • 성찰평가: 피드백 반영한 최종 발전 방안 작성 및 배움 일기 작성

④ 수업 설계 시 유의점

① **핵심 질문의 정당화**: 무엇을 가르칠 것인가와 왜 가르칠 것인가라는 두 가지 질문에 대한 명확한 정당화를 통해 수업을 설계해야 함. 가르칠 내용이 학습할 가치가 있는지 고민하고, 학생이 이를 통해 무엇을 할 수 있기를 기대하는지 목표를 설정해야 함

② **소수의 핵심 내용 강조**: 교육과정 과부하 문제를 해결하기 위해 소수의 핵심적인 내용을 중심으로 학습을 설계. 깊이 있는 학습은 어려운 것을 배우는 것이 아니라 핵심 내용을 탐구하고 사고하여 의미를 도출하는 과정임

③ **개념의 강조**: 개념은 사실과 정보를 연결하여 이해를 돕는 사고의 틀을 제공. 교사는 개념 간의 관계를 고려하여 단원을 설계하고, 학생들이 이를 통해 개념을 탐구하고 깊이 있는 이해를 하도록 도와야 함

④ **탐구–실행–성찰의 과정**: 탐구, 실행, 성찰은 일련의 학습과정에서 유기적으로 연계되어 돌아가는 것으로, 차시별로 나누거나 구분되지 않도록 함. 이를 통해 학생들이 자신의 학습을 돌아보고 개선할 수 있도록 설계해야 함

⑤ **교과별 특성에 맞는 탐구 과정**: 모든 교과에서 탐구라는 형식을 동일하게 적용할 필요는 없으며, 각 교과의 특성에 맞는 사고와 탐구 과정을 설계해야 함. 탐구는 과학적 탐구만을 의미하지 않으며, 국어, 체육, 예체능 등 다양한 교과에서 해당 교과의 사고 및 탐구 과정을 경험할 수 있도록 해야 함

⑥ **핵심 아이디어의 재구성**: 각 학교급과 학년 수준에 맞는 핵심 아이디어를 중심으로 수업을 설계하되, 교육과정의 위계와 학생의 발달 수준을 고려하여 적절한 수준으로 재구성하여 핵심 개념을 다루어야 함

⑦ **지식 중심 교육을 지양하지 않음**: 깊이 있는 수업은 지식 중심의 교육을 지양하지 않으며, 지식을 갖추지 않은 상태에서의 활동은 사고 활동을 활성화하는 데 어려움이 따른다고 여김. 사고는 '무엇'을 바탕으로 하여 '무엇'에 비추어 이루어지는 과정이므로, 사실적 지식을 갖추고 있어야 학습 과정에서 의미 있는 사고와 탐구가 가능함. 그러나 단순히 사실적 지식에 머무르는 것을 경계하며, 지식을 학습한 후 이를 확장하고 적용하는 과정이 중요함

사이다 Check Box

깊이 있는 수업 설계 실습하기

체크리스트	적용하기
☐ 핵심 질문은 핵심 아이디어와 성취기준으로부터 핵심 개념 도출–핵심 개념을 연결하여 학생이 수업을 통해 도출하기를 기대하는 문장으로 진술하기–핵심 문장을 질문화 과정을 통해 만들 수 있다.	특정 과목 및 단원을 정하여, 삶의 맥락에 근거한 핵심 질문을 도출하고 수업 목표를 설계해 보자.
☐ 탐구 질문은 사실 질문, 개념 질문, 토론 질문의 세 유형으로 구분된다.	해당 단원의 성취기준에 맞는 탐구 질문 3가지를 만들어 보자. (사실적, 개념적, 토론적 질문)
☐ 학생의 삶의 맥락에 근거한 질문을 탐구하는 과정을 통해 전이학습이 일어나게 된다.	핵심 질문에 근거한 총괄평가를 구상해 보자.
☐ 경기의 교수학습 및 평가 운영계획은 교육과정과의 일관성과 깊이 있는 수업을 위해 탐구–실행–성찰 과정으로 구성되고 있다.	탐구 질문 3가지와 총괄 과제를 바탕으로 수업 활동을 설계해 보자.
☐ 탐구–실행–성찰은 일련의 학습과정에서 유기적으로 연계되어 돌아가는 것으로, 이를 통해 학생들이 자신의 학습을 돌아보고 개선할 수 있도록 설계해야 한다.	수업 중 학생들에게 자기평가 및 성찰의 기회를 제공하고, 피드백하는 방법을 계획해 보자.

05. 논술형 평가의 이해와 실제

- ☐ 논술형 평가는 사고력, 문제 해결 능력, 주도성을 키우는 중요한 도구이다.
- ☐ 학생들은 논리를 통해 문제를 해결하며, 고차원적 사고와 논리적 표현 능력을 함양한다.
- ☐ 교사는 명확한 평가 기준을 설정하고, 학생들의 논리적 사고 과정을 지도한다.
- ☐ 수업과 연계된 평가로 학생들의 실질적인 학습 성장을 지원한다.

1 논술형 평가의 중요성

(1) 미래 역량 함양과 학생 주도성

① 학생 주도성: OECD에서 강조하는 미래 사회가 요구하는 핵심 역량 중 하나인 학생 주도성을 기를 수 있음

② 문제 해결과 논리적 사고력 배양: 학생들은 단순 암기가 아닌 자신만의 사고력을 바탕으로 문제를 해결하고 자신의 의견을 논리적으로 표현하는 능력을 기르게 됨

③ 학습 개념의 적용(전이) 능력: 자신이 이해한 내용을 주체적으로 구성하고, 문제 해결 과정에서 학습한 개념을 새로운 상황에 적용할 수 있음

④ 다양한 접근 방법 허용: 학생들은 다양한 방법으로 문제를 해결할 수 있으며, 정해진 답이 없다는 점이 논술형 평가의 중요한 요소임. 교사는 학생들이 여러 각도에서 문제를 바라보고 답을 구성할 수 있도록 독려함

(2) 수업과 연계된 평가

① 수업과 평가의 일관성: 논술형 평가는 수업의 연장선에서 학생들의 사고력, 문제 해결 능력을 평가하고, 이를 통해 학생의 발달과 성장을 지원함

② 실질적인 학습 효과 확인: 단순한 지식 전달에서 벗어나, 학생들이 배운 지식을 어떻게 실제로 활용하고 응용할 수 있는지를 평가함으로써 실질적인 학습 효과를 확인할 수 있음

② 논술형 평가 운영의 목표

(1) 고차원적 사고와 문제 해결력 향상

① 고차원적 사고: 지식 전달을 넘어 분석, 평가, 창의적 문제 해결을 포함하는 사고 능력

② 복합적 사고 전략: 문제 해결 과정 중 다양한 사고 전략을 제시하며, 학생들은 문제의 본질을 이해하고, 이를 해결하기 위한 다양한 방법을 탐구하면서 사고력을 확장함

③ 논리적 사고 과정 중시: 교사는 학생들이 단순히 답을 맞히는 것이 아니라, 자신의 사고 과정을 논리적으로 전개하고 해결책을 찾는 데 중점을 둠

(2) 논리적 사고와 표현력 배양

① 논리적 사고의 전개: 논술형 평가는 학생들이 자신의 생각을 논리적으로 전개하고, 이를 명확하게 표현하는 능력을 배양하는 데 초점을 맞추고 있음. 학생들은 글쓰기 과정을 통해 자신의 생각을 구조화하고, 이를 효과적으로 전달하는 기술을 학습함

② 피드백을 통한 사고력 발전: 교사는 학생들이 논리적으로 사고하며 그 내용을 체계적으로 표현할 수 있도록 지도하며, 이를 통해 학생의 사고 과정을 개선할 수 있도록 피드백을 제공함

③ 논술형 평가의 설계와 운영 방식

(1) 다양한 주제와 문제 유형 제시

① 다양한 사고 촉진 주제 제공: 논술형 평가는 다양한 주제와 문제 유형을 통해 학생들의 사고력과 창의력을 촉진시킴

② 삶의 맥락과 연계된 문제: 제시된 문제는 학생들이 학습한 내용을 기반으로 자신만의 답변을 구성할 수 있도록 설계되며, 이를 통해 학생들의 종합적인 사고 능력을 평가할 수 있음

(2) 다양한 사고 수준을 요구하는 질문

① 저차원에서 고차원까지의 사고 요구: 낮은 수준의 사고(기억, 이해)에서부터 높은 수준의 사고(분석, 평가, 창의성)까지 활용할 수 있도록 설계됨

② 복합 유형의 사고 활용: 문제 유형에는 개념을 깊이 이해해야 풀 수 있는 질문, 실제 상황에 적용해 보는 질문 등이 포함될 수 있음. 이를 통해 학생들은 복합적인 사고를 발휘해 실제로 그 내용을 활용할 수 있는 능력을 기르게 됨

(3) 구체적이고 명확한 평가기준 설정

① 명확한 평가기준 제시: 논술형 평가에서는 평가기준이 명확해야 하며, 학생들이 어떠한 부분에서 평가받는지 명확하게 이해할 수 있도록 해야 함. 평가기준에는 내용의 정확성, 논리성, 표현력, 문제 해결 능력 등이 포함되며, 각 항목에 대한 구체적인 평가 요소가 필요함

② 전개 과정에 대한 평가: 단순히 정답을 맞히는 것이 아니라, 학생들이 어떤 논리를 통해 문제를 해결했는지를 중시하므로, 학생들은 문제 해결 과정에서 자신만의 창의적인 접근 방법을 사용하게 됨

③ 평가기준에 대한 안내: 교사는 사전에 학생들에게 평가기준을 안내하여 학생들이 어떤 방식으로 글을 작성해야 좋은 점수를 받을 수 있는지 명확하게 이해할 수 있도록 해야 함

(4) 형성평가와 피드백 제공

① 형성평가와 피드백의 지속적 제공: 논술형 평가는 단순히 평가로 끝나는 것이 아니라, 학생들이 자신의 성장을 체감할 수 있도록 형성평가와 피드백이 제공되어야 함. 이는 학생들이 자신의 학습 과정을 성찰할 수 있는 기회를 제공하며, 이를 통해 더 나은 학습 성과를 기대할 수 있음

② 성찰과 개선의 기회: 교사는 학생들의 글을 읽고 피드백을 제공함으로써, 학생들이 자신의 약점을 보완하고 다음 평가에 더 나은 성과를 낼 수 있도록 돕는 역할을 해야 함

 잠깐!

경기도교육청에서는 논술형 평가 문항의 유형을 '제한형 논술'과 '확장형 논술'로 구분합니다. 논술형 평가는 교육과정 성취기준에 근거하여 추출된 평가 요소와 평가 계획에 따라 지필평가, 수행평가에서 적절한 유형을 적용하여 시행할 수 있어요!

구분	제한형 논술	확장형 논술
응답 길이	한 문장 이상	한 문단 이상
응답 양식	분량, 내용 범위, 서술 양식 등의 제한	응답의 자유도 허용
글의 구성(완성도)	서술의 깊이와 넓이, 정확성 요구	의견이나 주장의 완결성, 완성도, 논리적 글쓰기 요구

4 논술형 평가의 실천 전략

(1) 수업에서 학습한 내용을 평가로 연결

① **수업과 연계된 평가**: 논술형 평가는 수업 중에 다룬 내용을 바탕으로 문제를 구성하여 학생들이 배운 지식을 평가함. 이를 통해 교사는 학생들이 수업 내용을 얼마나 잘 이해하고 있는지, 그리고 그 내용을 실제 상황에 적용할 수 있는지를 확인할 수 있음

② **탐구 기반 평가**: 교사는 문제 해결 과정에서 학생이 스스로 해결책을 도출할 수 있도록 수업과 평가를 설계해야 함. 학생들이 주도적으로 질문을 하고, 이를 탐구하여 해결책을 찾아내는 과정에서 비판적 사고력과 분석적 사고력이 촉진됨

(2) 토의·토론 수업과의 연계

① **수업 중 토론 내용과 연계**: 논술형 평가는 토의·토론 수업과 연계될 때 더욱 효과적으로 운영될 수 있음. 학생들이 수업 중에 나눈 토론 내용을 바탕으로 논술형 평가를 준비할 수 있으며, 이를 통해 논리적 사고와 표현 능력을 강화할 수 있음

② **수업 중 학생 의견과 연계**: 교사는 학생들이 수업 중에 나눈 의견을 평가 문제로 연결하여, 학생들이 논의한 내용을 바탕으로 자신의 생각을 정리하고 논술로 표현할 수 있는 기회를 제공해야 함

(3) 협동 학습을 통한 논술 준비

① **협력적 환경의 중요성**: 논술형 평가를 준비할 때, 협동 학습을 통해 학생들이 서로의 의견을 교환하고, 다양한 관점을 받아들일 수 있는 기회를 제공할 수 있음. 협력적 학습 환경에서 학생들은 서로의 생각을 발전시키고, 이를 바탕으로 더 나은 논술 답변을 구성할 수 있음

② **협동 학습 활용**: 교사는 학생들이 협동 학습을 통해 서로 피드백을 주고받고, 이를 논술형 평가 준비에 활용할 수 있도록 지도할 필요가 있음

(4) 실제 삶의 맥락과 연계한 문제 제시

① **삶의 맥락과 연계**: 삶의 문제를 해결하는 과정에서 학생들은 자신의 경험과 배움을 연결하고, 학습 내용을 현실에 적용함으로써 더 큰 몰입과 성취감을 경험하게 됨

② **실제적 문제 해결 능력 배양**: 교사는 현실적인 문제를 수업과 논술형 평가에 포함하여, 학생들이 실제 삶에서 필요한 문제 해결 능력을 기를 수 있도록 유도해야 함

5 논술형 평가의 기대 효과

(1) 학습 성과의 깊이 있는 이해

① 깊이 있는 학습 성찰: 논술형 평가는 학생들이 배운 내용을 얼마나 깊이 이해하고 있는지를 확인할 수 있는 가장 효과적인 도구 중 하나임. 학생들은 논술을 통해 자신의 지식을 체계화하고, 이를 바탕으로 더 깊이 있는 학습을 진행하게 됨

② 전이 능력의 확장: 이를 통해 학생들은 단순히 시험을 준비하는 것을 넘어, 자신이 배운 내용을 자신의 삶에 적용할 수 있는 능력을 기르게 됨

(2) 자기주도적 학습 역량 강화

① 학생 주도성 강화: 논술형 평가는 학생들이 자신의 학습을 주도적으로 이끌어가는 능력을 키우는 데 중요한 역할을 함

② 주도적인 학습 환경 제공: 학생들은 자신만의 학습 전략을 세우고, 이를 바탕으로 논술 답변을 구성하며, 이를 통해 학습의 주도성을 강화하게 됨

6 논술형 평가 문항 설계

(1) 기억하기

① 학생들이 사실이나 용어를 회상할 수 있는지 평가

② 논술형 평가에서는 기본 지식의 출발점으로 사용되며, 고차원적 사고를 위한 단계적 문항을 제작할 수 있음

수업 활동	논술 문항
• 주요 역사 사건 타임라인 만들기 • 역사적 인물 및 사건에 대한 카드 게임	한국전쟁의 발발 과정에서 중요한 사건들을 순서대로 서술하시오.

(2) 이해하기

① 학생들이 정보를 설명, 해석, 요약, 분류할 수 있는지를 평가

② 학생들이 이해한 내용을 자신만의 언어로 설명하고 개념 간의 관계를 명확히 이해하는지 확인

수업 활동	논술 문항
실험: 식물이 빛을 에너지로 변환하는 과정을 관찰하고 이를 도식화하기	광합성 과정의 주요 단계를 설명하고, 이 과정이 식물에게 왜 중요한지 서술하시오.

(3) 적용하기

① 배운 지식을 새로운 상황에 적용할 수 있는지를 평가

② 새로운 맥락에서 문제점을 도출하거나 해결책을 제시하는 것이 요구됨

수업 활동	논술 문항
• 학교 정원 가꾸기 프로젝트에서 배운 이론 적용하기 • 발견된 문제점과 해결책에 대해 토론하기	광합성의 원리를 적용하여 학교 정원을 더 푸르고 건강하게 만들기 위한 방안을 논술하시오.

(4) 분석하기

① 정보를 구성 요소로 분해하고 그 관계를 이해하는 능력을 평가

② 복잡한 아이디어를 분석하고 중요한 요소를 식별하는 것을 요구

수업 활동	논술 문항
• 소설 읽기 후 등장인물 간 관계도 작성하기 • 등장인물 관계가 이야기 전개에 미치는 영향에 대해 토론하기	소설 '소나기'에서 등장인물 간의 관계를 분석하고, 이 관계가 이야기 전개에 어떤 영향을 미쳤는지 논술하시오.

(5) 평가하기

① 정보나 주장, 아이디어의 가치를 판단하고 그 타당성을 증명하는 능력을 평가

② 비판적 사고와 다양한 관점에서 평가 가능 여부를 측정

수업 활동	논술 문항
• 다양한 환경 보호 대책 조사하기 • 환경 보호 대책의 효과와 효율성에 대해 분석하기 • 발표 후 동료 피드백을 받기	최근 뉴스에서 제시된 여러 환경 보호 대책 중 가장 효과적인 것을 선택하고, 그 선택의 이유와 타당성을 논술하시오.

(6) 창안하기

① 새로운 아이디어나 해결책을 창출하는 능력을 평가

② 분석과 평가를 바탕으로 창의적인 해결책을 제시하는 것이 요구됨

수업 활동	논술 문항
• 지역의 전통과 문화적 특징을 조사하기 • 학교 축제를 기획하는 프로젝트 설계하기(축제의 목적, 주요 활동, 예상되는 긍정적 효과 포함) • 기획한 내용을 발표하고 동료 피드백을 받기	자신이 살고 있는 지역의 문화와 전통을 바탕으로 새로운 학교 축제를 기획하시오. 축제의 목적과 주요 활동을 제시하고, 이 축제가 학교와 지역 사회에 미칠 긍정적인 영향을 논술하시오.

⬛ **예시** ···

논술 문항

---

1. 산업혁명과 석탄 사용이 환경에 미친 영향을 〈조건〉에 맞게 논술하시오. [8점]

〈 조건 〉
• 산업혁명에서 석탄이 에너지원으로서 어떻게 활용되었는지 설명할 것 (4점)
• 석탄 사용이 환경에 미친 부정적 영향을 구체적으로 설명할 것 (4점)

2. 산업혁명 이후 자본주의와 제국주의가 자원 소비와 환경에 미친 영향을 설명하고, 이를 해결하기 위한 현대적 대책을 〈조건〉에 맞게 논술하시오. [12점]

〈 조건 〉
• 산업혁명 이후 자본주의와 제국주의가 자원 소비와 환경에 미친 부정적 영향을 설명할 것 (4점)
• 오늘날 환경 문제를 해결하기 위한 개인적 차원의 대책을 2가지 제시할 것 (4점)
• 오늘날 환경 문제를 해결하기 위한 사회적 차원의 대책을 2가지 제시할 것 (4점)

채점기준표(평가기준)

문항	평가 요소	기본 답안	인정 범위	채점 기준		배점
1	산업혁명에서 석탄의 활용 방식 설명하기	산업혁명에서 석탄은 증기 기관을 구동하여 기계화된 생산을 가능하게 하는 주요 에너지원으로 사용됐다.	석탄의 에너지원 역할을 언급	석탄이 산업혁명에서 에너지원으로 사용된 방식을 정확히 설명함	4점	8점
				석탄의 에너지원 역할을 부분적으로 설명함	2점	
				석탄의 에너지원 역할을 설명하지 못함	0점	
	석탄 사용이 환경에 미친 부정적 영향 설명하기	석탄 연소 과정에서 다량의 매연과 온실가스가 발생하여 공기오염과 온실효과를 유발했다.	냉매의 상태 변화를 언급	석탄 사용으로 발생한 환경오염과 온실효과를 정확히 설명함	4점	
				환경오염이나 온실효과를 부분적으로 설명함	2점	
				환경오염이나 온실효과를 설명하지 못함	0점	
2	자본주의와 제국주의가 자원 소비 및 환경에 미친 영향 설명하기	산업혁명 이후 자본주의는 자원을 대량 소비하게 됐고, 제국주의는 해외 식민지에서 자원을 약탈함으로써 환경을 파괴했다.	자원 소비와 환경 파괴를 언급	자본주의와 제국주의의 자원 소비와 환경 파괴 영향을 정확히 설명함	4점	12점
				자원 소비와 환경 파괴 영향을 부분적으로 설명함	2점	
				자원 소비와 환경 파괴 영향을 설명하지 못함	0점	
	환경 문제 해결을 위한 개인적 대책 제안하기	⑩ 재활용을 생활화한다. 일회용품 사용을 줄인다.	개인적 대책이 타당하며 실현 가능성이 있는 경우	환경 문제 해결을 위한 개인적 대책 2가지를 타당하게 제안함	4점	
				개인적 대책 1가지를 타당하게 제안함	2점	
				개인적 대책을 타당하게 제안하지 못함	0점	
	환경 문제 해결을 위한 사회적 대책 제안하기	⑩ 환경 보호를 위한 법 제정을 강화한다. 재생 가능 에너지로의 전환을 장려한다.	사회적 대책이 타당하고 실현 가능성이 있는 경우	환경 문제 해결을 위한 사회적 대책 2가지를 타당하게 제안함	4점	
				사회적 대책 1가지를 타당하게 제안함	2점	
				사회적 대책을 타당하게 제안하지 못함	0점	

사이다 Check Box

논술형 평가의 실제

체크리스트	적용하기
☐ 논술형 평가는 수업과 연계되어야 한다.	논술형 평가를 수업 내용과 연결하여 학생들이 학습한 지식을 실제로 적용할 수 있도록 평가 문제를 설계해 보자.
☐ 논술형 평가는 다양한 사고 수준과 복합적 사고력을 요구한다.	다양한 사고 수준을 고려하여 기억, 이해, 적용, 분석, 평가, 창안하기까지 6가지 유형에 해당하는 논술 문항을 설계해 보자.
☐ 논술형 평가의 평가 기준은 명확하고 구체적이어야 한다.	위에서 만든 논술형 평가 질문 중 3가지를 선택해 논리성, 표현력, 문제 해결 능력을 평가하는 평가 기준을 작성해 보자.
☐ 논술형 평가는 토의·토론, 협동 학습과 연계하여 설계하는 것이 좋다.	토의·토론, 협동 학습과 연계된 논술형 평가를 구상해 보자.
☐ 논술형 평가 문항은 실제적 문제 해결 능력을 배양하기 위해 삶의 맥락과 연결된 문제를 제시하는 것이 좋다.	학생의 삶과 연계된 논술형 평가 문항을 작성해 보자.

06. 경기교육정책

이것만은 꼭!

수업능력평가 답안에 적극적으로 반영해야 할 경기교육정책을 모아 보았습니다. 평가 준비 시 참고하길 바랍니다.

제목	내용
에듀테크 활용 학생 맞춤형 수업 설계	성취기준의 세밀한 분석과 학습자 환경 분석을 통해 이루어지며, 각 수업 단계에서 에듀테크 도구를 효과적으로 활용하여 학생 개개인의 학습 요구를 충족시켜야 함
경기공유학교 활용	학생들은 학교 밖의 다양한 자원을 활용하여 자신만의 학습 경험을 쌓을 수 있으며, 모든 프로그램이 무료로 제공되고, 이수한 내용은 학교생활기록부에 기재됨
기초학력 보장	체계적인 진단과 다중학습안전망을 구축하고, 교원의 역량 강화를 통해 학습 결손을 조기에 발견하고 지원해야 함
디지털 시민교육 강화	학생들이 디지털 환경에서 윤리적이고 책임감 있게 행동할 수 있도록 지도하며, 디지털 성범죄 예방 교육과 맞춤형 디지털 시민교육을 통해 안전한 디지털 세상을 만들어야 함
경기 교사의 역량	경기 교사는 교육과정 전문성, 생활교육 역량, 학교 공동체 운영 능력, 변화 대응 역량 등을 포함하며, 미래 교육 환경에 대비한 지속적인 자기 개발이 필요함
생활인성교육 강화	인성 친화적 학교문화를 조성하고, 학교폭력 예방과 교육적 해결, 학생 위기대응 안전망 강화를 통해 학생들이 안전하고 건강하게 성장할 수 있도록 지원해야 함
교과별 창의융합교육 강화	교과별 창의융합교육을 통해 학생들의 창의력과 융합적 사고 능력을 향상시키고, 미래 사회에 필요한 역량을 함양해야 함

(1) 에듀테크 활용 학생 맞춤형 수업 설계 방법

📋 **맞춤형 수업 설계를 위한 전략**

항목	내용
1. 성취기준 분석의 세밀화	학습 목표와 성취기준을 세밀하게 분석하여 학생 맞춤형 교육의 기초를 마련한다.
2. 환경 분석	학습 환경, 학습자, 교사에 대한 면밀한 분석을 통해 최적의 학습 환경을 조성한다.
3. 단계별 수업 방식 구상 및 유연한 조합	초기, 중간, 마무리 단계별로 다양한 수업 방식을 구상하고 유연하게 조합하여 설계한다.
4. 단계별 에듀테크 활용 통합 설계	각 단계에서 에듀테크 도구를 효과적으로 활용할 수 있는 설계를 통합한다.
5. 전체 차시와 수업 흐름 통합적 설계	전체 수업 흐름과 차시별 내용을 시각적으로 제공하여 한눈에 파악할 수 있는 통합적 설계를 제공한다.
6. 평가 및 피드백	성취 수준 분석, 실시간 피드백, 형성평가와 종합평가 등을 통해 학생의 학습 성취를 평가한다.
7. 교사의 성찰	수업 후 교사가 자신의 수업을 성찰하고 개선점을 찾아 다음 수업에 반영한다.

① 성취기준 분석 세밀화

- **구체적인 학습 목표 설정**: 기본 성취기준을 바탕으로 학생의 수준에 맞게 구체적이고 측정 가능한 학습 목표를 설정
- **단계적 목표 설정**: 개별 학생의 현재 능력에 따라 난이도를 단계별로 조정하여 학습 목표를 설정

② 환경 분석(학습 환경, 학습자, 교사)

- **학습 환경 분석**: 학교 상황 및 학교 내 디지털 활용 환경 분석 ➡ 디지털 인프라 구축 ➡ 에듀테크 및 AI 코스웨어 도입 가능 환경 여부 고려 및 기술적 지원 체계 구축 ➡ 각 학생의 학습 요구와 목표 분석
- **학습자 분석**: 정의적 영역(학생의 흥미와 동기, 학습 태도 분석), 인지적 영역(학생의 학습 수준과 성취도 진단하여 개인별 학습 목표와 계획 설정), 디지털 활용 역량 분석(학생이 디지털 도구와 기술을 효과적으로 활용할 수 있는지 여부 확인, 추가 지원 제공)

학습자 환경 분석 방법

학생들이 어떤 흥미를 가지고 있고, 학습 수준은 어느 정도인지, 또 디지털 활용 역량은 어떤지를 잘 파악해 보면 맞춤형 수업 설계에 큰 도움이 됩니다. 학습자 환경을 분석할 때에는 정의적, 인지적, 디지털 활용 역량의 세 가지 영역으로 구분해서 분석하면 좋아요.

1. 정의적 영역

첫 번째로 학생들의 흥미와 동기를 파악하는 것이 중요합니다. 설문조사를 통해 어떤 과목이나 주제에 흥미를 느끼고 있는지 알아보세요. 예를 들어, "가장 좋아하는 과목은 무엇인가요?", "학습할 때 중요하게 생각하는 요소는 무엇인가요?"와 같은 질문을 통해 학생들의 관심사를 확인할 수 있습니다. 이렇게 수집한 정보를 기반으로 학생들이 흥미를 느끼는 과목에 맞춘 콘텐츠를 제공하고, 동기 부여가 필요한 부분에는 보강 활동을 설계할 수 있습니다. 학생의 관심사를 반영한 교육은 수업 참여도를 높이는 데도 큰 도움이 됩니다.

2. 인지적 영역

두 번째는 학습 수준을 진단하는 것입니다. 이 부분에서는 과목별 진단 평가를 통해 학생들의 현재 이해 수준을 점검합니다. 온라인 진단 테스트나 과거 학습 데이터를 활용하여 학생이 잘 이해하고 있는 부분과 부족한 부분을 확인할 수 있습니다. 이렇게 도출된 결과를 통해 학생별 학습 목표를 세우고, 보충이 필요한 영역에는 보강 프로그램을 제공하여 개별 학습 격차를 줄일 수 있습니다. 실연이나 나눔에서 충분히 물을 수 있으니 꼼꼼히 익혀 두시고 구체적인 실현 방안을 고민해 두시길 바랍니다.

3. 디지털 활용 역량

마지막으로, 요즘 교육 환경에서 필수적인 디지털 리터러시도 중요한 영역입니다. 학생들이 태블릿이나 소프트웨어, 학습관리시스템(LMS)을 얼마나 잘 활용하는지 확인하는 겁니다. 간단한 문서 편집 작업이나 LMS 사용을 통해 학생들의 디지털 역량을 평가할 수 있습니다. 이 정보를 바탕으로 디지털 기기 사용이 어려운 학생에게는 추가 지원을 제공하고, 이미 숙련된 학생들에게는 더 심화된 디지털 과제를 제시할 수 있습니다. 디지털 역량을 길러주는 수업은 학습의 효율성을 높이고 자기주도 학습에도 큰 도움이 되므로, 주의 깊게 다룰 필요가 있습니다.

- 교사 분석: 교사의 디지털 기술 활용 수업에 대한 철학 점검(기술 수용의 의지, 디지털 기술 활용 수업 철학 수립), 교사의 디지털 활용 역량 준비(디지털 도구를 숙련되게 사용하여 교육과정에 적절하게 통합할 수 있도록 훈련), 학생 사전 진단을 위한 교사의 준비(학생의 학습 준비도와 필요를 사전에 평가하여 준비)

③ 단계별 수업 방식 구상 및 유연한 조합

성취기준 분석 세분화, 환경 분석을 바탕으로 학습자와 학습 내용에 맞춰 효율적이고 유연하게 수업 방식을 설계함

단계별 수업 방식 설계하기

1. AI 코스웨어를 통한 사전 진단: 학생의 성취도 파악을 위한 사전 진단 실시
2. 초기 단계 설계: 프로젝트 기반 학습, 문제 해결 중심 학습을 도입하여 학생들의 흥미를 유도하도록 설계
3. 중간 심화 단계 설계: 협력 학습이나 토론을 통해 학생들의 비판적 사고를 촉진하도록 설계
4. 마무리 단계 설계: 개별 과제나 발표를 통해 학습 내용을 정리하고 응용할 수 있도록 설계

④ 단계별 에듀테크 활용 통합 설계
- **이유**: 교사 혼자서는 학생 개개인의 요구를 모두 충족시키기 어려움
- **방법**: 교수·학습 설계 시 단계마다 에듀테크와 AI 코스웨어를 추가하여 교사의 한계를 보완하기

송쌤 Say

에듀테크가 교실에 도입되면서 맞춤형 수업이 더욱 정교해졌습니다. 에듀테크 활용 학생 맞춤형 수업의 특징은 다음과 같습니다. 꼼꼼히 살펴보고, 실연과 나눔에서 에듀테크 활용 수업의 장점을 잘 설명할 수 있도록 준비해 두세요.

1. **개별화된 피드백**: 기존에는 교사의 주관적 판단에 의존했지만, 이제는 데이터 기반의 정밀한 피드백이 가능합니다. 학생들이 어떤 부분에서 어려움을 겪는지 데이터를 통해 명확히 파악할 수 있어요.

2. **학습 진행 상황 모니터링**: 예전에는 수업 시간에 한정된 관찰과 기록만 가능했지요. 이제는 실시간 모니터링으로 학습 상황을 분석하고 지속적으로 학습 데이터를 추적할 수 있습니다. 학생 개개인의 진행 상황을 수업 밖에서도 파악할 수 있어요.

3. **수업 설계 및 준비 시간 절약**: 수업 설계에 많은 시간과 노력이 필요했던 반면, 에듀테크를 활용하면 효율적인 준비가 가능합니다. 디지털 도구들이 자료 준비와 수업 계획 수립을 도와주어 시간 관리를 쉽게 해 줍니다.

4. **학생 참여도**: 일부 학생이 수업에 소극적으로 참여하는 경우가 많았는데, 이제는 맞춤형 콘텐츠와 상호 작용 도구를 통해 모든 학생의 참여도를 높일 수 있습니다. 각자 관심 있는 내용과 난이도로 학습할 수 있기 때문에 참여율도 상승합니다.

5. **개별 학습 경로 제공**: 이전에는 동일한 수업 계획을 모든 학생에게 적용했지만, 이제는 각 학생의 속도와 수준에 맞춘 개별 학습 경로를 제공합니다. 학생 맞춤형 학습이 가능해져 더욱 효과적인 학습이 이루어집니다.

6. **학습 성과 분석**: 기존에는 성적과 교사의 관찰에 의존했지만, 이제는 빅데이터 분석을 통해 학습 성과를 다각적으로 분석할 수 있습니다. 이는 교사가 학생들의 강점과 약점을 더 깊이 이해하는 데 큰 도움이 됩니다.

7. **교사의 역할 변화**: 교사가 모든 것을 주도하고 개별 지도를 해왔지만, 에듀테크 활용으로 멘토 역할이 강화됩니다. 반복적인 업무는 디지털 도구가 보조하고, 교사는 학생들을 위한 전략적인 지원과 멘토링에 집중할 수 있어요.

⑤ 전체 수업 흐름을 포함한 통합적 학생 맞춤형 수업 설계

- 의미: 학생 맞춤형 교수학습 설계 시 수업의 흐름, 차시별 수업 내용, 학습 목표, 에듀테크 활용 단계를 한눈에 확인할 수 있도록 통합 설계
- 특징: 수업의 일관성을 유지하면서도 유연하게 구조를 조정할 수 있음. 학생 맞춤형 교육의 효과를 극대화할 수 있음
- 주요 요소

시각적 개요 제공	• 전체 수업 흐름과 차시별 계획을 시각적으로 제시 • 교사와 학생 모두가 수업의 전반적 구조와 목표를 명확히 이해할 수 있도록 도움
에듀테크 활용 단계 명시	• 에듀테크 도구 활용 단계를 명확히 구분 • 교사가 언제, 어떻게 기술을 사용할지 쉽게 파악할 수 있도록 지원
실시간 피드백 및 평가	• 수업 중 실시간 피드백과 평가를 통해 학습 진행 상황 모니터링 • 필요 시 적절한 지원 제공 • 통합 설계를 통해 피드백 및 평가가 들어가는 지점 한눈에 파악 가능

⑥ 평가 및 피드백

- 평가: 학생의 학습 성취도를 객관적으로 측정하고 학습 목표 달성 여부를 판단하는 과정, 에듀테크 도구를 활용하여 실시간 다양한 형태의 평가 실시 및 자동 결과 분석 가능, 데이터 기반의 평가를 통해 학생의 학습 패턴과 성취도를 파악, 개별 학습 계획 수립 시 필요한 정보 제공
- 피드백: 학생들에게 학습 과정에서의 강점과 약점을 알려주고 향후 학습 방향 제시, 에듀테크를 통해 맞춤형 피드백 제공이 가능하며 학생의 학습 상황을 명확히 이해하게 돕고 즉각 개선 가능, 실시간 및 지속적 피드백 제공으로 학습 효율성 향상 및 학습 동기 유지

▤ 학생 맞춤형 수업 설계 시 평가와 피드백을 효과적으로 통합하기 위한 고려 사항

제목	내용
성취기준의 세분화를 기반으로 명확한 학습 목표 설정	• 평가와 피드백은 명확한 학습 목표 설정에 기반해야 함 • 성취기준을 세분화하여 차시별로 구체적인 목표 설정 필요 • 이를 기준으로 평가와 피드백 계획 수립
평가의 다양화	• 에듀테크를 활용하여 다양한 평가 방법 통합 • 학생 개별 특징과 선호도를 고려한 평가 제시 • 학생들이 자신의 학습 성취를 다양한 방식으로 표현할 수 있게 함

개별 맞춤형 피드백 제공	• 에듀테크 도구를 활용해 개별 맞춤형 피드백 제공 • 학생 각각의 특성과 필요에 맞춘 구체적이고 실시간 피드백 제공
지속적인 피드백 제공	• 정기적인 피드백 세션을 설정하여 지속적인 피드백 제공 • 학습 동기 유지 및 학습 성과 지속적 개선에 기여
성찰과 반영 기회 제공	• 평가와 피드백 결과를 바탕으로 학생들이 학습 전략을 수정하고 개선할 기회 제공 • 자기 주도적 학습 능력 강화에 기여

⑦ 교사의 성찰: 자신의 교수학습 설계와 실행 과정을 돌아보고, 무엇이 효과적이었고 어떤 부분이 개선이 필요한지를 확인함

(2) 하이러닝(AI 기반 교수·학습 플랫폼)

① 정의: 미래교육을 지향하고 교사의 수업 설계와 학생의 맞춤형 교육을 지원하는 경기도교육청의 AI 기반 교수·학습 플랫폼

② 추진 방향

- 자기주도 학습: AI를 활용한 학생의 자기주도 학습 독려
- 참여학습: 언제 어디서나 즐겁게 배움에 참여하며 공동체 구성원으로서 책임감을 나눔
- 성장학습: 누구도 소외되지 않는 개인별 맞춤형 교육을 실현, 교사와 학생 함께 성장
- 융합학습: 온오프라인을 넘나들며 경험을 확장하고 기대를 확대함

③ 특징

- 학생 맞춤형 교육: AI, 빅데이터, EBS 콘텐츠 기반의 5개 교과(국어, 사회, 수학, 과학, 영어)에 대한 AI 진단 및 추천, 종합 리포트 제공
- 편리한 교수학습 설계: 수업 설계 자동화 및 맞춤 콘텐츠 추천 기능과 함께 영상, 교재, 문제 등 학습 콘텐츠 공유 라이브러리 제공
- 미래형 교실 수업 환경: 태블릿PC 기반의 교사와 학생이 상호 소통 가능한 통합학습창, 프로젝트형 수업을 지원하는 클래스보드 등의 미래형 수업 환경 제공

④ 사용 방법

- 학생 진단: AI 진단을 통해 우리 반 학생들의 단원별 학습 현황을 한눈에 확인 가능
- 맞춤형 추천 영상: 학생은 나의 강점과 월간 학습 현황을 확인하고 맞춤형 추천 영상으로 학습함

- **수업 설계 도구**: 나만의 과목을 교사가 직접 개설하고 수업 설계 도구를 활용해 편리하게 차시를 구성함
- **콘텐츠 라이브러리**: AI 추천 콘텐츠 및 콘텐츠 공유 라이브러리에서 영상, 교재, 문제 등 다양한 콘텐츠를 활용할 수 있음
- **AI 챗봇**: 하이러닝 내 누적된 학생의 데이터를 기반으로 맞춤형 학습 가이드 제공
- **학급 운영 활용**: 다양한 학급 경영 도구를 제공, 학급 운영이 수월해짐

(3) AI 디지털교과서(AIDT)

① AI 디지털교과서의 특징
- AI 기술을 활용하여 학생 맞춤형 교수·학습을 지원
- 학생의 개인 능력과 수준에 맞춘 다양한 맞춤형 학습 기회 제공
- AI 학습 진단과 분석, 맞춤형 학습, 학습 코스웨어 제공

② AI 디지털교과서 활용의 철학적 전제
- 인간 존엄성을 위한 교육
- 평등한 학습 기회 보장
- 교사의 전문성 존중

③ 평등한 학습 기회 보장을 위한 핵심 사안
- 학생 맞춤형 교육과 연결
- 사회·문화·경제적 배경과 상관없이 신기술 접근 및 맞춤 교육 기회 제공
- 맞춤형 교육 기회 제공으로 모든 학생이 학습에서 성공할 수 있도록 지원

④ AI 디지털교과서의 핵심 기능
- AI 튜터가 학생 학습 데이터를 진단, 분석하여 맞춤형 학습 제공
- 학생의 학습 수준에 맞는 콘텐츠 추천 및 추가 학습 자료 제공
- 2022 개정 교육과정에 따른 보충 학습과 심화 학습 제공
- 교육 주체(교사, 학부모, 학생) 간 상호 소통 지원
- **보편적 학습 설계**: 느린 학습자를 위한 기초학력 보장과 빠른 학습자를 위한 토론 및 논술 과제 제공, 특수교육 대상 학생 및 장애 교원을 위한 기능, 다문화 학생을 위한 다국어 지원 기능

 잠깐!

 에듀테크 활용 학생 맞춤형 수업이 어떻게 실제적으로 이루어질 수 있는지 관련 자료를 모아 정리하였으니 확인해 보세요. 학교 현장에서 현직 교사들이 실제 개발한 자료이니 도움될 거예요.

② 경기공유학교

(1) 경기공유학교란?

① **정의**: 경기공유학교는 지역 사회와 협력하여 학생 개개인이 학교 밖 교육활동과 시스템을 공유할 수 있는 지역교육협력 플랫폼

② **비전**: 학생들이 지역 내 자원을 활용해 다양한 학습 기회를 얻고, 그 과정에서 평등한 교육을 실현함

③ **가치**: 자율성, 협력, 참여를 기반으로 교육 격차를 줄이고, 지역 자원을 활용한 맞춤형 학습을 제공함

④ **운영 목표**: 모든 학생에게 배움의 기회를 확대하고, 지역의 자원과 교육의 경계를 허물어 학생들의 역량을 신장시킴

(2) 프로그램의 종류

📄 **주요 프로그램의 특징**

지역맞춤형 프로그램	8차시 이상의 맞춤형 교육 프로그램 제공
학생기획형 프로그램(경기이룸학교)	학생 주도의 기획 프로그램 운영, 8차시 이상
대학연계형 프로그램(경기이룸대학)	고등학생 대상으로, 8차시에서 34차시까지 운영

① 지역맞춤형 프로그램

• 학생들의 필요에 맞추어 지역교육 자원을 활용해 학습, 진로, 문화, 체험 등 다양한 영역의 교육 프로그램을 8차시 이상 운영함

• 지역별 특성에 맞춘 맞춤형 수업 및 활동을 제공하여 학생들의 흥미와 역량을 강화함

💬 **예시**

• 기초학력: 학습 역량 강화 프로그램 운영
• 미래 에듀테크: AI, 디지털 교육을 통한 미래 학습 기술 습득
• 생태환경: 환경 보호 교육 및 실천 활동
• 글로벌 인성: 글로벌 시민 교육, 인성 교육 등
• 문화예술·체육: 학생들의 예술적 감성과 체력을 강화하는 프로그램 제공
• 진로: 다양한 직업 탐색과 진로 교육을 통해 학생들의 미래 준비 지원

② 학생기획형 프로그램(경기이룸학교)

- 학생들이 스스로 원하는 주제를 선정하고, 학교 밖 자원을 활용해 프로젝트를 수행함
- 해당 프로그램은 학생들의 도전 정신과 주도적 학습 역량을 길러줌

③ 대학연계형 프로그램(경기이룸대학)

- 중·고등학생을 대상으로, 대학 및 전문기관과 연계해 고급 학습 기회를 제공함
- 학생들이 진로 탐색 및 전문적 학습 경험을 쌓을 수 있도록 맞춤형 교육을 지원함

④ 지역기관 공헌 프로그램

지역의 공공기관과 협력해 다양한 맞춤형 프로그램을 운영하며, 학생들에게 지역 사회와 밀접하게 연관된 학습 기회를 제공함

⑤ 학업 안정화 프로그램(시험 운영)

- 학교 내 개설이 어려운 과목을 외부 기관과의 협력을 통해 제공하여, 학생들의 다양한 학습 수요를 충족시킴
- 학교 안에서 학습이 어려운 경우, 학교·밖 자원을 활용해 학생들이 지속적인 학습을 이어갈 수 있도록 지원함

⑥ 지역위탁형 프로그램(시험 운영)

심리적, 환경적 어려움을 겪는 학생들이 적응력을 키울 수 있도록 외부 위탁 프로그램을 통해 학습과정을 지원함

(3) 운영의 주요 특징

① 비용: 모든 프로그램 무료 제공

경기공유학교에서 제공하는 모든 교육 프로그램은 무료로 운영되며, 학생과 학부모가 경제적 부담 없이 다양한 학습 기회를 누릴 수 있도록 함. 경기도교육청과 지역 교육지원청의 지원을 통해 모든 프로그램이 제공됨

② 기존 학교 교육과의 차별점

- 학생 주도 학습: 경기공유학교는 기존의 교사 중심의 수업 방식에서 벗어나 학생이 주도적으로 학습을 기획하고, 학교 밖 자원과 연결된 프로젝트를 진행할 수 있는 기회를 제공함. 학생들은 자신이 흥미를 가진 주제를 선택하여 심화된 학습을 진행함으로써 자기주도적 학습 역량을 키울 수 있음

- **맞춤형 학습**: 학교에서 제공하지 못하는 심화학습, 진로 탐색, 예술 활동 등 다양한 분야에서 맞춤형 학습을 제공함. 각 학생의 수준과 요구에 맞추어 학습 프로그램을 운영하여 개인별 학습 능력을 강화함
- **학교 밖 자원 활용**: 지역 사회와의 협력을 통해 학생들이 지역의 다양한 자원을 활용할 수 있도록 함. 공공기관, 대학, 기업 등의 자원을 활용한 학교 밖 프로그램을 통해 학생들은 다양한 실무적 경험을 쌓을 수 있음

③ 생활기록부 기재

- **공식적인 기록 인정**: 경기공유학교에서 이수한 프로그램은 학교생활기록부에 공식적으로 기재됨. 특히 학생의 진로 관련 활동이나 심화학습 등은 특기사항 및 진로 희망사항에 기재되어, 학생들이 대학 진학이나 취업 과정에서 자신의 다양한 경험을 공식적으로 인정받을 수 있음
- **학생 활동과 성취 기록**: 경기공유학교에서 학생들이 진행한 프로젝트 기반 학습, 진로 탐색, 봉사활동 등의 활동은 생활기록부에 반영되어, 학생의 학업 성취도와 함께 다양한 경험이 기록됨. 특히 학생 주도 학습 프로그램에서의 활동은 학생의 자기주도성, 협력 능력 등을 평가할 수 있는 중요한 자료로 활용됨
- **차별화된 기록 제공**: 기존 학교에서 제공하지 않는 심화 프로그램이나 전문 교육과정을 이수한 경우, 해당 내용이 생활기록부에 기재되어 학생의 학습 역량 및 진로 탐색 활동이 돋보일 수 있음. 이는 대학 입학 전형이나 취업 시 학생의 특화된 역량을 증명하는 중요한 요소가 됨

④ 차별화된 프로그램 구성

- **다양한 학습 영역 제공**: 경기공유학교는 기초학력 보완부터 미래교육(에듀테크), 환경 교육, 글로벌 시민 교육, 문화예술 체험에 이르는 다양한 영역의 프로그램을 제공하여 학생들이 자신에게 맞는 프로그램을 선택하고 심화 학습할 수 있도록 지원함
- **학생기획형 프로그램(경기이룸학교)**: 학생이 스스로 학습 주제를 선정하고, 학교 밖 자원과 협력하여 프로젝트를 진행하는 프로그램으로, 자기주도적 학습 능력을 키우고 창의적인 사고력을 강화함
- **대학연계형 프로그램(경기이룸대학)**: 대학 및 전문기관과의 연계를 통해 중·고등학생들이 심화된 학습을 경험하고, 진로 탐색 및 학문적 성취를 쌓을 수 있는 기회를 제공함

⑤ 학생 선택권과 학습의 자율성 보장

- **학생 맞춤형 교육 제공**: 경기공유학교는 학생들이 자신의 관심사와 진로에 맞는 맞춤형 프로그램을 선택하여 학습할 수 있도록 지원함. 학생들은 기존 학교 수업에서 경험할 수 없는 심화된 교육과정이나 체험형 학습에 참여할 수 있음
- **다양한 학습 자원 활용**: 지역 사회의 자원과 인프라를 활용하여 학교 안에서는 제공하기 어려운 다양한 학습 기회를 제공함. 예를 들어, 예술적 재능을 가진 학생은 지역 예술단체와 연계한 프로그램을 통해 보다 심화된 예술 교육을 받을 수 있음

⑥ 지역 사회와의 연계

- **학교와 지역 사회 연결**: 경기공유학교는 학교와 지역 사회의 자원을 연결하여 학생들에게 다양한 학습 경험을 제공함. 학생들은 지역 내 공공기관, 대학, 기업과의 협력을 통해 지역 사회와 밀접하게 연결된 학습을 경험하며, 지역 사회의 자원을 통해 실생활과 연계된 학습을 경험할 수 있음
- **자원 공유를 통한 상생**: 경기공유학교는 지역 사회가 보유한 인적·물적 자원을 교육 자원으로 활용하여 상호 협력 체계를 구축함. 이를 통해 학생들은 지역 사회와 더 깊이 연결된 학습 경험을 할 수 있으며, 지역 사회는 교육을 통해 사회에 기여할 수 있는 기회를 얻음

3 기초학력 보장 강화

(1) 추진 배경

① 기초학력 미달 학생 비율 감축 필요

② 모든 학생의 기초학력 보장 목표

③ 교육청, 단위학교 협력 체제 강화

(2) 추진 방향

① 체계적 진단을 통한 학습 결손 조기 파악 및 보정 지도 강화: 모든 학생의 학습 수준을 파악하기 위한 진단 체계를 강화하여 학습 결손을 조기에 발견하고, 이를 바탕으로 보정 지도를 체계적으로 진행함. 이를 통해 기초학력 미달 학생을 줄이고, 학습 격차를 해소하고자 함

② 다중학습안전망 구축 및 학생 맞춤형 교육 정책 확대: 기초학력 보장을 위해 다중학습안전망을 구축하고, 학생 개개인의 학습 수준에 맞춘 맞춤형 교육을 확대함. 다중학습안전망은 학습적 지원뿐만 아니라 정서적, 심리적 지원까지 아우르며, 학생이 전인적으로 성장할 수 있도록 지원함

③ 학령 초기 학습 손실 예방: 학령 초기(초등 저학년)의 학습 손실을 최소화하기 위한 방안을 마련함. 초등학교 저학년 학생들을 대상으로 한 진단 및 보정 활동을 강화하여 학습 손실을 예방함

④ 기초학력 보장 협력체제 강화: 교육청, 교육지원청, 단위학교가 협력하여 기초학력 보장을 위한 연계 체제를 강화함. 또한, 지역 사회 및 학교 외부 전문기관과 협력을 통해 보다 실질적인 학습 지원을 제공함

⑤ 교원 역량 강화와 행정 업무 간소화: 교원들의 기초학력 책임지도 역량을 강화하기 위해 전문성을 높이는 연수 프로그램을 운영함. 동시에 행정 업무를 간소화하여 교사들이 학생 지도를 집중할 수 있는 환경을 조성함

(3) 추진 내용 1: 진단 강화

① 기초학력 진단-보정 내실화
- 학습지원대상학생 지원협의회를 구성하여, 각 학교의 기초학력 책임지도 체계를 강화함. 이 협의회는 학습지원대상학생 선정, 지원 계획 수립, 진단 도구 선택 및 결과 분석 등을 담당함
- 학습 수준과 부진 요인을 파악하기 위해 체계적인 기초학력 진단검사를 실시함. 진단검사는 학생의 학업 성취도뿐만 아니라 정서적, 심리적 요인까지 다루며, 이를 바탕으로 맞춤형 보정 지도를 진행함

② 책임교육학년제: 초등학교 3학년과 중학교 1학년 학생을 대상으로 기초학력 진단검사를 강화하여, 학습 손실을 조기에 발견하고 선제적으로 대응함. 성취 수준이 낮은 학생들에게 다층적, 심층적 진단을 통해 적합한 지원을 제공함

(4) 추진 내용 2: 보정 활동

① 다중학습안전망 구축
- 기초학력 보장을 위해 다중학습안전망을 구축하고, 학교 내외의 다양한 자원을 활용해 학생 맞춤형 지원을 제공함. 예를 들어, 두드림학교와 맞춤형 학습관리 튜터링을

통해 학생들에게 개별화된 학습 지원을 제공함

- 책임교육학년제를 통해 학습 결손이 우려되는 학생에게 맞춤형 지원을 집중적으로 제공하며, 이들을 위한 심리적, 정서적 지원도 포함함
- 학교 밖에서는 기초학습지원센터와 같은 지역 사회의 전문 기관과 협력하여 학생들에게 심리상담, 학습 지원 등을 제공함

② 학생 자율성 및 주도성 강화: 학생의 자율성과 주도성을 기반으로 한 기초학력 보장을 지원함. 맞춤형 학습 관리 프로그램을 통해 학생 개개인이 자신의 학습을 주도적으로 이끌어 나갈 수 있는 환경을 조성하며, 이를 위해 AI 학습 지원 멘토링 등 최신 기술을 활용함

(5) 추진 내용 3: 교원 연수

① 교원 기초학력 책임지도 역량 강화: 교원들의 기초학력 지도 역량을 강화하기 위한 체계적인 연수를 제공함. 연수는 기초, 심화, 전문 교사 과정으로 나뉘며, 단계별로 교사들이 기초학력 부진 학생을 효과적으로 지도할 수 있는 능력을 기르게 함

② 기초학력 전문교사 네트워크 운영: 교사들이 상호 협력하고 사례를 공유하며, 기초학력 보장 프로그램의 질을 높임

(6) 추진 내용 4: '기초학습지원센터'를 통한 기반 구축

① 지역 기초학습지원센터 운영

- 기초학습지원센터는 지역 사회와의 연계를 강화하여 학생들의 학습 부진 원인을 다각도로 분석하고 맞춤형 지원을 제공함. 특히 난독증이나 경계선 지능 학생과 같은 특수 요인 학생들을 대상으로 심층적인 진단과 지원을 수행함
- 이러한 기초학습지원센터는 25개 교육지원청에 설치되어, 지역별로 학생들이 적절한 지원을 받을 수 있도록 함

② 경기도교육청 기초학력지원센터 운영

- 경기도교육청 내 기초학력지원센터는 기초학력 보장 정책을 실행하고, 학습 지원 담당 교원의 역량 강화를 위한 연수와 성과 관리 등을 담당함
- 지역 내 기초학력 보장 프로그램의 성과를 분석하여 개선 방안을 모색하고, 현장의 지원 체계를 더욱 강화함

④ 디지털 시민교육

(1) 디지털 시민교육 강화

　① 디지털 시민 역량 교육

　　• 학생들이 디지털 사회에서 윤리적이고 책임감 있는 시민으로 성장할 수 있도록 디지털 안전, 윤리, 책임, 소통과 관련된 역량 교육을 강화함. 디지털 미디어 문해 교육과 함께 디지털 과몰입 예방 교육을 통해 디지털 역기능에 대응할 수 있는 실천 교육을 제공함

　　• 특히 최근 심각한 문제로 대두된 디지털 성범죄(딥페이크 범죄 등)와 같은 위험 요소에 대한 이해와 예방 교육을 강화하여 학생들이 디지털 환경에서 스스로 보호할 수 있도록 지원함

　② 디지털 성범죄 예방 및 대응 교육: 양육자와 학생이 함께 참여할 수 있는 디지털 성범죄 예방 교육을 제공함. 특히, 딥페이크와 같은 디지털 성범죄에 대해 학생들이 경각심을 가지도록 하고, 부모와 학생이 함께 디지털 환경에서 안전하게 행동할 수 있는 교육을 강화함

(2) 맞춤형 디지털 시민교육 운영

　① 디지털 시민교육 진단 도구: 초등학교 4학년과 중학교 1학년을 대상으로 디지털 시민 역량을 진단하는 도구를 개발하여, 학생 개개인의 디지털 역량을 평가하고 맞춤형 교육을 제공함

　② 메타버스 체험관 운영: 상호작용이 가능한 메타버스 플랫폼을 통해 학생들이 가상 환경에서 디지털 시민으로서 필요한 역량을 체험할 수 있도록 프로그램을 제공함. 다양한 학습 콘텐츠와 프로젝트 학습을 지원함

　③ 디지털 시민교육 콘텐츠 개발 및 활용: 교육과정과 연계한 디지털 시민교육 자료를 개발하여, 창의적 체험활동 및 교과 융합형 학습을 지원함. 초·중등을 대상으로 한 AI교육 자료, 디지털 소양 교육 자료, 그리고 디지털 성범죄 예방 교육 자료 등을 함께 제공함

(3) 디지털 시민교육 확산 및 지원

　① 디지털 시민역량교육 실천학교: 120개의 학교를 대상으로 디지털 시민교육을 실천하고, 지역거점 역할을 수행하며 학교 문화를 확산함. 디지털 시민교육 진단 도구와 맞춤형 학습을 통해 학교 단위에서의 성과를 확산함

② 디지털 창의역량교육 실천학교: 전 교과와 연계한 AI융합교육 및 AI윤리교육을 확산하고, 교원의 AI 및 디지털 역량 강화를 위해 학습공동체를 운영함

③ AI정보교육 중심학교: 정보 교과 중심으로 AI교육을 내실화하며, 지역 간 AI교육 격차를 해소하기 위해 거점학교로서의 역할을 수행함

(4) 디지털 성범죄 예방 및 대응 교육 강화

① 양육자와 학생을 위한 디지털 성범죄 예방 교육

- 양육자와 학생이 함께 디지털 성범죄(딥페이크 범죄 등)에 대해 교육을 받고, 예방할 수 있는 구체적인 방법을 학습함
- 경기도교육청 유튜브를 통해 교육을 제공하며, 양육자와 학생이 함께 참여하여 디지털 성범죄의 위험성을 인지하고, 가정 내 소통을 통해 문제를 예방할 수 있는 접근법을 제시함

② 사이버 생태계 변화 교육: 수사관이 들려주는 사이버 생태계 변화 교육을 통해 실제 수사 경험을 바탕으로 한 사례 중심 교육을 제공함. 양육자와 학생이 디지털 성범죄의 위험을 인식하고 예방할 수 있는 실질적인 정보를 전달함

③ 성인지 감수성 기반 교육

- 양육자를 위한 디지털 성폭력 대응 방안을 통해 성인지 감수성을 높이고, 가정 내에서 양육자와 학생이 디지털 성범죄 예방을 위한 디지털 시민성을 함양할 수 있도록 교육함
- 또한, 가정 내 소통을 강화하는 방법과 함께 디지털 성범죄에 대응할 수 있는 실질적인 방안을 안내함

④ 디지털 성범죄 피해자 지원 체계 구축: 디지털 성범죄 피해자 지원 센터 운영, 24시간 지원 상담 서비스, 법적 지원 및 삭제 요청, 피해자 보호 강화 등 지원 체계 구축 노력

(5) 디지털 범죄 예방 디지털 시민교육

① 목적: 온라인에서 책임감 있는 디지털 활용을 통한 안전한 디지털 세상 만들기

② 예시 수업 주제

초등학생	• 온라인 안전 지키기 • 사이버 괴롭힘 예방	• 안전한 비밀번호 만들기 • 디지털 기기 사용 시간 관리
중학생	• 디지털 소통과 예절 • 딥페이크와 같은 디지털 성범죄 인식	• 온라인 정보 보호 • 온라인에서의 책임감 있는 행동

(6) 인공지능 윤리교육

① 목적: 인공지능 윤리교육을 체계적으로 도입하고, 학교 현장에서 디지털 시민교육을 강화하기 위함

② 내용

- 인공지능 윤리교육 이해: 인공지능 기술의 책임 있는 활용을 위한 윤리적 개념과 문제 해결 방식을 교육함
- 인공지능 수업 설계: 인공지능이 주는 윤리적 도전과 기회를 체계적으로 학습할 수 있도록 수업 설계. 학생들이 윤리적 판단력과 문제 해결 능력을 강화하는 데 중점. 교과의 특성을 살려 인공지능 시대의 공공성, 책임성, 인권 보장에 대한 깊이 있는 탐구 진행 가능
- 초등 수업 사례

국어	• 인공지능 활용 및 발전의 긍정적 결과와 부정적 결과에 대한 딜레마 토론을 수행하기 • 인권과 인공지능 개발에 대한 찬반 토론, 인공지능 알고리즘의 투명성에 관한 긍정적 측면의 기사와 부정적 측면에 대한 기사를 보고 투명성 알고리즘의 필요성과 프라이버시 보호에 대한 주제에 대하여 토론하기 • 생성형 인공지능이 작성한 글을 읽고 내용의 타당성과 표현의 적절성을 비판적으로 평가하고, 글 내용 또는 표현 중에 인권을 침해한 부분은 없는지 확인하기 • 인공지능의 순기능과 역기능을 알아보고, 인공지능의 올바른 활용을 약속하는 캠페인 활동 또는 서약서 작성하기 • 가상 인물의 연설 시청하고, 딥페이크의 위험성 인식하기, 딥페이크로 인한 피해 사례 탐색하기
도덕	• 인공지능으로 인해 미래에 사라질 직업, 인공지능 발전에 따라 생겨날 직업 예상해 보기 • 사회적 약자 및 소외 계층에게 도움을 주는 인공지능 기술 사례 찾고, 나만의 인공지능 기술 아이디어 작성하기 • 생성형 인공지능이 인권 침해적인 사례를 만들어내는 경우 어떻게 대처해야 하는지 토의하기 • 노약자 및 장애인을 도울 수 있는 인공지능 서비스를 체험하고 소감문 작성하기
사회	• 사례를 보고 인공지능과 함께 살아가기 위해 필요한 기본 헌법 만들기 ⑩ 인공지능이 인간의 기본권을 침해하는 사례를 보고 '인공지능은 사람을 해치지 않는다.'라는 헌법을 만들어본다. • 인공지능이 우리에게 도움을 준 사례와 피해를 준 사례를 탐구하고, 인권 친화적 관점에서 피해 사례를 예방하는 방법 생각하기 • 인공지능 활용으로 발생할 수 있는 인권 침해 사례를 바탕으로 국회, 행정부, 법원 등 각각의 기관의 역할을 토론하고 문제 해결하기 ⑩ 자율주행자동차 개발 시에 발생할 수 있는 문제점들을 생각해 보며, 문제 해결을 위한 국회, 행정부, 법원에서 할 수 있는 역할에 대해서 생각하기
수학	• '티셔츠 사이즈를 알려주는 인공지능'을 만들기 위해 학생들의 키 데이터를 수집하는 문제를 학습 문제로 활용하여 자료 수집 과정에서의 '프라이버시 보호'에 대해 익히기 • '학생들 학업 향상도를 예측하는 인공지능을 만들기 위해 학생들의 성적 데이터를 수집하는 상황'을 학습 문제로 활용하여 프라이버시 보호 및 데이터 관리에 대해 학습하기

실과	• 인공지능 기술이 활용된 발명품 사례를 통해 인간의 삶에 미치는 긍정적인 영향과 부정적인 영향을 탐색하기 ⓔ 음성인식 기술이 적용된 시각장애인을 위한 키오스크 발명, 환자의 상태를 진단하고 수술까지 할 수 있는 의료 인공지능 기술 발명 조사하기 • 사회에 긍정적인 영향을 미칠 수 있는 적정기술이 활용된 상황을 알아보고, 인공지능 윤리가 지켜지지 않았을 때 나타날 수 있는 문제점 제시하기 ⓔ 농작물의 생산성을 높일 수 있는 인공지능 스마트팜, 비디오 감지 기술을 활용한 재난대응 시스템 조사하기

• 교과별 수업 사례

교과	주제	내용
국어	인공지능 시대의 공동체 문제 탐구, 인공지능과 인간의 공존에 대한 토론 등	• 문학작품을 활용하여 인공지능 시대의 공동체 문제를 탐구함 • 학생들은 인공지능이 인간과 공동체에 미치는 영향을 논의하고, 인공지능 윤리의 공공성과 연대성을 토론함 • 예시 활동으로 인공지능과 인간의 공존에 대한 논제 토론을 통해 인공지능 윤리가 사회에 미치는 영향을 탐구함
수학	데이터 편향 문제와 책임성, 정규분포를 활용한 데이터 관리 중요성 학습	• 상관관계와 예측 모델을 통한 데이터 분석을 진행하며, 데이터 편향 문제를 탐구함 • 이 과정에서 학생들은 인공지능 기술의 사용이 어떻게 데이터 관리에 영향을 미치는지 이해하고, 데이터 분석 과정에서 발생할 수 있는 편향성과 그 책임성을 배움 • 또한, 정규분포와 같은 통계적 개념을 활용하여 데이터를 분석하는 과정에서 인공지능 기술의 책임성과 관리의 중요성을 학습함
영어	인공지능 기술을 활용한 긍정적 사회 변화와 공공성 및 데이터 관리 중요성 강조	• 학생들은 인공지능 기술이 사회에 미치는 긍정적인 변화를 주제로 영어 시나리오를 작성함 • 이 과정을 통해 학생들은 생성형 인공지능과의 언어적 소통에 대해 학습하고, 인공지능과의 대화나 의사소통을 통해 공공성 및 데이터 관리의 중요성을 인식함 • 학생들은 실생활에서 인공지능과 상호작용하는 방식과 그 윤리적 의미에 대해 깊이 있는 탐구를 하게 됨
사회	인공지능 시대의 기업 책임과 인권보장, 국가의 역할 탐구	• 학생들은 인공지능 시대의 기업의 사회적 책임과 인권 보장에 대해 탐구함 • 인공지능 기술이 확대되면서 기업의 역할과 책임이 어떻게 변화해야 하는지, 그리고 인공지능이 인권과 법에 어떤 영향을 미치는지를 논의함 • 또한, 국가기관이 인공지능 기술을 어떻게 관리하고 규제하는지에 대해 탐구하며, 책임성과 공공성에 대한 문제를 다룸
과학	인공지능 로봇의 사회적 영향과 문제 해결을 위한 인공지능 발전 논의	• 미래 사회 문제 해결을 위한 인공지능 기술의 발전을 주제로, 인공지능이 사회에 미치는 투명성, 책임성, 안전성에 대해 탐구함 • 학생들은 인공지능 로봇과 같은 첨단 기술이 사회적, 윤리적 측면에서 어떤 영향을 미치는지에 대해 논의하며, 인공지능 기술의 발전이 가져오는 윤리적 도전과 책임에 대해 학습함

도덕	인공지능 활용의 안전성과 공공성, 인권 보장에 대한 가이드 작성	• 인공지능의 윤리적 사용 가이드를 작성하는 활동을 통해 인권 보장, 공공성, 책임성을 학습함 • 학생들은 인공지능이 안전하게 사용되기 위해 필요한 규칙과 가이드라인을 스스로 작성해 보고, 이를 통해 인공지능이 인간에게 미칠 수 있는 윤리적 영향을 탐구함 • 예를 들어, 인공지능 생성 그림 공모전의 규칙을 만들어 보면서, 학생들은 인공지능을 활용하는 과정에서 발생할 수 있는 윤리적 문제를 직접 다루고 해결책을 모색함

(7) 교원 역량 강화

① 디지털 시민교육 교원 연수: 교원의 디지털 시민교육 이해를 높이고 전문성을 강화하기 위해 온라인 연수, 정책연수, 직무연수 등을 운영함. AI융합교육 전문가 양성을 위해 교육대학원과 협력하여 교원을 선발하고 지원함

② AI융합교육 전문가 양성: AI와 SW기술을 교실 수업에 접목할 수 있는 전문 교원을 양성하며, 교육대학원과 협력하여 교사들이 AI융합교육을 심화 학습할 수 있도록 지원함

(8) 디지털 시민교육 지역연계 및 확산

① 디지털 시민 One-team 협력 활성화: 교육, 기업, 의료, 법률 기관들이 협력하여 디지털 시민교육을 확산함. 특히, 디지털 성범죄 예방 및 대응을 위한 양육자 대상의 온라인 교육과 심리 상담 프로그램 등을 운영하여, 디지털 성범죄의 부작용을 최소화하고, 안전한 디지털 세상을 만들기 위한 노력을 기울임

② 디지털 시민교육 네트워크 구축: 지역 연계 네트워크를 구축하여 현장 중심의 디지털 시민교육을 확산하고, 교사와 전문가들이 협력하여 교육 프로그램을 운영함

(9) 기대효과: 디지털 기술의 순기능 강화 및 역기능 예방

① 디지털 시민교육을 통해 학생들이 디지털 기술을 올바르게 활용하고, 윤리적 시민으로 성장하도록 지도함

② 디지털 성범죄 예방 교육을 통해 학생들이 스스로를 보호하고, 가정과 학교가 협력하여 디지털 환경에서 안전을 확보함

5 경기 교사의 역량

(1) 경기 교사 핵심 역량

역할	역량군	핵심 역량	역량 요소
교육과정 전문가	교육과정 역량군	교육과정 역량	교육과정문해력
			교과 전문성
		수업 운영 및 평가 역량	학생주도 수업 설계
			평가설계 및 피드백
생활교육 전문가	생활교육 역량군	생활교육 역량	학생 이해 및 공감
			생활교육 상담 전문성
		진로교육 역량	산업 직업 변화 이해
			학생 맞춤형 진로 설계
학교공동체 운영자	학교공동체 운영 역량군	학교·학급 경영 역량	비전 설정 및 실천
			학교·학급 경영 리더십
		소통 및 협력 역량	참여와 책임의식
			상호존중 의사소통
		교육생태계 활용 역량	네트워크 참여
			교육생태계 연계 및 활용
자기개발자	자기개발 역량군	변화대응 역량	사회변화 대응
			디지털 활용·윤리
			글로컬 시민 의식
		교직 전문성 개발 역량	학습과 연구
			윤리적 리더십 및 성찰
		자기관리 역량	자기 개발 및 교양
			건강·감정 관리

(2) 미래교육 역량

① 미래교육 역량 강조 배경
- 포스트 코로나 시대, 제4차 산업혁명 시대 도래 등 교육환경 대전환에 따른 교육적 요구와 학교 환경의 변화를 반영한 교원의 디지털 역량 강화 지원 필요
- 오프라인·온라인 수업의 적절한 병행을 통한 학생 맞춤형 수업 강화 필요

② 미래교육 역량: 미래 사회 변화에 따른 기본소양(성찰, 리더십, 수업 및 생활지도, 교육공동체 참여 역량 등) 및 활용 역량(AI, 에듀테크, 변화 대응 전략적 사고 등)

③ 디지털 역량
- 원격수업 설계 및 콘텐츠 활용 역량
- 스마트 기기, 플랫폼 등 디지털 활용 역량
- 디지털 윤리(초상권, 저작권, 성범죄 예방교육, 개인정보 보호 등)
- 온라인 학습 격차 및 학습 부진 대응 역량

④ 미래환경변화 대응 역량: 생태환경교육, 기후변화교육

잠깐!

경기도교육청은 경기교사에게 깊이 있는 수업을 설계하고 운영할 역량과, 수업을 성찰하고 나눔하는 역량을 중요하게 여기고 있어요. 이에 교사들의 수업나눔 문화를 확산하기 위해 다양한 프로그램과 정책을 기획하고 운영하고 있는데요. 특히 깊이 있는 수업 온(ON)과 같이 경기교육의 깊이 있는 수업 실행 역량을 제고하기 위한 프로그램들이 온라인을 통해 제공되고 있어요. 경기 교사가 되고자 하는 여러분들에게는 정말 좋은 자료들이지요. 수업 관련 영상을 시청할 수 있는 다양한 자료를 모아두었으니 꼭 확인해 보세요!

6 생활인성교육

(1) 균형 있는 인성 및 시민교육 운영

① 인성교육 내실화

- 인성 친화적 학교문화 조성(학교별 인성 브랜드 운영 등)
- 기본 인성 함양 교육과정 운영 및 인성교육 교재 개발·보급
- 지역사회 연계 인성교육 강화(경기도 도서관, 육아지원센터 등과 협력)
- 교원 인성교육 역량 강화 연수 운영
- 가정 연계 인성교육 활성화(프렌디 스쿨 등 운영)

② 세계시민교육 강화

- 학교 교육과정 연계 세계시민교육 활성화
- 창의적 체험활동과 연계한 세계시민 동아리 운영
- 지역 사회와 협력하여 인적·물적 자원 활용
- 교원 역량 강화 연수 및 네트워크 구성

③ 교육공동체 자율 역량 강화

- 자율적 학교 문화 조성 및 학교 자치기구 운영 지원
- 학생 자치활동 활성화 및 참정권 교육 지원
- 청소년 교육의회 및 학생참여 교육 활성화

(2) 화해중재와 생활교육 강화

① 화해중재단 운영 확대

- 학교폭력, 학생인권 침해, 교육활동 침해 사건을 해결하기 위한 화해중재단 구성
- 중재위원 구성(법률, 상담 전문가 등 포함) 및 역량 강화 연수 운영
- 학교 내 갈등 상황에 조기 개입하여 조정·중재 지원

② 학생생활교육 내실화

- 학생생활규정 운영 매뉴얼 보급 및 점검
- 생활교육협의체 운영 및 생활교육 담당자 연수
- 학생 자율 실천 프로젝트 공모전 운영 및 우수사례 발굴
- 학생도박 예방교육 강화 및 도박예방위원회 운영

③ 학교 구성원의 상호존중 및 권리·책임 실현

- 학생 인권과 교권 보호를 위한 조례 제·개정 추진

- 모든 학생의 학습권 보장 및 교과과정 내 인권교육 실시
- 학생인권옹호관을 통한 인권침해 상담 및 구제 활동

(3) 학교폭력 예방과 교육적 해결

① 학교폭력 예방교육 내실화
- 교육과정 연계 학교폭력 예방교육 프로그램 운영(사이버폭력 포함)
- 책임규약 및 사회·정서 프로그램 운영
- 지역별 특성에 맞춘 학교폭력 예방활동 강화(체험형 활동 등)
- 학교폭력 예방문화 조성 및 언어문화 개선 교육

② 학교폭력 사안처리 및 대응 체계 강화
- 학교폭력 신고 시스템 구축 및 학교폭력 실태조사
- 학교폭력 전담 조사관 신설 도입 및 사안처리 매뉴얼 보급
- 학교폭력 제로센터 운영 및 원스톱 지원 체제 구축

③ 학교폭력의 교육적 해결
- 학교폭력 관계 회복 프로그램 운영
- 화해중재 지원 및 교육적 해결을 위한 제도 개선 추진
- 피해·가해 학생 맞춤형 지원 프로그램 운영

(4) 학생 위기대응 안전망 강화

① 학교 전문상담 활성화
- 위(Wee) 프로젝트 활성화(위(Wee)센터·클래스 구축)
- 전문상담교사 배치 및 순회 상담 지원
- 전문상담인력 연수 지원 및 성장 단계별 연수 운영

② 심리적 위기학생 지원
- 생명존중교육 내실화 및 신학기 생명존중 교육주간 운영
- 자살예방 및 정신건강 지원 플랫폼 운영(24시간 문자상담 서비스 등)
- 위기학생 조기 발견 및 상담·치료 지원

③ 아동학대 예방 및 피해아동 지원
- 아동학대 예방교육 및 신고의무자 교육 강화
- 피해학생 학습권 보호를 위한 비밀전학 제도 운영
- 아동학대 대응 정보연계 협의체 활성화

(5) 양성평등 문화 확산

① 교육공동체 대상 맞춤형 양성평등교육 지원

② 자율적인 양성평등교육 운영 및 성인지 관점 정책 추진

③ 성희롱·성폭력 예방교육 운영 및 대응 역량 강화

(6) 교육활동 보호 강화

① 경기교권보호지원센터 확대 설치

- 7개 센터 추가 설치(총 13개 센터 운영) 및 교원 법률·심리 상담 지원
- 교원배상책임보험 운영 및 보장 내역 확대

② 교육활동 보호 원스톱 지원 시스템 구축

- 교육활동 침해 사안 처리 및 법률·행정 지원 강화
- 교원 대상 심리 상담 및 마음 회복 프로그램 운영

③ 교권 존중 및 교육활동 보호 문화 조성

- 교육활동 보호 예방교육 및 현장 공감 프로그램 운영
- 교육활동 보호 관련 홍보자료 및 교육자료 보급

7 교과별 – 창의융합교육 강화

① 과학 융합교육

② 미래형 영재교육

③ 의사소통중심 외국어 수업

④ AI기반 영어 수업

⑤ 지역과 연계한 학교 예술교육 강화

⑥ 학생 주도 독서/인문/글쓰기 교육

⑦ 창의융합체험 지원으로 교육 격차 감소

⑧ 학교 도서관 운영 인프라 확충

경기교육정책 이해하기

체크리스트	적용하기
1. 에듀테크 활용 학생 맞춤형 교수–학습 지원 ☐ 성취기준을 세밀하게 분석하여 학생 맞춤형 교육의 기초를 마련한다. ☐ 학습 환경, 학습자, 교사에 대한 면밀한 분석을 통해 최적의 학습 환경을 조성한다. ☐ 수업의 초기, 중간, 마무리 단계별로 다양한 수업 방식을 유연하게 조합하여 설계한다. ☐ 각 단계에서 에듀테크 도구를 효과적으로 활용하여 수업을 통합 설계한다. ☐ 전체 수업 흐름과 차시별 내용을 시각적으로 제공하여 통합적인 수업 설계를 제공한다. ☐ 성취 수준 분석, 실시간 피드백, 형성평가와 종합평가 등을 통해 학생의 학습 성취를 평가한다. ☐ 수업 후 교사가 자신의 수업을 성찰하고 개선점을 찾아 다음 수업에 반영한다.	학생별로 에듀테크 도구를 통해 사전 진단을 실시하여, 학습자 수준을 기반으로 수업 계획을 세워보자. 특히 수업의 도입, 심화, 마무리 단계에서 에듀테크 도구를 각각 다르게 활용한다. 예를 들어, 도입 단계에서는 동영상 강의나 실시간 퀴즈 도구를 활용하고, 중간 단계에서는 협력 학습 툴을, 마무리 단계에서는 학습 결과를 시각적으로 확인할 수 있는 도구를 사용한다. _____ _____ _____ _____
2. 경기공유학교 ☐ 지역 사회와 협력하여 학생들이 학교 밖 교육활동과 시스템을 공유할 수 있도록 지원한다. ☐ 학생들은 지역 내 자원을 활용해 다양한 학습 기회를 얻고, 평등한 교육을 실현한다. ☐ 학생 주도의 기획 프로그램을 운영하여 자기 주도적 학습 역량을 강화한다. ☐ 모든 프로그램을 무료로 제공하여 경제적 부담 없이 다양한 학습 기회를 누릴 수 있다. ☐ 경기공유학교에서 이수한 프로그램은 학교생활기록부에 공식적으로 기재된다. ☐ 학생의 선택권과 학습의 자율성을 보장하여 맞춤형 교육을 제공한다. ☐ 지역사회와의 연계를 통해 학생들이 실생활과 연계된 학습을 경험하도록 한다.	수업 과정에서 학생들이 자신이 원하는 학습 주제를 선정하고, 이를 토대로 프로젝트를 기획하고 발표하는 장면을 구상해 보자. 이 과정에서 지역 자원이나 외부 기관의 도움을 받도록 설계한다. _____ _____ _____ _____ _____
3. 기초학력 보장 강화 ☐ 체계적 진단을 통해 학습 결손을 조기에 파악하고 보정 지도를 강화한다. ☐ 다중학습안전망을 구축하여 학생 맞춤형 교육 정책을 확대한다. ☐ 학령 초기의 학습 손실을 예방하기 위한 방안을 마련한다. ☐ 교원의 기초학력 책임지도 역량을 강화하기 위한 연수를 제공한다. ☐ '기초학습지원센터'를 통해 지역사회와 연계한 기반을 구축한다.	기초학력이 부족한 학생을 위한 진단평가를 실시하고, 그 결과에 따라 보정 프로그램을 적용하는 수업 장면을 구상해 보자. 예를 들어, 학생별로 온라인 튜터링 프로그램을 활용해 학습을 보충할 수 있도록 한다. _____ _____

4. 디지털 시민교육
- [ ] 디지털 안전, 윤리, 책임, 소통과 관련된 역량 교육을 강화한다.
- [ ] 디지털 성범죄 예방 및 대응 교육을 통해 학생들이 스스로를 보호할 수 있도록 지원한다.
- [ ] 디지털 시민교육 진단 도구를 활용하여 맞춤형 교육을 운영한다.
- [ ] 메타버스 체험관 등을 통해 디지털 시민으로서 필요한 역량을 체험할 수 있도록 한다.
- [ ] 교원의 디지털 시민교육 이해를 높이고 전문성을 강화하기 위한 연수를 운영한다.

> 학생들이 메타버스 플랫폼에서 협력하며 프로젝트를 수행하는 방식으로 수업을 설계해 보자. 특히 디지털 윤리 및 성범죄 예방 교육 장면을 필수적으로 포함한다.

5. 경기 교사의 역량
- [ ] 교사는 교육과정 전문가로서 교육과정 문해력과 교과 전문성을 갖춘다.
- [ ] 학생 주도 수업 설계와 평가 설계 및 피드백 역량을 강화한다.
- [ ] 생활교육 전문가로서 학생 이해 및 공감 능력과 상담 전문성을 기른다.
- [ ] 학교 공동체 운영자로서 비전 설정 및 실천, 소통 및 협력 역량을 갖춘다.
- [ ] 변화 대응 역량과 교직 전문성 개발 역량을 통해 미래교육에 대비한다.

> 학생이 주도적으로 문제를 해결하고, 학습 목표를 달성할 수 있도록 프로젝트 기반 학습을 설계해 보자. 성취기준에 맞춰 학생들에게 피드백을 제공하고, 개별 학습 상황에 맞춰 학습 경로를 제시한다.

6. 생활인성교육
- [ ] 인성 친화적 학교문화를 조성하고, 기본 인성 함양 교육과정을 운영한다.
- [ ] 학교폭력 예방교육을 내실화하고, 교육적 해결을 위한 체계를 강화한다.
- [ ] 학생 위기대응 안전망을 강화하여 전문상담 활성화 및 심리적 지원을 제공한다.
- [ ] 교육활동 보호를 강화하여 교권 존중 및 교육활동 보호 문화를 조성한다.

> 학급생활과 연계된 인성 교육 프로그램을 만들어보자.

7. 교과별 창의융합교육 강화
- [ ] 과학 융합교육과 미래형 영재교육을 통해 창의력을 향상시킨다.
- [ ] 의사소통 중심의 외국어 수업과 AI 기반 영어 수업을 강화한다.
- [ ] 지역과 연계한 학교 예술교육을 통해 학생들의 예술적 감성을 키운다.
- [ ] 학생 주도의 독서, 인문, 글쓰기 교육을 활성화한다.
- [ ] 창의융합체험 지원을 통해 교육 격차를 감소시키고, 학교 도서관 운영 인프라를 확충한다.

> 교과 간 융합적 사고를 촉진하기 위해 프로젝트 기반 학습을 설계해 보자. 예를 들어, 과학과 사회, 국어와 역사 등 서로 다른 교과를 결합한 프로젝트를 학생들이 직접 기획하고 해결하는 활동을 포함한다. 이 과정에서 교과 간 핵심 개념을 연결하고, 학생들이 스스로 문제를 해결할 수 있도록 지원한다.

'도입-전개-정리' 기본 수업 설계

수업 설계의 기본, '도입–전개–정리' 3단계

보통, 교사는 '수업'을 계획할 때 '도입–전개–정리'의 기본 흐름을 지켜 설계합니다. 물론 실제 2차 시험의 수업 실연평가에서는 "도입부터 정리까지 15분 안에 해결하시오."라는 형태의 문제가 나오지 않을 확률이 크지요. 그러나 기본적인 역량을 다지기 위해서는 이 3단계의 수업 설계를 꾸준히 연습해 둘 필요가 있어요. 다양한 동기 유발 과정, 교수·학습 모형, 자료 활용 방법, 수업 기법, 정리 활동 등을 경험해 보는 것이 순발력을 키우고 수업의 기본기를 쌓는 데 큰 도움이 되기 때문입니다.

도입이란?

• 학생들을 맞이하는 첫 만남의 자리
• 학습에 대한 안내를 제공하는 단계
• 학생들의 학습의욕을 고취시키는 단계

잠깐!

> 도입은 수업의 시작입니다. 무엇보다 강렬하고, 또 시원한 인상을 줄 필요가 있어요. 큰 목소리로 자신감 있게 첫 인사를 나누는 것이 좋겠지요? 실제 학교 현장에서도, 수업의 시작이 어떤가에 따라 그 수업의 성패가 결정되곤 한답니다.

인사 (주의환기)	• 수업 분위기 조성 및 자리 착석 확인, 교실 환경 정비 • 나만의 인사: 여러 사람의 비슷한 수업만 보다 보면 지치게 된다. 이럴 때 밝고 경쾌한 구호 한 줄만 외쳐도 분위기가 확 좋아지며 후광효과를 볼 수 있다. 자연스럽게, 짧게, 차별화되게 나만의 것을 만들어 두면 좋다.
전시학습 확인	• 지난 시간의 수업 내용을 확인하는 시간 • 퀴즈나 발문, 과제 확인 형태로 이루어진다. 온라인 퀴즈 도구를 활용해도 좋다.
동기유발	• 학생의 동기를 불러일으켜 학습의욕을 고취하는 단계 • 스토리텔링, 다양한 발문, 학습자에게 흥미롭고 친숙한 일화, 시사적 이슈, 드라마나 다큐와 같은 영상 등과 연계하여 수업활동을 이끌어 내도록 활용하자.
단원명과 학습 목표 제시	• 수업을 통해 도달해야 하는 목표 • 시작할 때 학습 목표를 확인하고, 수업 중간마다 계속해서 언급하여 학생의 위치를 알려주는 것은 깊이 있는 수업 성찰을 위해 중요한 요소이다. 수업 중 반드시 학습 목표를 학생과 함께 확인하도록 하자. ⑩ (수업 전개 도중) 현재 학습 목표 1인 ○○○을 달성했어요. 다음으로 학습 목표 2로 넘어가 봅시다. • 동기유발과 연결하여 학습 목표를 학생들과 공동으로 협의해서 제시하는 '학생과 함께 목표 만들기'도 학생 주도성과 관련하여 좋은 방법이다.
학습 활동 안내	• 본시 학습 활동을 안내하는 단계 • 그림, 키워드 판서, 흐름도 등 명료하게 학습 활동을 안내하는 장치가 필요하다. • 수업 활동을 안내하면서 수업의 흐름도를 판서해 두고 수업 중 해결될 때마다 체크하는 형식으로 진행하면, 이 수업의 현재 위치를 파악하기에 용이하여 수업이 명료해 보인다.

주제

〈학습 목표〉
1.
2.

〈오늘의 수업흐름〉
짝토론 ➡ 발표(나눔) ➡ 글쓰기

전개란?

- 본시 수업 활동이 이루어지는 단계
- 학생들이 주도한 학습 활동과 학습 활동에 대한 교사의 피드백이 이루어지는 단계

잠깐!

학습 내용의 전개 과정으로, 〈활동 1〉과 〈활동 2〉, 많을 경우에는 〈활동 3〉까지 구성됩니다. 전개는 수업에서 60~70% 정도의 비중을 차지하는 단계라고 볼 수 있어요. 임용 시험의 수업실연평가 역시 이 전개 단계를 어떻게 보여 주는가에 따라 평가 결과가 좌우될 가능성이 높지요. 그러므로 전개 과정에서 살펴야 할 주요 요소가 곧 수업실연평가에서 자세히 살펴야 할 주요 요소라고 해도 과언이 아닙니다.

구조화된 판서	• 학습 목표, 수업 제목, 활동 부분으로 칠판을 3분할하여 활용하는 T자형 판서가 기본이지만, 나만의 독특하고 참신한 판서 레이아웃을 활용하는 경우도 많다. • 판서를 꼭 해야 한다는 조건이 없다면, 판서를 하지 않는다고 해서 감점되지는 않는 것 같다.
학습 활동	깊이 있는 수업의 요소들을 떠올려 학습 활동에 반영, 설계한다.
평가와 피드백	• 과정중심평가와 교사의 피드백은 필수적인 요소이다. • 피드백은 교수·학습 과정의 일부이며, 학생 성장을 위한 가장 중요한 비계로서 작용한다. 이때 피드백은 개별적이고 구체적으로 제공한다. 예) 민정이 틀렸어요. 윤아 잘 썼네요. 좋아요. (×) 예) 묵가의 입장에서 쓴 '사회 문제 해결 방안' 글의 논리성이 참 좋아요. 다만 벌을 주어 해결해야 한다는 입장은 묵가보다는 '법가'에 가까운 해결책인 것 같아요. 또한 옆 짝꿍 지은이의 동료 피드백을 보니, 공자를 묵가로 판단했던 것도 잘못된 것 같습니다. 이 부분들만 수정한다면 충분히 좋은 글이니, 수정해서 제출하면 여러분의 성장의 정도를 반영하여 평가하겠습니다. (○)
학생의 성찰 지원	깊이 있는 수업은 학생의 성찰을 강조한다. 학생이 자신의 학습 과정을 성찰할 수 있도록, 자기평가 혹은 동료평가, 교사의 피드백 등이 적절하게 제공되어야 한다.

잠깐!

정리는 말 그대로 수업 활동을 정리하는 단계입니다. 수업 활동을 마무리하고 다음 차시를 준비하도록 하지요. 특히 학생의 성찰 기회를 정리 단계에 제공하는 경우가 많아 중요도가 커지고 있어요.

정리란?

- 수업 활동을 요약하고 정리하는 단계
- 차시에 대한 예고, 과제를 제공하는 단계
- 수준차를 고려한 형성평가를 제공하는 단계

성찰 활동	탐구와 실행 내용을 스스로 성찰하게 하는 활동을 전개해야 한다. 예) 학생들 스스로 배운 내용을 구조화하여 정리하고 새롭게 알게 된 점과 더 알고 싶은 점을 간단히 기록하는 '배움일지', 서클맵·트리형맵·마인드맵과 같은 맵핑 활동 등 비주얼씽킹, 짝꿍과의 하브루타 등
과제 제시	사후학습을 위한 과제 제시(하이러닝 등 활용)
차시 예고 및 인사	차시 수업에 대한 간단한 안내를 통해 다음 수업 활동의 학습동기를 불러일으키기

사이다 수업

STEP

3

사이다!
수업실연평가

①1· 기출로 감 잡기

이것만은 꼭

2024학년도 경기 초등 수업실연평가 합격자의 기출 풀이와 수업 복기를 살펴보고 '합격하는 수업실연'에 대해 이해하는 장입니다. 실연 문제는 이렇게 출제되고, 이렇게 분석해서, 이렇게 실연하면 됩니다.

기출로		합격자의 기출 풀이 과정을 꼼꼼하게 살피면서, 문제지 분석 및 수업 구상, 교사다운 실연 방식을 이해하자.
감 잡기	수업실연 핵심요소	• 조건 파악은 가장 중요한 출발점이다. 조건을 분석하고 충실히 반영한 수업을 설계하자. • 경기도 교육이 지향하는 깊이 있는 수업의 원리를 이해하고, 이를 바탕으로 학생 주도형 탐구 과정을 설계해야 한다. • 교사로서 자신감 있는 상호작용을 통해 학생들과의 활발한 소통을 실연하자.

 **Advice**

만능틀보다는 흐름에 집중하기

저는 수업실연 시 조건에 맞는 내용의 유기적인 흐름을 잘 연결해서 수업을 구상한 것이 큰 도움이 되었던 것 같습니다. 시험이 끝나고 주변 친구들에게 물어보니, 만능틀 위주로 공부를 해왔던 친구들은 시험의 질문 기법 조건에서 어려움을 겪었다고 하더라고요. 저는 평소 대략적인 수업 틀을 아주 느슨하게 만들어 두고, 다양한 주제와 다양한 조건으로 수업을 많이 구상해 보고 실연했습니다. 그중에 탐구형 토의·토론 및 IB 수업 형태도 연습해 본 경험이 있어서 이 수업의 조건에 적합한 자연스러운 수업 흐름을 설계할 수 있던 것 같아요.

• 사이다 합격자 박정현 선생님

(1) 합격자의 수업실연 〈문제지〉 분석

2024학년도 경기도 초등교사 신규임용후보자 선정 경쟁 시험 (2차)
수업실연 문제지

[조건 ①] 주제와 형태, 과목

• 프로젝트 학습 대주제: "인류의 보편적 문제를 해결하는 더불어 사는 우리"

> UN SDG가 발표한 〈인류의 보편적 문제〉
> 빈곤, 기아, 인구 문제, 건강과 안전, 성평등, 평화와 정의 등

• 학급 실태 [조건 ②] 조건 아동 및 학년 확인

　－ 학년: 6학년 24명　　　　　　*다문화 학생 4명과 ADHD 학생 1명이구나.*
　　　　　　　　　　　　　　　　4명은 각기 다른 역할을 부여하고, ADHD 학생은
　－ 다문화 학생 4명, ADHD 1명　*성장하는 모습을 보여줘야겠다.*

• 성취기준 [조건 ③] 성취기준(토의, 매체활용 발표, 지구촌 갈등과 해결 방안 탐구) 확인

　－ [6국01-02] 의견을 제시하고 함께 조정하여 토의한다.

　－ [6국01-05] 매체 자료를 활용하여 내용을 효과적으로 발표한다.

　－ [6사08-03] 지구촌의 평화와 발전을 위협하는 다양한 갈등 사례를 조사하고 그 해결 방안을 탐색한다.

• 실연 방법

　－ 성취기준을 고려해서 학생들이 도달해야 할 학습 목표를 명확하게 제시하시오. [조건 ④] *학습 목표 제시장면 실연하기*

　　　　　　　　　　　　　　　　토의 수업이니까 토의·토론 질문을 여러 번 활용하면 좋겠다.
　－ 질문 전략(사실 질문, 개념 질문, 토의·토론 질문 등)을 사용하시오. [조건 ⑤]

　－ 질문에 대한 답을 찾아가는 탐구 과정이 드러나도록 실연하시오. [조건 ⑥]　*질문에 대해 학생이 탐구하도록*

　－ 학급 실태를 반영하여 수업을 전개하시오.

　－ 필요한 기자재는 자유롭게 사용 가능

• 차시별 계획

1차시	프로젝트 소개
2~3차시	인류의 보편적 문제 사례를 탐색하고 주제를 선정
4차시(본시)	인류의 보편적 문제 해결 방법 찾기 [조건 ⑦] 전/차시 확인, 본시 주제 확인
5~6차시	〈더불어 사는 우리〉 홍보자료 만들기

• 실연 부분

도입		전개		정리
	실연 부분			

(도입 중간부터 전개 40%까지 실연) [조건 ⑧] → *학생들과 배움목표를 다시 확인하는 단계부터 활동 1까지 해야겠다.*

(2) 합격자의 수업 구상

- (검정) 수업 진행
- (빨강) 조건 수행
- (초록) 학생과 상호작용
- (파랑) 시간, 강조하기, 나눔서 활용

잠깐!

4색 볼펜을 활용한 합격자의 수업 구상 방법을 소개합니다. 이를 참고해 나만의 구상 방법을 만들어 보세요.

도입(중간부터) 인사 없이 6-2 호명
배움문제 읽기 – 인류보편문제 해결 방법 탐색
발표 ⑧
학생 의견 반영 활동 정하고   질문-탐구
- 재석이: 모둠
- 형돈이: 매체(조건-성취 2) ③
학습 목표 제시
1. 전개 1 탐색하자, 문제 해결 방법 여기까지 ④
2. 전개 2 소개하자, 문제 해결 방법

전개 1-2 짝토의
② - 모리슨: 물음표 / 지속 가능, 수현 협력
- 엘리스: 물음표 / 보편적, 정현 단어장

모둠토의
② - 쯔위 물음표 / 빨라서 토킹스틱
유성이 3지도 – 스마트패드(기자재), 성장 칭찬

전개 1-1 배움의 열매 출발 ⑤
② 유성이(ADHD) 1지도 – 참여 규칙 기억나나요 ⑦
전시 확인(주제 선정) – 전문가 모둠 ➡ 주제 발표
   6모둠(빈곤, 기아, 인구, 평화, 안전, 성평등)
   ② – 조나단(기아): 고향 아프리카 식량 문제
       – 기배(안전): 코로나
피라미드 토의: 질문 만들기 – 나누기 – 토의 15분
   과정중심평가 안내
유성이 2지도 – 탐험가 목걸이

전개 1-3 발표 ⑥
느낌표
성평등 – 해강이 '왜 성평등이 중요할까?'
   재찬이가 요약(협력)
기아 – 어떻게 도움을 줄 수 있을까? 봉사 ⬅ 피
드백 구체적으로 편지쓰기, 음식 보내기

(3) 합격자의 수업실연 복기

영 역	합격 포인트
▶도입	
❶ 도입 중간부터 실연 [조건 ⑧]	[조건] 도입 중간부터 실연
자 그럼 6학년 2반! 여러분과 선생님이 함께 만든 배움문제 큰 소리로 읽어볼까요? [조건 ④] 인류 보편적 문제 해결 방법을 탐색하고 발표해 보자. [조건 ①] [조건 ⑦] 힘찬 목소리로 잘 읽어주었습니다.	실 여는 말 김 배움문제와 활동을 학생과 함께 만들어서 학생이 탐구를 주도하도록 하고 있음(성취기준과 연결하여 조건도 수행)
오늘의 배움문제를 위해 어떤 활동을 하면 좋을까요? 재석이? (쉬고) 아~ 재석이는 친구들과 함께 눈을 맞추며 이야기하는 것이 즐거워서 모둠활동을 하고 싶다고 하네요. 정말 좋은 의견인 것 같습니다. 다른 의견도 있나요? 형돈이? 형돈이는 매체 자료를 활용해서 발표해 보고 싶다고 이야기해 주었네요. 좋습니다. 여러분들의 의견을 반영해서 함께 만든 배움 활동을 소개해 보겠습니다. [조건 ④] 첫 번째 활동, 탐색하자, 문제 해결 방법. 이번 시간에는 여러분들이 직접 모둠 토의를 통해 문제 해결 방법을 찾아보는 시간을 가지겠습니다. [조건 ③] 두 번째 활동, 소개하자, 문제 해결 방법. 이번 시간에는 형돈이가 말해준 것처럼 매체 자료를 활용해서 내가 찾았던 문제 해결 방법을 함께 발표해 보는 시간을 가져보겠습니다. [조건 ③]	실 상호작용 호흡 김 모둠 협력 수업 [조건] 실 성취기준과 연결하여 만든 학습 목표 제시 [조건] 성취기준 1 김 토의·토론 수업 방법 [조건] 성취기준 2, 3
그러면 우리 함께 배움의 열매를 맺으러 출발해 볼까요? 유성이 자리에 앉아주세요. 유성이 우리 지난 시간에 함께 만든 참여 규칙 기억나요? 유성이가 한번 말해볼까요? 맞아요. '돌아다니지 않고, 적극적으로 수업에 참여합니다.'였죠. 잘 기억하고 있네요. 이번 수업 시간에도 돌아다니지 않고 수업에 적극적으로 함께 참여해 봅시다. [조건 ②]	[조건] ADHD 아동 지도 (첫 번째 지도)
▶전개 1	
❷ 활동 1 시작 및 전시 수업 확인	
그러면 첫 번째 활동으로 떠나보겠습니다! 첫 번째 활동, 탐색하자, 문제 해결 방법. 우리 지난 시간에 인류의 보편적 문제에 대해서 함께 전문가 모둠을 만들어 본 것 같은데 다들 기억이 나나요? [조건 ⑦] 그렇다면 총알 발표 한 번 해볼까요? 빈곤, 좋습니다. 기아, 인구, 평화, 안전, 성평등 모둠! [조건 ②] 와! 다들 정말 다 기억해 주고 있네요. 우리가 직접 전문가 모둠을 만들어서 해결해야 할 문제가 무엇인지도 함께 생각해 본 것 같은데, 모둠을 대표해 발표해 줄 친구 있나요? 네, 조나단? (쉬고) 맞아요. 우리 기아 모둠의 조나단이 자신의 고향이었던 아프리카의 식량 문제에 대해서 함께 생각해 봤으면 좋겠다고 말해주었네요. [조건 ②] 좋습니다. 또 발표해 줄 친구 있을까요? 우리 기배! (쉬고) 와~ 기배는 안전 모둠에서 얼마 전까지 유행했던 코로나와 같은 전염병에 대해서 생각해 보고 싶다고 이야기해 주었네요. 좋습니다.	실 학습 위치 확인 [조건] 전시와의 연계 [조건] 4명씩 6모둠 [조건] 다문화 학생 1 지도 (긍정적인 역할) 실 상호작용 호흡 김 삶의 맥락

❸ 활동 1 소개

이번 시간에는 여러분이 이렇게 찾아주었던 문제점을 어떻게 해결할 수 있을지 함께 모둠 토의 활동을 통해 알아보도록 하겠습니다. 어떤 토의 방법을 쓰면 좋을까요? 아~ 피라미드 토의를 하자구요? 정말 좋은 의견인 것 같습니다. 선생님이 그럼 피라미드 토의 활동에 대해 소개해 보도록 하겠습니다. 첫 번째, 질문을 만들어요. 먼저 스스로 문제 해결 방법과 관련한 질문을 만들어 봅니다. 두 번째, 질문을 나눠요. 짝과 함께 내가 만든 질문을 서로 공유해 보겠습니다. 짝과 함께 이야기해 보면서 내 질문을 수정하거나 보완하는 시간을 가지겠습니다. 세 번째, 모둠 토의 시간입니다. 모둠 토의를 통해서 서로의 질문에 대한 답을 함께 찾아가보는 시간을 가져보겠습니다. [조건 ⑥] 모두 이해했나요? 질문 있는 친구 있을까요? 좋습니다. 그러면 활동 시간은 몇 분이면 충분할까요? 15분이요? 좋습니다. 그럼 선생님이 15분 정도 주도록 하겠습니다.

> 실 활동 안내
> [조건] 질문에 대한 답을 찾아 가는 탐구 과정으로 수업 구성

❹ 활동 1-1 질문 만들기 – 순회지도 1

선생님은 그동안, 짜잔! 이 선생님의 돋보기로 여러분들을 관찰하면서 여러분들이 활동에 잘 참여하고 있는지, 적절한 내용을 잘 이야기하고 있는지 등을 함께 관찰하며 평가하도록 하겠습니다.
그럼 활동 시작해 볼까요? 첫 번째, 질문을 만들어 봅시다. 유성이는 지금 왜 활동에 참여하지 않고 있죠? [조건 ②] 아, 다른 친구들의 질문이 궁금했구나. 그러면 선생님이 탐험가 목걸이를 주도록 하겠습니다. 다른 친구들이 어떤 질문을 만들고 있는지 한번 둘러본 뒤에 다시 유성이가 자리에 앉아서 유성이의 생각을 정리해 보도록 합시다. 좋습니다.

> 김 실 과정중심평가 학생 관찰
>
> [조건] ADHD 아동 지도 (두 번째 지도)

❺ 활동 1-2 짝과 공유하기 – 순회지도 2

자, 두 번째, 각자 만든 질문을 짝과 함께 공유해 보는 시간을 가져보겠습니다. 모리슨은 어떤 어려움이 있어서 물음표 깃발을 들고 있나요? [조건 ②] 아, 수현이의 질문 속 '지속 가능'이라는 말이 어떤 말인지 모르겠다고요? 우리 함께 만든 이중언어 단어장을 펼쳐볼까요? 지속 가능이 무엇이죠? [조건 ⑤] 맞아요. 지속 가능한 삶이란 미래 세대의 발전 가능성을 해치지 않고 발전하는 것을 말하죠.
우리 모리슨의 짝 수현이가 도움을 주고 싶다고 하네요. 모리슨, 수현이의 도움을 받아도 괜찮을까요? 좋습니다. 그럼 선생님이 우리 수현이에게 또래 교사 배지를 달아주도록 하겠습니다. 여러분의 협력 정말 칭찬합니다!
우리 엘리스는 어떤 어려움이 있어서 물음표 깃발을 들고 있나요? [조건 ②] 아, '보편적'이라는 말이 무슨 의미인지 잘 모르겠다고요? 짝꿍 정현이가 알려주겠다고 하네요. 엘리스, 정현이의 도움을 받아도 괜찮을까요? 좋습니다. 그럼 정현이가 한번 설명해 볼까요? 아, 정현이가 '일반적'이라는 말과 비슷하다고 알려주었네요. 우리 엘리스, 이중언어 단어장에 '일반적'이라는 단어와 함께 유의어로 '보편적'이라는 말을 같이 적어봅시다. 좋습니다.

> [조건] 다문화 학생 2 지도 (도움 요청)
> 실 독창적 수업무기
>
> [조건] 사실 질문
>
> 김 협력적 문제 해결
>
> [조건] 다문화 학생 3 지도 (도움 요청)

❻ 활동 1-3 모둠토의 – 순회지도 3

선생님을 보세요. 자 짝 활동이 끝났습니다. 모둠 토의를 통해서 여러분이 각자 만든 질문을 공유하고 질문에 대한 답을 생각해 보는 시간을 가져보겠습니다. 우리 쯔위, 어떤 어려움이 있어서 물음표 깃발을 들고 있나요? [조건 ②] 아, 친구들의 말이 너무 빨라서 잘 이해하지 못하겠다고요? 혹시 안전 모둠은 우리 쯔위를 위해서 천천히 말해줄 수 있을까요? 와 우리 안전 모둠의 배려심 정말 대단합니다! 선생님이 안전 모둠을 위해서 토킹스틱도 나눠주도록 하겠습니다. 토킹스틱을 들고 차례를 지키면서 천천히 말해보면 좋을 것 같습니다.
와! 우리 유성이는 스마트 패드를 활용해서 질문에 대한 답을 함께 찾아보고 있군요! 유성이가 적극적으로 수업에 참여하는 모습, 정말 칭찬합니다. 유성이의 앞으로의 성장을 기대하겠습니다! [조건 ②]

[조건] 다문화 학생 4 지도 (도움 요청)
실 학생의 성장을 위한 칭찬 피드백

[조건] ADHD 아동 지도 (성장하는 모습 칭찬)

❼ 활동 1 발표

선생님을 보세요~! 자 모둠 토의 시간이 모두 끝났습니다. 여러분들 모두 느낌표 깃발을 들고 있는 것을 보니까 모둠 토의를 잘 마친 것 같네요. 그렇다면 우리 모둠 발표를 통해서 어떤 해결 방법을 찾았는지 함께 알아보도록 하겠습니다.
어떤 모둠이 가장 먼저 발표하고 싶나요? 우리 성평등 모둠이 손을 번쩍 들고 있네요. 성평등 모둠 앞으로 나와 주세요. 성평등 모둠의 이끔이 누구죠? 우리 해강이군요. 해강이가 한번 발표해 봅시다. 와! 정말 좋은 의견입니다.
우리 성평등 모둠의 발표를 요약해 줄 친구 있을까요? 우리 재찬이가 요약해 준다고 하네요. 재찬이? 맞아요.
우리 성평등 모둠에서는 "왜 성평등이 중요할까?" [조건 ⑤] 라는 질문에 대해서 "우리 모두 서로의 인권을 지켜야하기 때문입니다."와 같이 답을 해주었어요. [조건 ⑥]
우리 성평등 모둠을 향해 칭찬의 박수. 잘했군 잘했어. 짝짝. 자 그럼 어떤 모둠이 또 발표해 볼까요? 우리 기아 모둠이 발표해 볼까요? 우리 기아 모둠은 "나라면 어떻게 도움을 줄 수 있을까?" [조건 ⑤] 라는 질문에 '봉사활동을 하겠다'고 답을 해주었네요. [조건 ⑥]
기아 모둠, 구체적으로 어떤 봉사활동을 할지 말해줄 수 있을까요?
아, 직접 음식이나 식물을 키워서 보내보고 싶다고요? 편지도 쓴다고 합니다. 정말 참신한 의견인 것 같습니다. 좋습니다, 기아 모둠 들어가 주세요.
이렇게 여러분들이 질문을 하며 함께 문제를 해결할 수 있는 방법에 대해서도 답을 잘 찾아준 것 같습니다. [조건 ⑥]

[조건] 토의·토론 질문 1

[조건] 토의·토론 질문 2

실 학생의 성장을 위한 보충 피드백

❽ 활동 1 끝, 수업실연 마무리

우리 두 번째 활동으로 들어가볼까요? 소개하자, 문제 해결 방법. 이번 시간에는 매체 자료를 활용해서 우리가 찾은 문제 해결 방법을 서로 소개해 보는 시간을 가져보겠습니다. [조건 ⑧]
이상입니다.

[조건] 도입 중간부터 활동 1까지 실연

(4) 합격자의 수업 성찰

저는 이번 2차 시험 수업실연평가에서 만점을 받았습니다. 물론 운도 있었겠지만, 수업에서 좋은 점수를 받을 수 있었던 것은 제가 중점적으로 연습하고, 수업실연을 할 때 강조점을 두었던 2가지가 큰 영향을 미쳤다고 생각합니다.

첫째, 저는 실제 수업의 '내용'을 평가위원에게 보여주려고 노력했습니다. 수업을 들은 평가위원이 "이 수업에서 어떤 내용을 다루었어."라고 이해하는 것이 중요하다고 생각했어요. 그래서 예시를 들거나 조건을 활용해서 구체적으로 보여주려고 했습니다. 이번 시험에서는 다문화 학생이 4명이었기에 다양한 상황에서 다문화 학생들을 등장시키고, 아이들로 하여금 수업 요소와 성취기준의 내용을 적절히 답변시키고 미러링하였습니다. 또한, 활동 내용을 수업의 흐름에 맞게 유기적으로 짜려고 했어요. 피라미드 토의를 변형시켜서 학생이 질문을 만들고, 짝과 공유하고, 이후 모둠으로 함께 답을 찾아갈 수 있도록 하였습니다.

둘째, 조건을 최대한 지키려고 노력했습니다. 연습을 계속 할수록 '채점기준'인 조건에서 점점 멀어지는 것 같다고 생각했는데요. 결국 체크리스트에 담긴 조건을 충족시켰는지 여부에 따라 점수가 판가름 나는 것이기 때문에, 수업 구상 마지막에 다시 한번 조건을 어떻게 부각할 수 있을지, 평가위원이 끄덕일 만한 정도로 보여주도록 잘 구상했는지 체크했습니다. 그리고 조건 아동은 최소 2번은 보여줘야 한다는 말이 있는데요. 저는 조건 아동에 대해 제가 의식하고 살펴보고 있다는 것을 보여주기 위해 도입부터 언급했고, 전개에서도 계속 살폈습니다. 같은 이름을 여러 번 언급하게 되니, 저 학생이 ADHD 학생임을 확실하게 보여줄 수도 있고, 조건 아동 학생이 성장하는 모습도 풍부하게 보여줄 수 있을 뿐만 아니라, 스스로가 한 명의 교사로서 사전에 충분한 고민을 해보았다는 모습도 어필할 수 있었다고 생각합니다.

(5) 답안 분석 및 해설

2024학년도 경기도교육청 초등 시험 문제의 주요 포인트는 ① 다문화 및 ADHD 학생을 포함한 학급의 다양한 학습자들을 고려한 맞춤형 수업 설계와 ② 질문 전략을 활용하여 학생들이 스스로 답을 찾아가는 탐구 과정의 구현에 있었다. 즉, 경기교육이 추구하는 지향점인 '깊이 있는 수업'의 측면에서 '다양한 특성'을 지닌 학생들이 수업 주제에 대한 탐구를 주도적으로 이끌고, 협력적인 문제 해결을 통해 학습 목표에 도달할 수 있도록 하는 모습을 보여주는 것이 중요했다.

합격자는 전반적으로 주어진 〈조건〉을 충실히 수행하며, 학생들의 특성과 학급 실태를 반영한 맞춤형 수업을 설계하였다. 수업의 흐름이 자연스럽고, 학생들의 참여를 이끌어 내는 능력이 탁월했으며, 특히 다문화 학생과 ADHD 학생에 대한 배려가 돋보인다. 또한, 질문 전략과 탐구 과정을 잘 활용하여 학생들이 능동적으로 학습에 참여할 수 있도록 이끌었다. 무엇보다 교사로서의 정서적인 강점(끊임없는 학생과의 상호작용, 조건 아동에 대한 지속적인 관심 등)이 돋보였던 수업이었기에, 평가위원에게 긍정적인 인상을 심어줬으리라 생각된다.

다만, 탐구 질문은 사실 질문, 개념 질문, 토의·토론 질문을 적절히 함께 활용하는 것이 좋은데 본시에서 개념 질문이 쓰이지 않았다(이때 당시는 경기교육의 깊이 있는 수업에 대한 이론이 정확하게 형성되기 전이었고, 탐구 질문의 유형이 제대로 알려진 바도 없었던 시기이기에 당연한 것이다). 답안의 합격자는 모호한 사실 질문, 개념 질문을 억지로 사용하다가 평가위원에게 부적절한 인상을 주기보다는 토의·토론 질문을 정확히 활용하는 모습을 보여주어 〈조건 ⑥〉을 달성하는 것이 유리하다 판단하였다고 한다. 점수가 잘못되었다는 것이 아니라, 그러니까 이 수업'만'이 정답이 아니라는 이야기이다. 합격자의 수업실연 복기는 평가위원이 공개한 채점기준이 아니다. 반드시 이렇게 '따라 해야' 한다고 여겨서는 안 된다.

물론 이 수업은 굉장히 훌륭한 수업이니 본받을 곳이 많다. 수업실연에서 조건을 수행하는 것이 중요하지만, 수험생들도 단순히 조건만을 만족시키는 것이 아니라 그 조건 수행 과정에서 본인이 어떤 교사가 되고 싶은지를 상기하며 시험에 임하는 것이 중요하다. 이 합격자가 수업실연에서 보여준 것처럼, 결국 학생들과의 진정성 있는 상호작용과 교사의 철학이 담긴 수업이 합격을 좌우하는 고득점 요소가 될 수 있음을 잊지 말았으면 한다.

② 수업실연평가의 핵심 요소

빡빡한 기출문제를 받아드는 순간, 아마 가장 먼저 떠오르는 감정은 막막함일 것이다. 문제 속 수많은 〈조건〉들과 한정된 시간, 그 안에서 완벽한 수업실연과 나눔을 해내야 한다는 압박감, 엄청날 것이다. 그렇다면 합격자들은 처음부터 이렇게 잘해냈을까? 사실 그들도 처음에는 그 불안함과 압박감 속에서 허우적거렸다. 실패에 대한 두려움과, 한 번의 실수로 모든 노력이 뒤집힐 수 있다는 불안감에 온종일 스터디와 연습으로 하루를 꽉 채웠다. 가능한 모든 도움과 지원을 받기 위해 멘토링을 찾아가고, 스터디 그룹에서 끊임없이 피드백을 받으며 자신만의 만점 포인트를 찾은 것이다.

합격한 선생님들은 단번에 완벽한 답을 찾은 것이 아니라, 연습과 성찰을 거듭하면서 수업실연의 핵심을 깨달았다고 한다. 여러 합격자 선생님들이 입을 모아 꼽는 고득점의 비결은 단순하다. 〈조건〉을 정확히 파악하고, 경기도교육청이 원하는 수업(깊이 있는 수업)을 구상하며, 자신감 있게 학생과 '함께하는' 나만의 수업을 실연하는 것. 이 과정에서 교사로서의 정체성을 드러내는 것을 잊지 않으면서.

(1) [구상] 〈조건〉 파악의 중요성

기출문제를 풀이한 합격자의 답안과 성찰에서 가장 먼저 배울 수 있는 것은, 출제자가 제시한 〈조건〉을 정확히 이해하고 반영하는 것이 매우 중요하다는 점이다. 평가위원도 사람이라, 수험생의 인생이 걸린 시험에서 자신만의 잣대를 활용해 마구잡이로 평가하지 않는다. 부담스럽기 때문이다. 이에 '채점기준표'에 상당 부분 의존하게 된다. '채점기준표'에서 적어도 70% 이상의 배점을 차지하는 것은 〈조건〉 수행이다. 그러므로 수험생들은 문제를 받았을 때 〈조건〉을 정확하게 분석하고 그에 맞춘 수업을 구상하는 연습을 해야 한다.

수업실연평가에는 그 모습에 따라 '드러난 조건'과 '숨겨진 조건'이 존재한다. '드러난 조건'은 〈문제지〉에 적혀있는 모든 것이다. 경기도교육청은 2018 임용 시험 개편 설명회 발표 시에 "실연에 대한 평가 관점은 구상 시간에 수업실연 설계안과 함께 제공"한다고 말했다. 여기서 제공된 평가의 관점이 바로 〈문제지〉이다. 〈문제지〉 속에 담긴 조건 하나하나는 '채점기준'으로 이어진다. 이를테면 수업 중 요구되는 〈지도안〉의 상황, 〈자료〉 활용 방법 등의 실연 방법, 학생의 특성 등은 채점을 위한 명확한 기준이 된다. 앞서 초등과 달리 중등의 경우 보다 드러난 조건을 세세하게 제시하는 경향이 강하다.

2024학년도 중등학교 교사 신규임용후보자 선정 경쟁 시험 (2차)
역사 수업실연 문제지

수험번호									성명	

O 문항에서 요구하는 내용의 가짓수가 제한되어 있는 경우, 요구한 가짓수까지의 내용만 실연하시오.
O 칠판과 분필 등을 활용한 판서만 가능하며, 기자재를 활용해야 하는 경우 언급으로 대신하시오.

【문제】다음에 제시된 〈실연 방법〉, 〈교수학습조건〉, 〈자료〉, 〈교수학습지도안〉을 반영해 수업을 실연하시오.

실연 방법

1. 〈교수학습지도안〉의 [수업실연 1] ~ [수업실연 3]에 해당하는 부분을 수업으로 실연하시오.
2. [수업실연 1] 〈자료 1〉, 〈자료 2〉, 〈자료 3〉을 활용하여 학생과의 문답을 통한 강의식 수업을 실연하시오.
   1) 당시 한국과 중국의 상황을 포함하여 일본에 대한 전후 처리 변화 과정을 설명하시오.
3. [수업실연 2] 〈자료 3〉, 〈자료 4〉를 활용하여 모둠 활동을 실연하시오.
   1) 〈자료 3〉을 바탕으로 〈자료 4〉가 도출되도록 모둠별 활동을 진행하시오.
   2) 교사 피드백과 학생의 피드백을 참고하여 〈자료 4〉의 수험생 작성 부분 [A]를 채워 실연하시오.
4. [수업실연 3] 〈자료 5〉를 활용하여 정리 부분을 실연하시오.
   1) 〈자료 5〉를 활용하여 학습을 정리하시오.

* 유의사항
1. 교사와 학생의 상호작용이 구체적으로 드러나게 실연하시오.

교수·학습 조건

1. 과목명: 동아시아사
2. 대상: 고등학교 2학년
3. 시간: 100분(블록타임제)
4. 단원명: V. 오늘날의 동아시아 – 제2차 세계 대전 전후 처리와 냉전 체제

성취기준	[12동사05-01] 제2차 세계 대전의 전후 처리 과정을 알아보고, 동아시아에서 냉전의 심화·해체 과정과 그 영향을 분석한다.		
단원의 구성	**차시**	**주요 내용 및 활용**	**수업 형태**
	1~2	제2차 세계 대전의 전후 처리와 동아시아	강의식 수업, 모둠 활동, 선다형 평가
	3	냉전과 동아시아의 전쟁	
	4	냉전의 완화와 동아시아 각국의 국교 수립	

5. 교수·학습 환경

학생 수	지도 장소	매체 및 기자재
25명	교실	전자칠판, 모둠 활동지, 사진 자료, 태블릿 PC

* 중등의 경우 문제지의 [실연 방법]이 주된 채점기준일 확률이 높다.

숨겨진 조건은 경기 지역에서 요구하는 수업을 지향하고 있는지, 학생과의 그리고 수업실연에 임하는 수험생의 '당당한' '교사다운' 태도와 자신감 등에 묻어 있다. 경기 지역에서 요구하는 수업은, 이전까지는 '배움중심수업'이었다면, 이제는 '깊이 있는 수업'이라 할 수 있다. 따라서 수험생은 이러한 모든 조건을 효과적으로 읽어내고 수업실연과 수업나눔에 반영할 수 있어야 한다. 드러난 조건뿐만 아니라 숨겨진 조건을 놓치지 않고 찾아내서 곳곳에 녹이는 것이 관건이다.

(2) [구상과 실연] '깊이 있는 수업'

경기교육이 지향하는 '깊이 있는 수업'을 기반으로 수업을 구상하는 것이 매우 중요하다. 2024학년도 초등 수업실연평가를 보면, 문제에서 직접적으로 "깊이 있는 수업"을 언급하지는 않았지만, 수업을 구상하는 데 있어 깊이 있는 수업의 요소들이 많이 반영되어 있다. 예를 들어, 수업에서 질문-탐구 기반의 수업 구성을 요구하고, 질문 전략(사실 질문, 개념 질문, 토의·토론 질문)을 활용하라는 지시가 있었다. 이는 탐구 질문을 통해 학생 스스로 생각하고 문제를 해결하는 깊이 있는 학습을 요구하는 것이다.

또한, 주제 자체도 '삶의 맥락'을 기반으로 한 인류 보편적 문제였으며, 이를 해결하는 방식으로 학생 주도형 프로젝트 수업을 요구하였다. 프로젝트 수업은 학생들이 주도적으로 참여하고 협력하며 스스로 해결책을 찾아가는 방식으로 이루어지는데, 이는 깊이 있는 수업에서 강조하는 학생이 주도적으로 참여하는 학습을 강조하는 것이다. 즉, 수업 구성을 보면 비록 명시적으로 깊이 있는 수업이라는 표현이 등장하지는 않았지만, 이 모든 요소들이 경기교육이 지향하는 깊이 있는 수업을 구현하라는 의도를 보여주고 있다.

2024학년도 중등 수업능력평가의 경우, 교과마다 수업실연평가 내용은 다를 수 있지만, '수업나눔' 문제를 통해 더욱 적극적으로 깊이 있는 수업을 요청한 것으로 보인다. 중등 기출문제를 살펴보면, 다음과 같은 문제가 출제되었다.

2024학년도 경기도 공립 교사 임용후보자 선정경쟁시험 (2차)

수업나눔(즉답형)

【질문 1】

> 비판적 사고와 문제해결 역량을 기르기 위해 사용한 교수–학습 전략이 무엇이었는지 말씀해 주십시오. 그리고 '깊이 있는 학습'을 위한 동 교과, 타 교과 교사와의 협력 방안을 각각 말씀해 주십시오.

【질문 2】

> 본 수업에서 확인할 수 있는, '특성이 다른 학생'들에 관한 지원 방안을 학교 안·학교 밖 교육 활동의 측면에서 각각 말씀해 주십시오.

【질문 3】

> 오늘의 수업 주제를 에듀테크, 온라인 플랫폼을 활용하여 형성평가를 실시한다고 했을 때 방법과, 이를 실시할 때의 디지털 시민성과 관련된 유의 사항을 두 가지 말씀해 주십시오.

문항은 비판적 사고, 문제해결 역량, 깊이 있는 학습, 교사 간 협력, 모든 학생을 위한 교육, 지역 자원과의 연계, 에듀테크를 활용한 학생 맞춤형 평가, 디지털 시민성 등 경기교육이 지향하는 바를 문제 속에서 명확하게 제시하고 있다. 결국 수업과 수업나눔에서 묻고자 하는 핵심은 수험생이 경기교육이 지향하는 경기 교사다운 수업을 할 수 있는지, 그리고 그러한 교육 철학에 공감하고 있느냐는 점이다. 따라서 어떤 조건을 실연하더라도, 경기가 지향하는 교육과 '깊이 있는 수업'을 정확히 이해하고, 그 개념적인 틀 안에서 수업을 구상하고 실연하는 것이 좋은 평가를 받을 수 있는 중요한 포인트이다. 따라서 깊이 있는 수업의 개념과 방법을 철저히 이해하고, 그 지향점을 반영한 수업을 보여주기 위해 노력해야 한다.

(3) [실연] 다양한 학생과 자신감 있게 상호작용하기

수업실연은 단순히 교사가 일방적으로 내용을 전달하는 모노드라마가 아니다. 경기교육이 지향하는 것은 학생이 살아 움직이는 교실이며, 이를 위해 수업실연 중 교사와 학생 간의 활발한 상호작용을 보여주는 것이 필수적이다. 실연이 이루어지는 교실은 아무래도 적막할 수밖에 없지만, 그 상황에서도 교사로서의 자신감을 잃지 않고 학생과 실제로 소통하는 모습을 자연스럽게 보여주는 것이 중요하다.

이때 실제 교실처럼 다양한 학생들이 존재한다고 가정하고, 그들과 호흡하고 상호작용하며 수업을 실연해야 한다. 학생들은 모두가 동일한 상황에 놓여있는 것이 아니다. 여러 상황으로 배움이 더디거나 어려움을 겪는 학생이 있을 수도 있고, 어느 학생은 보다 심층적인 학습을 원할 수도 있다. 학생 개개인에게 적합한 질문을 던지고, 학생의 답변을 경청하고, 그들의 반응에 맞춰 유연하게 수업을 조정하는 능력은 교사답게 수업에 임하는 중요한 기술이다. 이러한 상호작용은 단순한 대화에 그치지 않는다. 개별 학생들의 다양한 요구를 파악하고 그들의 참여를 적극적으로 유도하며, 탐구와 토론을 통해 학생 스스로 답을 찾아갈 수 있도록 지원하는 모습이 경기교육의 목표이다.

또한, 자신만의 독창적인 실연 기술을 개발하는 것도 필요하다. 참여하는 학생들이 지치지 않게, 현재 학생의 위치를 명료하게 확인시켜 가며, 수업을 활기차게 이끌어 가고, 교사로서 유연하게 운영하는 능력을 드러내야 한다. 수험생은 수업이 끝나고 평가위원에게 '이 수험생의 수업은 확실히 재미있었다.', '이 수험생의 수업은 집중이 확 되었다. 흥미롭게 들었다.', '이 수험생은 다양한 학생들이 있는 교실을 확실히 사로잡을 것이다.'와 같은 "명확한 인상"을 남길 수 있어야 한다. 이를 위해 무엇보다 중요한 것은 여유이다. 교사가 수업을 진행할 때마다 불안해하고 긴장한다면, 학생들 역시 그 불안을 느낄 수 있다. 목소리에는 자신감이 담겨 있어야 하고, 학생들의 배움과 성장을 지원하는 조력자로서의 책임감도 실어야 한다.

결국, 수업실연은 자신감 있는 태도와 학생과의 활발한 상호작용을 보여줌으로써 교사로서의 역량을 최대한 발현하는 과정이다. 경기교육이 지향하는 수업 철학을 담아내고, 학생들과의 교감을 통해 실연을 더욱 풍부하고 실제 교실처럼 만들어가는 것이 만점을 향한 지름길이다.

요컨대 수업실연평가에서 합격의 열쇠는 결국 세 가지 핵심 요소로 요약될 수 있다. 첫째, 〈조건〉을 정확히 파악하고 이를 반영하는 수업을 설계하는 능력이다. 둘째, 경기교육이 추구하는 '깊이 있는 수업'을 실현할 수 있는 수업 구상력이다. 마지막으로, 자신감 있게 학생과 상호작용하며 교사다운 태도를 드러내는 실연 스킬이다. 이 세 가지 요소는 단순히 합격을 위한 기술을 넘어, 미래의 교사로서 학생들과의 교감을 통해 학습을 이끌어 나갈 수 있는 실질적인 역량을 평가받는 기회이기도 하다. 수험생들은 기출문제와 합격자들의 경험을 바탕으로, 자신만의 교사 철학을 바탕으로 한 수업을 자신감 있게 보여주어야 한다. 경기도교육청이 원하는 것은 결국 교사로서의 소양과 교육적 책임감을 담아낸 진실된 수업이기 때문이다.

 사이다 Check Box

기출로 감 잡기

체크리스트	적용하기
☐ 〈문제지〉가 제시하는 〈조건〉을 정확히 분석하고, 이를 반영하여 수업을 구체적으로 설계해야 한다.	2024학년도 자신의 학교급, 전공 기출문제에서 '드러난 조건'이 무엇이었는지 분석하고, 실연 방법을 키워드 중심으로 구상해 보자.
☐ 깊이 있는 수업의 원리를 이해하고, 수업실연에 녹여낼 수 있다.	Step 2를 활용하여 '깊이 있는 수업'의 이론적 핵심 키워드를 정리하고, 구체적인 수업 상황에서 어떻게 구현할지 고민해 보자.
☐ 학생과의 상호작용이 활발한 수업 장면을 실연해야 한다.	수업 중 학생과 활발하게 상호작용하는 장면을 3가지 버전으로 구상해 보자.
☐ 단순히 조건만을 만족시키는 것이 아니라 그 조건 수행 과정에서 본인이 어떤 교사가 되고 싶은지를 상기하며 시험에 임하는 것이 중요하다.	자신이 지향하는 교사의 모습과 철학을 상기해 보자. 수업실연에서 이를 드러내는 방법을 고민해 보자.

02· 경기 2차 수업실연평가 채점기준

이것만은 꼭!

경기 2차 수업실연평가를 잘 치르기 위해서!

☐ 조건을 정확히 파악하고 구체적으로 설계하자.

☐ 깊이 있는 수업을 구현하자.

☐ 학생과의 활발한 상호작용을 보여주자.

☐ 교육과정의 내용 체계와 성취기준을 정확히 이해하자.

☐ 미래형 학생 맞춤형 수업을 설계하자.

☐ 자신감 있고 여유 있는 태도로 실연하자.

앞서 합격자의 수업실연평가 상황 복기를 바탕으로, 평가의 핵심 요소를 분석하였다. 이를 토대로 경기 2차 수업실연평가의 채점기준을 추출해 보고자 한다. 지금까지 교원 임용 시험에서 수업실연평가의 채점기준표가 공식적으로 공개된 적은 없다. 여기서 제시하는 수업실연평가의 평가기준은 지금까지 발표된 경기도교육청의 수업 관련 자료 및 정책 변화, 전문가들의 의견, 전통적인 수업실연 평가기준, 그리고 경기도 합격자들의 실제 점수와 답안 등을 종합하여 추론한 것이다. 경기교육의 새로운 방향을 반영한 2025학년도 경기도 교사 임용 2차 수업실연평가의 평가기준은 다음과 같다.

🧪 수업실연평가의 평가기준

〈조건〉 구현 영역

☐ 조건의 이해 및 수행: 주어진 문제지의 〈조건〉을 명확히 이해하고 수행하고 있는가?

☐ 교육과정 이해: 교과의 내용 체계와 성취기준을 명확히 이해하여 학생의 성장을 지원하고 있는가?

〈깊이 있는 수업〉 영역

☐ 깊이 있는 수업 구현: 학생들이 스스로 탐구하고 문제 해결을 주도하는 깊이 있는 수업을 설계·실연하고 있는가?

☐ 미래형 학생 맞춤형 수업 설계: 미래 시대를 살아갈 다양한 학습자들의 필요에 맞춘 미래형 학생 맞춤형 수업을 설계하였는가?

〈상호작용〉 영역

☐ 질문을 통한 상호작용: 학생들의 사고를 촉진하는 깊이 있는 발문과 질문 및 상호작용을 구현하고 있는가?

☐ 학생의 성찰 유도와 피드백: 학생의 성장과 성찰을 유도하는 과정 중심 피드백을 제공하는가?

☐ 교사다운 자질: 교사로서의 자질을 바탕으로 탁월한 의사소통 능력을 발휘하고 있는가?

---

1 〈조건〉 구현 영역의 평가기준

(1) 〈조건〉의 정확한 이해와 수행

"주어진 문제지의 〈조건〉을 명확히 이해하고 수행하고 있는가?"

수업실연의 채점기준은 '조건'을 잘 지켰는가에서 시작한다. 평가위원들은 15분의 수업을 보며, 빠르게 채점을 진행해야 한다. 그렇다면 눈에 제일 잘 띄는 '조건'을 이행했는지 여부가 주요 관건이 될 것이다.

(2) 교육과정의 정확한 이해와 적용

"교과의 내용 체계와 성취기준을 명확히 이해하여 학생의 성장을 지원하고 있는가?"

수업실연평가 〈문제지〉의 '수업 설계안'은 해당 교육과정에 철저히 근거하고 있다. 따라서 교사는 교육과정과 그 안에 담긴 내용 체계, 성취기준을 명확히 이해하고 이를 구현할 수 있어야 한다.

2022 개정 교육과정에서는 내용 체계를 학습 내용의 범위와 수준을 나타내는 용어로 사용하며, 이를 '핵심 아이디어'와 '내용 요소'로 구분하고 있다. 핵심 아이디어는 해당 교과 영역에서 학생이 일반화할 수 있는 중요한 개념을 나타내며, 깊이 있는 학습을 가능하게 하는 중심 개념이다. 내용 요소는 교과에서 반드시 배워야 할 필수 학습 내용을 의미한다.

> **2022 개정 교육과정의 '내용 요소'**
> - 지식−이해: 교과(목) 및 학년(군)별로 해당 영역에서 알고 이해해야 할 내용
> - 과정−기능: 교과 고유의 사고 및 탐구 과정 또는 기능
> - 가치−태도: 교과 활동을 통해 기를 수 있는 고유한 가치와 태도

성취기준은 이러한 내용 요소를 바탕으로 학생이 학습을 통해 궁극적으로 달성해야 할 결과를 의미한다. 성취기준을 달성한다는 것은 학습 목표를 이루는 수업이 성공적으로 설계되고 실행되었음을 뜻한다. 따라서 교사는 성취기준을 중심으로 수업 목표를 명확히 설정하고, 그에 따라 적절한 수업 전략과 학습 활동을 구성해야 한다. 최근 수업실연평가에서는 성취기준과 학습 목표가 지도안에 제시되는 경우가 많다. 그러므로 '목표 성취'를 위한 수업을 실천하는지를 보여줘야 한다. 이는 수업실연평가에서 가장 기본적이고 전통적인 기준이기도 하다.

② 〈깊이 있는 수업〉 영역의 평가기준

(1) 깊이 있는 수업의 구현

"학생들이 스스로 탐구하고 문제 해결을 주도하는 깊이 있는 수업을 설계·실연하고 있는가?"

사실 '깊이 있는 수업의 실천'이라는 말에 실연 평가의 주요한 채점 요소가 들어가 있다고 해도 과언이 아니다. 수업 구상 시부터 경기교육이 지향하는 깊이 있는 수업 철학을 고려하여 설계하고, 실연 시에 구상한 내용을 최선을 다해 드러내야 한다.

(2) 미래교육을 위한 학생 맞춤형 수업 설계

"다양한 학습자들의 필요에 맞춘 미래형 학생 맞춤형 수업을 설계하였는가?"

경기교육은 학생이 주도하는 맞춤형 수업을 지원하고 있다. 자율과 책임을 기반으로, 이해, 배경지식, 흥미에 바탕을 두고 학생이 주제, 방법, 평가 방법을 주도하는 수업 방법을 지향하고 있으며, 개별 맞춤형 기회 및 도전과제, 데이터 기반의 피드백을 제공함으로써 학생이 탐구과정에 몰입할 수 있도록 노력한다. 또한 경기교육의 교실에는 다문화 학생, 특수 요인(읽기 곤란, ADHD, 경계선 지능) 학습 지원 대상 학생, 학업 중단 위기 학생, 기본 학력 미달 학생, 탈북 학생, 성취수준 미도달 학생 등 다양한 학습자들이 공존하고 있다. 교육의 공적 책임과 현장 중심 맞춤형 교육을 강조하는 경기교육은 다양한 학생들에게 적합한 맞춤형 수업 활동의 전개를 중시한다.

특히 미래 세대를 위해 에듀테크를 활용한 학생 맞춤형 수업의 설계가 필요하다. 에듀테크는 다양한 학습자의 필요를 충족시키는 강력한 도구로, 맞춤형 수업 설계에서 핵심 역할을 한다. 인공지능 기반 학습 플랫폼을 활용해 학생 개개인의 학습 속도, 관심사, 성취수준을 파악하고, 이에 맞춘 학습 경로를 제공할 수 있다. 예를 들어, 하이러닝(https://hi.goe.go.kr/) 등을 활용하여 학습 진단 데이터를 바탕으로 부족한 부분을 보충하거나, 개인별로 맞춤형 학습 콘텐츠를 제공함으로써, 모든 학생이 자기 주도적으로 학습할 수 있도록 돕는다.

3 〈상호작용〉 영역의 평가기준

(1) 질문을 통한 활발한 상호작용

"학생들의 사고를 촉진하는 깊이 있는 발문과 질문 및 상호작용을 구현하고 있는가?"

질문은 깊이 있는 수업에서 학습자의 사고를 촉진하고, 교사와 학생 간 상호작용을 활성화하는 중요한 도구이다. 질문을 통해 학생은 스스로 사고하고 탐구하는 과정을 거치며 문제해결에 접근하게 된다. 교사는 학생의 답변에 구체적이고 성장 중심적인 피드백을 제공함으로써, 학생이 자신의 사고를 확장하고 학습 목표에 도달할 수 있도록 돕는다. 학생의 사고를 촉진하기 위해서는 다양한 층위의 발문들, 특히 확산적 발문을 통해 학생의 생각을 깊이 탐구하고, 학생의 이해를 발전시키는 것이 중요하다.

무엇보다 평가실에 학생이 실재하는 것이라 여기고, 반드시 학생과의 소통과 상호작용 장면이 꾸준히 이루어져야 한다. 발문 후 학생이 생각을 정리할 수 있도록 반드시 적당한 시간을 주어야 하며, 실제 대화한다고 생각하고 학생과의 상호작용하는 모습을 보여준다. 발문에 대한 학생의 대답에서 수업내용이나 핵심 요소를 드러내면서 학생의 주도성을 강조하는 것도 필요하다.

(2) 학생의 성찰을 돕는 과정 중심 피드백

"학생의 성장과 성찰을 유도하는 과정 중심 피드백을 제공하는가?"

경기 교실에서 과정 중심 피드백은 학생의 성장을 지원하고 성찰을 유도하는 핵심 요소이다. 교사는 학생이 학습 과정에서 자신의 생각과 행동을 돌아보고, 더 나은 방향으로 발전할 수 있도록 구체적이고 맞춤형 피드백을 제공해야 한다. 특히 깊이 있는 수업은 학생의 성찰을 굉장히 중요하게 여긴다. 학생이 자신의 학습 과정을 성찰하여 문제를 발견하고 이를 해결해 가는 메타 인지의 발현을 위해 교사의 적절한 도움(피드백, 상담 등)이 필요하다고 본다. 보충하는 피드백이나 성찰 유도 피드백 등 학생이 스스로 문제를 해결하고 배움을 내면화하도록 돕는 피드백은, 학습자 주도성을 높이고 성찰을 통해 학습의 의미를 되새기는 기회를 마련하는 중요한 도구로 작용한다.

(3) 교사다운 자질과 태도

"교사로서의 자질을 바탕으로 탁월한 의사소통 능력을 발휘하고 있는가?"

🗐 수업실연 시 중요한 의사소통 능력(언어적·반언어적·비언어적 요소)

언어적 요소	경어체 사용, 학습자 수준에 맞는 용어, 경솔하지 않은 용어 선택
반언어적 요소	목소리의 크기, 억양, 말의 빠르기, 발음, 전달력, 표현 능력
비언어적 요소	표정, 순회지도, 몸짓, 시선 처리, 눈 맞춤, 배려와 존중의 태도

교사의 의사소통 능력은 수업실연에서 중요한 평가 요소로, 언어적·비언어적 소통이 모두 포함된다. 교사는 목소리 크기, 속도, 표정 등을 조절해 학생과 소통하며 수업을 효과적으로 이끌어야 한다. '존중', '허용', '주도성'을 바탕으로, 당당하고 안정감 있게 수업을 운영하는 태도가 중요하며, 평가위원에게 긍정적인 인상을 주기 위해 안정적인 발성과 여유 있는 진행이 필수적이다.

🌟 합격자 Advice

여유 있는 태도로 교실을 장악할 수 있게 연습하기

여유 있는 표정과 태도로 수업을 장악하는 모습이 중요합니다. 스터디를 통해 수업실연을 할 때 일부러 여유 있는 표정을 지으려고 노력했습니다. 실제 학생이 있다고 생각하면서 학생의 답변을 듣는 5초 정도의 멈추는 시간을 두었고, 제스처도 풍부하게 사용했습니다. 판서를 하다가 글자를 잘못 적었을 때도 실수한 티를 최대한 내지 않으면서 자연스럽게 "A 학생이 선생님이 잘못 적었다고 알려 주었네요." 이런 식으로 능청스럽게 실수를 넘어갈 수 있도록 연습했습니다. 실제 2차 시험에서도 판서를 할 때 글씨가 너무 커서 칠판의 아래쪽에 판서하게 되었을 때도 "뒤에 앉아있는 B 학생 잘 보이나요? 아~ 잘 보인다고요?"라고 하면서 여유 있고 자신감 있는 모습을 보이려고 노력했습니다.

•사이다 합격자 이슬기 선생님

4 수업실연평가 채점기준표

실제 수업실연의 배점은 초등 25점, 중등 30점이지만, 여기서는 60점 만점으로 계산하였다. 이후 해당 점수를 각 배점에 맞게 환산하여 활용하면 된다. 다음 채점표상 학생이 획득한 점수는 52.8점으로, 이를 환산하면 초등 교사 기준으로는 22점, 중등 교사 기준으로는 26.4점이 된다.

📋 수업실연평가 채점표 예시(1)

채점기준			체크리스트 (컴퓨터용 사인펜으로 마킹하세요)				
			매우 우수	우수	보통	부족	매우 부족
수업 설계 및 운영 (44)	조건 수행 영역	① 교육과정의 내용 체계와 성취기준을 명확히 이해하고 학습 목표를 명료하게 달성할 수 있는 수업이었는가?	6	5.4	4.8	4.2	3.6
			○	●	○	○	○
		② 수업실연 문제지에 주어진 〈조건 1〉을 정확히 수행하도록 설계하고 실행하고 있는가? (하위 조건 수행 여부에 따라 점수 부여)	12	10.8	9.6	8.4	7.2
			●	○	○	○	○
		③ 수업실연 문제지에 주어진 〈조건 2〉를 정확히 수행하도록 설계하고 실행하고 있는가? (하위 조건 수행 여부에 따라 점수 부여)	12	10.8	9.6	8.4	7.2
			○	○	●	○	○
	깊이 있는 수업 영역	④ 〈조건 3〉과 관련해 학생들이 스스로 탐구하고 문제 해결을 주도하는 깊이 있는 수업을 설계·실연하고 있는가?	11	9.9	8.8	7.7	6.6
			○	○	○	●	○
		⑤ 다양한 학생의 필요에 맞춘 미래형 학생 맞춤형 수업이었는가?	3	2.7	2.4	2.1	1.8
			○	●	○	○	○
의사 소통 및 태도 (16)	상호 작용 영역	⑥ 질문을 통해 학생의 사고를 촉진하며, 다양한 발문과 상호작용이 구현되는가?	6	5.4	4.8	4.2	3.6
			○	●	○	○	○
		⑦ 학생의 활동에 대한 피드백이 적절하게 이루어져 학생의 성찰을 유도하고 성장을 도모하는가?	6	5.4	4.8	4.2	3.6
			●	○	○	○	○
		⑧ 교사로서 적합한 언어 및 행동자질(목소리 크기, 속도, 표정, 시선, 동선 등)을 갖추고, 탁월한 의사소통 능력을 발휘할 수 있는가?	4	3.6	3.2	2.8	2.4
			●	○	○	○	○

🗒 수업실연평가 채점표 예시(2)

채점기준			체크리스트 (컴퓨터용 사인펜으로 마킹하세요)				
			매우 우수	우수	보통	부족	매우 부족
수업 설계 및 운영 (44)	조건 수행 영역	① 교육과정의 내용 체계와 성취기준을 명확히 이해하고 학습 목표를 명료하게 달성할 수 있는 수업이었는가?	6	5.4	4.8	4.2	3.6
		1. 수업내용을 정확히 이해하고 〈자료〉를 적절한 곳에 배치해 활용하였는가? 2. 학습의 흐름이 명료하게 나타나는 수업이었는가? 3. 학생의 탐구를 돕는 핵심 개념과 지식에 오류는 없는가?	○	○	○	○	○
		② 수업실연 문제지에 주어진 〈조건 1〉을 정확히 수행하도록 설계하고 실행하고 있는가?	12	10.8	9.6	8.4	7.2
		1. 〈조건 1〉의 하위조건 1을 정확하게 수행하였는가? 2. 〈조건 1〉의 하위조건 2를 정확히 수행하였는가? 3. 숨겨진 조건들을 명확하게 파악하여 수행하였는가?	○	○	○	○	○
		③ 수업실연 문제지에 주어진 〈조건 2〉를 정확히 수행하도록 설계하고 실행하고 있는가? (하위 조건 수행 여부에 따라 점수 부여)	12	10.8	9.6	8.4	7.2
		1. 〈조건 2〉의 하위조건 1을 정확하게 수행하였는가? 2. 〈조건 2〉의 하위조건 2를 정확히 수행하였는가? 3. 숨겨진 조건들을 명확하게 파악하여 수행하였는가?	○	○	○	○	○
	깊이 있는 수업 영역	④ 학생들이 스스로 탐구하고 문제 해결을 주도하는 깊이 있는 수업을 설계·실연하고 있는가?	11	9.9	8.8	7.7	6.6
		1. 학생의 탐구—실행—성찰이 활발하게 일어나고 있는가? 2. 학생의 삶의 맥락화된 수업이 진행되었는가? 3. 학생의 주도적인 탐구 활동에 바탕하여 수업이 진행되고 있는가?	○	○	○	○	○
		⑤ 다양한 학생의 필요에 맞춘 미래형 학생 맞춤형 수업이었는가?	3	2.7	2.4	2.1	1.8
		1. 배움의 격차가 있는 교실을 고려하고 있는가? 2. 에듀테크 등 적절한 교육 도구를 제대로 활용하였는가?	○	○	○	○	○

의사 소통 및 태도 (16)	상호 작용 영역	⑥ 질문을 통해 학생의 사고를 촉진하며, 다양한 발문과 상호작용 이 구현되는가?	6	5.4	4.8	4.2	3.6
		1. 학생의 사고를 자극하는 발문을 충분히 활용하였는가? 2. 발문 후에 생각할 시간을 충분히 주었는가? 3. 학생과 활발하게 상호작용하고 있는가?	○	○	○	○	○
		⑦ 학생의 활동에 대한 피드백이 적절하게 이루어져 학생의 성찰 을 유도하고 성장을 도모하는가?	6	5.4	4.8	4.2	3.6
		1. 학생활동에 대한 긍정적 피드백이 충분히 이루어지는가? 2. 존중과 배려를 바탕으로 교정이 필요한 부분의 피드백이 잘 이루어졌는가? 3. 학생의 성찰을 독려하는 피드백이 제공되었는가?	○	○	○	○	○
		⑧ 교사로서 적합한 언어 및 행동자질(목소리 크기, 속도, 표정, 시 선, 동선 등)을 갖추고, 탁월한 의사소통 능력을 발휘할 수 있 는가?	4	3.6	3.2	2.8	2.4
		1. 발음이 명확해 전달력이 좋았는가? 2. 목소리 크기와 속도가 적절하였는가? 3. 표정과 시선, 동선은 적절하였는가? 4. 안정감 있는 태도로 자신감 있게 수업을 진행하였는가?	○	○	○	○	○

척도	내용
매우 우수	하위 조건 3(4)개 중 3~4개를 제대로 실연하고 세부 사항을 모두 충족함
우수	하위 조건 3(4)개 중 2개를 제대로 실연하고 세부 사항을 모두 충족함
보통	하위 조건 3(4)개 중 1개를 제대로 실연하고 세부 사항을 모두 충족함
부족	하위 조건 3(4)개 중 2개 이상을 실연하였으나 세부 사항을 모두 충족하진 못함
매우 부족	하위 조건 3(4)개 중 1개만 실연하였으나 세부 사항을 모두 충족하진 못함

(1) 채점기준표 이해하기

① 문제지의 〈조건〉과 관련된 채점기준은 3개(하위 기준 3~4개)로 추정됨. 문제 제작 시 가장 적절한 난도를 유지할 수 있으며, 채점에도 용이한 편

② 〈조건 1〉과 〈조건 2〉는 학교급별/교과별로 고유한 특성을 반영하여 제시될 확률이 높음

③ 〈조건 3〉은 상황적인 측면을 반영하거나 '깊이 있는 수업'과 관련하여 제시될 수 있음

> ⓔ 학습자 특성 반영(다문화 학생 4명이 있는 학급 상태를 반영하여 지도할 것)
> 실생활을 중심으로 하는 문제 해결 프로젝트 수업으로 설계할 것

④ 교육과정 이해, 질문을 통한 상호작용, 과정 중심 피드백, 교사로서의 태도 등의 4개 채점기준은 모든 학교급/교과에 공통으로 적용됨

(2) 채점기준표 활용 방법

① 자기 평가와 개선 과정 반복하기

매 실연 연습 후 채점기준표를 활용해 자신의 수업을 평가해 본다. 〈조건 1〉, 〈조건 2〉, 〈조건 3〉이 잘 반영되었는지 스스로 점검하고, 교육과정 이해와 상호작용이 적절하게 이루어졌는지 평가한다. 이를 통해 자신의 강점과 약점을 명확히 파악하고, 부족한 부분을 보완하는 작업을 반복한다. 특히, 자신의 수업실연을 영상으로 촬영하여 비언어적 표현이나 상호작용 방식을 개선하는 데 활용하면 좋다.

② 스터디를 통한 피드백 주고받기

스터디 그룹에서 함께 연습하고, 채점기준표를 바탕으로 서로 평가하며 피드백을 주고받는 것도 매우 효과적이다. 스터디원들과 실연을 반복하며 채점기준에 맞는 구체적인 피드백을 제공하고, 실질적인 조언을 통해 수업실연의 완성도를 높여갈 수 있다. 이 과정에서 조건별 강점을 살펴보고, 약점을 보완할 수 있도록 상호 피드백을 활용하는 것이 중요하다.

③ 예상문제 제작 및 활용하기

실제 채점기준을 바탕으로 예상문제를 제작하여 연습해 보는 것도 좋은 방법이다. 특히 〈조건 1〉과 〈조건 2〉는 교과와 학교급에 따라 시중의 문제를 변형해 보는 연습을 하고, 〈조건 3〉을 상황적으로 추가해 보는 방식으로 다양한 문제를 준비할 수 있다. 교과서와 교육과정을 기반으로 예상문제를 만들고, 이를 실연 연습에 적용함으로써 보다 유연한 대처 능력을 기를 수 있다.

체크리스트 채점에서 만점받기

스터디할 때 체크리스트를 활용하다 보면, 짧은 시간 안에 체크리스트대로 채점하는 것이 생각보다 쉬운 일이 아니라는 것을 눈치챌 수 있을 것입니다. 그렇기 때문에 이 시험은 '후광의 효과'가 클 수밖에 없다는 것을 염두에 두고 있어야 합니다.

• 체크리스트 채점은 기본적으로 조건 충족 여부 확인을 가장 중요하게 여기는 채점 방식입니다. 드러난 〈조건〉을 제대로 수행하지 않을 시, 바로 체크하여 감점당하기 쉽습니다. 따라서 문제지에 주어진 〈실연 방법〉 혹은 〈조건〉은 무조건, 꼭 달성하셔야 하는 부분입니다. 문제지를 읽을 때에는 꼼꼼하게 살살이 한 자도 빼놓지 않겠다는 생각으로 보셔야 합니다. 생각보다 많은 선생님이 조건을 꼼꼼히 읽지 못해 놓치는 부분이 많습니다. 밑줄을 치면서, 번호를 매겨가면서 조건을 톺아보세요.

   예 각 자료에 대한 발문을 하시오. ➡ 자료'마다' 발문을 반드시 진행해야 함

   피드백을 진행하는 탐구 활동 자료를 줌 ➡ 오개념에 대한 피드백이 있어야 하는지 반드시 확인할 것

   강의식으로 수업을 진행하라고 함 ➡ 교사의 강의로 진행하되, 학생과의 문답을 활용하며 활기찬 수업을 진행할 것

• 시간 안배에 미흡하여 시간이 촉박한 경우, 드러난 〈조건〉을 수행하는 데 집중하시길 바랍니다. 눈에 띄는 채점기준을 처리하여 점수를 우선 확보하는 것이 중요합니다. 따라서 드러난 조건이 무엇인지 명확하게 상기하며 해결하는 습관을 들이는 것이 필요합니다. 구상지에 가장 눈에 띄는 곳에 드러난 조건을 크게 적어두거나, 수업실연 때마다 드러난 조건을 마지막으로 떠올리는 연습을 꾸준히 하시는 것도 좋습니다.

• 활발한 의사소통이 일어나는 학생 맞춤형 수업을 실연하되, 교사가 여유 있게 장악한 교실을 만들어 가는 것이 생각보다 더 중요합니다. 체크리스트 채점은 객관적인 듯 보이지만 실제 채점 상황이 굉장히 긴박하기 때문에 주관적인 요소가 강하게 작용합니다. 더군다나 3명의 평가위원이 배정되는 시험의 채점 방식이라면, 평정자 간 신뢰도를 확보하기 위한 평정자 협의가 진행될 확률이 큽니다. 독립적으로 평가된 결과를 모아 점수가 조정되는 과정에서는 당연히 좋은 인상으로 기억되는 수험생이 유리할 수밖에 없습니다. 그러므로 목소리는 크고 안정된 톤으로, 시선은 교실 전체를 향할 수 있어야 합니다. '나 같은 사람이 합격하지 누가 합격하나!'라는 자신감 있는 태도로 평가위원을 사로잡아 보시길 바랍니다.

　지금까지 우리는 수업실연평가의 평가기준과 채점기준표를 분석하며, 무엇을 목표로 해야 할지 명확히 설정하였다. 이제 그 기준을 바탕으로 만점을 받기 위한 훈련에 돌입할 차례이다. 하지만 큰 경기를 대비하는 훈련은 단순한 연습만으로 이루어지지 않는다. 보다 전략적인 접근이 필요하다. 이 전략은 구상에서부터 실연에 이르기까지 모든 과정에서 체계적으로 설계되어야 하며, 최종적으로 합격에 이르게 할 수업실연 준비의 핵심이 될 것이다.

　2025년 경기 2차 수업실연평가를 준비하는 우리의 '사이다 합격 전략'은 크게 구상 전략과 실연 전략으로 나눌 수 있다. 사이다 합격 전략은 채점기준을 바탕으로 구체화되었으며, 이 전략은 각기 다른 세 가지 주요 단계로 구성된다.

> 전략 1. 〈조건〉 파악하고 효과적으로 보여주기
> 전략 2. 깊이 있는 수업으로 구상하고 실연하기
> 전략 3. 경기 교사다운 실연의 기술 습득하기

전략 1. 〈조건〉 파악하고 효과적으로 보여주기

　첫 번째 전략은 수업실연평가의 기본이 되는 '조건'을 명확히 파악하는 것에서 시작한다. 조건을 제대로 이해하지 못하면 아무리 훌륭한 수업을 구상해도 평가위원이 기대하는 바와 맞지 않을 수 있다. 조건만 정확히 파악해서 실연했다면, 사실 70% 이상의 점수는 획득해야 정상이다.

　그런데 막상 점수를 받아보면 생각에 못 미치는 경우가 많다. 이는 두 가지 이유 때문이다. 첫째, 조건을 제대로 파악하지 못한 것이거나 둘째, 조건을 실연하긴 했는데 평가위원에게 보여주질 못한 것이다. 따라서 조건을 명확하게 파악하고 제대로 티나게 수행하는 것이 중요하다. '전략 1'에서는 그러한 내용을 다룬다.

전략 2. 깊이 있는 수업으로 설계하고 실연하기

　경기교육은 '깊이 있는 수업'을 지향한다. 따라서 수험생은 자신의 수업이 깊이 있는 수업임을 보여줄 수 있도록 수업을 구상하고 실연해야 한다. 즉, 핵심 개념과 핵심 아이디어를 학생들이 스스로 생각하고 탐구할 수 있는 구조로 구성해야 한다. 이를 위해서는 수업을 미리 시뮬레이션하면서 '깊이 있는 수업으로 보이는 장면'을 구체적으로 설계하고, 이를 실연에 녹여내는 작업이 필수적이다.

전략 3. 경기 교사다운 실연 기술 습득하기

마지막으로, 구상한 수업을 평가실에서 성공적으로 실연하는 기술이 중요하다. 아무리 치밀하게 준비한 수업도 실연 과정에서 이를 제대로 보여주지 못하면 평가위원에게 전달되지 않는다. 경기 교사로서 실연의 기술을 익히고, 자신감 있게 구상한 수업을 펼치는 것이 합격의 열쇠가 될 것이다. 이를 위해 교사다운 자질과 태도, 학생과의 활발한 상호작용, 명확한 의사소통 능력을 갖추어야 한다. 또한 실전 연습을 통해 평가실의 환경에 익숙해지고 긴장감을 관리하는 역량도 키워야 할 것이다.

 사이다 Check Box

채점기준에 따라 나의 수업 채점해 보기

체크리스트	적용하기
☐ 〈조건〉을 정확히 분석하고 수행했는가?	수업실연 문제지의 모든 조건을 분석하고, 이를 수업 설계와 실연에 반영했는지 확인하자.
☐ 교육과정의 내용 체계와 성취기준을 정확히 이해하고 적용했는가?	수업의 흐름이 성취기준과 학습 목표에 부합하며, 교과 내용을 정확히 전달했는지 검토하자.
☐ 깊이 있는 수업을 설계하고 실연했는가?	학생 주도적 탐구를 이끌어 내는 수업 활동과 질문 전략을 수업에 녹여냈는지 점검하자.
☐ 미래형 학생 맞춤형 수업을 설계했는가?	다양한 학습자의 필요를 고려한 수업 활동을 설계하고, 에듀테크 활용 방안을 반영했는지 확인하자.
☐ 학생과의 상호작용이 활발하게 이루어졌는가?	수업 중에 학생과의 질문, 답변, 피드백이 자연스럽게 이루어졌는지 확인하자.
☐ 과정 중심의 피드백을 통해 학생의 성찰을 도모했는가?	수업 중 학생에게 긍정적 피드백, 교정적 피드백, 성찰적 피드백을 배려 있게 제공했는지 살펴보자.
☐ 교사로서의 자질과 의사소통 능력을 발휘했는가?	자신감 있고 여유 있는 태도로 수업을 실연하고, 언어적·비언어적 의사소통이 적절했는지 점검하자.

03 전략 1.
〈조건〉 파악

이것만은 꼭!

수업실연평가에서 가장 중요한 것은 '조건'을 수행하는 것이다. 문제지에 주어진 [실연 방법]과 〈자료〉, 〈지도안〉 등에 명시된 조건을 충실히 이행해야 한다. 조건을 정확히 파악하고 실연하는 수업이 고득점의 핵심이다. 만능틀에 얽매이지 말고 문제에서 요구하는 조건을 우선적으로 고려하여 수업을 설계하고, 평가위원이 조건 수행 여부를 명확히 볼 수 있도록 실연해야 한다.

수업실연평가에서 가장 중요한 것은 〈조건〉 수행이다. 종종 자신이 만든 '만능틀'의 화려함에 사로잡혀 온갖 장치들을 보여 주다가 〈조건〉을 수행하지 못하고 15분을 허비하는 경우를 보게 된다. 문제 자체에 각종 [실연 방법]과 〈지도안〉, 〈자료〉 등으로 그 출제 의도를 명백하게 드러내고 있는데, 이를 무시하고 자신이 준비해 온 것만 펼쳐내는 것이 좋게 보일 리가 없다.

합격자 Advice

조건을 최우선으로 부각하는 것을 고민하기

저는 연습을 계속 할수록 오히려 수업실연의 채점기준인 조건에서 점점 멀어졌습니다. 실제로 스터디나 멘토링 때에 이런 부분을 많이 지적받기도 했어요. 1차 결과 발표가 난 이후에는 어느 정도 만능틀도 외워지고 본스터디, 크로스 스터디 등을 계속 하며 좋은 것들을 계속 흡수하다 보면 어느새 15분의 수업실연 시간이 부족해지는 것을 볼 수 있습니다. 물론 문제의 조건에 부합되거나, 상황에 맞추어 적절히 사용할 수 있다면 좋겠지만, 결국 저희는 평가위원 손에 들린 체크리스트의 조건을 충족했는지 여부로 점수가 판가름 나게 됩니다. 그러니 구상 마지막 단계에 반드시 다시 한번 조건을 제대로 부각했는지, 채점관이 끄덕일 만한 정도로 보여줄 수 있는지 고민해 볼 필요가 있습니다.

• 사이다 합격자 박정현 선생님

1 〈조건〉이란?

(1) 명백하게 드러난 조건

① 문제지 중 [실연 방법]

② 학습 목표, 교수·학습 조건, 유의 사항, 〈지도안〉의 비실연 부분, 〈자료〉까지 모두 다 수업실연 시 수험생이 신경 써야 할 조건

(2) 숨겨진 조건

① 평가상황과 관련된 모든 문서에 쓰인 문장과 단어 전부

② 수험생이 채워 넣어야 할 자율, 선택, 공란 역시 중요한 조건이자 큰 배점의 평가 대상임.
특히 수업나눔에서 연계 질문이 출제될 확률이 높음

③ 깊이 있는 수업과 같은 경기교육의 지향이 수업 전반에 반영되어야 함

··· 예시 ···

〈조건〉의 유형과 실연 시 유의점

유형	조건	실연 시 유의점
경기 철학형	• 배움중심수업으로 실연하시오. • 학생 맞춤형 수업을 진행하시오. • 학생의 실생활과 연계하여 지도하시오.	경기교육 이론에 대한 이해 전제
자료 활용형	• 〈자료 1〉의 쓰기 맥락을 분석하시오. • 〈자료 2〉를 활용하여 실연하되, 모둠 활동 시 유의 사항을 안내하시오. • 〈자료 3〉을 바탕으로 〈자료 4〉가 도출되도록 모둠 활동을 진행하시오.	〈자료〉를 활용하고 있음을 정확하게 드러낼 것
유의 사항형	• 일정량의 판서를 포함하시오. • 교사와 학생의 상호작용이 구체적으로 드러나게 실연하시오. • 학생에게 발문을 활용하고, 학생의 반응을 가정하여 상호작용하는 장면을 실연하시오.	실제 수업처럼 보이도록 하는 지시
활동 규정형	• 모둠원 간의 협의를 통해 내용을 생성하는 활동을 실시하시오. • 학생들의 사료 분석 및 해석 과정이 드러나도록 실연하시오. • 질문에 대한 답을 찾아가는 탐구 과정을 구현하시오.	교사와 학생 활동에 대한 안내, 반드시 조건대로 수업을 설계할 것
교사 설명 지시형	• 쓰기 맥락 중 주제와 독자가 달라질 때 글의 내용이 어떻게 달라지는지 예를 들어 설명하시오. • 도시 재개발의 유형과 장단점 분석에 대한 판서를 포함하시오. • 당시 한국과 중국의 상황을 포함하여 일본에 대한 전후 처리 변화과정을 설명하시오.	내용 요소에 대한 이해에 기반한 조건이므로 해당 부분만큼은 오류가 없어야 함
교사 행위 지시형	• 디지털 기기를 활용한 평가를 실행하고, 이를 환류하시오. • 학생은 수험생이 직접 선택하여 실연하되, 수업 시작 시 언급하시오. • 교사 피드백과 학생의 피드백을 참고하여 〈자료 4〉의 수험생 작성 부분 [A]를 채워 실연하시오.	행위 실행의 모습이 체크되지 않을 수 있으므로 평가위원에게 정확하게 보여주는 것이 필요함
범위 제한형	• 역할극 안내까지만 실연하시오. • 실연 부분: 전개 부분을 실연하되, 중간 학생활동은 생략할 것 [조건 6] | 도입 | 전개 | | 정리 | | | 실연 부분 1 | 학생활동 생략 | 실연 부분 2 | |	제시된 부분만 실연할 것. 이외의 부분은 채점 대상이 아님

② 〈조건〉 '정확하게' 파악하기

〈문제지〉의 [실연 방법] 및 〈지도안〉, 〈자료〉의 모든 용어들은 채점기준에 그대로 명시되어 있을 확률이 높다. 예컨대, 〈문제지〉의 실연 방법에

[수업실연 1]에서는 〈자료 1〉과 〈자료 2〉에 대한 각각의 발문을 활용하되, 모둠활동식으로 실연하시오.

라고 주어졌다면, 채점기준표는 다음과 같이 구성되어 있을 것이다.

채점기준	체크리스트				
	매우 우수	우수	보통	부족	매우 부족
[수업실연 1]에서 다음의 사항을 정확히 수행하도록 설계하고 실행하였는가? 1. 〈자료 1〉에 대한 발문을 활용할 것 2. 〈자료 2〉에 대한 발문을 활용할 것 3. 모둠활동식으로 수업을 진행할 것	15	13.5	12	10.5	9

이 경우 〈자료 1〉과 〈자료 2〉에 대한 '각각'의 발문을 하지 않았거나, '강의식'으로 수업을 진행하였거나, [수업실연 1]에서 하지 않고 다른 데서 실연하였다면 점수를 잃게 되는 것이다. 특히 15분의 제한 시간 동안 빠르게 수행 여부를 체크해야 하는 평가위원의 입장이라면, 채점기준 중 단 한 가지만 수행하지 않았다 하더라도 마치 [수업실연 1]에서의 모든 조건을 제대로 수행하지 않은 것처럼 보일 수 있다. 체크리스트식 채점이 수험생에게 어려운 이유이다.

그러므로 수험생은 〈조건〉을 제대로 파악해야 한다. 25분의 수업구상 시간을 꽉 채워 단 한 단어의 조건도 놓치지 않도록 최선을 다하자. 그리고 이를 수업 시 모두 보여 줄 수 있어야 한다.

3 〈조건〉 수행을 '제대로' 보여주기

조건을 수행할 때는, 수행하였다는 티를 확 낼 필요가 있다. 평가위원이 자칫 놓치지 않도록, '지금부터 [수업실연 1]의 〈조건〉을 수행한다'는 것을 대놓고 드러내야 한다.

목소리의 높낮이를 조절해도 좋고, 잠시 숨을 쉬어가며 눈빛을 골고루 주며 주목하게 하는 것도 좋다. '자 그럼!'과 같이 주의를 환기하는 멘트를 시행해도 좋다.

수업실연평가를 연습할 때에도 자신과 타인의 수업 영상을 살펴보며 조건 수행 부분이 잘 드러나는지, 눈에 띄게 나타나는지를 확인해 보자. 생각보다 잘 드러나지 않는다면 명확하게 보여 줄 수 있도록 신경 써서 실연할 필요가 있다.

예컨대, 〈자료 1〉과 〈자료 2〉를 활용한다면, 굳이 〈자료 1〉과 〈자료 2〉의 내용이나 주제를 언급하면서 수행하기보다는

"자 모두, 〈자료 1〉과 〈자료 2〉를 살펴볼까요?"

"방금 연수가 〈자료 1〉에 대해 질문을 했는데요, 이 답을 〈자료 2〉에서 찾아볼까요?"

와 같이 문제지에 주어진 대로 언급하는 것을 추천한다.

 **Advice**

조건 수행을 정확하게 티내는 방법

수업실연에서 많은 선생님들께서 신경 쓰는 것이 바로 조건과 발문입니다. 사실 이 두 가지만 잘해도 수업에서 정말 많은 점수를 획득할 수 있는 기본적인 부분이지만, 가장 어려운 부분이기도 합니다. 같은 문제에 대한 실연을 여러 번 보는 평가위원의 입장에서는 수업의 모든 부분을 보기가 어렵습니다. 따라서 선생님들께서 지금 조건의 어느 부분을 하고 있는지, 어떤 발문을 하고 있는지를 예고해야만 합니다. 예를 들어, 1~2초 정도 잠깐 숨을 주는 방식으로 평가위원의 주목을 끌거나, 혹은 아예 발문 전에 '선생님이 여러분의 의견을 들어 보기 위해 잠깐 질문을 해 볼게요!' 이런 식으로 내가 지금 '조건을 수행하거나, 발문을 할 것이다.'라는 예고를 하는 것입니다. 이렇게 언급을 하게 되면, 그 순간 평가위원들이 바로 딱 쳐다보시면서, 주목하게 됩니다. 이런 효과를 노려 점수를 획득하는 포인트인 조건을 지켰다는 것과, 확산적인 발문을 했다는 티를 명확하게! 팍팍! 내셔야 합니다.

• 사이다 합격자 정소은 선생님

연습하기 ★

다음은 수업실연평가에 기출되었던 문장들입니다. 〈조건〉을 정확하게 파악하고, 제대로 보여주는 방법을 구상해 봅시다.

> 1. 〈자료 2〉를 활용하여 모둠별 카드뉴스 기획안 작성 방법에 대해 지도하되, 주제와 사료 특성을 고려해 (가) 활용 시 유의 사항을 제시할 것

파악한 조건: 예 〈자료 2〉 활용,

실연 전략: 예 카드뉴스 기획안 작성 방법을 지도할 때 〈자료 2〉 언급하기. "여러분, 〈자료 2〉를 보세요. 〈자료 2〉를 활용해서 기획안 작성해 봅시다. 방법은 다음과 같아요."

> 2. 디지털 기기를 활용한 평가를 실행하고, 이를 환류할 것

파악한 조건:

실연 전략:

> 3. 학생의 개별 성찰 후 공유하는 모습이 드러나게 실연하시오. 또한 학습 목표 달성 여부와 관련지어 교사의 피드백을 진행하시오.

파악한 조건:

실연 전략:

자주 활용되는 〈조건〉과 실연 전략

학생 수와 학교급, 블록타임제	• 4~5명씩 모둠을 결성하여 몇 모둠인지 파악하고 구성 • 초등이라면 학년, 중등이라면 중학교인지 고등학교인지 파악하여 관련 학년 및 학교급별 수준에 맞는 교사 언어 사용하기 • 블록타임제: 2시간 동안 블록으로 진행하고 있음을 알리고 확인해 주면 좋음 예 오늘 우리 2시간 연속으로 만나고 있네요~, 쉬는 시간에 다들 코로나 예방을 위해 창문을 열고 환기를 잘 해주었나요?
모둠학습	• 재치 있는 모둠명과 모둠 내 역할 배정 고민, 설계할 것 • 모둠학습은 공동체 역량, 협력적 문제해결 역량과 맞닿아 있음. 수업나눔평가에서 유용함
성취기준	성취기준은 그 수업에서 반드시 달성해야 하는 최소 조건이라 할 수 있음. 성취기준 달성 여부를 신경 써서 설계할 것
조건 아동 제시(다문화, 특수요인 등)	• 개인차를 고려한 수업 방법 준비 예 읽기 곤란 학생을 위한 보조 지원, 다문화 학생을 위한 장치, ADHD 학생을 위한 규칙 등 • 다문화 학생 이름을 준비하고, 보조자료 제시: 이름은 아예 확 티가 나는 것이 좋음(시험실에서 다문화 학생 이름이 확실히 티가 나지 않으면 다문화를 고려했음을 체크하기 어려움)
거꾸로 수업 활동	• 디딤 영상을 보고 왔다고 가정하거나, 과제로 디딤 영상 시청을 내줌 • 디딤 영상 확인 작업을 반드시 해야 함
에듀테크 활용 수업 활동	• 에듀테크를 활용한 수업을 설계했을 경우, 교사의 언어로 확인해 주는 것이 필요함 예 여러분이 가지고 있는 스마트 단말기를 활용하여 패들렛으로 공유한 모둠 활동 동료 평가 내용을 다시 확인해 볼까요? • 온라인을 활용한 평가 활동을 구상하고 실연할 것

 사이다 Check Box

〈조건〉을 명확하게 파악하고 제대로 보여주기

체크리스트	적용하기
☐ 문제지의 모든 내용, 특히 [실연 방법], 〈지도안〉, 〈자료〉에 주어진 조건을 꼼꼼히 분석해야 한다.	오늘 연습한 수업실연평가 문제지의 〈조건〉을 모두 찾아 넘버링하고, 각 조건을 어떻게 실연할 것인지 구체적으로 설계해 보자.
☐ 문제의 모든 문장과 단어, 선택 사항이나 공란 등을 통해 출제 의도를 파악하였는지 점검하여 숨겨진 조건까지 파악해야 한다.	
☐ 실연 시 조건을 수행하는 부분을 명확하게 보여주어 평가위원이 놓치지 않도록 해야 한다.	실연 연습 촬영본을 살펴보면서 위에서 체크한 〈조건〉 수행이 잘 드러나는지 확인해 보자.

04. 전략 2.
'깊이 있는 수업' 설계·실연

📑 '깊이 있는 수업' 설계 키워드

키워드	내용
교육과정 문해력	• 교과목의 핵심 아이디어와 내용 체계를 이해하고, 이를 바탕으로 수업을 구조화하고 설계하는 능력 • 학습 목표와 핵심 질문을 명확하게 제시하여 학생들이 깊이 있는 탐구를 할 수 있도록 지원
학생 주도 협력적 수업	• 학생의 능동적 참여와 주도성을 유도하는 수업 • 비판적 질문, 토의·토론, 협업을 통해 학생들이 스스로 학습하고 성찰하도록 하는 활동을 포함 • 학생들 간의 상호 존중과 협력 학습을 통해 서로의 의견을 존중하고 공동의 학습 목표를 달성할 수 있도록 함
삶의 맥락적 문제 해결 수업	• 학생이 실생활과 연관된 문제를 주체적으로 해결하도록 유도하는 수업 • 학습 내용이 학생의 삶과 긴밀하게 연결되어 있어, 실제적인 문제 해결 능력을 기를 수 있도록 함 • 심층적 이해를 통해 학생들이 배운 지식을 다양한 상황에 적용(전이)할 수 있는 기회를 제공
질문-탐구 중심 수업	• 학생이 질문을 통해 학습을 이끌어 가고, 스스로 답을 찾으며 탐구하는 수업 • 깊이 있는 질문과 탐구 과정을 통해 학습 내용을 심화하고 확장
교과 통합적 설계	• 교과 내 및 교과 간 융합적 사고를 독려하여, 학습 내용을 다양한 관점에서 탐구하고 연결하도록 설계 • 학생들이 다학문적 사고를 통해 문제를 해결할 수 있도록 지원
미래교육을 위한 학생 맞춤형 수업과 평가	• 에듀테크를 활용하여 학생 개개인의 특성에 맞춘 맞춤형 학습 및 평가를 설계 • 학습자의 학습 데이터와 학습 분석을 활용하여 개인별 학습 경로와 속도에 맞는 학습 활동 제공 • 디지털 도구와 플랫폼을 활용하여 학습 접근성을 높이고, 다양한 특성을 가진 학생들을 배려하여 개별화된 지원과 학습 자료를 제공

경기도교육청은 깊이 있는 수업을 강조하면서 학생들이 지식의 단순 암기에 그치지 않고, 교과의 핵심 아이디어를 바탕으로 삶과 연계된 문제를 스스로 탐구하고 해결할 수 있는 능력을 기르도록 지속적으로 지원하고 있다. 이러한 교육적 방향성은 2022 개정 교육과정과 경기교육의 3대 원칙(자율, 균형, 미래)에 기반하고 있으며, 교사들이 학생 중심의 수업을 설계하고 실행할 수 있도록 다양한 자료와 지침을 제공하고 있다.

특히 사유하는 학생, 깊이 있는 수업이라는 경기교육의 목표는 교사와 학생 간의 상호작용을 통해 학생이 주체적으로 학습하며, 자신의 성장을 이끌어 갈 수 있도록 지원하는 데 중점을 두고 있다. 우리는 이미 Step 2에서 깊이 있는 수업의 이론적 기반에 대해 학습하였다. 이제 이론을 바탕으로 실제 교육 현장에서 어떻게 수업을 설계하고 실현할 수 있는지 구체적인 장면을 연습하는 단계로 넘어가야 한다. Step 2에서 다룬 이론들은 이 장에서 제시할 설계 키워드와 연계되어, 깊이 있는 수업의 구체적인 실행 방안으로 발전하게 될 것이다.

이 장에 제시된 키워드를 중심으로 깊이 있는 수업을 설계하고 실연하는 방법을 연습하도록 하자. 경기도교육청이 강조하는 교육 방향성을 반영한 이 키워드는, 실제 수업에서 이론을 어떻게 활용할 수 있을지 구체적으로 제시하고 있으며, 이를 통해 수업실연 시 '깊이 있는 수업'을 실연한 것처럼 보이는 데 큰 도움이 될 것이다. 즉, 깊이 있는 수업을 실천하는 데 필요한 가이드라인 역할을 하는 셈이다.

장면	키워드 중심으로 구상하기
1. 교육과정 핵심 역량을 함양하는 장면 ⓔ 협력적 소통 역량	
2. 교과의 핵심 아이디어와 성취기준을 바탕으로 핵심 질문을 개발하는 장면	
3. 교육과정 성취기준을 달성하는 장면	

깊이 있는 수업 설계에서 교사의 교육과정 문해력은 핵심적인 역할을 한다. 교사는 교육과정의 지향점, 교과의 핵심 아이디어와 성취기준을 정확하게 이해하고, 이를 바탕으로 학생의 삶과 연계된 학습 경험을 제공해야 한다. 교육과정 문해력은 단순히 내용 전달을 넘어, 학생이 탐구를 통해 핵심 개념을 깊이 이해하고, 다양한 맥락에서 문제를 해결할 수 있도록 학습을 설계하는 데 필수적이다. 교사는 교과의 주요 개념을 적절하게 통합하고, 이를 통해 학습자 맞춤형 수업을 구성함으로써 학생의 주도성과 성장을 촉진해야 한다. 교사가 교육과정을 해석하고 적용한다는 것은, 다음과 같은 수업 장면으로 나타낼 수 있다.

📑 **교육과정 문해력과 깊이 있는 수업**

1	교육과정 핵심 역량을 함양하는 장면
2	교과의 핵심 아이디어와 성취기준을 이해하고 핵심 질문을 개발하기
3	교육과정 성취기준을 달성하는 장면

(1) 미래 세대를 위한 핵심 역량 함양 장면 구상하기

2015 개정 교육과정과 2022 개정 교육과정은 역량에 기반한 교육과정이다. 핵심 역량이란 학생들이 학습과 삶의 다양한 상황에서 효과적으로 대처하고 문제를 해결하는 데 필요한 주요 능력을 의미한다. 미래 시대에 필요한 핵심 역량을 달성하는 것에 관한 문제는 그간 수업나눔평가 1번에서 적지 않게 다루어져 왔으므로 수업 중 구현하는 것이 필요하다.

2022 개정 교육과정에서 제시한 역량을 함양한 수업 장면을 키워드 위주로 구상해 봅시다.

- **자기관리 역량** 예 자기 주도적 학습 노트, 학습자가 수업을 모두 이끌어 가는 학생 주도형 수업 활동, 학생이 직접 쓰는 배움 성찰일지 등

- **지식정보처리 역량** 예 자료 비교 후 적절한 정보 선택하기, 온라인 수업 중 유튜브에서 적절한 영상 찾기, 인터넷 사이트 기반 자료의 출처 평가하기 등

- **창의적 사고 역량** 예 앱 만들기, 코딩 수업과의 융합, 표현과 제작 활동, 온라인 수업 중 직접 학생이 퀴즈 만들어 활용하기, 비주얼씽킹 등

- **심미적 감성 역량** 예 비주얼씽킹, 노래 가사 바꾸기, 온라인 과제로 미술이나 음악 전시회(온라인 송출) 감상 및 소감문 쓰기 활동, UCC 제작, 인권 그림책 활동 등

- **협력적 소통 역량** 예 모든 협력(동) 수업, 학생 간 상호작용 강조된 수업, 공동체 활동에 기반한 질문-탐구 수업, 토의·토론 수업 등

- **공동체 역량** 예 사회 실천 프로젝트 수행평가, 협력적 문제 해결이 필요한 모든 활동, 다문화 친구들 소개 프로젝트 수업 등

- **학생 주도성** 예 프로젝트 기반 학습, 학생 주도 토의 수업, 역할극을 통한 자기주도적 발표 수업 등

- **디지털 시민 역량** 예 온라인 토론 포럼, 디지털 미디어 제작 프로젝트, 온라인 협업 도구를 활용한 협력 프로젝트, 소셜 미디어 모니터링 수업 등

(2) 교과의 핵심 아이디어와 성취기준을 이해하고 핵심 질문을 개발하기

깊이 있는 수업에서 핵심 질문은 학생들의 사고를 자극하고 수업의 방향성을 제시하는 중요한 도구이다. 교사는 교과의 핵심 아이디어와 성취기준을 정확히 이해한 후, 이를 바탕으로 학생들이 학습해야 할 주요 개념을 명확히 인식하도록 돕는 핵심 질문을 만들어야 한다.

① 핵심 아이디어와 성취기준으로부터 핵심 개념 도출

해당 교과의 교육과정에서 제시된 핵심 아이디어와 성취기준을 깊이 이해해야 한다. 이를 바탕으로 수업에서 학생들이 배우게 될 핵심 개념을 도출한다. 이 핵심 개념들은 교과의 본질적인 내용을 담고 있으며, 학생들이 이 수업을 통해 이해해야 할 주요한 지식이다.

💬 **예시**

초등 도덕 – '정의로운 공동체와 나의 역할'

핵심 아이디어	• 사회 정의는 시민의 인간다운 삶을 보장하는 도덕공동체의 토대가 된다. • 세계시민은 인류의 문제를 이해하고 공감하여 인류 번영과 세계 평화에 기여한다.		
성취기준	[4도03-01] 불공정의 사례를 탐구하고, 일상생활에서 공정의 가치를 추구하는 활동을 통해 실천 의지를 함양한다. [6도03-01] 인권과 관련된 다양한 사례를 살펴보고 인권에 관한 감수성을 길러 이를 실천하려는 의지를 함양한다. [6도03-02] 정의에 관한 관심을 토대로 공동체 규칙의 중요성을 살펴보고 직접 공정한 규칙을 고안하며 기초적인 시민의식을 기른다.		
내용 요소 범주	**지식·이해**	**과정·기능**	**가치·태도**
	• 정의로운 공동체와 세계시민의 의미 • 공정한 사회를 위해 개인이 할 수 있는 역할 • 인권 존중의 중요성	• 불공정한 사례를 분석하여 공정사회를 위한 활동 탐색하기 • 인권 관련 사례를 조사하고 실천 방안 고안하기 • 세계시민으로서의 역할과 책임 탐색하기	• 공정함을 실천하려는 태도 • 사회 문제 해결에 관심을 갖고 참여하는 자세 • 인류의 고통에 공감하고 차이와 다양성을 존중하는 자세

⬇

핵심 개념	사회 정의, 인권, 공정성, 공동체와 세계시민의 책임, 윤리적 책임

② 핵심 개념을 연결하여 학생이 도출할 문장으로 진술

도출한 핵심 개념들을 서로 연결하여, 수업을 통해 학생들이 스스로 발견하고 이해할 수 있는 문장으로 구체화한다. 이 단계에서는 학생들이 학습 과정에서 탐구할 문제나 상황을 문장으로 표현하는 것이 중요하다. 이 문장은 학생들이 수업에서 다루게 될 주요 개념을 아우르는 동시에, 학생들이 학습 과정에서 스스로 발견해야 할 내용을 문장으로 구체화한 것이다.

📖 예시

초등 도덕 – '정의로운 공동체와 나의 역할'

핵심 개념의 연결	• 정의로운 공동체와 공정성: 공동체 내에서 공정한 사회를 위해 어떻게 행동해야 하며, 정의를 실현하는 태도를 가지는 것이 왜 중요한지 탐구한다. • 인권과 윤리적 책임: 나와 타인의 인권을 존중하고, 정의로운 공동체를 형성하기 위해 책임감 있게 행동하는 자세를 기른다. • 세계시민의 역할: 지구적 차원의 문제를 이해하고, 인류의 번영과 평화를 위해 공정과 정의를 실천하려는 태도를 기른다.

⬇

핵심 문장	정의와 공정을 실천하며 공동체와 세계에서 나의 역할을 찾고, 인류의 문제를 이해하고 해결하려는 세계시민으로 성장한다.

③ 핵심 문장을 질문화

마지막으로, 도출된 문장을 학생들에게 던질 질문 형태로 변환한다. 이 질문은 학생들이 자기 주도적으로 탐구할 수 있도록 돕는 질문이어야 하며, 수업 전체를 관통하는 주제 역할을 한다.

📖 예시

초등 도덕 – '정의로운 공동체와 나의 역할'

핵심 질문	정의롭고 공정한 공동체를 만들기 위해 우리는 무엇을 해야 하는가?
하위 탐구 질문 4. 질문-탐구 수업과 연결	[사실 질문] • 공정한 사회란 무엇일까? • 인권을 존중하는 이유는 무엇일까? [개념 질문] • 정의로운 공동체는 어떤 모습일까? • 나와 타인의 인권을 존중하는 것이 왜 중요할까? • 세계시민으로서 인류를 위해 할 수 있는 역할은 무엇일까? [토론 질문] • 우리는 불공정한 상황을 어떻게 해결할 수 있을까? • 지구적 차원의 문제에 대해 세계시민으로서 어떤 역할을 해야 할까?

연습하기 ★

단계	내용	키워드 위주로 구상하기
핵심 개념 도출하기	수업할 주제의 교과서나 교육과정의 핵심 아이디어 및 성취기준에서 핵심 개념 도출하기	
핵심 개념 연결하여 문장 만들기	도출한 개념들을 연결하여 학생들이 스스로 이해할 수 있도록 문장으로 표현하기	
핵심 문장을 질문화	학생들이 탐구할 수 있도록 문장을 질문 형태로 변환하기	
학생들에게 핵심 질문을 안내하기	프로젝트 대주제에 해당하는 핵심 질문을 학생들에게 안내하는 장면 구상하기	

(3) 학습 목표(성취기준·핵심 질문/탐구 질문)를 이해하고 달성하는 수업 장면 구상하기

수업실연평가 시 학습지도안에 학습 목표가 주어지는 이유는 무엇일까? 실연 시 이를 달성해 낼 수 있는지를 확인하기 위함일 것이다. 교육과정의 성취기준만 주어졌다면, 성취기준 자체가 수업의 방향성이자 명료한 학습 목표가 된다. 만약 '깊이 있는 수업'을 염두에 두고 핵심 질문이 지도안에 주어졌다면, 그 핵심 질문이 전체 학습의 목표가 되고 차시별 '탐구 질문'이 수업의 목표가 될 수 있다.

학생들이 이러한 성취기준을 달성할 수 있도록 교사는 명확한 방향을 제시하고, 이를 직접적으로 드러내는 활동을 설계할 필요가 있다.

🔲 예시

성취기준 달성을 드러내는 활동 설계

- 학습 목표 달성 확인 방법: "방금 우리는 학습 목표 1번을 달성했어요!"라는 식으로 수업 중 학습 목표를 직접적으로 언급하며 학생들에게 확인시킬 수 있다.
- 수업 흐름에 대한 명시적 확인: "지금까지 〈전개 1〉 'A 질문' 탐구 활동을 해보았습니다. 이제 〈전개 2〉를 시작하겠습니다." 명료하게 표현하여 학생들에게 수업의 위치를 상기시킬 수 있다.
- 성취기준 달성 활동: "디지털 매체에서 매체 생산자의 관점을 파악해 보았습니다. 이제 매체 자료의 신뢰성을 판단하는 활동을 해 볼까요?"라고 명확하게 성취기준에 맞는 활동을 설계하고 이를 안내할 수 있다.

수업 중 학습 목표를 체크하고 학생들과 공유하는 활동은 수업의 흐름을 명료하게 하고, 학생들이 현재 어디까지 학습했고 앞으로 무엇을 성취해야 하는지를 명확하게 인식하게 해주는 중요한 과정이다. 이는 학생들의 참여와 집중도를 높이고, 학습 목표에 대한 주도성을 함양하는 데 효과적이다. 또한, 성취기준 달성을 구체적으로 확인할 수 있어 수업이 체계적이고 목표지향적으로 진행되고 있음을 보여준다. 이로써 평가위원이 수업의 구조와 목표 달성 여부를 쉽게 파악할 수 있어, 평가 상황에서 긍정적인 인상을 줄 수 있는 중요한 전략이 된다.

연습하기 ★

성취기준 달성을 확인하는 수업 장면 구상하기

오늘 수업실연평가에서 다룰 성취기준을 살펴보고, 성취기준에 담긴 핵심 요소를 추출해 봅시다.

학습 목표(성취기준·핵심 질문/탐구 질문) 달성을 보여주기 위한 수업 장면을 구상해 봅시다.

----

02 학생 주도의 협력적 수업

장면	키워드 중심으로 구상하기
1. 학생의 능동적 참여와 주도성을 유도하는 장면	
2. 비판적 질문과 토의·토론, 협업 활동을 통해 학습을 심화하는 장면	
3. 상호 존중과 협력 학습을 통해 공동의 학습 목표를 달성하는 장면	

깊이 있는 수업은 학생들의 능동적인 참여와 주도성을 바탕으로 이루어진다. 학생 주도 협력적 수업은 학생들이 스스로 학습을 이끌어 가며, 비판적 질문, 토의·토론, 협업 등을 통해 자기 주도적으로 학습하고 성찰하는 과정을 포함한다. 이러한 수업은 학생들 간의 상호 존중과 협력 학습을 촉진하여, 서로의 의견을 존중하고 공동의 학습 목표를 달성할 수 있도록 한다.

(1) 학생의 능동적 참여와 주도성을 유도하는 수업 장면 구상하기

깊이 있는 수업에서는 학생들이 수업의 주체가 되어 학습 과정에 적극적으로 참여한다. 교사는 학생들의 흥미와 관심을 이끌어 내어, 학생들이 스스로 질문하고 탐구하며 학습 목표를 설정하도록 지원한다. 이를 통해 학생들은 자신의 학습에 대한 주도성을 갖게 되고, 자기 주도적 학습 능력을 함양할 수 있다.

연습하기 ★

학생들이 스스로 학습 목표를 설정하고 학습 과정에 적극적으로 참여하도록 유도하는 수업 장면을 구상해 봅시다.

학생들이 모둠별 또는 개인별로 학습 활동을 주도적으로 설계하는 장면을 구상해 봅시다.

학생들이 학습 주제나 자료를 바탕으로 스스로 질문을 만들고 탐구하는 활동을 구상해 봅시다.

(2) 비판적 질문, 토의·토론, 협업을 통한 학습과 성찰

학생들은 학습 과정에서 비판적 질문을 던지고, 토의·토론을 통해 다양한 관점을 공유하며, 협업을 통해 문제를 해결한다. 이러한 활동은 학생들이 자신의 생각을 논리적으로 표현하고, 타인의 의견을 경청하며, 함께 성찰하는 경험을 제공한다. 이를 통해 학생들은 비판적 사고력과 의사소통 능력을 향상시킬 수 있다.

연습하기 *

학생들이 서로 다른 관점을 가진 친구들과 토론하며 비판적 질문을 던지는 수업 장면을 구상해 봅시다.

모둠별 토론에서 학생들이 각자의 역할을 맡아 협력하여 문제를 해결하는 장면을 구상해 봅시다.

토의 후 학생들이 자신의 학습 과정을 성찰하고 개선할 점을 찾는 활동을 구상해 봅시다.

----

(3) 상호 존중과 협력 학습을 통한 공동 목표 달성

깊이 있는 수업에서는 학생들 간의 상호 존중과 협력을 중요시한다. 학생들은 협력 학습을 통해 서로의 의견을 존중하고, 공동의 학습 목표를 달성하기 위해 노력한다. 교사는 학생들이 긍정적인 상호작용을 할 수 있도록 학습 환경을 조성하고, 협력적인 학습 활동을 설계한다.

연습하기 ★

학습 중 발생한 갈등을 해결하기 위해 학생들이 상호 존중하며 의견을 조율하는 활동을 구상해 봅시다.

협력 학습을 통해 학생들이 공동의 성취를 경험하고, 그 과정에서 느낀 점을 서로 공유하는 장면을 구상해 봅시다.

송쌤 Say

다양한 토의·토론 방법

토의·토론 방식은 학생들이 자신의 생각을 논리적으로 표현하고, 다른 사람들의 의견을 경청하며, 비판적 사고와 의사소통 능력을 발전시키는 중요한 학습 도구입니다. 아래에 다양한 토의·토론 방법을 소개합니다. 교과 내용과 수업 목표에 맞는 토의·토론 방식을 선택하고, 학생들이 자연스럽게 참여할 수 있도록 유도하세요. 또한 학생들이 서로의 의견을 경청하고 비판적으로 사고할 수 있도록 수업 중 다양한 발문을 제시하면 좋습니다. 토론 후에는 학생들이 자신들의 학습 과정을 돌아보고 성찰할 수 있는 시간을 제공하는 것이 중요합니다. 성찰은 비판적 사고와 협력적 학습의 필수 요소입니다.

1. 소크라테스식 질문법(Socratic Questioning)
   • 목적: 깊이 있는 사고를 유도하고, 학생들이 자신이 가진 개념과 논리를 탐구하도록 돕는 방법
   • 절차: 교사가 학생들에게 질문을 던지면, 학생들이 그 질문에 대한 답을 탐구하며 자신의 논리를 검토하고 발전시킴. 교사는 새로운 질문을 던지며 논의를 이끌어 감

- 활용 상황: 개념 탐구 수업. 학생들이 직접 질문을 만들어서 탐구를 이끌어 가는 것도 좋음
- 예시: 수업 중 교사가 "민주주의는 모든 사회에서 이상적인 정치 제도일까?"라는 질문을 던지고, 학생들이 그에 대해 탐구하고 논의하는 모습

2. **피라미드 토론(Pyramid Discussion)**
- 목적: 단계적으로 더 큰 그룹으로 확장하며 학생들이 의견을 교환하고 합의에 이르도록 돕는 방식
- 절차: 먼저 학생들이 개별적으로 생각을 정리한 후, 두 명씩 짝을 이루어 의견을 교환. 이후 네 명, 여덟 명으로 그룹을 확장하며 논의를 진행하고, 최종적으로 학급 전체가 참여하는 토론으로 마무리
- 활용 상황: 토론이 익숙하지 않은 학생들에게 협력적인 사고와 다양한 관점을 경험하도록 할 때 적합
- 예시: 수업 초반, 두 명씩 짝을 이루어 환경 보호 방법을 논의한 후, 네 명, 여덟 명 그룹으로 확장되어 교실 전체가 토론에 참여하는 장면

3. **원탁 토론(Round Table Discussion)**
- 목적: 모든 학생들이 평등하게 자신의 의견을 제시할 수 있도록 하는 방식
- 절차: 학생들이 원형으로 앉아 차례대로 자신의 의견을 발표하고, 다른 학생들은 경청하면서 자신의 생각을 발전시킴. 발언 기회를 공평하게 주는 것이 중요
- 활용 상황: 모든 학생의 참여를 유도해야 하는 수업, 각자의 의견을 존중하며 협력적으로 문제를 해결하고자 할 때
- 예시: 학생들이 원형으로 앉아 각자 '다문화 사회에서 필요한 태도'에 대해 차례대로 의견을 나누며 경청하는 수업 장면

4. **4코너 토론(Four Corners Debate)**
- 목적: 학생들이 특정 주제에 대해 다양한 입장을 논의하고 자신의 견해를 더욱 명확하게 정리하도록 돕는 방식
- 절차: 교사가 네 가지 입장을 제시하고, 학생들이 각자의 입장에 따라 교실의 네 코너 중 하나를 선택해 해당 코너로 이동. 각 코너에서 그룹 토의를 진행한 후, 전체 토론에서 각 그룹이 자신의 입장을 발표
- 활용 상황: 명확한 찬반 대립이 있는 주제나 여러 입장이 공존하는 주제에서 활용
- 예시: 교실의 네 코너에 '찬성', '반대', '중립' 입장을 정한 후, 각 코너에서 '청소년의 SNS 사용 규제'에 대한 토론을 진행하는 장면

5. **피드백 기반 협업 토론(Feedback-based Collaborative Discussion)**
- 목적: 피드백을 중심으로 학생들이 서로의 아이디어를 발전시키며 협력적으로 문제를 해결
- 절차: 학생들이 그룹 내에서 서로의 의견에 피드백을 주고받으며 토론을 진행함. 교사는 학생들의 피드백 과정에 개입하여, 추가적인 질문이나 조언을 통해 더 깊이 있는 논의를 유도
- 활용 상황: 학생들이 서로의 의견을 경청하고 반응하면서 협력적인 사고를 발전시킬 수 있도록 돕고자 할 때
- 예시: 학생들이 그룹 내에서 '인터넷 중독 예방' 방안을 서로 제시하고 피드백을 주고받으며 논의를 진행하는 장면

6. **롤플레잉 토론(Role-Playing Debate)**
- 목적: 학생들이 주어진 역할에 맞게 특정 입장을 옹호하거나 반대하는 토론 방식
- 절차: 각 학생 또는 모둠이 특정 역할(정치인, 시민단체 대표, 기업가 등)을 맡고, 그 역할에 따라 논의를 진행. 각자의 역할에 충실한 주장을 펼치며 논의함으로써 다양한 관점을 경험하고 이해할 수 있음
- 활용 상황: 실제 상황을 반영한 토론 주제나 사회 문제 해결에 대한 수업에서 유용
- 예시: 학생들이 '환경 보호'를 주제로 정치인, 시민단체 대표, 기업가 역할을 맡아 각각의 입장을 옹호하는 토론을 진행하는 장면

협력적 배움이 일어나는 교실 세팅하기

모둠 활동 및 협동 활동 구성

협력적 배움이 일어나려면, 학생들이 모둠을 구성하고 각 모둠이 공동의 학습 목표를 달성할 수 있는 활동을 설계해야 합니다. 이때 모둠의 특성을 고려하여 각기 다른 배움의 방식과 배경을 가진 학생들을 포함시키는 것이 중요합니다. 예를 들어, 발표를 잘하는 학생, 배움이 느린 학생, 다문화 배경의 학생이 포함된 모둠을 구상하여 다양한 배경의 학생들이 함께 배우고 성장할 수 있도록 환경을 조성할 수 있습니다.

연습하기 ★

모둠 정하기

교실에 6 모둠을 구성하고 각 모둠의 특성(특징적인 학생, 발표를 잘하는 모둠, 다문화 학생이 포함된 모둠 등)을 정해 봅시다.

모둠명: 특성:	모둠명: 특성:
모둠명: 특성:	모둠명: 특성:
모둠명: 특성:	모둠명: 특성:

예시

- 모둠 1 '지구촌': 다문화 학생 판빙빙이 모둠에서 발표 내용을 준비하고, 발표를 잘하는 민수 학생이 발표할 내용의 구성을 돕습니다.
- 모둠 2 '도움': 학습 속도가 빠른 시헌 학생이 조금 시간이 더 필요한 해진 학생에게 새로운 개념을 설명하며 함께 학습합니다.
- 모둠 3 '협력': 발표를 준비하는 과정에서 각자 역할을 분담해, 자료 조사 담당인 가영 학생과 발표 준비 담당인 나영 학생이 함께 협력하여 학습을 진행합니다.

또래 교수(Peer Tutoring)가 일어나는 수업 장면 구상하기

또래 교수는 학생들이 서로를 가르치고 배우며 협력하는 과정에서 자연스럽게 탐구와 학습이 이루어집니다. 이러한 방법은 또래 간의 상호작용을 촉진하고 학업 성취도를 높일 뿐만 아니라, 교사에게 의존하지 않고 학생들이 스스로 학습할 수 있는 능력을 길러줍니다.

또래 교수 장면은 수업 중 순회지도를 할 때 '어려워하는 학생을 도와줄 사람 있나요?'와 같은 발문을 통해 드러낼 수 있습니다. 이는 학생들 스스로가 배움의 주체가 되어 동료를 돕는 과정을 보여주며, 협력적 문제해결 역량을 기릅니다.

연습하기 ★

학생 교사 설정하기

전임 또래 교사로 활약할 학생 A의 특성을 적어 봅시다.

예 꿈이 교사, 국어 과목을 좋아함

순회지도 시, 다른 특성을 가진 친구를 돕는 또래 교사 활동을 구상해 봅시다.

예 학습 속도가 느린 윤솔 학생이 "이게 어떤 뜻인지 모르겠어요."라고 질문하자, 빠른 속도로 이해한 짝꿍 연주 학생이 자신이 작성한 단어장을 사용해 윤솔이에게 쉽게 설명해 줍니다. 교사는 이 과정을 지켜보며, 필요한 경우 보충 설명을 제공합니다.

발문과 피드백을 활용하여 또래 교사가 배움이 느린 학생을 돕는 장면을 구상해 봅시다.

예 교사의 발문 ➡ 또래 교사의 도움 ➡ 학생의 대답 ➡ 피드백

동료 피드백 활동을 통한 탐구 수업 구상하기

동료 피드백 활동은 학생들이 상호 간에 활발하게 의사소통하며 학습 과정을 평가하고 피드백하는 데 매우 유용한 전략입니다. 이는 학생들 간의 상호작용을 강화하고, 학습 내용에 대한 깊이 있는 성찰을 도와줍니다. 동료 피드백은 또한 학생들이 자신의 생각을 정리하고 표현하는 능력을 길러주며, 비판적 사고력을 향상시킵니다.

연습하기 ★

동료 피드백 활동 구상하기

A 학생의 발문에 B 학생이 대답하고, 이를 C 학생이 이어받아 피드백하는 장면을 구상해 봅시다.

각 모둠의 활동에 대한 평가와 피드백을 주고받는 활동을 구상해 봅시다.

예 D 모둠이 준비한 자료에 대해 E 모둠이 피드백을 제공하며, 어떤 부분이 더 보완되면 좋을지 의견을 교환하는 장면

03 삶의 맥락적 문제 해결 수업

장면	키워드 중심으로 구상하기
1. 실생활에서 직면할 수 있는 문제를 제시하고, 학생들이 주도적으로 해결하는 장면	
2. 학습 내용과 실제 삶을 연결하여 학생들이 배운 이론을 실생활 문제 해결에 적용할 수 있도록 돕는 장면	
3. 지식의 전이 능력을 기르기 위해, 학생들이 학습한 개념을 다양한 상황에 맞게 적용하고 확장할 수 있도록 하는 장면	

깊이 있는 수업은 학생들이 실제 삶의 문제와 연관시켜 주체적으로 해결할 수 있는 능력을 기르는 것이 핵심이다. 이는 학생들이 배운 내용을 실생활에서 바로 적용할 수 있는 기회를 제공하고, 학습 동기를 더욱 강하게 만든다. 교사는 학생들의 삶과 긴밀하게 연결된 문제를 제시하여, 학습 내용이 실제 상황에서 의미를 갖도록 설계해야 한다.

(1) 실생활과 연관된 문제 해결

삶의 맥락적 문제 해결 수업은 학생들에게 실생활에서 직면할 수 있는 문제를 제시하고, 이를 주도적으로 해결할 수 있도록 유도하는 방식이다. 이때 중요한 것은 교사가 제시하는 학습 주제가 학생들에게 실질적인 의미를 부여할 수 있어야 한다는 점이다. 예를 들어, 환경 문제, 경제 문제, 또는 사회적 갈등과 같은 주제를 다루어 학생들이 그 해결 방안을 탐구하고 실천해 보는 수업을 구상할 수 있다.

예시

교사는 "환경 보호를 위한 가정 내 쓰레기 줄이기 방안"을 주제로 학생들에게 실생활 문제 해결 활동을 제시할 수 있다. 학생들은 각자 가정에서 실천 가능한 쓰레기 줄이기 방안을 탐구하고, 그 결과를 수업 중 발표하는 형태로 진행한다. 이를 통해 학생들은 환경 문제를 단순히 교실에서 배우는 지식으로 그치는 것이 아니라, 자신의 삶에서 실천 가능한 문제로 받아들이고 해결할 수 있게 된다.

(2) 학습 내용과 삶의 연결

학습 내용이 학생의 삶과 긴밀하게 연결되어야 실질적인 학습 효과가 나타난다. 수업에서 배운 이론이 학생들의 실제 삶의 문제 해결에 적용될 때, 학생들은 학습에 대한 주도성을 갖게 되며 학습 내용이 더 의미 있게 다가온다. 교사는 학생들이 학습한 내용을 삶 속에서 어떻게 적용할 수 있을지 다양한 사례를 통해 보여주고, 학생들 스스로 문제 해결을 주도하도록 장려해야 한다.

💬 **예시**

수업에서 "민주주의와 시민의 역할"이라는 주제를 다룰 때, 학생들에게 현재 우리 마을에서 시민의 역할이 무엇인지 탐구하고, 이를 실제로 수행해 볼 수 있는 방안을 모색하게 한다. 학생들은 지역 사회에서 일어나는 문제를 분석하고, 시민으로서 어떤 역할을 할 수 있는지를 논의하면서 배운 지식을 삶 속에 적용하게 된다.

(3) 지식의 전이

삶의 맥락적 문제 해결 수업은 학생들이 배운 지식을 다양한 상황에 적용할 수 있는 전이 능력을 기르는 데 중점을 둔다. 심층적인 이해를 바탕으로 학생들은 특정 학습 내용을 다양한 문제 상황에 맞게 적용하고 해결하는 연습을 통해 지식을 확장해 나간다. 이를 통해 단순한 지식 습득을 넘어서, 복합적인 상황 속에서도 유연하게 문제를 해결하는 능력을 배양할 수 있다.

💬 **예시**

수학 수업에서 배운 확률 개념을 사용해, 학생들은 자신이 좋아하는 스포츠 경기의 승률을 계산해 보거나, 주식 시장의 변동성을 분석하는 활동을 진행할 수 있다. 이를 통해 수학적 개념을 다양한 실생활 문제에 적용하고, 학습의 의미를 확장하는 기회를 제공한다.

학생들이 우리 학교급/교과와 관련하여 실생활에서 직면할 수 있는 문제를 하나 선택해 그 해결 방안을 탐구하는 활동을 구상해 봅시다.

예 지역의 공기 오염 문제를 해결하기 위한 캠페인 계획 수립

교과에서 배운 내용을 학생들의 실생활과 연결할 수 있는 수업 활동을 구상해 봅시다.

예 사회 시간에 배운 환경 보호 개념을 적용해 지역 사회 자원봉사 활동을 설계

학생들이 지역 자원과 연계하여 학습한 내용을 적용할 수 있는 활동을 구상해 봅시다.

예 지역 박물관과 연계해 역사적 사건을 재현하는 프로젝트 진행

학습한 지식을 다양한 상황에 적용할 수 있도록 돕는 전이 활동을 구상해 봅시다.

예 과학 시간에 배운 기후변화 내용을 토대로 가정에서 실천할 수 있는 에너지 절약 방법 제안

 잠깐!

경기도교육청은 '삶의 맥락'을 다음의 8가지로 제시하고 있어요. 이는 학생들이 학습 과정에서 경험하고 탐구해야 할 중요한 주제를 의미하며, 이러한 주제는 교육이 단순히 지식 전달에 그치지 않고, 학생들의 실제 삶과 연관되어 있는 문제들을 탐구하고 해결할 수 있도록 돕기 위한 방향성을 제시한 것이라 할 수 있지요.

① 개인과 사회 공동의 행복 ② 정체성과 자기주도성 ③ 보편적 사회 복지 ④ 포용력과 이해력
⑤ 공감과 상호 협력 ⑥ 생태전환과 기후변화 ⑦ 디지털 전환과 AI ⑧ 책임 있는 민주시민

장면	키워드 중심으로 구상하기
1. 질문 전략 세 가지를 활용하여 수업을 설계하는 장면	
2. 학생이 질문을 통해 학습을 이끌어 가고, 스스로 답을 찾으며 탐구하는 활동	
3. 깊이 있는 질문과 탐구 과정을 통해 학습 내용을 심화하고 확장하는 장면	

깊이 있는 수업에서 질문은 학습의 출발점이며, 탐구 과정은 학습의 심화와 확장을 이끄는 핵심이다. 학생들이 질문을 통해 학습을 주도적으로 이끌어 가고, 스스로 답을 찾아가는 과정은 학생의 사고력과 비판적 사고를 기르는 데 중요한 역할을 한다.

탐구 질문에는 크게 세 가지 유형이 있는데 사실적 질문, 개념적 질문, 그리고 논쟁적 질문이다. 이들은 각기 다른 사고 수준을 요구하며, 학생들이 낮은 수준의 사고에서 높은 수준의 사고로 발전해 나갈 수 있도록 돕는다.

(1) 탐구 질문 유형 세 가지: 사실적 질문, 개념적 질문, 토의·토론 질문(논쟁적 질문)

① 사실적 질문

- 정의: 사실과 관련된 질문. 구체적인 사실을 묻는 질문으로, 이는 학생들이 학습하고자 하는 개념을 이해하는 데 필요한 단서를 제공하고, 개념의 기초를 형성하는 역할을 함. '왜', '어떻게', '무엇이'와 같은 질문 형식 사용
- 예시: "삼국 통일 과정에서 신라가 왜 당나라와 동맹을 맺었나요?", "삼각형의 세 내각의 합은 몇 도인가?"

② 개념적 질문

- 정의: 개념과 관련된 질문. 개념이나 원리에 대한 이해를 묻는 질문으로, 개념 간의 연관성을 탐구하거나 개념을 새로운 상황에 적용하는 데 필요한 사고를 촉진함. 학생들이 개념을 깊이 이해하고, 개념이 어떻게 다른 개념과 연관되는지를 탐구할 수 있도록 유도하는 것이 목적
- 예시: "법치주의란 무엇이며, 왜 중요한가요?", "소리의 파동성과 전자기파의 차이는 무엇인가?"

③ 토의·토론 질문(논쟁적 질문)

- 정의: 논쟁적인 주제를 다룬 심화 질문으로, 학생들이 쉽게 답할 수 없으며, 다양한 관점에서 깊이 생각해 보아야 하는 질문. 서로 다른 관점과 경험을 바탕으로 다양한 의견을 나누는 토의·토론 과정에서 사용되며, 학생들의 사고력을 확장하고 공동체 내에서 다양한 논의를 가능하게 만듦. 보편적이고 범위가 넓을수록 학생들의 사고를 더욱 확장시키는 데 기여함

- 예시: "인공지능이 인간의 감정과 도덕적 판단을 대체할 수 있을까?", "문학 작품에서의 창작의 자유와 검열은 어디까지 허용되어야 할까요?"

⋯ 예시

〈핵심 질문 1〉 "왜 한국 사회는 역사적으로 가장 풍요로운 시기를 보내고 있음에도 불구하고 많은 사람들이 불행하다고 느낄까?"

- 사실적 질문: 현재 우리나라의 행복지수는 어느 정도인가? 세계에서 가장 행복지수가 높은 나라는 어디이며, 그 이유는 무엇인가?
- 개념적 질문: 행복이란 무엇인가? 행복을 구성하는 조건에는 무엇이 있을까?
- 토의 질문: 행복은 목표를 추구하는 과정에서 얻어지는 것일까? 아니면 목표에 도달했을 때 느끼는 성취감일까?

〈핵심 질문 2〉 "소리의 성질은 무엇일까?"

- 사실적 질문: 스피커에서 소리가 나는 원리는 무엇인가? 메아리가 발생하는 이유는 무엇일까?
- 개념적 질문: 소리란 무엇이며, 소리의 반사, 굴절, 회절, 간섭 현상은 어떻게 설명할 수 있을까?
- 토의 질문: 소리는 정말 파동일까? 사람과 새 중에서 누가 소리를 더 잘 듣는 이유는 무엇일까?

(2) 질문 전략을 활용한 수업 설계

질문 전략을 효과적으로 활용한 수업은 학습의 흐름을 자연스럽게 이끌어 가며, 학생들이 능동적으로 학습에 참여하도록 만든다. 이 과정에서 학생들은 다양한 수준의 질문에 답하면서 지식을 축적하고, 이를 바탕으로 심층적인 사고를 발전시킬 수 있다.

① 사실적 질문을 통한 기본 지식 확인하기

도입이나 정리 단계에서 학생들의 사전 지식을 점검하거나, 학습한 내용을 다시 확인할 때 사실적 질문을 활용하면 좋다.

⋯ 예시

교사: 우리나라의 행정구역은 어떻게 나뉘어져 있나요?
학생: 특별시와 광역시, 특별자치시와 도-시-군-구로 나뉩니다. 각각의 행정구역은 서로 상호작용하며 대한민국의 지방자치를 이루고 있어요.

② 개념 질문을 통한 심층 이해 촉진

학생들이 개념의 의미와 관계를 깊이 이해할 수 있도록 한다. 하나의 활동의 탐구수업 시 모둠별 주제로 적절하다.

▦ 예시 ┈┈

교사: 민주주의가 제대로 운영되기 위한 핵심 조건은 무엇인가요?

학생: 저희 모둠은 민주주의가 운영되기 위한 조건을 조사하였습니다. 민주주의가 제대로 운영되기 위해서는 세 가지 핵심 조건이 필요합니다. 첫째, 법의 지배가 이루어져야 합니다. 모든 시민과 정부가 법의 규칙을 따르고, 법이 공정하게 적용되어야 민주주의는 안정적으로 운영될 수 있습니다. 둘째, 시민의 정치적 참여가 중요합니다. 시민들이 선거를 통해 정치적 대표자를 선택하고, 정책 결정 과정에 참여해야 민주주의는 실현될 수 있습니다. 마지막으로, 언론의 자유와 같은 기본적인 권리와 자유가 보장되어야 합니다. 언론의 자유가 없으면 정부의 견제가 어려워지고, 민주주의의 투명성도 훼손될 수 있습니다.

③ 토의·토론 질문을 통한 비판적 사고와 의사소통 능력 향상

토의·토론 질문을 제시하여 학생들이 서로의 의견을 공유하고 비판적으로 사고하도록 한다. 한 차시분 전체 수업의 탐구 주제로 적절하다.

▦ 예시 ┈┈

교사: 우리 지역의 환경 문제를 해결하기 위한 정책은 어떤 것이 필요할까요?

학생들: 모둠별로 토론하고 의견을 발표한다.

(3) 질문 전략과 탐구 중심 수업의 연계

질문은 탐구 중심 수업의 시작점이자, 학습의 심화와 확장을 이끄는 도구이다. 질문-탐구 중심 수업은 학생들이 스스로 질문을 생성하고, 그 질문에 대한 답을 찾기 위해 탐구하는 방식으로 이루어진다.

특히 세 가지 유형의 탐구 질문 전략 학습을 통해 학생들은 질문을 스스로 생성하고 탐구 활동을 주도할 수 있다. 교사는 학생들에게 적절한 방향을 제시하면서도, 학생들이 주도적으로 질문을 만들어내고, 탐구하는 과정을 통해 답을 찾을 수 있도록 지원해야 한다. 이때 교사는 학생의 질문이 단순한 정보 습득을 넘어, 비판적 사고와 문제 해결로 이어질 수 있도록 돕는 것이 중요하다.

중학교 2학년 역사+미술 융합 깊이 있는 수업

〈핵심 질문〉 "산업혁명이 기후변화에 어떤 영향을 미쳤으며, 우리는 이 문제를 해결하기 위해 어떤 역할을 할 수 있을까?"

〈탐구 질문〉
• 사실적 질문: 산업혁명 당시 주요 변화는 무엇이었으며, 이러한 변화가 어떻게 산업 활동을 급증시켰나요?
• 개념적 질문: 산업혁명이 기후변화에 어떤 영향을 미쳤나요?, 산업 활동과 기후변화는 어떻게 연결되나요?
• 토론 질문: 기후변화 문제를 해결하기 위해 현대의 산업 활동은 어떤 방향으로 변화해야 할까요?

차시	탐구–실행–성찰 과정	탐구 방법	학습 성찰 방안(형성평가, 개별화 전략)
1차시	탐구 질문–사실 질문: "산업혁명 당시의 주요 변화는 무엇인가?"	산업혁명 당시 공장, 기계 발명, 석탄 사용 증가 등 역사적 사례 조사 및 학습지 활용	• 개별화 전략: 개별 학습지로 산업혁명과 환경 변화를 연결하는 지식 습득 • (형성평가) 간단한 퀴즈로 학습 내용을 점검
2차시	탐구 질문–개념 질문: "산업혁명은 어떻게 기후변화에 영향을 미쳤을까?"	다양한 자료(문헌, 영상)를 통해 산업 활동과 기후변화의 관계를 분석	• 모둠별 토론을 통해 산업혁명과 기후변화의 관계에 대한 다양한 관점 공유 • (형성평가) 발표를 통해 개념적 이해를 점검
3차시	탐구 질문–토론 질문: "현대 산업 활동이 기후변화 문제를 해결하기 위해 어떻게 변해야 할까?"	현대 산업의 기후변화 대응 방안을 모색하고, 이를 시각적으로 표현하는 과제 수행	• 모둠별 프로젝트로 미술작품 제작 및 전시 • (개별화 전략) 발표 후 피드백을 통한 성찰 활동

(4) 깊이 있는 질문을 통해 학습 내용 심화

질문을 통해 심화된 학습은 탐구 과정을 거쳐 더욱 확장될 수 있다. 학생들은 질문에 대한 답을 찾는 과정에서 추가적인 질문을 만들어 내고, 이를 바탕으로 새로운 탐구 주제를 설정하게 된다. 이 과정은 학습 내용을 확장하는 동시에, 학생들이 자신의 학습 과정에서 새로운 지식과 이해를 만들어 가는 중요한 경험을 제공한다. 교사는 이 과정에서 학생들에게 비판적 사고를 유도하는 질문을 던지고, 학생들이 자신만의 답을 찾아가는 탐구 과정을 지원해야 한다.

■■ 예시

과학 수업에서 '물리적 변화와 화학적 변화'에 대한 개념을 다룰 때, 학생들은 "물질의 성질이 변하는 과정에서 물리적 변화와 화학적 변화의 차이는 무엇인가?"라는 질문을 탐구할 수 있다. 이 과정에서 학생들은 추가적으로 "화학적 변화가 일어나는 과정에서 에너지의 변화는 어떤 영향을 미치는가?", "화학적 변화를 제어하는 방법은 무엇인가?"와 같은 질문을 만들어 내며 학습 내용을 확장해 나갈 수 있다.

연습하기 ★

학생들이 학습 주제에 대한 질문을 만들어 내고 탐구하는 활동을 구상해 봅시다.

㉠ "지역 사회의 환경 문제를 해결하기 위한 방안은 무엇인가?"라는 질문을 학생들이 탐구하고, 그 답을 찾는 과정을 설계

학생들이 교사의 도움 없이 스스로 질문을 통해 학습을 주도하는 장면을 구상해 봅시다.

㉠ 교사가 던진 '인간과 자연의 관계'라는 주제를 바탕으로, 학생들이 각자 또는 모둠별로 세부적인 질문을 만들어 가며 탐구하는 수업 장면

심화된 질문을 통해 학생들이 학습 내용을 확장할 수 있도록 돕는 수업 장면을 구상해 봅시다.

㉠ "기후변화가 경제에 미치는 영향은 무엇인가?"라는 질문을 심화하여, 학생들이 각자의 관심사나 진로에 맞게 다양한 질문을 만들어 가며 학습을 확장하는 활동

장면	키워드 중심으로 구상하기
1. 교과 간 통합을 통해 학습 내용을 심화하고 확장하는 장면	
2. 다양한 교과의 내용 요소를 연결하여 학생들의 심층적 이해를 돕는 활동	
3. 프로젝트 기반 학습을 통해 실생활 문제를 해결하는 장면	

깊이 있는 수업은 학생들이 여러 교과의 지식을 통합하여 문제를 탐구하고 해결할 수 있도록 돕는 경험을 제공하는 것이 중요하다. 교과 내 혹은 교과 간 융합적 사고를 독려하는 수업 설계는 학생들에게 다양한 관점에서 학습 내용을 탐구할 수 있는 기회를 제공하며, 다학문적 사고를 통해 실질적인 문제를 해결하는 능력을 길러준다.

(1) 교과 간 융합을 통한 수업 설계

교과 통합적 설계는 학생들이 교과 내에서 배운 지식을 서로 연결하거나, 여러 교과의 내용을 통합하여 문제를 해결하는 학습 경험을 제공하는 데 중점을 둔다. 교과 간 융합을 통한 통합적 수업 설계는 여러 교과의 학습 내용을 다각적으로 탐구하고, 이를 바탕으로 문제를 해결할 수 있도록 지원하는 것이다. 단순히 각 교과의 개념을 나열하는 것을 넘어, 학생들이 스스로 교과 간 연계를 통해 문제의 본질을 파악하고, 보다 복합적인 해결책을 도출하는 경험을 제공한다.

예시

1. **수업 주제**: 미디어 리터러시와 비판적 사고
   관련 교과: 국어, 사회, 정보, 미술

2. **수업 설계 과정**
   ① **주제 선정**: 학생들이 일상적으로 접하는 다양한 미디어 정보를 비판적으로 분석하고, 올바르게 활용하는 방법을 깊이 있게 학습한다.
   ② **교과 내용 연결**
     • 국어: 미디어 텍스트의 내용 이해와 비판적 읽기 전략
     • 사회: 미디어가 사회에 미치는 영향과 여론 형성 과정
     • 정보: 디지털 미디어의 특성과 정보 검색, 평가 방법
     • 미술: 시각적 메시지의 전달 방법과 광고 디자인

(2) 다양한 교과의 개념을 결합하여 융합적으로 사고하는 활동

학생들은 자신이 학습한 다양한 교과의 개념을 결합하여 새로운 관점에서 문제를 바라보고, 복합적인 해결 방안을 모색할 수 있다. 교사는 학생들에게 이러한 통합적 사고를 할 수 있는 기회를 제공하며, 이를 통해 학생들의 창의적 사고와 비판적 사고를 자극할 수 있다.

🔲 예시

1. **주제 선정**: 학생들이 다양한 미디어 정보를 비판적으로 분석하고, 허위 정보가 확산되는 과정을 이해한 후, 이를 막기 위한 방안을 탐구한다.

2. **활동 내용**
   - 기사나 SNS 게시물 등 다양한 미디어 텍스트를 읽고, 내용의 신뢰성과 타당성을 평가한다(국어).
   - 미디어가 사회 여론 형성에 미치는 영향을 분석하고, 허위 정보가 사회에 미치는 부정적 영향에 대해 토론한다(사회).
   - 인터넷에서 정보를 검색하고, 정보의 출처와 신뢰성을 검증하는 방법을 학습한다(정보).
   - 허위 정보 확산이 개인 및 사회적 윤리에 미치는 영향을 탐구하고, 책임 있는 미디어 소비자로서의 태도를 고찰한다(도덕).

3. **학습 목표**: 미디어 속 허위 정보를 비판적으로 해석하고, 이를 방지하기 위한 윤리적 태도를 학습하며, 스스로 올바른 미디어 소비 방법을 탐구하고 적용할 수 있다.

(3) 실생활 맥락의 문제를 탐구하는 프로젝트 수업

프로젝트 기반 학습(Project-based Learning)은 학생들이 실생활의 맥락에서 문제를 탐구하고 해결하는 과정을 통해 학습 내용을 적용하고 심화할 수 있도록 돕는 방법이다. 이러한 수업 방식은 학생들이 학습한 지식을 실제 상황에 적용해 보며, 창의적 문제 해결 능력과 협업 능력을 향상시키는 데 큰 효과가 있다. 프로젝트 수업을 통해 학생들이 다양한 교과의 지식과 기능을 통합적으로 활용하여 현실적인 문제를 해결할 수 있는 기회를 제공할 수 있다.

🔲 예시

1. **프로젝트 주제**: 허위 정보 예방을 위한 캠페인 기획 및 실행
   관련 교과: 국어, 사회, 정보, 도덕

2. **프로젝트 수행 과정**
   문제 인식 및 주제 선정: 허위 정보가 사회에 미치는 부정적 영향을 인식하고, 이를 방지하기 위한 구체적인 캠페인 기획

3. **교과 내용 적용**
   - 국어: 신뢰성 있는 자료와 정보를 바탕으로 허위 정보에 대응하는 글쓰기 및 발표 연습
   - 사회: 사회적 갈등을 유발하는 허위 정보 사례 조사 및 해결 방안 제안
   - 정보: 온라인에서 허위 정보를 식별하고 방지하는 기술 학습 및 정보 검증 도구 사용법 익히기
   - 도덕: 미디어 윤리의 중요성과 허위 정보 방지를 위한 책임 있는 미디어 사용 방안 고찰
4. **해결 방안 모색 및 실행 계획 수립**: 허위 정보 식별 교육 자료 제작 및 캠페인 기획
5. **결과물 제작 및 발표**: 미디어 리터러시 향상을 위한 캠페인 영상 제작 및 교내 발표
6. **성과 공유 및 성찰**: 프로젝트 수행 과정에서의 성찰 및 발표 후 피드백을 공유

연습하기 ★

학생들이 다양한 지식을 통합하여 실생활 문제를 해결하는 활동을 구상해 봅시다.

학생들이 다양한 교과에서 배운 개념을 결합하여 문제를 탐구하는 장면을 구상해 봅시다.

예) 과학 시간에 배운 기후변화 지식을 바탕으로 사회 시간에 배운 환경 정책과 연결하여, 기후변화 문제 해결 방안을 탐구하는 활동

학생들이 주도적으로 교과 내 및 교과 간 개념을 연결하고 통합하는 학습 장면을 구상해 봅시다.

예) 과학 시간에 배운 에너지 자원 활용 방안을 기술 시간에 배운 재생 가능 에너지 기술과 연결하여 지역 사회의 에너지 문제 해결 방안을 제안하는 활동

06 미래교육을 위한 학생 맞춤형 수업과 평가

장면	키워드 중심으로 구상하기
1. 에듀테크와 AI를 활용한 맞춤형 학습 설계 장면	
2. 다양한 특성을 지닌 학생들을 고려한 깊이 있는 수업 활동	
3. 개인별 학습 데이터를 기반으로 한 미래형 평가 장면	
4. 디지털 시민 역량 함양을 독려하는 장면	

깊이 있는 수업은 학생들이 학습의 주체로서 자기주도적으로 탐구하고 성장할 수 있도록 돕는 교육 방식이다. 미래교육에서는 이러한 깊이 있는 수업을 실현하기 위해 에듀테크와 AI를 활용한 맞춤형 수업과 평가가 중요하게 여겨진다. 경기교육 역시 미래교육을 선도하겠다는 의지하에 다양한 에듀테크 독려 사업을 전개하고 있다. 또한, 경기도 교실에서는 다문화 학생, ADHD를 가진 학생 등 다양한 특성을 지닌 학습자를 고려한 수업 설계가 긴요한 실정이다. 아울러 이를 통해 모든 학생들이 자신의 잠재력을 최대한 발휘하고, 디지털 시민 역량과 창의 역량을 함양하는 것이 중요하다.

(1) 에듀테크와 AI를 활용한 학생 맞춤형 수업 설계

에듀테크와 AI는 학생 개개인의 학습 데이터를 분석하여 맞춤형 학습 경로를 제공함으로써 깊이 있는 수업을 실현하는 데 핵심적인 역할을 한다. 이를 통해 학생들은 자신의 수준과 속도에 맞게 학습 내용을 깊이 있게 탐구할 수 있다.

💬 **예시**

하이러닝(https://hi.goe.go.kr/)과 같은 AI 기반 학습 플랫폼을 활용하여 학생들의 학습 데이터를 분석 ➡ 학생의 학습 진행 상황을 실시간으로 모니터링하여 피드백을 제공 ➡ 학생들은 자신에게 맞는 학습 자료를 통해 학습 내용을 깊이 있게 이해하고, 자기주도적 학습 능력을 기름

(2) 다양한 특성을 지닌 학생들을 고려한 학생 맞춤형 수업

교실에는 다문화 학생, ADHD를 가진 학생, 특수교육 대상 학생 등 다양한 특성을 지닌 학습자들이 있다. 깊이 있는 수업은 이러한 학생들의 개별적인 필요와 강점을 고려하여 학습 활동을 설계함으로써 모든 학생이 학습에 적극적으로 참여하고 성장할 수 있도록 한다.

학생 간 배움의 격차를 고려하는 수업을 구상해야 하는 경우

- 수업 태도가 매우 산만한 학생, ADHD 학생이 교실에 함께하는 경우
- 학습 장애, 지적 능력의 차이가 있는 학생들이 한 교실에 함께하는 경우
- 다문화 가정의 학생이 교실에 함께하는 경우
- 선행 차시를 학습하지 못한 학생이 교실에 함께하는 경우
- 친구들보다 이해가 늦어 모둠 활동 시 어려움을 겪는 학생이 함께하는 경우
- 배움의 속도가 빨라 다른 친구들보다 심화된 학습을 원하는 학생이 함께하는 경우
- (주로 특수교육) 학습속도 편차가 있는 여러 집단의 학생들이 함께하는 경우

💬 예시

- 다문화 학생들을 위해 다국어 지원 학습 자료를 제공하고, 문화적 배경을 존중하는 프로젝트 활동을 설계함
- ADHD를 가진 학생들을 위해 짧은 학습 단위로 수업을 구성하고, 시각적 자료와 체험 활동을 활용하여 집중력을 향상시키며, 여러 번의 지도로 학생의 성장을 직접적으로 독려함

(3) 개인별 학습 데이터를 기반으로 한 미래형 평가

미래형 평가는 학생들의 학습 과정을 반영하고, 개별적인 성장을 지원하는 방향으로 이루어진다. 에듀테크를 활용한 학습 데이터 분석은 학생들의 성취도와 학습 패턴을 파악하여, 맞춤형 피드백과 평가를 가능하게 한다.

💬 예시

- 프로젝트 기반 학습과 평가
- 토의·토론 수업과 논술형 평가

(4) 디지털 시민 역량 함양과 깊이 있는 수업의 연결

디지털 시대에 필요한 역량을 기르기 위해서는 학생들이 디지털 기술을 올바르게 사용하고, 윤리적인 책임감을 갖도록 교육하는 것이 중요하다. 경기교육은 디지털 시민성을 인성교육의 주요 테마로 삼아 이에 대한 교육을 중시하고 있다. 이는 깊이 있는 수업에서 학생들의 사회적 책임감과 비판적 사고력을 기르는 것과 맥락을 같이한다. 또한 수업을 통해 실생활과 연계된 문제를 깊이 있게 탐구하고, 창의적인 해결 방안을 제시하는 경험을 제공한다.

💬 예시

인터넷에서의 정보 검색 방법과 출처 확인 방법을 배우고, 허위 정보 사례를 분석하는 수업 설계

연습하기 ★

AI를 활용한 학생의 학습 데이터를 바탕으로 개별 학습 경로를 설계하는 장면을 구상해 봅시다.

다문화 가정 학생의 수업 활동 참여를 강화하는 수업 장면을 구상해 봅시다.

정서행동장애 학생의 수업 방해를 극복하고, 수업에 집중하도록 하는 수업 장면을 구상해 봅시다.

선배 경기 교사의 에듀테크 활용 수업 사례를 찾아 시청하고, 나의 학교급과 전공에 맞게 적용한다면 어떻게 할 것인지 수업 장면을 구상해 봅시다.

학교의 문제를 해결하기 위한 융합 프로젝트 수업을 구상해 봅시다.

토의·토론 수업과 연계된 논술형 평가 장면을 구상해 봅시다.

학생의 디지털 시민 역량을 함양하는 교육 장면을 구상해 봅시다.

에듀테크 활용 수업 시 발생할 수 있는 어려움과 대응 방안을 구상해 봅시다.

📋 교육 현장에서 많이 쓰이는 에듀테크 도구

영역	도구 이름 및 설명
공동 작업 및 소통 도구	• 구글 독스: 웹 기반 문서 작성 및 편집 도구로, 실시간 공동 작성과 피드백 가능. 프로젝트나 과제에 유용 • 구글 슬라이드: 협업 프레젠테이션 도구로, 온라인에서 발표 자료 제작에 적합 • 구글 잼보드: 디지털 화이트보드로, 브레인스토밍과 토의에 효과적 • 팅커벨: 퀴즈, 워크시트 등으로 학생 주도적 학습과 상호작용을 지원 • 패들렛: 자료와 아이디어를 시각적으로 정리하고 공유하는 협업 게시판 • 피그잼: 온라인 그래픽 디자인 및 공동 작업 도구로, 프로젝트에 유용
학습 참여 및 상호작용 도구	• 퀴즈엔: 실시간 퀴즈와 상호작용 비디오로 학습 몰입도 높임 • 멘티미터: 실시간 설문조사로 학생 의견 수집 및 피드백 제공 • 클래스팅: 교사와 학생 간 실시간 질문과 답변으로 상호작용 촉진 • 빅카인즈: 뉴스 키워드 분석 도구로, 비판적 사고와 정보 분석 능력 향상
창작 및 표현 도구	• 갓마인드: 마인드맵 작성 도구로, 학습 주제 정리에 유용 • 리빙아카이브: 입력된 정보를 바탕으로 자료를 시각화하여 체계적 정리 • 북크리에이터: 전자책 제작 템플릿 제공으로 학습 자료를 쉽게 제작 가능 • 엔트리: 블록 코딩 도구로, 프로그래밍 기초 학습에 적합 • 오토드로우: AI가 그림을 자동 인식해 아이콘으로 변환 • 크롬뮤직랩: 다양한 음악 요소를 체험하며 쉽게 음악 제작 • 투닝: AI 웹툰 제작 도구로, 창의적 사고를 지원 • ChatGPT: AI 대화형 텍스트 생성 도구로, 문서 작성과 학습 콘텐츠 확장 지원 • 뤼튼: 글쓰기와 아이디어 개발을 돕는 한국형 AI 창작 도구 • 캔바: 포스터, 발표 자료, 학습 노트를 손쉽게 제작하는 디자인 도구 • 미리캔버스: PPT, 카드뉴스, 포스터 등을 템플릿으로 간편 제작
학습 지원 및 관리 도구	• 미래엔 AI 클래스: 학습 데이터 기반 맞춤형 피드백 제공 • 라이브워크시트: 온라인 학습지와 자동 채점으로 성과 관리 • 에드모도: 학급 공지, 토론, 과제 관리를 통해 교사-학생 소통 지원 • EBS 단추: 성취도에 맞춘 맞춤형 학습 콘텐츠 추천 AI 도구

 **Advice**

알고 있는 에듀테크 도구 활용 남발하지 말기

수업 장면에 에듀테크 도구를 사용하기 전에 반드시 해당 도구를 수험생 본인이 직접 사용해 보시길 바랍니다. 수업실연 상황에서 특정 에듀테크 도구를 사용한다며 해당 앱 명칭만 말하고 넘어가는 경우가 종종 있습니다. 평가자가 시중의 다양한 에듀테크 도구를 다 알기 어려울뿐더러, 명칭만 언급하고 넘어간다면 에듀테크 도구 사용의 장점이 전혀 드러나지 않습니다. 누가 봐도 어떠한 플랫폼으로 구성된 애플리케이션을 어떻게 활용하고 있는지 이해할 수 있게끔 수업에 녹여내셔야 합니다.　　　　　　　• 사이다 합격자 한수빈 선생님

오늘 나의 수업이 '깊이 있는 수업'으로 진행되었는지 확인해 봅시다.

1. 수업 환경 및 분위기
   - ☐ 학생들이 서로의 의견을 존중하고 배려하도록 지도했나요?
   - ☐ 수업 중 편안하고 열린 분위기를 유지했나요?
   - ☐ 학생 간 긍정적인 상호 작용을 촉진했나요?

2. 효율적인 수업 운영
   - ☐ 수업 목표와 절차를 분명히 하여 체계적으로 설계했나요?
   - ☐ 학생의 학습 수준에 맞춰 수업이 적절히 진행됐나요?
   - ☐ 수업 시간 관리에 신경을 기울였나요?
   - ☐ 목표를 명확히 설명하고 자료를 준비하여 탐구 방향을 제시했나요?
   - ☐ 학습 중 피드백을 제공하여 학생의 이해를 도왔나요?

3. 참여를 장려하는 수업 내용 구성
   - ☐ 모든 학생이 수업에 참여할 수 있는 환경을 조성했나요?
   - ☐ 성취기준에 맞춰 수업을 체계적으로 지도했나요?
   - ☐ 수업 목표와 활동의 방향성을 명확히 전달했나요?

4. 학생 중심의 탐구 활동
   - ☐ 과제 활동을 통해 학생들이 스스로 생각하고 발표할 기회를 제공했나요?
   - ☐ 문제 해결을 위해 학생들이 탐색하고 자율적으로 참여하도록 유도했나요?
   - ☐ 반성적 사고를 촉진할 수 있는 자극적인 질문을 던졌나요?
   - ☐ 학생 간 협력과 상호작용을 통해 학습 경험을 확장했나요?

5. 자율적 학습 전략
   - ☐ 학생들이 탐구할 주제에 대해 질문하고 탐구할 수 있는 기회를 제공했나요?
   - ☐ 학생들이 주도적으로 활동할 수 있는 수업 전략을 활용했나요?
   - ☐ 새로운 상황에서도 학습한 개념을 적용할 수 있도록 지도했나요?
   - ☐ 배운 내용을 실생활과 연결하여 적용할 수 있도록 도왔나요?
   - ☐ 학습 성장을 지원하기 위한 피드백을 제공했나요?

6. 개별화 학습 지도
   - ☐ 학습 목표 달성도를 주기적으로 평가하고 조정했나요?
   - ☐ 개별 학생의 학습 상황을 고려해 차별화된 학습 시간을 제공했나요?
   - ☐ 학생의 수준과 필요에 맞게 수업 방식을 조정했나요?

7. 학습 참여 및 동기 부여
   - ☐ 학생들이 수업에 적극적으로 참여할 수 있도록 유도했나요?
   - ☐ 학습에 대한 흥미와 열의를 지속적으로 격려했나요?

사이다 합격자 정태형 선생님의
"에듀테크, 이렇게 활용하세요!"

요즘 학교 현장에서 가장 뜨거운 키워드를 뽑으라면 AI(인공지능), 메타버스 등을 포함한 에듀테크인 것 같아요. 에듀테크(Edutech)란 교육(Education)과 기술(Technology)의 합성어인데, 교육에 IT 기술을 적용해서 교육 활동을 보완하거나 혁신하는 것을 목적으로 합니다. 한 명의 교사가 다수의 학생들을 교육하는 것은 제약 조건이 여간 많은 것이 아니기 때문에 에듀테크라는 기술의 도움을 통해서 이를 보완하고자 하는 것이죠. 에듀테크의 최종적 목표 중 하나가 학생들에게 수준별 맞춤형 교육을 제공하고자 하는 것이니까요. 교실에서 교사의 시공간적 효율성을 높여주는 측면에서 에듀테크 도구는 확실히 유용해요. 교사가 오롯이 시간과 노력을 투입해야 했던 과거의 교실과는 다르게, 에듀테크 도구를 활용한다면 형성평가 측면에서는 채점부터 분석까지 수행해 주고 상호작용 측면에서는 학생들의 의견을 빠르게 수합해 줍니다. 그림 실력이 부족해도 AI를 활용해서 그릴 수 있게 되고, 모바일 기기 하나만 있으면 디지털 악기를 활용해 음악을 만들 수도 있습니다.

이러한 기술의 혁신이 빠르게 이뤄지는 지금 시기에 우리 교사의 역할은 무엇일까요? 제 개인적인 생각을 말씀드리자면, 우리는 기술자가 아닌 교육자입니다. 교사의 정체성은 '에듀테크 도구로 대표되는 기술을 어떻게 휘황찬란하게 사용할까?'가 아닌 '학생들에게 어떻게 교육적인 가르침을 줄 수 있을까?'를 고민하는 것에 있다고 생각합니다. 교사의 교육관, 교육 철학이라는 '목적'을 위해서, 에듀테크 도구는 그 목적을 위한 '수단'으로 쓰셨으면 합니다. 에듀테크 도구를 단순히 수업에 적용하는 것보다는, 선생님들의 교과에 맞게 '어떻게 접목할까?'를 고민하셨으면 좋겠습니다. 목적과 수단이 주객전도되지 않도록 밸런스를 유지하고, 교육 활동에서 필요할 때만 에듀테크 도구들을 취사선택해서 사용하는 것이 중요하다고 생각해요.

에듀테크를 수업실연에서 어떻게 녹여낼까?

2024 경기도교육감 신년사에서는 "경기교육은 디지털 대전환 시대에 맞는 수업을 위해 학생 1인 1스마트기기를 보급하고, … 선생님의 에듀테크 활용 수업 역량 강화를 위해 특별 재원을 투입하여 적극 지원"하겠다고 언급하고 있어요. 이렇듯 교사에게 에듀테크 활용 수업 역량은 분명히 중요해졌기 때문에, 수업실연을 준비하면서 에듀테크 도구를 고려할 필요성이 늘어났어요. 하지만 여전히 수업실연에서의 중요한 채점 요소는 '조건을 얼마나 잘 충족했는가'와 '얼마나 수업에 몰입시켰는가'이기 때문에 에듀테크 도구를 휘황찬란하게 사용하는 모습을 보여줄 필요는 없습니다. "에듀테크 도구를 이렇게 많이 알고 있어!"라는 마음 때문에 수업실연에서 에듀테크 도구와 관련된 장치를 과하게 넣는다면, 오히려 수업 흐름에 방해가 될

수 있어요. 그렇기 때문에 에듀테크 도구는 조건에서 요구하는 경우나, 수업실연 과정 중 필요한 상황에서 적재적소의 도구를 사용하시면 됩니다.

자, 그렇다면 수업실연에서 '필요한 상황'과 '적재적소의 도구'는 각각 무엇을 의미할까요? 실제 수업에서는 활용 목적에 따라 적절한 에듀테크 도구가 존재해요. 수업실연에서도 이러한 활용 목적에 따라 적절한 에듀테크 도구를 활용해야 합니다. 그리고 수업실연에서는 채점관들이 이름만 들어도 직관적으로 활용 목적과 형태를 이해할 수 있는 에듀테크 도구를 활용하는 것을 추천해요. 교육 현장에서 아무리 좋은 에듀테크 도구더라도 생소하다면 채점관들이 이해하기 어렵고, 그렇다고 에듀테크 도구에 대한 부연 설명을 길게 덧붙이면 수업 흐름에 방해가 될 수 있기 때문이죠. 내용을 정리하면, 에듀테크 도구를 수업실연에서 녹여낼 때 유의점은 다음과 같아요.

첫째, 에듀테크 도구는 기술 자체에 의미가 있다기보다, 선생님의 수업 철학과 목적에 맞게 어떻게 활용했는지가 중요합니다.

둘째, 수업실연의 전개 과정에서 적절한 에듀테크 도구를 활용하되, 생소한 도구보다는 이름만 들어도 직관적으로 이해가 되는 도구를 활용하는 것을 추천합니다.

수업실연에서 활용할 수 있는 에듀테크 도구 총정리

1. AI 기반 교육 통합 플랫폼

📋 **하이러닝**

한줄평	경기도교육청에서 추진하는 AI 기반의 맞춤형 진단과 콘텐츠 추천 및 학습 등 에듀테크 기반의 미래형 교육을 지원하는 통합 플랫폼입니다.	
기능 소개	학급 운영, 다양한 수업도구 지원(학습 진단 및 학습 콘텐츠), AI 맞춤형 진단(학생 개인별 학습법 진단 및 콘텐츠 추천) * 2024 경기도교육감 신년사부터 한 해 동안 계속 강조하고 있습니다.	

2. 진단평가, 형성평가 목적

📄 카훗!(Kahoot!)

한줄평	게이미피케이션 요소를 전면에 내세운 퀴즈 형태의 에듀테크 도구로서, 학교 현장에서 많이 사용하는 이유가 있습니다.	
교실 사용 시 준비물	• 교사: PC • 학생: 휴대전화 혹은 태블릿PC	
사용 방법	수업 전	교사는 카훗!(Kahoot!)에 접속하여 퀴즈를 제작합니다.
	수업 과정	① 수업에서 교사는 모드를 설정하고 퀴즈를 개설합니다. ② 학생들은 QR코드를 활용하여 퀴즈에 접속합니다. ③ 학생들이 모두 접속했다면, 교사는 퀴즈를 시작합니다.
Tip	여러 가지 모드가 있지만, 대표적인 형태는 교사 주도의 '클래식 모드'예요. 클래식 모드는 교사가 화면에 문제를 띄우면 학생들이 문제를 푸는 형태입니다.	

📄 젭 퀴즈(ZEP Quiz)

한줄평	메타버스 ZEP의 장점은 그대로 가져갔지만, 가장 큰 단점인 제작의 어려움을 없애버린 에듀테크 도구입니다.	
교실 사용 시 준비물	• 교사: PC • 학생: 휴대전화 혹은 태블릿PC	
사용 방법	수업 전	교사는 젭 퀴즈(ZEP Quiz)에 접속하여 퀴즈를 제작합니다.
	수업 과정	① 학생들은 QR코드를 활용하여 퀴즈에 접속합니다. ② 학생들은 주어진 퀴즈를 각자의 속도에 맞게 해결합니다. 단, 시작을 함께 설정할 수 있습니다.
Tip	젭 퀴즈는 교사가 정한 순서대로 푸는 '순서풀이 맵', 학생들이 자유롭게 문제의 순서를 정할 수 있는 '자유풀이 맵'이라는 두 가지 모드가 있습니다.	

📋 띵커벨(ThinkerBell)

한줄평	다양한 형태의 퀴즈뿐만 아니라 토의·토론, 보드, 워크시트 등 다양한 기능을 활용할 수 있는 만능 에듀테크 도구입니다.	
교실 사용 시 준비물	• 교사: PC • 학생: 휴대전화 혹은 태블릿PC	
사용 방법	수업 전	교사는 띵커벨(ThinkerBell)에 접속하여 퀴즈를 제작합니다.
	수업 과정	① 학생들은 QR코드를 활용하여 퀴즈에 접속합니다. ② 게임의 형태에 맞게 학생들은 퀴즈를 해결합니다.
Tip	교실 환경에 최적화되어서 제작된 띵커벨은 다양한 모드가 있습니다. 단순한 퀴즈 형태뿐만 아니라 여러 종류의 게임 형태가 있어요. 또한 함께 플레이, 혼자 플레이가 구분되어 있고 Wife-off 모드를 활용하면 디지털 기기가 없이도 활용할 수 있습니다.	

📋 퀴즈앤(QuizN)

한줄평	'한국형 카훗!'이라는 별명을 가진 게이미피케이션 요소를 가미한 실시간 퀴즈 형태의 에듀테크 도구입니다.	
교실 사용 시 준비물	• 교사: PC • 학생: 휴대전화 혹은 태블릿PC	
사용 방법	수업 전	교사는 퀴즈앤(QuizN)에 접속하여 퀴즈를 제작합니다.
	수업 과정	① 학생들은 QR코드를 활용하여 퀴즈에 접속합니다. ② 학생들이 모두 접속했다면, 교사는 퀴즈를 시작합니다.
Tip	'카훗!'과 대체적으로 구성이 비슷하며, 선택형, O/X형, 단답형 이외에도 순서완성형, 초성퀴즈, 토론, 설문, 워드클라우드 등 다양한 형태의 퀴즈를 제작할 수 있습니다.	

3. 상호작용 목적

📋 패들렛(Padlet)

한줄평	이름만 들어도 어떻게 사용할 것인지 직관적으로 이해할 수 있는 학교 현장에서 가장 많이 쓰는 에듀테크 도구 중 하나입니다.	
교실 사용 시 준비물	• 교사: PC • 학생: 휴대전화 혹은 태블릿PC	
사용 방법	수업 전	교사는 패들렛(Padlet)에 접속하여 게시판을 제작합니다.
	수업 과정	① 학생들은 QR코드, 링크 등을 통해 게시판에 접속합니다. ② 학생들은 패들렛 게시판에 자신의 의견 혹은 결과물을 업로드할 수 있습니다. ③ 상황에 따라 댓글, 좋아요 기능을 통해 상호작용할 수 있습니다.
Tip	담벼락, 스트림 형태가 가장 많이 활용하는 유형의 게시판이고, 상황에 따라 타임라인, 지도 유형의 게시판을 활용할 수도 있습니다.	

📋 멘티미터(Mentimeter)

한줄평	학생들의 의견을 빠르게 확인할 수 있고, 이를 빅데이터 형태로 만들어 주기도 하는 상호작용에 특화된 에듀테크 도구입니다.	
교실 사용 시 준비물	• 교사: PC • 학생: 휴대전화 혹은 태블릿PC	
사용 방법	수업 전	교사는 멘티미터(Mentimeter)에 접속하여 원하는 형태의 설문을 생성합니다.
	수업 과정	① 학생들은 QR코드, 링크 등을 통해 설문에 접속합니다. ② 교사는 설문 결과를 보고 학생들과 상호작용할 수 있습니다.
Tip	설문은 선택형, 워드클라우드, 자유형 답변, Q&A, 랭킹 등의 다양한 형태로 제작할 수 있습니다. 멘티미터는 학생들의 생각이 궁금할 때, 그리고 그 생각을 통해서 상호작용하고 싶을 때 적절한 도구입니다.	

4. 과제 제출 목적

📋 다했니? 다했어요!

한줄평	코인 형태의 '쿠키', 학생 관리 등 학급 경영에 최적화되어 있고, 활용 방법에 따라서 교과 수업에도 충분히 활용할 수 있는 에듀테크 도구입니다.	
교실 사용 시 준비물	• 교사: PC • 학생: 휴대전화 혹은 태블릿PC(선택사항)	
사용 방법	수업 전	① 교사는 '다했니?'에 접속하여 반 개설, 학생 정보 입력을 한 이후 학생들을 초대합니다. ② 학생들은 '다했어요!'에 접속하여 반에 가입합니다.
	수업 과정	① 교사는 과제 제출 게시글을 개설합니다. ② 학생은 자신의 과제를 제출합니다. ③ 교사는 제출 현황을 실시간으로 확인할 수 있고, 제출한 과제를 다운로드 받을 수 있습니다.
Tip	학급 경영에서 가장 좋은 에듀테크 도구를 꼽으라고 한다면, 저는 단연 '다했니? 다했어요!'입니다. '다했니?'를 통해서 교사는 인터넷을 통해서 학급을 경영하고, '다했어요!'를 통해서 학생이 핸드폰 애플리케이션을 통해서 교사의 공지를 확인하는 구조입니다. 과제 제출 기능은 교과 수업에서도 충분히 유용합니다.	

이 외에도 다음과 같은 에듀테크 도구들도 있습니다.

진단평가, 형성평가 목적	블루켓(Blooket), 워드월(Wordwall), 라포라포
상호작용 목적	리노(Lino)
과제물 제출 목적	구글 클래스룸, 니어팟(Nearpod)
디자인 협업 목적	캔바(Canva)
지리, 환경	에어파노, 구글 어스, 기후행동1.5℃
인공지능(AI) 글쓰기 교정	키위티-키위런, 자작자작, 뤼튼 트레이닝
인공지능(AI) 음악 만들기	수노(SUNO)

05. 전략 3.
경기 교사다운 실연의 기술

경기 교사의 수업실연은 단순한 지식 전달을 넘어, 학생들과의 활발한 상호작용을 통해 사고를 자극하고 성장을 이끌어 내는 과정이다. 수업실연에서 평가되는 중요한 요소는 발문을 통한 상호작용, 과정 중심 피드백, 그리고 교사로서의 의사소통 능력이다. 이 세 가지 요소는 깊이 있는 수업을 설계하고 운영하는 데 필수적인 요소로, 학생의 학습 과정에서 사고를 촉진하고 주도성을 부여하는 핵심 전략이다.

교사는 질문을 통해 학생의 사고를 확장하고, 다양한 피드백을 제공함으로써 학생이 학습 과정을 성찰하며 스스로 성장할 수 있도록 돕는다. 또한, 교사의 언어적·비언어적 의사소통 능력은 수업의 분위기를 좌우하고, 학생과의 신뢰를 쌓아 긍정적인 학습 환경을 조성하는 데 중요한 역할을 한다. 경기교육의 실연 평가에서는 이 모든 요소를 종합적으로 평가하여 교사의 전문성을 판단한다.

이번 장에서는 경기 교사다운 실연을 완성하기 위한 구체적인 발문 전략, 피드백 방식, 그리고 의사소통 기술을 다루고, 이를 통해 학생의 사고와 성장을 촉진하는 깊이 있는 수업의 핵심을 탐구할 것이다.

키워드	내용
상호작용을 불러일으키는 효과적인 발문 기법	발문 후 학생들이 충분히 사고할 시간을 제공하여 생각의 깊이를 더하고 다양한 관점을 논의할 수 있도록 한다.
과정 중심의 다양한 피드백	긍정적 피드백, 성찰적 피드백, 교정적 피드백을 적재적소에 제공하여 학생의 성장을 돕는다.
경기 교사다운 수업 태도	교사·학생의 활발한 의사소통과 자신감, 안정감 있는 태도로 교실을 장악한다. 또한, 학생의 눈높이에 맞춰 따뜻하고 존중·배려가 있는 교실을 만든다.

 **Advice**

수업실연 시험 현장에서 중요한 것은 기세와 전달력

수업실연평가에서 가장 중요한 것은 바로 기세와 전달력입니다. 수업실연은 교사가 수업을 이끌어 가는 모습을 평가하는 자리이므로, 어떤 주제가 주어지더라도 당황하지 않고 자신감을 가지고 수업을 이어나가는 것이 핵심입니다. 까다롭거나 처음 보는 조건이 나오더라도, '나는 준비된 교사이며, 교실 현장에서 수업을 이끌 준비가 되어 있다'는 점을 어필해야 합니다. 기세가 꺾이지 않도록 스스로 마음을 다잡고, 능청스럽고 자연스럽게 수업을 진행하는 태도가 필요합니다. 걱정할 필요는 없어요. 반복적인 연습을 통해 자신감을 키우고, 그 기세로 전달력을 확보할 수 있으니까요.

기세와 자신감은 곧 큰 목소리와 자연스러운 표정으로 이어집니다. 이때 경험 많은 교사처럼 보이는 것이 중요합니다. 전달력도 기세만큼 중요합니다. 목소리 톤, 속도, 발음이 적절해야 하고, 목소리를 복부에서부터 힘을 주어 크게 내야 합니다. 느린 속도가 빠른 속도보다 낫고, 평온한 톤이 중요합니다.

"기세 = 자신감

자신감 = 큰 목소리 + 자연스러운 표정

자연스러운 조건 수행 = 경험 많은 교사의 모습"

• 사이다 합격자 한수빈 선생님

01 상호작용을 불러일으키는 효과적인 발문 기법

장면	키워드 중심으로 구상하기
1. 교사가 질문을 던지고, 학생이 답변을 준비할 시간을 주는 장면. 학생의 답변이 교사의 구조화된 발문에 따라 깊어지고 확장되는 과정	
2. 교사가 학생의 오답에 대해 교정적 피드백을 제공하고, 학생의 이해를 도와 다시 발문을 이어가는 장면	
3. 학생 간 상호작용을 유도하는 발문을 통해 토의·토론이 활성화되는 장면. 서로 다른 의견을 논의하며 새로운 답을 도출해 내는 장면	

수업실연에서 중요한 평가 요소 중 하나는 교사와 학생 간의 상호작용을 얼마나 효과적으로 이끌어 내는가이다. 이 과정에서 발문(질문)은 교사와 학생이 소통하는 가장 중요한 도구로 작용한다. 발문은 학생의 사고를 자극하고, 스스로 문제를 해결하는 과정을 지원하며, 학습의 깊이를 더하는 역할을 한다.

발문 기법은 단순히 질문을 던지는 것에 그치지 않는다. 교사는 학생의 대답을 예상하고, 그 대답을 바탕으로 추가적인 질문을 던지거나 학생의 사고를 확장하는 것이 핵심이다. 따라서 수업실연에서는 학생이 없더라도, 마치 실제로 학생이 있는 것처럼 상호작용을 시뮬레이션하며 발문을 던지고 대화를 이어가는 모습을 자연스럽게 보여주는 것이 중요하다.

수업실연평가에서 중요한 발문 중 하나는 '확산적 발문'이다. 수렴적 발문, 즉 인지 기억 여부를 확인하는 질문은 대부분의 수험생이 큰 어려움 없이 수행할 수 있지만, 확산적 발문을 제대로 수행하는 것은 쉽지 않다. 그러나 확산적 발문만으로는 수업에서 원활한 상호작용을 이끌어 내기 어렵다. 따라서 수렴적 발문과 확산적 발문을 상황에 맞게 적절히 혼합하여 활용하는 것이 중요하다.

(1) 수업 중 상호작용을 위한 발문의 기본

① 자연스럽고 허용적인 분위기를 조성하고 구체적인 발문을 진행할 것

② 발문 후 학생들에게 충분한 답변 준비 시간을 제공하고 기다려야 함

③ 자발적인 답변을 유도하며 학생의 특성과 수준에 맞는 발문을 사용해야 함

④ 발문의 난도를 단계적으로 높여, 수렴적 발문에서 확산적 발문으로 이어가야 함

(2) 확산적 발문의 유형

유형	특징	예시
확산형 발문	학생의 사고를 자극하며 더 높은 수준의 이해를 이끌어 내는 질문. 학생이 단순한 지식 전달을 넘어서 자신의 견해와 의견을 정리하고 발표할 수 있도록 도움	• 교과서에서 ~라고 하고 있는데, 다른 방법으로는 어떤 것들이 있을까요? • 이 사건의 원인과 결과는 무엇일까요? • 무엇이 가장 어려웠나요? 그리고 왜 그렇게 생각하나요?
동기유발형 발문	학생의 상상력을 자극하고, 학습에 대한 흥미를 높여줌. 상상적 사고를 유도하거나 호기심을 자극해 수업 참여를 이끌어 냄	• 나라면 어떻게 했을까요? • 이 상황에서 다음에는 어떤 일이 일어날까요?
창의형 발문	학생이 독창적인 사고를 하도록 도움. 당연하게 여겼던 사실에 의문을 제기하거나, 다른 시각에서 문제를 바라보도록 유도하는 발문	• 두 가지 자료에서 왜 다른 평가가 나타날까요? • 이 문제에 대한 또 다른 해결책이 있을까요?
관계형 발문	학생의 개별적인 경험과 상황을 반영하여 상호작용을 촉진. 이를 통해 학생의 개별 학습 경험을 존중하고 학습에 몰입하게 만듦	• 민주는 강화도에 가본 적이 있다고 했죠? 그곳에서 무엇을 보았나요? • 영수가 이해가 잘 안 된다고 했는데, 어떤 부분이 어려웠나요?

(3) 발문을 통해 역동적인 상호작용 보여주기

수업실연에서 교사의 발문과 피드백은 단순히 질문과 답변을 주고받는 것이 아니라, 상호작용을 통해 학생들이 스스로 사고를 확장하고 문제 해결의 주체가 될 수 있도록 돕는 중요한 도구이다. 이제 실연평가에서 학생과의 상호작용을 돋보이게 하는 장면을 구상해 보자.

① 학생의 답변을 기다리고 사고를 확장하는 발문

상황	교사가 질문을 던지고, 학생이 답변을 준비할 시간을 충분히 제공하면서, 학생의 답변을 듣고 다시 재발문하여 생각을 확장하고 깊이 있게 유도하는 장면
예시	여러분, 고려 광종이 호족을 숙청한 이유는 무엇일까요? (잠시 기다리며 학생들이 답변할 시간을 준다. 교실 전체를 둘러보며 학생의 답변을 기대하는 표정) 지연이, 네. 지연이 생각을 들어볼까요? (앞에 지연이를 바라보면서 한번 웃어주고 2초 뒤) 아하, 네. 지연이는 왕권을 강화하려 했다고 했네요. 음~ 그럼 구체적으로 어떤 배경에서 그런 결정을 했을까요? (학생의 답변을 경청하며 다시 깊이 있는 발문으로 이어나간다)
포인트	발문 후 학생에게 충분한 시간을 주고, 답변을 기다리며 사고를 확장시키는 방식은 학생의 사고력과 논리적 연결을 강화할 수 있다.

② 학생의 반문(질문)을 이끌어 내는 발문

상황	일방적인 교사의 질문만 있는 것이 아니라, 학생에게 질문할 기회를 제공하여 교사와의 역할 전환을 연출하는 장면이다.
예시	자, 이번에는 선생님이 여러분에게 질문을 할 차례인데, 이번 수업 내용 중 가장 헷갈리거나 궁금한 점을 한 명씩 질문해 볼까요? (잠시 학생들의 질문을 기다리며 눈을 맞춘다) [이때 학생이 질문을 던진다고 가정, "선생님!"] 네, 우리 민주 (잠시 민주를 바라보며 웃으며 질문을 기다림) ["왜 광종은 그 시기에 호족들을 숙청하려 했을까요?"] 우리 민주가 광종이 그 시기에 왜 호족을 숙청하려 했는지 궁금하다고 물었네요. 좋은 질문이군요! 혹시 이 부분을 답변해 줄 수 있는 친구가 있을까요?
포인트	학생이 스스로 질문을 던지고 그 질문에 대한 답을 다른 학생이 시도하게 하는 방식은 교사 주도에서 학생 주도로의 전환을 보여주며 상호작용을 연출할 수 있다.

③ 교정적 피드백을 통해 다시 발문으로 이어가기

상황	학생이 오답을 했을 때, 교사가 교정적 피드백을 제공하고, 학생의 이해를 도와 다시 발문으로 이어가는 장면이다.
예시	민수가 고려 광종의 정책을 설명했는데, 조금 헷갈린 부분이 있었어요. 광종이 호족과 협력했다고 말했는데, 이 부분을 다시 한번 생각해 볼까요? 사실 광종은 호족들을 숙청하기도 했죠. 왜 그랬을까요? (민수가 고민하는 시간을 준 후, 다시 대답을 함. 이에 대한 피드백을 이어나감) 와! 우리 민수, 너무 잘했어요! 왕권 강화와 관련된 부분은 잘 짚었는데, 조금 더 자세히 보면 광종이 호족들과 갈등이 있었기 때문에 이런 선택을 했다는 것을 알 수 있었네요. 아주 중요한 포인트를 잡았어요! (다시 질문을 이어나감) 그럼, 광종이 이런 선택을 하게 된 당시의 정치적 배경은 어땠을까요? 다른 친구들도 한번 생각해 볼까요?
포인트	교정적 피드백을 통해 학생의 오답을 바로잡으면서도, 긍정적인 언급을 통해 학생의 노력을 인정하고 격려하는 것이 중요하다. 학생이 스스로 다시 생각하고 답변하도록 유도하는 과정에서 교사의 따뜻한 태도는 학생의 자신감을 높이는 데 큰 도움이 된다.

④ 학생 간 상호작용을 유도하는 토의·토론 장면

상황	학생 간의 상호작용을 유도하는 발문을 통해 토의·토론이 활성화되는 장면이다. 학생들이 서로 다른 의견을 논의하고, 새로운 답을 도출해 내는 과정이 드러난다.
예시	여러분, 왕권 강화 정책에 대해 서로 다른 의견이 있나요? 민수와 혜연이가 의견이 다른 것 같은데, 혜연이는 어떻게 생각하나요? (잠시 기다리며 학생 간의 대화를 유도) 그렇군요. 현우는 민수와 혜연의 의견을 듣고 어떤 쪽에 더 동의하나요? 그 이유는 무엇인가요? (다시 기다리고, 학생 간의 대화를 듣고) 좋아요. 다른 친구들은 더 다양한 시각이 있을까요? 그럼 우리 오늘 이 주제로 다같이 토론을 해볼까요?
포인트	학생 간 상호작용을 유도하는 발문을 통해 교사는 활발한 토론과 의견 교환을 이끌어 내며, 학생 스스로 문제 해결과 새로운 시각을 발견할 수 있게 지원한다.

(4) 발문과 답변으로 역동적인 상호작용 보여주기

수업실연평가 상황에서 사실상 가장 중요한 것은 마치 실제 학생이 앞에 앉아 있는 것처럼 상호작용을 자연스럽게 연출해야 한다는 것이다. 이는 평가 상황이라는 특수성 때문이기도 하지만, 실제 학교 교실에서 상호작용이 정말 중요하기 때문이다. 학생들은 실제로 교사와 대화하면서 사고를 확장하고 학습에 몰입하게 된다. 나의 제자들이 수업에 참여하고 있다고 상상해 보면, 나의 발문 하나하나가 학생에게 어떤 영향을 미치게 될지 생각하게 된다.

따라서 반복해서 연습하는 것이 핵심이다. 이를 위해 수업 장면을 구체적으로 머릿속에 이미지화하고, 실제 학생들과 교사가 대화를 주고받는 생동감 있는 대본을 구성하는 연습을 꾸준히 해야 한다. 이러한 과정을 통해 수업 대화 속 상호작용을 실연 장면에서 자연스럽게 드러낼 수 있다.

예를 들어, 발문을 던진 후 잠시 멈추고, 학생들이 대답하는 것처럼 기다리는 연습을 해야 한다. 적절한 눈 맞춤과 경청하는 자세를 유지하면서 학생의 답변을 듣는 듯이 고개를 끄덕이거나 긍정적인 리액션을 표현하는 것이 필요하다. 마치 실제로 대화가 오가는 것처럼 대화의 흐름을 이어가는 능숙한 연출이 평가에서 높은 점수를 받는 비결이다.

수업 진행 능력이 부각되는 상호작용 장면

여러분, 진정한 영웅이란 누구를 말하는 걸까요?

(쉬고) 〈진수가 손을 들었다고 가정하고 진수와 눈을 맞추고 대화를 이어가는 모습〉

오, 진수. 오. 아, 네. 그렇구나, 진수는 스파이더맨이 영웅이라고 생각했나요? 그래요. 왜 그렇게 생각했어요?

(쉬고) 〈진수의 의견을 경청하고 있는데 현우가 자기도 발표하겠다고 일어남〉

아하, 현우도 의견을 주었네요. 차분히 다시 얘기해 볼까요? 아~ 시민들을 위험에서 구했기 때문이라고요? 진수의 생각은 어때요?

〈다른 학생들도 반응한 상황을 상상하며, 혜연에게 발언 기회를 줌〉

앗, 혜연아, 선생님이 잘 못 들었어요. 미안해요. 목소리를 조금만 크게 말해 줄 수 있을까요?

(기다림) 아하, 유튜브에서 봤던 버스기사 아저씨 이야기를 들려주고 있네요. 맞지요?

(쉬고) 그래요, 혜연이는 왜 그분이 영웅이라고 생각했나요?

─────────────────────────────

이렇게 학생들의 답변을 기다리고, 상호작용을 자연스럽게 이어가는 연습은 학생이 없는 상황에서도 교사가 실제 학생들과 활발히 상호작용하고 있다는 인상을 줄 수 있으며, 이를 통해 교사의 능숙한 수업 진행 능력이 부각될 것이다.

결국, 실연이라는 상황은 어느 정도의 연출이 있을 수밖에 없다. 익숙해지려면 반복적으로 연습하는 과정이 필수적이다. 자주 교실을 상상하면서 학생과 교사 간 상호작용 장면을 구체적으로 그려보자. 거울 앞에서 연습하며 나의 표정과 말투, 몸짓이 자연스러운지 확인하고 발문과 상호작용 장면을 녹음하거나 녹화해서 보며 자연스러운지 여부를 여러 번 점검해보자.

오늘 수업 주제와 관련된 수렴적 발문을 3가지 구상하고, 이에 대해 학생의 답변을 듣고, 확산적 발문으로
이어가는 상호작용을 구상해 봅시다.

학생의 오답에 대해 부드럽게 교정하고, 학생의 생각을 확장시키는 피드백을 제공하는 장면을 구상해 봅시다.

발문에 대해 잘못된 답변을 한 학생과, 이를 다른 학생이 교정적 피드백을 해주는 상호작용을 구상해 봅시다.

발문에 대한 학생들의 답변을 교사가 다시 되돌려주고, 이에 관련한 또 다른 발문으로 이어가는 장면을 구
상해 봅시다.

예 교사의 발문 ➡ 연아의 답변 ➡ 수호의 피드백 ➡ 교사의 발문 ➡ 민주의 질문

02 과정 중심의 다양한 피드백

장면	키워드 중심으로 구상하기
1. 긍정적 피드백을 통해 학생의 성취와 노력을 인정하고 학습 동기를 강화하는 장면	
2. 성찰적 피드백을 통해 학생이 자신의 학습 과정을 돌아보고, 개선 방안을 모색하는 장면	
3. 교정적 피드백을 통해 학생의 잘못된 답변을 수정하며, 자존감을 지키고 발전을 도모하는 장면	

깊이 있는 수업에서는 과정 중심 피드백이 학습의 중요한 도구로 사용된다. 과정 중심 피드백은 학생들이 학습하는 과정을 관찰하고, 그 과정에서 겪는 어려움이나 성취를 바탕으로 지속적인 성장을 지원하는 피드백 방식이다. 피드백은 단순히 학습 결과를 평가하는 것이 아니라, 학습의 각 단계에서 이루어져야 한다. 이 피드백의 목적은 학생들이 자신의 학습을 더 깊이 성찰하고, 배움의 과정을 스스로 조절할 수 있도록 돕는 것이다.

과정 중심 피드백은 다양하게 나타나지만, 여기서는 크게 긍정적 피드백, 성찰적 피드백, 교정적 피드백으로 나누어 살펴보고자 한다. 수업 상황에 따라 이 세 가지 피드백은 다양하게 조합하여 사용된다. 다만 깊이 있는 수업임을 드러내기 위해 각 분야의 피드백을 한 번씩은 반드시 활용하는 것이 좋다.

피드백의 핵심은 학생들이 자신의 학습 과정을 더 깊이 성찰하고, 발전할 수 있는 기회를 제공하는 데 있다. 교사는 학습자의 상황에 맞는 피드백을 적절히 제공함으로써 학습을 촉진하고, 학생들이 스스로 학습 과정을 조정해 나가도록 돕는다.

(1) 과정 중심 피드백의 특징

과정에 대한 피드백	• 학생이 과제를 수행하는 환경 또는 학생들 간의 관계 속에서 피드백을 제공함 • 수행 과정에 대한 정보를 제공함으로써 원인 파악이 용이하며 결과에 대한 피드백보다 보정의 효과가 뛰어남 • 학생의 직접적인 성찰을 독려하여 학습 전략을 수립하는 데 효과적일 수 있음

결과에 대한 피드백	• 과제를 얼마나 잘 수행했는지, 평가 결과 성취도가 어떠한지를 중심으로 피드백을 제공함 • 각각 개별 과제의 구체적 내용에 대해 즉각적으로 피드백을 제공할 수 있음

① **지속적인 피드백 제공**: 학습 전 과정에서 학생에게 필요한 순간에 피드백을 제공하여, 학습자의 방향을 수정하고 발전을 도모한다.

② **구체적이고 의미 있는 피드백**: 단순히 "잘했어요."라는 말보다는 학생이 어디에서 어떻게 발전할 수 있는지에 대해 구체적인 정보를 제공한다. 이때 다양한 '역량'과 연결하면 좋다.

③ **학생의 학습 과정에 초점**: 결과보다는 과정을 중시하며, 학습자가 학습을 어떻게 접근하고, 그 과정에서 어떤 전략을 사용하는지에 대해 피드백을 준다. 그렇다고 결과에 대한 피드백을 하지 않는 것은 아니다. 결과에 관련하여 피드백을 하더라도, 그 과정에서 원인을 찾도록 독려한다.

④ **학생의 성찰 강화**: 학생에게 학습 과정에서의 실수나 어려움이 발전의 중요한 요소임을 강조하며, 이를 통해 지속적인 학습과 개선의 의지를 고취한다.

(2) 긍정적인 피드백

긍정적 피드백은 학생의 성취와 노력을 강조하여 학습 동기를 강화하고, 더 나은 성과로 이어질 수 있도록 유도하는 피드백 방식이다. 이 피드백은 학생들이 현재까지의 학습에서 얻은 성과를 인정받고, 앞으로의 학습에서도 자신감을 가질 수 있도록 돕는다. 긍정적 피드백은 학생의 강점을 발견하고 이를 더욱 강화할 수 있는 기회를 제공하는 것이 핵심이다.

예시

과제 결과에 대해 "참 잘했어요."가 아니라,
"수빈이의 이번 과제를 해결하는 방식이 매우 창의적이었습니다. 특히 자료를 조사하고 그것을 논리적으로 정리하는 과정이 인상 깊었어요. 부족한 부분을 스스로 찾아내어 심화 보충하는 모습도 다른 친구들에게 큰 귀감이 될 것 같습니다. 다음에도 이런 방식으로 접근하면 더 나은 결과를 기대할 수 있을 것 같습니다."

(3) 성찰적인 피드백

성찰적 피드백은 학생이 자신의 학습 과정을 되돌아보고, 학습 중 겪은 어려움이나 문제 해결 과정에서 스스로 무엇을 배웠는지를 반성하게 하는 피드백 방식이다. 이 피드백은 학생들이 단순한 결과보다는 그 과정을 깊이 있게 성찰하도록 유도하며, 자기주도적인 학습 능력을 키우는 데 중점을 둔다.

💬 **예시**

학생이 모둠 활동 중에 어려움을 겪고 있다. 교사가 질문을 던진다.

"이번 활동에서 가장 어려웠던 부분은 무엇이었나요? 그리고 그 어려움을 해결하기 위해 어떤 방법을 시도했는지 말해줄 수 있을까요?"

➡ 이를 통해 학생은 자신의 학습 과정에서 겪은 어려움과 그 해결 방법을 스스로 돌아보게 되며, 이를 통해 앞으로의 학습에서 어떻게 개선할 수 있을지 구체적인 방향을 잡을 수 있다. 성찰적 피드백은 학생의 자기 인식과 문제 해결 능력을 강화하는 데 도움이 된다.

(4) 교정적인 피드백

학생이 잘못된 답변을 하였을 때는 이를 바로잡는 피드백이 필요하다. 실제 학교 현장에서는 학생들이 항상 '정답'만을 말하지 않는다. 교사의 질문에 학생이 '틀린' 대답을 했을 경우, 교사가 미리 준비되지 않은 상태라면 "틀렸네요." 혹은 "잘못 알고 있네요."와 같은 답변을 하게 될 수 있다. 이러한 반응은 학생의 자존감을 떨어뜨리고, 학습 의욕을 꺾어 더 이상 성장으로 이어지기 어렵게 만들 수 있다. 또한, 다른 친구들 앞에서 잘못을 지적하는 것처럼 보일 수 있어, 배려하는 교실 문화를 해칠 위험도 있다. 따라서 잘못된 답변에 대한 '교정적 피드백'은 별도로 연습해 둘 필요가 있다. 교정적 피드백은 단순히 정답을 제시하는 것이 아니라, 학생이 스스로 자신의 오류를 인식하고 올바른 방향으로 나아갈 수 있도록 돕는 방식이어야 한다.

💬 **예시**

리코더 운지법을 제대로 익히지 못했군요. 사랑이! 미를 제대로 연주할 수가 없어서 이번 시간 성취기준을 달성하지 못했어요. 하지만 사랑이는 늘 꾸준히 성장해 가고 있으니 걱정 말고 더 힘내요, 우리. 다음 시간에 사랑이가 미를 연주해 준다면, 그 성장 정도를 수행평가에 반영할 테니, 조금만 더 연습해 봅시다.

학생의 마음이 다치지 않는 교정적 피드백 방법

✧ **성취기준을 벗어난 내용에 대한 질문이 지속되어 수업을 방해할 경우**

학생의 호기심을 칭찬하면서 수업이 끝난 후 선생님과 함께 그 문제에 대해 고민해 보자고 권하는 것이 좋습니다. 이때 교사가 관련 내용을 따로 찾아보고, 학생과 개별적으로 면담을 통해 배움을 이어간다면, 교사와 학생 간의 관계도 더욱 돈독해질 뿐만 아니라 학생의 창의적 역량도 함께 길러질 수 있어요.

✧ **활동 중에 학생이 실수를 한 경우**

먼저 학생의 이야기를 경청하고 존중하는 언어로 그 의견을 들어주는 것이 중요해요. 이후 아쉬운 부분을 부드러운 언어로 지적하면서, 친구들 앞에서 틀렸다는 피드백을 받는 것이 학생에게 상처가 될 수 있으니 실수한 부분이 성장 과정의 일부라는 점을 강조해야 해요. 또 틀린 부분을 직접 찾아서 수정해 온다면 그 노력과 성장을 과정 중심 평가에 반영하겠다고 약속하는 것도 필요합니다. 배움은 결과보다는 과정에서의 의지와 노력이 더 중요하다는 점을 학생들이 이해할 수 있도록 도와주세요.

✧ **배움이 느린 학생이 있는 경우**

바로 피드백을 주기보다는 자발적으로 학습을 마무리할 수 있는 기회를 제공하는 것이 좋아요. 디딤 학습지 등을 제공하여 자기주도 학습을 통해 문제의 부분을 찾아서 스스로 해결하도록 돕는 방법도 있어요. 이를 통해 성장한 정도를 포트폴리오 평가에 반영할 수 있을 거예요.

✧ **반드시 부정적인 피드백을 해야 할 경우**

다른 학생들이 부족한 부분을 직접 찾아 발표하도록 유도하는 동료 피드백 활동이 효과적일 수 있어요. 특히 모둠 발표에서 미흡한 부분에 대한 피드백을 진행할 때는, 다른 모둠의 학생이 발표를 통해 피드백을 제공하는 방식으로 진행하면 더 역동적인 의사소통이 일어날 수 있습니다. 또한 이는 학생 개인 맞춤형 수업이라는 관점에서도 적절한 방법이에요.

학생이 발표 중 자신의 의견을 논리적으로 잘 정리했으나, 다소 부족한 자료 조사로 인해 일부 내용이 부정확한 상황에서 긍정적인 피드백을 하는 장면을 구상해 봅시다.

학생이 프로젝트 활동 중 자신의 역할을 잘 수행하지 못해 팀 내에서 어려움을 겪고 있습니다. 학생이 이 경험을 통해 앞으로 어떻게 성장할 수 있을지 성찰하도록 도와주는 피드백을 구상해 봅시다.

글쓰기 과제를 마친 후, 자신의 글이 논리적으로 부족하다고 느끼고 있습니다. 학생이 글쓰기 과정을 성찰하고, 앞으로 개선할 수 있는 부분을 스스로 발견하도록 돕는 성찰적 피드백을 구상해 봅시다.

학습 속도가 느린 학생이 〈활동 1〉을 제대로 수행하지 못했을 경우 피드백을 제공하는 수업 장면을 구상해 봅시다.

잘못된 답변에 대한 교정적 피드백을 제공하는 수업 장면을 구상해 봅시다.

학생의 잘못된 답변을 다른 학생이 교정해 주는 수업 장면을 구상해 봅시다.

 **Advice**

긍정적이고 구체적인 피드백의 예시

학생과 다양한 상호작용을 보여 줄 수 있는 부분은 학생을 바라보는 교사의 태도가 드러나기에 구체적이고 긍정적인 피드백을 하는 것도 중요합니다. 저는 다음과 같은 피드백을 고민하고 사용하였습니다.

① A 학생이 스스로 탐구한 내용을 발표하거나 질문에 대답한 상황
- A는 자료를 탐구하는 능력이 굉장히 뛰어나구나!
- 자료를 분석하고 해석하는 능력이 매우 뛰어나다!
- A는 자료에서 사실을 유추하는 능력이 매우 뛰어나요!
- A는 점점 성장한다! 지난 시간보다 훨씬 유창하게 발표를 했어요! 완전 발표 전문가네~

② B 학생의 오개념을 C 학생이 보완해 준 경우
- B와 C! 서로 협력하면서 성장하는 모습이 매우 뛰어나요!
- B가 정답의 90%를 완성해 주었는데 C가 나머지 10%를 채워 주었네요!

위와 같이 다양한 상황에서의 구체적인 피드백을 고민했습니다. 그렇기에 스터디원분들께 따뜻하고 배려가 넘치는 교사라는 피드백을 많이 받았습니다. 여러분들도 이처럼 다양한 피드백을 고민하셔서 활발한 수업을 만드시길 바랍니다.

• 사이다 합격자 한인철 선생님

03 경기 교사다운 수업 태도

장면	키워드 중심으로 구상하기
1. 교사와 학생 간의 유연한 소통을 기반으로 한 수업 장면	
2. 긍정적 피드백을 통해 학생의 자신감을 북돋는 수업 장면	
3. 교사가 교실을 순회하며 학생들과 상호작용하는 장면	
4. 자신감 있는 수업 태도로 교실을 장악하는 수험생의 수업 장면	

  경기 교사다운 수업 태도는 경기교육의 철학을 바탕으로 학생과 함께 수업을 만들어가는 교사의 태도를 말한다. 이는 단순히 지식 전달자가 아닌, 학생과 소통하며 상호작용을 통해 수업을 더욱 풍부하고 의미 있게 만들어가는 교사의 역할을 강조한다.

(1) 의사소통 능력

  교사로서 요구되는 자질과 태도는 의사소통 능력을 포함한 여러 측면에서 드러나야 한다. 언어적, 반언어적, 비언어적 요소를 고려한 의사소통이 수업실연에서 중요한 평가 요소로 작용하며, 이러한 능력은 학생과의 상호작용을 통해 교사가 얼마나 교실을 유연하게 이끌어가는지를 보여준다.

📋 수업실연 시 유의해야 하는 의사소통 능력(언어적·반언어적·비언어적 요소)

언어적 요소	• 경어체를 사용하여 수업을 진행해야 함. 간혹 반말이 섞일 때가 있는데 굳이 이것 때문에 눈에 띄어 감점당하지 말 것 • 학습자 수준과 생활연령에 적절한 용어를 사용해야 함. 수업 내용 중 어려운 어휘는 일부러 고쳐주어 교사의 전문성을 드러낼 것 • 경솔하지 않은 용어를 선택하고 교사로서의 품위를 손상시키지 않아야 함. 급식체, 유행어는 반드시 배제할 것
반언어적 요소	• 목소리의 크기가 적절해야 함. 목소리가 작은 것보다는 큰 것이 훨씬 전달력이 좋으니 미리 볼륨을 조절해 둘 것 • 억양과 말의 빠르기가 적절해야 함. 최소한의 내용을 전달한다고 생각하고 말을 천천히 또박또박할 것 • 발음과 전달력이 명확해야 함. 심한 사투리는 고치는 것이 좋음. 수업이 현재 어디까지 진행되었는지 중간 중간 체크해 주어 전달력을 높이는 것도 하나의 방법임 • 표현 능력이 적절해야 함. 밝고 경쾌한 표정을 유지하여 최대한 재미있게 내용을 표현할 것 • 음~, 쩝쩝~, 어~, 한숨 등 반복되는 잘못된 반언어적 습관은 불쾌감을 유발할 수 있음

비언어적 요소	• 자신감 넘치는 표정으로 집중력 있게 수업을 운영해야 함 • 순회지도 시 상호작용과 표정, 시선처리가 허용적이고 따뜻하며 부드러워야 함 • 몸짓이 적절히 크고 손 처리에 능숙해야 함. 팔을 덜렁거리거나 교탁을 양손으로 잡지 않도록 조심해야 함 • 교실 전체를 두루 살피도록 동선과 시선처리에 신경 써야 함. 학생에게 발표를 시켰다면 실제 학생을 응시할 것. 불필요한 동선은 제거하되, 산만해 보이지 않을 정도의 활동적인 움직임이 필요함 • 눈 맞춤, 배려와 존중의 태도를 통해 교실 분위기를 안정적으로 이끌어 가야 함. 학생의 눈높이에 맞게 몸을 숙이거나, 학생의 말을 경청하는 태도를 보일 것

 **Advice**

하루에 한 가지만 고치자

수업실연을 준비하는 두 달 동안 나쁜 습관을 모두 고치기란 쉽지 않은 일이었습니다. 나중에는 하나부터 열까지 다 마음에 안 들고 답답한 기분이 들기도 했습니다. 1월에는 '하루에 한 가지씩 고치자'는 생각으로 수업실연을 하기 전에 오늘 개선할 점과 목표를 한 가지 정해 스터디원에게 미리 말했습니다. 스터디원들이 그 목표를 중점적으로 피드백해 주었고, 저 역시 영상을 돌려보며 오늘의 목표를 달성했는지 확인했습니다. 성공적으로 고쳤다면 다른 날에는 다른 목표를 세우면 됩니다. 하지만 대부분 쉽게 고쳐지지 않기 때문에 며칠 동안 같은 목표를 설정하기도 했습니다. 준비할 시간이 짧기 때문에, 자신의 최대 약점만 고쳐도 성공이라고 생각하는 편이 좋습니다. 가장 고치고 싶은 점을 생각해 집중적으로 연습해 보세요!　　　　• 사이다 합격자 이아린 선생님

(2) 자신감 있는 수업 태도

교사의 자신감 있는 태도는 교실에서의 안정감과 신뢰를 형성한다. 특히 수업실연평가에서는 교사의 여유 있는 태도가 정말 중요한데, 이는 자연스럽게 학생과 상호작용을 이끌어 내며, 교실의 분위기를 안정적으로 이끌어 가는 힘이 되는 등 다양한 효과를 가져온다. 교사는 긍정적인 태도와 웃는 표정으로 학생들을 맞이하고, 때로는 유머를 통해 긴장감을 해소할 수 있어야 한다. 예컨대 판서 중 실수를 하였다면, "선생님이 글자를 조금 크게 썼네요. 뒤에 앉은 친구도 잘 보이나요?"와 같이 능청스럽게 넘기면서 여유로운 태도로 임하자. 평가위원에게 긍정적인 인상을 남길 수 있다.

(3) 순회지도

순회지도는 학생들과의 상호작용을 통해 학습 상태를 파악하고 피드백을 제공하는 중요한 수업 기술이다. 순회지도는 사실 학생 활동이 이루어지는 수업 현장에서 필수적으로 이루어져야 하는 핵심적인 과정이다. 교사는 학생들이 학습 활동을 주도적으로 수행하는 동안,

순회지도를 통해 개별 학생의 학습 상태를 파악하고 즉각적인 피드백을 제공함으로써 학습의 질을 높인다. 이 과정에서 긍정적 피드백과 교정적 피드백을 균형 있게 제공하는 것은 학생들의 학습 동기를 촉진하고, 잘못된 부분을 바로잡아 학습 목표 달성에 중요한 역할을 한다.

순회지도는 교사가 단순히 교실을 돌아다니는 것이 아닌, 학생들과의 소통을 통해 학습 과정을 지원하고 그들의 필요에 맞춰 지도하는 과정이다. 따라서 학생들이 능동적으로 학습에 참여하는 수업이라면 반드시 순회지도가 이루어져야 하며, 이를 통해 교사는 교실 전체의 학습 흐름을 조정하고 학생 개개인에게 맞춤형 지도를 제공할 수 있다.

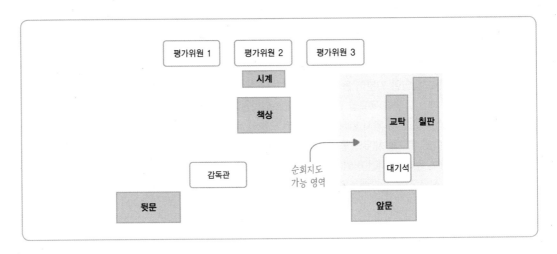

순회지도는 교사의 동선과 시선 처리에 세심한 주의가 필요하다. 교탁 주변에 머무르기보다는 교실 전체를 골고루 살피고, 학생들과 눈을 맞추며 소통하는 모습을 보여주는 것이 중요하다. 이는 교사가 교실을 장악하고 있음을 시각적으로 전달하는 중요한 요소이다.

(4) 독창적인 수업 무기 만들기

수업실연에서 수많은 수험생 사이에서 돋보이기 위해서는 교사의 독창성과 개성을 드러낼 수 있는 '수업 무기'를 만들어야 한다. 수업 무기란 단순한 도구를 의미하는 것이 아니라, 교사만의 독특한 방식으로 수업을 설계하고 학생들의 참여를 이끌어 내는 전략이다. 시험 상황이 아니더라도 학교 현장에서 교사의 교육관을 담은 장치는 큰 힘을 갖는다. 경기교사다운 수업을 만들기 위해서는 기본적인 교사 역량을 바탕으로 자신의 특기와 창의성을 더하는 것이 중요하다.

- 참신하고 특별한 나만의 첫인사, 끝인사
- 재미있고 간결한 수업 구호 ⓔ 즐거운 수학, 행복한 수학!
- 학생에게 발표를 시킬 때 나만의 방법 ⓔ 우리 모두가 함께 대답해 볼까요?
- 창의적이고 독창적인 칭찬과 교정 피드백
- 재미있는 모둠명 ⓔ 오늘의 수업 주제와 연계한 해모둠, 구름모둠 등
- 자주 등장하는 학생 캐릭터들의 이름과 성향, 자리 배치
- 전시 복습 활동과 차시 예고 방법 ⓔ 복습요정, 예습요정
- 기발한 동기유발 방법 ⓔ 애니메이션 캐릭터를 하나 설정하여 만능 동기유발 자료 활용
- 모둠 활동 유의점, 수업 활동 유의점 안내 방법
- 나만의 수업 특색을 살리는 강화물 ⓔ 칭찬 스티커, 온도계, 체크리스트, 도장판 등
- 나만의 수업 특색을 살리는 평가 방법 ⓔ 배움일기, 주춧돌 문제, 카페와 블로그 등
- 에듀테크를 활용한 수업과 평가 ⓔ 메타버스를 활용한 교과교실 운영, 패들렛을 통한 토의 수업 진행

💡 나만의 수업 무기를 구상해 봅시다.

합격자 Advice

평가장을 밝게 만드는 수업 무기

대면으로 이루어지는 평가이니만큼 밝은 느낌을 주는 것이 중요하다고 생각합니다. 조금 어색하게 느껴질 수도 있지만 저는 수업을 시작할 때 함수 구호를 외쳐보자고 하며 '함! 함께 만들어 가는, 수! 수학 시간'을 학생들의 주의를 집중시키고 분위기를 밝게 하기 위한 용도로 이용했습니다. 또한 면접에서는 제 순서가 점심 먹고 나서 한참 피곤한 시간이었습니다. 그래서 저는 더욱 큰 목소리로 밝게 인사드리며 시험장에 들어가고자 했습니다. 이를 긍정적으로 인식하시는 것이 느껴졌습니다. • 사이다 합격자 김가영 선생님

전문성을 높여주는 나만의 수업 무기

수업실연을 연습할 때에는 자신만의 수업무기를 만드는 것이 중요합니다. 조건 이외에 경기도교육청의 교육 비전에 부합하는 자신의 무기를 만들어 사용한다면 수업 전문성이 훨씬 높아 보입니다. 저는 〈전개 1〉의 강의식 부분은 '배움하기', 학생활동은 '실천하기' 등으로 정해서 판서하는 것을 통해 구조화된 판서뿐만 아니라 수업의 독창성을 보여 주었습니다. 실제로 시험 장면에서 저는 학생 활동 이전에 '나주배'라고 하여 '나만 생각하지 않고 주변 친구들을 배려하면서'라는 구호를 힘차게 외쳤는데 평가관분들이 흥미로운 표정을 지으셨고, 제가 이 수업을 장악했다는 느낌을 받았습니다. 이러한 방식으로 수업을 구상할 때에 문제의 조건을 토대로 수업의 뼈대를 만들고, 자신의 무기를 덧붙이는 방식으로 어느 정도 수업의 틀을 만들어 놓으면 실전에서도 당황하지 않고 수업 구상을 할 수 있습니다. • 사이다 합격자 이슬기 선생님

사이다 합격자 한수빈 선생님의
나만의 만능틀

학생 중심 수업 키워드	구체적인 수업 장면
삶과 연관	• 삶 관련 발문: 오늘날에 수업 내용 관련 사건과 비슷한 사례는 없을까요?, 여전히 해결되지 않은 문제들은 어떻게 해야 할까요?, 수업을 통해 깨달은 삶의 태도는 무엇인가요? 예 서양 상인들이 한성에 진출해 있는 모습과 비슷한 오늘날의 모습을 어디에서 찾을 수 있을까요? 다국적 기업(별다방, 맥ㅇ날ㅇ, 버ㅇ킹 등) • 꿈 관련 피드백: 여행가가 꿈인 ㅇㅇ이는 여러 문화에 대한 열린 태도를 갖고 있네요. 영화감독이 꿈인 □□는 역시 시대적 배경을 파악하는 능력이 뛰어나네요. 미래 앵커를 꿈꾸는 △△는 또랑또랑한 목소리로 자신감 넘치게 발표를 잘 해주었어요! • 지역 협력: 지역 박물관, 지역 도서관에서 학생 활동 전시하는 갤러리 워크, 지역 공원에서 학생 영상 콘텐츠 상영회 등
학생의 자발성·주도성	• 이전 시간보다 성장한 친구: 사료의 주요 내용을 읽어내는 활동 혹은 해당 개념 이해를 어려워했었으나 성장한 모습 • 모둠 활동 규칙 묻고 듣기, 이를 유의 사항으로 제시하기: 모두가 협력해요. 친구 말을 경청해요. • 자기평가 실시: 자신의 활동 결과물에 대해 성찰의 한 마디 남기기 • 동료평가 실시: 태블릿pc 활용해 패들렛에 올린 동료 학생의 활동에 대해 댓글로 별 3~1개 + 코멘트 남기기
활발한 의사소통	• 교사-학생: 끊임없는 교사의 발문, 학생의 질문과 답변, 그에 대한 구체적인 피드백 예 언제나 수업태도가 좋은 ㅇㅇ, 오늘도 모둠 활동 시 유의 사항을 제시하며 적극적으로 수업에 참여하고 있네요~ • 학생-학생: 학생의 질문-다른 학생 답변-교사 징검다리 역할. 모둠 활동 내 협동 • 단계적 발문: 인지기억-수렴적-확산적-평가적 발문 • 확산적 발문: 만약 내가 당시 ~ 였다면 어떤 생각이 들었을까요/누구 입장을 선택했을까요/어떤 행동을 했을 것 같나요? 예 당시 사람들은 입헌군주제와 공화정 중 어느 체제를 더 많이 지지했을까요? 그렇게 생각한 이유는? 만약 여러분이 1910년대로 돌아간다면 어떤 체제를 지향하고 싶나요? • 구체적이고 긍정적인 피드백: 당시 사람들의 입장에서 감정이입적으로 이해. 사료를 뜯어보는 능력 ➡ 인과관계 파악, 연대기 파악. 사료에서 사실 유추하는 능력. 비판적인 관점에서 근거를 들어 논리적으로 주장. 서로 도와 함께 성장하는 모습. 눈을 빛내며 적극적으로 수업에 참여하는 모습. 지난번에는 발표를 어려워했는데 오늘은 성장한 모습

역량을 함양하는 수업	• 협력적 소통 역량: 짝과 함께 사료 탐구 활동, 또래 교수, 모둠 활동 • 공동체 역량: 모둠 활동, 학급 전체가 함께 사료 탐구, 학생의 현재 삶과 관련한 문제로 수업 내용 연결하여 해결책 토의 • 지식정보 처리 역량: 모르는 단어나 개념 검색해 이해, 추가 자료 조사 활동 • 문해력: 사료 분석 및 해석 과정 • 창의적 사고 역량: 모둠 활동 통한 표현 및 제작 활동(만화, 신문, 영상 등) • 자기 관리 역량: 활동에 대한 소감 및 자기평가 실시, 패들렛에 수업 내용 관련 질문 남기기 • 심미적 감성 역량: 갤러리 워크, 활동 후 소감 공유 활동
개인차를 고려하여 다른 학생과 배움을 나눔	• 또래 교수: OO~@@ 한자어, 사료 주요 내용 이해 어려움, 오개념 수정 • 동료 피드백 활동: 모둠 활동에 대한 동료 평가 예 별 3~1개, PMI 감상평 남기기. 2조 ➡ 3조: 별 3개, 모둠원끼리 문제 발생 시 토의하며 협력하는 모습이 인상 깊음, 역사적 사건을 연표로 표현하되 관련된 정보를 픽토그램으로 간단하게 표현한 점이 창의적임, 생생한 역사를 이해하는 데 도움이 됨 등 • 교정적 피드백 활동 • 순회지도: 배움 빠른 모둠(1조: 추가 과제-자기평가, 소감 작성 시간 제공 혹은 확산적 질문을 비롯한 추가 과제 제공, 이후 피드백), 배움 느린 모둠(2조: 주제 선정 과정에서 다툼 발생, 1명이 모둠 활동에 참여하지 않아 모둠 활동이 제대로 이루어지지 않는 경우 등)

이 표는 예시일 뿐, 무분별하게 수험생 본인의 수업에 적용해서는 안 됩니다. 학생 맞춤형 수업 설계 키워드와 관련된 수업 장면을 본인이 스스로 고민하여 설정해야 하고, 그것을 주어진 조건에 맞게 유연하게 활용할 수 있어야 합니다.

사이다 수업

STEP

4

사이다!
수업나눔평가

01 기출로 감 잡기

이것만은

2024학년도 경기 초등과 중등 수업나눔평가 합격자의 기출문제 풀이와 답안 복기를 살펴보고 '합격하는 수업나눔'에 대해 이해하는 장입니다. 나눔 문항은 이렇게 출제되고, 이렇게 분석해서, 이렇게 답변하면 됩니다.

기출로		합격자의 기출풀이 과정을 꼼꼼하게 살피면서, 문제지 분석 및 수업 구상, 교사다운 실연 방식을 이해하자.
감 잡기	수업나눔 고득점 포인트	문제지를 철저하게 분석하여 조건을 명료화하고, 탄탄한 교직관을 갖추고 있어야 한다. 수업과 구체적으로 연계하여 답변하되, 깊이 있는 수업 철학에 근거하고 경기교육정책과 연결하는 센스도 발휘한다. 논리적이고 구조화된 답변을 구성해 내는 것이 관건이다.

1 2024학년도 경기 초등 합격자의 수업나눔평가 복기

(1) 합격자의 수업나눔 〈문제지〉 분석

2024학년도 경기도 중등 교사 신규임용후보자 선정경쟁시험 (2차)

수업나눔(즉답형)

【문항】 실연한 수업에 대하여 다음 질문에 답하시오(총 10분 이내).

【질문 1】　▶ 사실 질문 하나, 개념 질문 하나(구체 상황 언급)
　　　　　　　　사용 의도 질문마다 각각 언급하기

❶ 수업에서 사용한 질문 전략과 ❷ 사용 의도를 말하고, 질문이 일상화된 교실을 위해 ❸ 노력할 점 3가지를 말씀해 주십시오.

　　　　　　　　　　　　　　　　　　　　　　　　　▶ 질문하게 하는 노력 3가지

【질문 2】　▶ 삶과 연계된 부분 수업(구체 상황 언급) - 나디야, 존중모둠

오늘 ❶ 수업에서 이루어진 삶과 연계한 학습을 위한 활동을 말하고, 이를 통해 학생에게 ❷ 기대되는 성장 2가지를 말씀해 주십시오.

　▶ 기대 성장 - 깊이 있는 수업과 연관해서 2가지 대답하기

【질문 3】　　　▶ 학생이 자율적으로 말했던 부분 강조하기(수업 구체 상황 언급)

만약 내가 ❶ 학생이었다면 수업의 어느 부분에 가장 적극적으로 참여했을지 ❷ 그 이유와 함께 말씀해 주십시오.

---

(2) 합격자의 수업나눔 복기

영역	합격 포인트
▶ 질문 1	
1번 문항에 대해 잠시 제 수업을 성찰한 뒤 답변드리겠습니다.	문항별 성찰
1번 문항에 대해 답변드리겠습니다. 먼저 수업에서 사용한 질문 전략과 사용 의도를 말씀드리겠습니다.	시작 진술 선언 진술
첫째, 저는 첫 번째 활동 '찾아보자 해결 방법'에서 사실 질문을 사용했습니다. 학생들에게 '인류의 보편적 문제에는 무엇이 있었나요?'라고 질문을 던져 학생들이 인류의 보편적 문제라는 우리가 당면한 사실들을 떠올려볼 수 있도록 했습니다. 이러한 질문 전략을 사용한 의도는 다음과 같습니다. 저는 학생들에게 사실 질문을 던짐으로써 학생들이 첫 번째 활동을 하기 위한 배경지식을 활성화할 수 있도록 하였습니다. 인류의 보편적 문제를 해결하기 위한 방법을 찾기 위해서는 인류의 보편적 문제라는 사실들에 대해 명확히 알고 있어야 합니다. 따라서 이 질문을 통해 학생들이 첫 번째 활동을 위한 배경지식을 활성화할 수 있도록 하였습니다.	① 사실 질문 구체 장면 질문의 의도
둘째, 저는 학생들이 모둠별로 활동을 통해 해결하고 싶은 질문을 스스로 만들도록 하였습니다. 사용 의도는 다음과 같습니다. 학생들이 스스로 질문을 만든다면, 학생들은 더욱 몰입하여 질문에 대한 답을 찾아가는 과정에 참여할 수 있기 때문입니다. 단지 교사가 제시하는 질문에 대해 생각해 보게 하는 것에서 그치지 않고, 학생들이 스스로 질문을 만들고 자신이 만든 질문에 대한 답을 찾아가도록 하여 배움의 주체로서 활동에 참여할 수 있도록 하였습니다.	② 탐구 질문 만들기 질문의 의도
다음으로 질문이 일상화된 교실을 위해 노력할 점에 대해 말씀드리겠습니다.	선언 진술(3가지)
첫째, 교사로서 다양한 질문을 하도록 하겠습니다. 사실 질문, 개념 질문, 토의·토론 질문 등을 통해 학생들의 사고를 촉진하는 질문을 하겠습니다. 이러한 질문들을 통해 학생들은 질문에 대한 답을 생각해 보고, 서로 그 답을 나누면서 질문이 일상화된 교실이 될 수 있을 것입니다.	① 다양한 질문 전략 사용
둘째, 학급 질문게시판을 운영하겠습니다. 패들렛 등을 이용하여 질문게시판을 만들고 학생들이 떠오른 질문들을 질문게시판에 적을 수 있도록 하겠습니다. 학생들이 생활 속에서, 또는 활동을 하며 떠오르는 질문이 있을 것입니다. 떠오른 질문이 질문에 그치지 않고 이에 대한 답을 찾아갈 수 있도록 질문게시판에 그 질문을 적을 수 있도록 하겠습니다. 학생들은 서로 답변을 달아주기도 하고, 공감 수가 많은 질문은 수업에서 함께 답을 찾아갈 수 있습니다. 이를 통해 질문이 일상화된 교실이 될 수 있을 것입니다.	② 학급 질문 게시판 운영

셋째, 학생들에게 스스로 질문을 만들어 보는 기회를 주도록 하겠습니다. 본 수업에서처럼 학생들이 스스로 활동을 하며 해결해 보고 싶은 질문을 만들고, 이에 대한 답을 찾아가는 과정을 경험할 수 있도록 하겠습니다. 학생들이 활동을 통해 해결해 보고 싶은 질문을 만드는 경험들을 통해 질문이 일상화된 교실이 될 수 있다고 생각합니다.	③ 질문 만들기 수업
이상입니다.	종료 진술
▶ 질문 2	
2번 문항에 대해 잠시 제 수업을 성찰한 뒤 답변드리겠습니다.	문항별 성찰
2번 문항에 대해 답변드리겠습니다. 먼저 삶과 연계한 배움을 위한 활동을 말씀드리겠습니다.	시작 진술 선언 진술
저는 첫 번째 활동 '찾아보자 해결 방법'을 통해 삶과 연계한 배움이 일어나도록 하였습니다. 학생들은 첫 번째 활동에서 인류의 보편적 문제 해결을 위한 다양한 방법들을 찾아보면서 자신의 경험에 대해 이야기하는 것을 볼 수 있었습니다. 나디야라는 학생은 자신이 살았던 나라에서의 성평등 문제와 관련된 경험을 이야기해 주었고, 존중 모둠에서는 빈곤 문제와 관련하여 아나바다, 봉사 등의 경험들에 대해 이야기 나누는 것을 볼 수 있었습니다. 이처럼 저는 학생들이 해결 방법을 찾을 때 삶에서의 경험들을 많이 떠올려보도록 하여 삶과 연계한 배움이 일어날 수 있도록 하였습니다.	첫 활동에서 나의 경험 말하기 구체 장면
다음으로 이를 통해 학생에게 기대되는 성장에 대해 말씀드리겠습니다.	안내 진술(2가지)
첫째, 깊이 있는 탐구를 할 수 있습니다. 삶과 연계한 학습을 통해 깊이 있는 수업이 가능하고, 학생들은 이를 통해 깊이 있는 탐구를 할 수 있습니다. 학생들은 인류의 보편적 문제의 해결 방안을 찾을 때 관련 있는 경험을 떠올리고, 삶과 연결지으며 더욱 풍성한 배움을 경험할 수 있습니다. 이를 통해 학생들은 사유하는 학생으로 성장할 수 있을 것이라 생각합니다.	① 깊이 있는 탐구
둘째, 학생들은 배운 내용은 자신의 삶에 다시 전이시킬 수 있습니다. 삶과 연계한 배움을 통해 학생들은 배운 내용은 자신의 삶에 적용시킬 수 있습니다. 본 수업에서 학생들은 자신의 경험을 떠올려 다양한 해결 방법들을 찾았습니다. 그리고 학생들은 이후 차시에서 이렇게 찾은 해결 방법들을 삶 속에서 직접 실천하고 적용해 보는 기회를 갖게 됩니다. 삶으로부터 배움이 시작되고 다시 배운 내용이 삶으로 전이되는 이러한 성장이 학생들에게 이루어졌으리라 생각합니다.	② 학습 전이
이상입니다.	종료 진술

3번 문항에 대해 잠시 제 수업을 성찰한 뒤 답변드리겠습니다.	문항별 성찰
3번 문항에 대해 답변드리겠습니다. 제가 만약 학생이었다면 저는 첫 번째 활동 '찾아보자 해결 방법'과 두 번째 활동 '토의하자 해결 방법'에 적극적으로 참여했을 것 같습니다. 그 이유에 대해 말씀드리겠습니다.	시작 진술 선언 진술
먼저, '찾아보자 해결 방법'의 경우 학생들이 스스로 만든 질문에 대한 답을 찾아가는 과정이 녹아있는 활동이었기 때문에 적극적으로 참여했을 것이라고 생각합니다. 학생들에게 자율성이 주어질 때 학생들은 더욱 책임감을 가지고 행동하게 됩니다. 학생들에게 스스로 질문을 만들 수 있는 기회를 주었기 때문에, 제가 학생이었다면 더욱 적극적으로 이 활동에 참여했을 것입니다.	① 찾아보자 해결 방법 - 자율성
또한, '토의하자 해결 방법'의 경우 학생들이 스스로 탐색한 해결 방안을 토대로 토의를 하는 것이기 때문에 적극적으로 참여했을 것이라 생각합니다. 스스로 찾은 해결 방안을 바탕으로 서로 의견을 나누고 조정하며 효과적인 방안을 토의하는 과정이기 때문에 적극적으로 참여했을 것입니다.	② 토의하자 해결 방법 - 주도성
이상입니다.	종료 진술

(3) 합격자의 나눔 성찰

저는 수업나눔 때 모든 문항에 답변을 하고, 시간이 1분 조금 넘게 남았습니다. 좀 부족했던 답변(2번)이나 수업실연 조건 충족 관련해서 추가적인 답변을 할까 고민하다가 준비했던 다음과 같은 마지막 멘트를 하고 나왔습니다.

"저는 교생실습에 나갔을 때 교장 선생님께서 역량 강화 시간에 말씀해 주셨던 '포용'의 가치가 마음에 깊이 남았습니다. '포용'은 '포기하지 않고 용기를 낸다'는 '도전'의 가치와 '포용'이라는 단어 자체의 의미를 가지고 있습니다. 저는 미래사회를 살아갈 학생들이 '도전'의 가치를 알아, 실패를 두려워하지 않고 마음껏 용기 내어 도전할 수 있는 학급을 만들고 싶습니다. 또한, '포용'의 가치를 알아, 나와 다르다는 이유로 차별하지 않고, '나와 다르기 때문에 특별하고, 우리 모두는 존중받아 마땅한 사람'이라는 것을 아는 사람으로 성장하기를 소망합니다. 저는 이렇게 도전과 포용이라는 가치를 바탕으로 학생들이 기본 인성과 기초 역량을 갖춘 미래인재로 자라갈 수 있도록 최선을 다해 노력하겠습니다. 그리고 이 노력을 교육공동체와 함께 하겠습니다. 이상입니다."

나름 애정을 가지고 있던 마지막 멘트라 하고 나와야 후회가 없을 듯 했습니다. 마지막 말이 점수에는 영향을 주진 않겠지만 그래도 하나쯤 준비해 두는 것도 좋다고 생각합니다.

조건 학생 지도를 강조하기 위해 나눔 답안에서 '학생 4명을 위해~'라고 말했었는데, 실제 학교 수업 현장에서는 조금 위험한 발언일 수 있겠다는 생각이 들긴 했습니다(복기에서는 해당 내용을 삭제함). 수업을 다시 한다면 어려운 단어는 클래스팅에 올려두고 학생들이 직접 찾아보게만 하고 순회지도 때 조건 학생을 지도하고 해당 내용을 나눔에 반영할 것 같습니다.

그리고 제가 들어갔을 때 수업나눔 때 앉을 자리의 의자가 밖으로 빠져나와 있었는데요. 아마 앞 사람이 넣지 않고 그냥 간 것 같습니다. 생각보다 이게 보기 좋지 않았습니다. 순회지도할 때도 걸리적거렸고요. 그래서 저는 나갈 때 의자를 꼭 넣고 갔습니다. 평가위원분들이 마지막 나갈 때까지 계속 쳐다보시더라고요. 넣고 가시는 게 좋을 듯 해요.

(4) 답안 분석 및 해설

합격자의 답안은 경기교육에서 강조하는 '깊이 있는 수업'의 철학과 일관된 내용을 담고 있어 내용 구성이 완벽하다고 할 수 있다. 합격자는 나눔 답안을 통해 사실 질문의 질문 전략이나 탐구 질문 만들기 등의 탐구-실행-성찰 수업의 방법을 사용하여 학생들이 단순한 지식 암기를 넘어, 스스로 문제를 탐구하고 해결하도록 유도하는 본 수업의 모습을 상기하도록 하였다. 특히, 학생이 스스로 질문을 만들고 그 질문에 대한 답을 찾아가는 과정을 통해 학습 주도권을 학생에게 부여한 점은 깊이 있는 수업의 학생 주도성을 잘 반영하고 있다.

또한, 삶과 연계된 배움이라는 경기교육의 중요한 원칙도 자연스럽게 구현되었다. 학생이 자신의 삶과 경험을 수업 속에서 반영하고, 이를 기반으로 한 문제 해결을 탐구하는 과정은 전이 학습을 촉진하고, 학생들이 실생활과 연관된 학습 경험을 통해 깊이 있는 성찰과 사고를 하도록 돕는다. 답변에서 '나디야' 학생의 경험을 언급하며 삶과 연계된 학습을 구체적으로 설명한 부분은 수업이 단순한 이론이 아니라 학생 개인의 경험과 현실 문제를 연결하는 실천적 측면을 강조한 점에서 높은 평가를 받을 수 있었다.

무엇보다 돋보이는 것은 선언적 진술을 통해 답변의 구조화를 명확히 한 점이다. 답변을 시작할 때 선언적 진술을 사용하여 답변 방향을 명확히 설정하고, 평가자가 질문-답변의 흐름을 쉽게 따라갈 수 있게 하였다. 이런 부분은 채점할 때도 용이하다. 채점표 자체가 질문이 제시한 순서대로 구성되어 있기 때문이다. 또한 두괄식 답변을 통해 핵심 내용을 먼저 제시하고, 구체적인 사례로 이를 뒷받침하는 방식을 사용해 답변이 논리적이고 체계적으로 전개되었다. 구체적인 수업 경험 언급을 통해 답변의 신뢰성과 현장성을 강화한 점도 주효하다.

(1) 합격자의 수업나눔 〈문제지〉 분석

2024학년도 경기도 중등 교사 신규임용후보자 선정경쟁시험 (2차)

수업나눔(즉답형)

30초 동안 문제가 요구하는 바가 무엇인지 파악하기 위해 끊어 읽기 / 답변 두괄식 / 교직관 담기 / 수업과 연결!

【문항】실연한 수업에 대하여 다음 질문에 답하시오(총 10분 이내).

【질문 1】

➡ ❶ 비판적 사고 / 문제해결 능력 관련 수업 장면 이야기하기

학생의 비판적 사고와 문제해결 역량을 함양하기 위해 사용한 수업 전략이 무엇이었는지 말씀해 주십시오. 그리고 깊이 있는 학습이 일어나도록 동 교과, 타 교과 교사와 연계하는 방안을 각각 말씀해 주십시오.

❷ 동 교과 1개 ◀   ➡ ❸ 타 교과 1개

〈깊이 있는 학습〉
깊이 있는 학습은 탐구와 사고를 통해 학생의 삶과 연계한 학습 내용을 자신의 것으로 만들고, 교과 간 연계와 통합을 바탕으로 문제를 해결할 수 있도록 하는 학습이다.

【질문 2】

➡ 학습지원 학생들? - 다문화, ADHD 등

오늘 실연한 수업에서 확인할 수 있는 '특성이 다른 학생'의 학습을 지원하는 방안을 학교 안·학교 밖 활동의 측면에서 각각 말씀해 주십시오.

학교 안 1 ◀   학교 밖 1

【질문 3】

➡ 형성평가 방법 - AI

오늘 수업 주제를 에듀테크, 온라인 플랫폼을 활용하여 형성평가를 실시한다고 했을 때의 방법과 이를 실시할 때의 디지털 시민성과 관련된 유의 사항을 두 가지 말씀해 주십시오.

➡ 디지털 시민 역량 관련 2가지

---

(2) 합격자의 수업나눔 복기

영 역	합격 포인트
▶질문 1	
잠시 제 수업을 성찰한 뒤 답변드리겠습니다(1, 2번 구상)	총체적 성찰
1번 문항에 대해 답변드리겠습니다. 먼저, 비판적 사고와 문제 해결 역량을 기르기 위해 사용한 교수학습 전략에 대해 말씀드리겠습니다.	시작 진술 선언 진술
비판적 사고는 사료나 역사적 사건을 비판적으로 분석하고 해석하는 능력을 의미합니다. 학생들이 사료의 출처, 신뢰성, 맥락 등을 분석하면서 다양한 관점에서 역사를 해석하는 능력을 기르는 것을 목표로 합니다. 문제 해결 역량은 학생들이 역사적 문제 상황을 이해하고, 그 상황에 맞는 해결책을 탐구하는 능력입니다. 이는 다양한 역사적 맥락 속에서 문제의 본질을 파악하고, 창의적인 해결 방안을 모색하는 과정으로 이루어집니다. 이러한 역량을 기르기 위해 본 수업에서는 사료 비판하며 읽기와 탐구 학습을 활용했습니다. 사료를 비판적으로 분석하고, 문제를 해결하는 과정을 통해 학생들이 역사적 사고력을 기르며 문제 해결 역량을 키울 수 있도록 유도했습니다. 학생들이 주도적으로 문제를 해결할 수 있는 탐구 중심 수업을 통해 비판적 사고와 문제 해결 역량을 동시에 함양할 수 있었습니다.	비판적 사고의 개념 문제 해결 역량의 개념 사용한 교수학습 방법
다음으로, 깊이 있는 학습을 위한 동 교과 협력 방안에 대해 말씀드리겠습니다.	선언 진술
깊이 있는 학습은 학생들이 배운 내용을 자신의 삶과 연계하고, 이를 통해 실제 삶의 문제를 해결하는 것을 목표로 합니다. 동 교과 교사는 저보다 교수 내용 지식이 풍부할 가능성이 높습니다. 이를 바탕으로 선배 교사의 교수 내용 지식을 참고하여 단원의 성취기준과 핵심 아이디어를 탐구하고, 감정 이입을 유도하는 확산적 발문을 함께 고민하며 깊이 있는 학습을 실현해 보겠습니다.	동 교과 협력 방안
마지막으로, 깊이 있는 학습을 위한 타 교과 협력 방안에 대해 말씀드리겠습니다.	선언 진술
저는 학생 주도성 프로젝트나 융·복합 수업을 통해 학생들이 다양한 교과 간의 학습 내용을 통합적으로 이해하고, 자신의 삶과 관련된 문제를 해결할 수 있는 기회를 제공하고자 합니다. 이를 위해 전문적 학습 공동체에서 역사과와 타 교과의 성취기준을 함께 분석하고, 이를 학생들의 삶과 연결할 수 있는 공통 요소를 찾아 협력해 나가겠습니다.	타 교과 협력 방안
이상입니다.	종료 진술

2번 문항에 대해 답변드리겠습니다.
먼저, 수업실연에서 확인할 수 있는 특성이 다른 학생에 대해 말씀드리겠습니다.

시작 진술
선언 진술

저는 수업 중 학생들의 배움의 속도가 다름을 확인하였고, 맞춤형 교육이 필요함을 느꼈습니다. 이에 배움의 속도가 빠른 학생과 느린 학생 모두를 고려한 지원 방안을 준비하였습니다.

머리말

학교 안에서의 지원 방안으로는 맞춤형 과제를 제공하는 것을 계획하였습니다. 배움의 속도가 빠른 학생에게는 더 어려운 탐구 과제를 제시하고, 배움의 속도가 느린 학생에게는 난이도가 낮은 기본 과제를 제공하였습니다. 또한, 하브루타와 같은 또래 교수 활동을 활용하여 배움이 느린 학생을 지원하고, 기초학력 미달 학생은 두드림학교 프로그램을 활용하여 추가적인 지원을 제공하였습니다.

학교 안

다음으로, 학교 밖 교육 활동 측면에서의 지원 방안에 대해 말씀드리겠습니다. 하이러닝 플랫폼을 통해 가정과의 연계를 강화하여, 학생이 학교 밖에서도 배움을 지속할 수 있도록 하겠습니다. 특히 배움이 느린 학생에게는 AI 튜터와 사범대학교 멘토링 프로그램을 통해 맞춤형 학습 지원을 제공하겠습니다. 하이테크 기술이 발전할수록 학생 맞춤형 피드백과 개인의 정서 요구에 관한 충족, 즉 하이터치가 중요합니다. 이를 통해 학생들은 학교 안팎에서 지속적으로 학습에 참여할 수 있을 것 입니다.

학교 밖

이상입니다.

종료 진술

3번 문항에 대해 잠시 제 수업을 성찰한 뒤 답변드리겠습니다.

문항 성찰

3번 문항에 대해 답변드리겠습니다.
먼저, 에듀테크와 온라인 플랫폼을 활용한 형성평가 방법에 대해 말씀드리겠습니다.

시작 진술
선언 진술

저는 수업에서 ChatGPT와 같은 생성형 AI와 ZEP(메타버스)을 활용하여 형성평가를 실시하겠습니다. ChatGPT는 ZEP 안에서 NPC(비주얼 캐릭터)의 대답을 생성하도록 활용되어, 학생들이 문제를 풀다 막혔을 때 도움을 제공하도록 하겠습니다. 또한, 학생들이 ChatGPT를 학습시켜 가면서 문제를 해결해 나가는 방식을 통해 주도적인 학습 경험을 제공할 것입니다. 형성평가는 방 탈출 게임 형식으로 진행하며, 각 문제는 자음퀴즈, OX퀴즈, 단어 및 문장 채우기 등 다양한 난이도의 문제로 구성하겠습니다.

온라인 형성평가 방법

4

다음으로, 디지털 시민성과 관련된 유의 사항에 대해 말씀드리겠습니다.	선언 진술
첫째, 디지털 리터러시의 중요성을 강조하겠습니다. ChatGPT가 생성한 대답이 항상 옳지는 않기 때문에, 학생들이 정보를 교차 검토하여 신뢰할 수 있는 정보를 찾는 능력을 키울 수 있도록 하겠습니다.	디지털 리터러시 중요성 강조
둘째, 디지털 윤리 의식을 교육하겠습니다. 메타버스 내에서 익명성이 보장되는 상황에서도 다른 사람을 존중하는 태도를 잃지 않도록 지도하겠습니다. 특히, 생성형 AI와 상호작용할 때도 불쾌하거나 부적절한 발언을 하지 않도록 유의시키겠습니다.	디지털 윤리 교육
이상입니다.	종료 진술

(3) 합격자의 나눔 성찰

수업나눔에서 감점이 적었던 이유를 돌아보면, 저는 문제를 읽고 그 문제의 핵심 요구 사항을 명확하게 파악하고, 조건을 모두 충족하려 노력한 점이 크게 작용했을 거라고 생각합니다. 이번 수업나눔 문제는 예년과 달리 굉장히 길고, 답변해야 할 내용이 많았습니다. 특히 교육청의 정책을 물어보는 항목이 많았고, 경기도에서 최근 강조하던 정책들이 반영된 문제들이었습니다. 그래서 저는 문제를 읽고 평가관들이 원하는 바를 이해한 후, 실현 가능한 방안을 구체적으로 제시하는 데 초점을 맞췄습니다.

처음 문제를 접했을 때, 문제의 길이가 길고 조건이 많아서 당황했지만, 그럴수록 '문제를 끊어 읽고, 핵심 키워드를 중심으로 답변을 구성하자'는 전략을 유지했습니다. 문항별로 성찰 시간을 갖는 것이 아니라, 전체 문제를 한 번에 읽어 조건별로 나누어 각 요구 사항을 분석하고, 이에 맞춰 답변할 내용들을 미리 정리했습니다. 질문 1번과 2번까지 고민했을 때 2분이 지나있어 먼저 1번과 2번을 대답하고, 3번 대답 전에 성찰 시간을 한번 더 가져 문항별로 충분히 답안을 고민하는 시간을 가졌습니다.

이 과정에서 가장 중요한 것은 답변할 내용이 실현 가능한 방안이어야 한다는 점이었습니다. 단순히 이론적인 접근이 아닌, 내가 실제로 교실 현장에서 적용할 수 있는 방안을 제시하는 것이 중요하다고 생각했습니다. 예를 들어, 특정 정책을 언급할 때도 그 정책을 실제 교실에서 어떻게 적용할 것인지에 대해 고민하고 답변했습니다. 이것이 제 답변의 진정성과 실천 가능성을 높여 평가관들에게 긍정적으로 평가된 부분이라 생각합니다.

문제를 읽는 과정에서도 '끊어 읽기' 방식이 큰 도움이 되었습니다. 문제마다 요구하는 조건을 하나하나 파악하며 구상하는 것이 중요합니다. 한 문장씩 끊어 읽으며 답변할 가짓수를 정리한 후, 방안의 목적이나 이유를 명확하게 밝혔습니다. 또한, 답변을 두괄식으로 구성하여 먼저 방안을 제시한 뒤, 그 이유와 효과를 설명함으로써 평가관들이 저의 답변을 논리적으로 따라갈 수 있게 했습니다. 구상 시간 동안 이 문제에서 요구하는 바가 무엇인지 빠르게 파악하고, 이를 충족하는 실현 가능한 방안을 제시하려 노력했습니다.

수업나눔에서 중요한 것은 수업과의 연결입니다. 평가관들은 수업나눔이 '수업에 기반한 성찰과 나눔'이기 때문에, 답변에서 수업 상황을 구체적으로 언급하는 것을 선호합니다. 그러나 모든 문제가 수업과 직접적으로 연결되기 어려울 때는 억지로 연결하기보다는, 문제에서 요구하는 조건을 충족하는 방안을 제시하는 것이 더 중요하다고 생각합니다. 이번 수업나눔에서도 수업과 연결되지 않는 부분은 굳이 억지로 연결하려 하지 않고, 그 대신 정책이나 교육 활동을 실현 가능하게 답변하는 데 집중했습니다.

또한, 답변에 교직관을 자연스럽게 녹여내는 것이 중요하다고 생각합니다. 답변에서 교직관은 직접적으로 드러나지 않더라도, 수업 활동이나 정책을 선택한 이유에서 자연스럽게 나타납니다. 저는 답변할 때마다 내가 왜 이 방안을 선택했는지, 이 방안이 어떻게 학생들의 성장과 학습에 기여할 수 있는지를 구체적으로 설명하려 했습니다. 이를 통해 교직관을 드러내며 진정성 있는 답변을 할 수 있었습니다.

결국, 이번 수업나눔에서 감점이 적었던 이유는 제가 문제의 요구 사항을 명확히 파악하고, 구체적이고 실현 가능한 방안을 제시했기 때문이라고 생각합니다. 구상 시간을 효율적으로 활용하여 키워드를 중심으로 답변을 구성하고, 이를 두괄식으로 명확하게 전달한 점이 좋은 결과로 이어졌습니다.

(4) 답안 분석 및 해설

합격자의 수업나눔 답변은 경기도교육청이 강조하는 '깊이 있는 수업' 철학이 잘 반영된, 구조적이고 논리적인 답변이었다. 우선, 문제의 요구 사항을 명확히 파악했다는 점이 돋보인다. 합격자는 문제를 '끊어 읽기' 방식을 활용해, 해당 문제가 요구하는 바를 정확하게 파악하려 노력하였다. 문제의 길이와 복잡성에도 불구하고 핵심 키워드를 중심으로 답안을 구상하고 답변함으로써, 답변의 흐름이 논리적이고 체계적으로 전개될 수 있었다. 특히 이론적인 접근에 그치지 않고, 실제 교실에서 적용 가능한 구체적이고 실천적인 방안을 제시한 점은 높은 평가를 받은 중요한 이유로 보인다.

또한, 합격자는 구상 시간을 효율적으로 안배하였다. 처음 두 문항에 집중해 구상한 후 답변을 마치고, 남은 한 문항을 다시 준비하는 시간을 가졌는데, 성찰 시간이 지나치게 길어지지 않도록 유연하게 조절한 점이 인상적이다. 중요한 것은 1~3번 문제를 한번에 훑어보면서 각 문항에 중복되지 않는 요소를 잘 배치했다는 점이다. 문제에서 요구하는 답안이 겹칠 수 있었으나, 합격자는 이를 잘 피하고 각 문항에 맞는 적절한 답변을 구성하였다.

특히, 답변에서 '깊이 있는 수업' 철학을 잘 반영한 점이 눈에 띈다. 학생들이 문제를 탐구하고 스스로 사고하는 과정을 강조하며, 학생 주도의 학습 방안을 제시한 것은 경기도교육청이 강조하는 교육 철학과 일치한다. 합격자는 구체적으로 이러한 철학을 어떻게 교실에서 실현할 수 있을지를 제시하여 답변의 진정성과 실현 가능성을 높였다.

결국, 합격자는 구상 시간을 적절히 배분하고, 문제의 핵심 요구 사항을 정확히 파악해 실현 가능한 답변을 제시하였다. 이로 인해 평가관들에게 신뢰성과 현장성을 어필하는 데 성공했으며, 교직관을 자연스럽게 드러내면서도 '깊이 있는 수업'의 방향을 충실히 실현하려는 노력을 보여주었다.

③ 수업나눔평가 고득점 포인트

수업나눔평가는 수업실연 직후의 긴장감 속에서 수험생들이 가장 어려워하는 시험 중 하나이다. 평가가 즉답형으로 이루어지다 보니, 많은 수험생이 무엇을 말해야 할지 몰라 머릿속이 하얘진다는 후기를 남긴다. 수업실연이 잘 진행되었어도 나눔에서 감점을 당하는 경우가 적지 않으며, 반대로 수업실연이 부족했지만 나눔에서 높은 점수를 받는 경우도 있다. 이는 수업나눔이 단순히 즉흥적인 답변을 요구하는 평가가 아니라, 평소 수업에 대해 얼마나 성찰하고, 교사로서의 역할을 깊이 고민했는지를 평가하는 중요한 시험이기 때문이다.

수업나눔평가에서 요구하는 것은 수업 성찰과 교직관의 명확한 표현이다. 이 평가는 교사가 학생에게 어떤 수업을 제시하려 했는지, 평소 어떤 고민을 가지고 수업을 개선해 왔는지를 보여주는 자리이다. 따라서, 수험생은 수업에 대한 평소의 성찰을 바탕으로 구체적인 답변을 구성해야 하며, 단순히 그 순간의 답변을 잘하는 것이 아니라 준비된 교사로서의 면모를 드러내야 한다.

수업나눔에서 고득점을 받아 합격한 선생님들의 공통점은 다소 명확하였다. 준비 과정에서 언제나 꾸준한 연습과 성찰을 반복해 왔고, 경기도교육청이 추구하는 철학을 적확하게 이해하고 활용하였다. 문제의 조건을 명확하게 파악하고, 자신의 수업과 구체적으로 연계하여 답변할 줄 알았으며, 구조화된 답변을 자신감 있게 구성하여 답하였다. 결국, 그들은 답변을 통해 자신이 평소 얼마나 수업을 성찰해 왔고, 학생에게 어떤 교육을 제공하고자 했는지를 명확히 보여줌으로써 평가관들에게 준비된 교사라는 확신을 심어준 것이다.

(1) 〈문제지〉 분석 – 조건 명료화

이는 수업실연평가의 〈조건〉 분석과 동일하다. 우리는 시험 상황에 놓여 있기에, 문제가 요구하는 조건에 맞춰 구체적이고 논리적으로 답변하는 것이 중요할 수밖에 없다. 기출문제를 보면, 질문 속에 여러 조건들이 명시되어 있다. 예를 들어, 학생의 비판적 사고와 문제 해결 역량을 기르는 수업 전략을 묻는다면, 각 역량을 구분하여 설명하고 그에 맞는 교수학습 전략을 제시해야 한다. 문제를 명료하게 끊어 읽는 방식으로 분석하고, 각각의 조건을 놓치지 않도록 구상하는 연습이 필요하다.

(2) 탄탄한 교직관

수업나눔평가는 교사가 평소 어떤 철학을 바탕으로 수업을 준비하고 실행했는지를 평가하는 자리이다. 따라서 답변에서 교직관이 자연스럽게 드러나야 한다. 교사가 평소에 학생의 성장과 학습을 어떻게 바라보고 있으며, 어떤 방식으로 이를 지원하고자 하는지를 분명히 드러내는 것이 중요하다. 단순히 이론적인 설명을 하는 것이 아니라, 자신이 학생의 성장을 위해 왜 이 수업 방식을 선택했는지, 그 교육적 의의는 무엇인지 명확하게 제시하는 것이 필요하다. 예를 들어, "학생들이 스스로 질문을 만들고, 그 질문에 대한 답을 찾는 과정에서 배움의 주체로 성장할 수 있다."와 같은 교직관은 다음과 같이 답변에 녹아들 수 있다.

"이번 수업에서는 학생들이 스스로 질문을 만들고 그 질문에 대한 답을 찾아가는 탐구 기반 학습을 설계했습니다. 학생들은 주도적으로 자신만의 질문을 형성하고, 그 답을 찾기 위해 다양한 자료를 분석하며 문제 해결 과정을 경험했습니다. 이를 통해 학생들은 단순한 지식 습득을 넘어서, 배움의 주체로서 성장할 수 있는 기회를 얻게 되었습니다. 이러한 수업은 학생들이 비판적 사고력과 문제 해결 역량을 키우는 데 기여할 뿐만 아니라, 스스로 배움을 이끌어 가는 주체적인 학습자로 변화할 수 있도록 돕습니다."

(3) 수업과 구체적으로 연계하기

수업나눔평가는 교사가 평소 자신의 수업을 얼마나 성찰하고, 개선하려는 의지를 가지고 있는지를 평가하는 시험이다. 이는 단순히 이론적인 답변이 아닌, 실제 수업에서 발생한 상황을 바탕으로 구체적인 사례를 제시하는 것이 핵심이다. 수업을 성찰한다는 것은 그 수업을 통해 학생들이 어떻게 성장했는지, 그리고 어떤 부분을 더 발전시킬 수 있을지를 되돌아보는 과정이다.

따라서 수업나눔에서 실제 수업 경험과 연계하여 답변하는 것이 필수적이다. 교사가 자신이 가르친 수업을 구체적으로 설명하고, 그 수업을 통해 학생들이 어떤 학습적 성장을 이루었는지를 제시하는 것은 평가관이 교사의 성찰 능력을 가장 잘 평가할 수 있는 방법이다. 이는 교사가 수업에서 일어난 다양한 상황들을 객관적으로 바라보고, 앞으로 더 나은 수업을 위해 무엇을 개선해야 하는지를 고민하는 과정을 보여준다.

실제 수업 경험과의 연계를 통해 답변하는 것은 단순한 교사의 계획이 아니라, 현장에서 검증된 수업 전략을 제시하는 것이며, 이를 통해 교사의 실질적인 수업 운영 능력과 성찰 능력을 평가할 수 있다. 또한, 이는 교사가 학생들과 어떻게 소통하고 그들의 성장을 지원해 왔는지를 구체적으로 드러낼 수 있는 기회이다. 결국, 구체적인 수업 사례를 통해 교사는 자신의 수업을 깊이 성찰할 수 있는 능력과 교사로서의 책임감을 평가관에게 보여줄 수 있으며, 이는 수업나눔평가에서 고득점을 받기 위한 중요한 요소가 된다.

(4) '깊이 있는 수업' 등 경기교육정책에 대한 이해

경기도 교사가 되는 것은 단순히 수업을 잘하는 것 이상을 의미한다. 교사는 경기도교육청의 정책을 이해하고, 이를 실제 교실에서 어떻게 구현할지를 고민해야 하는 위치에 있다. 당장 3월에 발령을 받고 교사로서 현장에 서게 되면, 경기도교육청이 추구하는 교육 철학과 정책을 효과적으로 반영하여 학생들과 소통하고, 그들의 성장을 도울 수 있어야 한다. 따라서 경기교육정책, 특히 깊이 있는 수업 철학과 연계하여 답변하는 것이 매우 중요하다.

깊이 있는 수업은 경기도교육청이 강조하는 핵심 교육 철학으로, 학생들이 단순히 지식을 암기하는 것이 아니라, 스스로 사고하고 탐구하며 문제를 해결하는 역량을 기르는 것을 목표로 한다. 이 철학은 교사와 학생의 역할을 새롭게 정의하며, 교사가 학생 중심의 학습을 어떻게 설계하고 지원할지를 명확히 할 것을 요구한다. 경기도교육청은 이러한 수업을 실제로 구현할 수 있는 교사를 찾고 있기 때문에, 수업나눔평가에서 이 철학을 바탕으로 한 답변을 제시하는 것은 필수적이다.

깊이 있는 수업은 모든 답변에서 전제되는 교육 철학이라고 해도 무방하다. 교사가 자신이 준비한 수업이 경기도교육청의 철학과 어떻게 일치하는지를 명확히 설명하고, 이 철학이 교사의 교직관과 어떻게 연결되는지를 구체적으로 제시해야 한다. 이는 교사가 단순한 수업의 기능을 넘어, 학생의 성장을 지원하는 전문적 교육자로서의 역할을 다할 수 있음을 평가관에 확신시킬 수 있는 중요한 부분이다. 결론적으로, 경기교육정책과 깊이 있는 수업 철학을 이해하고 이를 답변에 반영하는 것은 경기 교사로서의 자격을 평가하는 중요한 기준이며, 나아가 미래 경기교육을 실천할 준비된 교사로 인정받는 핵심 요소라고 할 수 있다.

(5) 구조화된 답안 구성

논리적이고 구조화된 답변을 제시하는 것은 매우 중요하다. 답변은 두괄식으로 핵심 내용을 먼저 제시하고, 그 뒤에 구체적인 근거와 사례를 설명하는 방식으로 구성해야 한다. 이렇게 하면 평가관이 답변의 흐름을 쉽게 따라갈 수 있고, 논리적인 사고력을 드러낼 수 있다. 또한, 구상 시간 동안 답변의 흐름을 체계적으로 정리하여, 답변에서 각 질문에 맞는 핵심 사항을 놓치지 않도록 준비하는 것이 고득점의 비결이다.

사이다 Check Box

기출로 감 잡기

체크리스트	적용하기
☐ 〈문제지〉의 문제를 끊어 읽어가며 각 질문의 요구 사항을 명백하게 파악하고, 답안을 구상한다.	오늘 수업나눔에서 문항별로 모든 조건을 명확하게 파악하여 빼놓지 않고 답변에 반영하였는지 점검해 보자.
☐ 답변에서 교직관이 자연스럽게 드러날 수 있도록 평소에 자신의 교육 철학을 다져 둔다.	선생님의 교육관이 잘 드러난 수업 부분은 어디였는지 나의 IVY Sentence를 구체적인 수업 장면과 연계하여 답변해 보자.
☐ 답변 시에는 실제 수업에서의 구체적인 사례와 장면을 포함해야 한다.	오늘 수업 중 학생의 참여가 가장 주도적이었던 부분과 학생에게 가장 깊이 있는 배움이 나타난 부분은 어디였는지 구체적인 수업 장면으로 답변해 보자.
☐ 경기도교육청의 교육 철학, 특히 '깊이 있는 수업'의 관점을 정확하게 이해하고 강조할 수 있어야 한다.	오늘 수업 중 깊이 있는 수업의 관점에서 보았을 때, 중요했던 장면 3가지를 선택해서 그 이유를 작성해 보자.
☐ 논리적이고 구조적으로 답변을 구성하는 연습이 필요하다.	오늘 수업나눔 답변 녹음본을 전사해 보고, 답변의 논리성을 검토해 보자. 논리적이지 않다면 어떻게 답변을 구조화할 것인지 고민해 보자.

02 깊이 있는 수업 성찰과 나눔

수업 성찰은 교사와 학생 모두가 수업의 계획, 실행, 평가 과정에서 성찰을 통해 수업을 개선하는 중요한 과정입니다. 수업나눔은 교사가 성찰한 내용을 동료들과 공유하고, 피드백을 통해 교사로서의 전문성을 발전시키는 기회입니다. 이를 통해 수업의 질을 높이고 학습 성과를 극대화할 수 있습니다.

깊이 있는 수업은 학생들이 단순히 지식을 습득하는 것을 넘어, 자신의 삶과 연계하여 학습 내용을 내면화하고, 이를 통해 스스로 문제를 해결할 수 있는 역량을 기르는 데 중점을 둔다. 이러한 교육 철학을 실현하기 위해 교사는 자신의 수업을 끊임없이 성찰하고, 동료 교사들과 나눔을 통해 전문성을 향상시키는 과정이 필수적이다. 깊이 있는 수업 성찰과 수업 나눔은 교사가 학생의 학습과 성장을 위해 스스로 반성하고 개선해 나가는 지속적인 과정이다.

1 깊이 있는 수업 성찰

깊이 있는 수업 성찰은 교사가 수업의 계획, 실행, 평가 과정에서 학생들의 학습 성과를 어떻게 이끌어 낼지에 대해 지속적으로 반성하고 개선해 나가는 과정이다. 깊이 있는 수업의 철학에 따르면, 교사는 수업을 통해 학생들이 지식과 경험을 연결하고, 이를 바탕으로 새로운 의미를 구성하는 과정을 도와야 한다. 이 과정에서 교사는 "학생들이 이 수업을 통해 무엇을 얻고 성장했는가?", "수업에서 학생들이 주도적으로 문제를 탐구하고 해결할 수 있도록 충분한 기회를 제공했는가?"와 같은 질문을 통해 자신의 수업을 성찰해야 한다.

깊이 있는 수업 성찰은 학생들의 삶과 연결되는 학습 경험을 제공하는 데 중점을 둔다. 수업에서 학생들이 배운 내용을 실생활에 적용하고, 그 과정을 통해 스스로 학습을 성찰하는 기회를 갖는 것이 중요하다. 이를 위해 교사는 수업 전, 중, 후 단계에서 지속적으로 성찰하며, 학생들에게도 성찰의 기회를 제공함으로써 학습의 질을 높여야 한다. 교사는 자신이 가르친 내용을 기반으로 학생들이 어떻게 문제를 해결했는지, 그 과정에서 어떤 지원이 더 필요했는지를 깊이 있게 분석해야 한다.

② 깊이 있는 수업 나눔

깊이 있는 수업 나눔은 교사가 자신의 성찰 내용을 동료 교사들과 공유하고 피드백을 받으며, 이를 통해 수업 전문성을 향상시키는 과정이다. 이 과정에서 교사는 수업에서 사용한 핵심 질문과 전략이 실제로 학생들의 학습에 어떻게 기여했는지, 그리고 이를 어떻게 개선할 수 있을지를 동료 교사들과 논의한다. 수업 나눔은 단순히 수업의 결과를 평가하는 것이 아니라, 수업 설계와 실행 과정에서 학생들의 성장을 위해 고민했던 다양한 전략들을 함께 공유하고 성찰하는 것을 목적으로 한다.

특히, 깊이 있는 수업 철학을 반영한 수업 나눔은 교과 간 융합적 사고와 문제 해결 과정을 중시한다. 교사는 동료 교사들과 함께 학생들이 다양한 교과의 내용을 어떻게 통합적으로 학습하고 문제를 해결할 수 있는지를 논의하며, 이를 개선할 방안을 모색한다. 이 과정에서 교사는 "학생들이 수업에서 배운 내용을 새로운 상황에 어떻게 적용할 수 있을까?", "수업에서 제시한 핵심 질문이 학생들의 학습 효과에 어떻게 기여했는가?"와 같은 질문을 통해 수업의 질을 높이는 구체적인 방안을 찾는다.

깊이 있는 수업 성찰과 나눔은 교사가 학생들의 성장을 위해 지속적으로 자신의 수업을 개선하고자 하는 의지를 반영한 과정이다. 교사는 이 과정을 통해 학생들이 주체적으로 학습에 참여하고, 실생활과 연결된 학습 경험을 통해 스스로 문제를 해결할 수 있도록 지원하게 된다. 깊이 있는 수업 철학을 구현하기 위해서는 이러한 성찰과 나눔의 문화가 교사들 사이에서 확산되어야 하며, 이를 통해 교사는 학생과 함께 성장하는 교육자가 될 수 있다.

③ 깊이 있는 수업 성찰과 나눔을 위한 질문 [적용하기]

(1) 수업 성찰과 개선을 위한 질문

- 수업을 통해 학생들이 어떤 점에서 가장 많이 성장했는지 성찰한 결과는 무엇인가요?
- 학생들이 수업 중 학습을 효과적으로 성찰할 수 있도록 어떤 기회를 제공했나요? 그 결과 학생들의 학습 태도나 성과에 어떤 변화가 있었나요?
- 수업 계획, 실행, 평가 과정에서 스스로 성찰한 후 개선한 부분이 있다면 무엇인가요? 이 과정이 수업에 어떤 영향을 주었나요?
- 학생들에게 수업에서 배운 내용을 실생활에 적용할 수 있는 기회를 제공했나요? 이를 통해 학생들이 어떤 문제 해결 능력을 발휘했는지 설명해 주세요.

(2) 깊이 있는 수업을 위한 성찰 질문

- 수업에서 학생들이 깊이 있는 학습 경험을 할 수 있도록 어떤 전략을 사용했으며, 그 전략이 학생들의 역량 향상에 어떻게 기여했나요?
- 이 수업의 핵심 목표는 무엇이었고, 이를 달성하기 위해 선택한 핵심 질문은 무엇인가요?
- 수업 중 학생들이 다루었던 핵심 질문이 학습 목표와 어떻게 연결되었는지 설명해 주세요. 학생들은 그 질문을 통해 어떤 의미 있는 탐구와 성장을 이루었나요?
- 학생들이 배운 내용을 다른 교과나 실생활에서 적용할 수 있는 지식 전이가 잘 이루어졌나요? 그렇지 않았다면, 이를 개선할 방안은 무엇인가요?
- 학생들이 수업을 통해 배운 내용을 성찰하고, 스스로 개선할 수 있는 기회를 어떻게 제공했는지 구체적으로 설명해 주세요.

(3) 학생 중심의 수업 설계 질문

- 수업 설계에서 학생들의 참여와 탐구를 촉진한 방법은 무엇이었나요?
- 학생들이 흥미를 느끼고 참여할 수 있도록 수업의 어떤 부분에서 관심을 유도했나요? 그 방법이 어떻게 효과적이었나요?
- 수업에서 학생들이 핵심 아이디어를 탐구하고 문제를 해결할 수 있도록 학습 내용을 어떻게 조직했나요?
- 실제 수업 중 학생들의 탐구와 문제 해결을 어떻게 도왔나요?

(4) 지식 전이와 문제 해결을 위한 질문

- 학생들의 사고를 확장하고 융합적 사고를 기르기 위한 활동을 제공했나요? 제공했다면, 그 활동이 수업 목표와 어떻게 연결되었는지 설명해 주세요.
- 수업 중 학생들이 배운 내용을 다른 문제나 새로운 상황에 적용할 수 있도록 어떻게 설계했나요? 그 결과 학생들이 문제를 해결하는 과정에서 어떤 성과가 있었나요?

(5) 시간 관리 및 학생 지원 질문

- 수업 중 시간 관리를 어떻게 했고, 학생들이 충분히 학습 목표를 달성할 수 있는 시간을 제공했나요? 시간 관리에서 어려움이 있었다면, 이를 어떻게 개선할 계획인가요?
- 학생들이 개별적으로 성찰할 수 있도록 어떤 피드백을 제공했나요? 그 피드백이 학생들의 학습에 어떤 영향을 주었나요?

사이다 Check Box

깊이 있는 수업 성찰을 위한 질문

체크리스트

1. 수업의 핵심 목표와 설계
- ☐ 이 수업의 핵심 목표는 무엇이었고, 이를 달성하기 위해 선택한 핵심 질문은 무엇인가요?
- ☐ 수업 설계에서 학생들의 참여와 탐구를 촉진한 방법은 무엇이었나요?

2. 학생의 관심과 흥미 유발
- ☐ 학생의 흥미를 끌기 위해 어떤 전략을 사용했고, 그 전략이 얼마나 효과적이었나요?
- ☐ 학생들이 수업에 적극적으로 참여하게 하기 위한 참여 유도 방안은 무엇이었나요?

3. 학습 내용 조직 및 탐구
- ☐ 핵심 아이디어를 탐구하도록 학습 내용을 어떻게 구성하였나요?
- ☐ 학생들의 탐구와 문제 해결을 어떻게 도왔나요?

4. 융합적 사고와 문제 해결
- ☐ 교과 간 연계나 융합적 사고를 촉진하기 위한 활동은 어떤 것이었나요?
- ☐ 학생들이 학습한 내용을 새로운 상황에 적용할 수 있도록 수업을 어떻게 설계하였나요?

5. 수업 전이와 실생활 연계
- ☐ 수업 중 학생들이 배운 지식을 실생활 문제에 어떻게 적용하였나요?
- ☐ 학생들이 배운 내용을 다른 문제나 상황에 전이할 수 있도록 설계하였나요?

6. 시간 관리 및 지원
- ☐ 수업 중 시간 관리는 적절했나요? 더 나은 시간 관리를 위해 개선할 점은 무엇인가요?
- ☐ 학생에게 성찰할 기회를 제공하였나요? 학생은 성찰 기회를 통해 어떤 성장을 경험하였나요?

7. 교사 자신의 성찰
- ☐ 이번 수업을 성찰하고 나서, 개선이 필요한 부분은 무엇이며, 이를 어떻게 개선할 계획인가요?
- ☐ 수업 성찰 과정에서 동료 교사 피드백을 통해 얻고 싶은 부분은 무엇인가요?

적용하기

체크리스트의 질문들을 오늘 수업실연 연습 내용에 적용하여 키워드 위주로 답변을 작성해 보자.

_____

_____

_____

_____

03. 경기 2차 수업나눔평가 채점기준

이것만은 꼭꼭

경기 2차 수업나눔평가를 잘 치르기 위해서!

주제	내용 요약
교사 교육과정 이해 및 깊이 있는 수업 철학 이해	교사가 교육과정을 재구성하고, 학생 중심의 수업을 설계할 수 있는 능력을 평가함. 깊이 있는 수업 철학을 반영하여 설계한 수업이 필요
질문과 탐구 중심 수업 설계 및 성찰	학생 주도적 학습을 촉진하는 탐구-실행-성찰 과정을 기반으로 한 수업 설계와 교사의 성찰 능력을 평가함
과정 중심 평가 및 성장 피드백	과정 중심 평가를 통해 학생의 성장을 지원하고, 수업과 평가의 연계를 통해 성장 피드백을 제공할 수 있는 능력을 확인하고자 함
학생 성장 지원 및 맞춤형 수업 실천	학생의 개별 요구와 수준을 반영한 맞춤형 학습을 설계하고, 성장을 위한 수업 실천 의지를 평가하려 함
학생의 삶에 맥락화된 문제 해결 수업 성찰	학생의 학습 경험을 실생활과 연계하고, 맥락적인 문제 해결 능력을 기를 수 있도록 지원하는 수업을 운영하였는지 살펴봄
협력적 문제 해결 및 통합적 사고 촉진	교과 간 통합적 사고를 통해 실생활 문제 해결을 유도하고, 협력적 문제 해결 능력을 기르는 학습 경험을 제공하였는지를 확인함

경기도교육청은 수업나눔평가를 시행하면서 다음과 같이 '평가 요소'를 밝힌 바 있다.

- 수업 성찰 및 반성적 사고
- 질문생성 능력 및 의사소통 능력
- 수업공감 능력

2018년 경기 2차 시험 개편안 설명회 자료

경기도교육청이 제시한 수업나눔평가의 평가 영역은 교사의 수업 성찰과 학생과의 상호작용을 통해 수업의 질을 제고할 수 있는지를 확인하고자 설정된 것으로 보인다. '수업 성찰 및 반성적 사고'는 2022 개정 교육과정과 깊이 있는 수업 철학을 바탕으로 수업을 설계하고, 교수학습 전략을 개선하기 위한 교사의 성찰 과정을 포함한다. 또한, 수업 중 발생한 문제에 대해 비판적으로 사고하고, 이를 해결하기 위한 질문을 던지며 개선하려는 노력이 요구된다. '질문생성 능력 및 의사소통 능력'은 교사가 학생의 삶과 배움에 대한 성찰을 통해 공동체에 기반한 문제 해결을 이끌고, 이를 위한 효과적인 의사소통을 독려하는 것이다. 그리고 이를 위해 수업 중 발생한, 혹은 할 것으로 예상되는 문제를 해결하기 위한 질문을 던지고 이를 통해 성찰할 수 있어야 한다. 마지막으로 '수업공감 능력'은 교사가 수업과 평가에 대한 철학을 바탕으로 학생의 학습 과정에 공감하며, 그들의 성장을 지원하는 실천적 의지를 평가하는 영역이라 볼 수 있다. 이는 학생의 학습 경험을 이해하고, 그에 맞는 적절한 수업을 제공하기 위해 교사가 지속적으로 노력해야 함을 강조한다. 이러한 영역은 모두 교사와 학생의 성장을 목표로 하며, 수업의 지속적인 발전을 도모하는 데 중요한 요소로 작용한다.

이러한 수업나눔평가의 본질적 의도와 새로운 경기교육의 방향성인 '깊이 있는 수업', 그리고 합격자들의 수업나눔평가 상황 복기를 바탕으로 분석한 평가의 고득점 포인트 등을 바탕으로 2025학년도 경기도 교사 임용 2차 수업나눔평가의 평가기준을 추출하면 다음과 같다.

🏺 수업나눔평가의 평가기준

〈수업 성찰 및 반성적 사고〉 영역

[영역1] 교사 교육과정 이해 및 깊이 있는 수업 철학 이해
☐ 교사 교육과정의 의미를 이해하고 재구성할 수 있는가?
☐ 깊이 있는 수업 철학을 반영하여 수업을 설계할 수 있는가?
☐ 교과와 학생 중심의 수업 철학을 명확히 가지고 있는가?

[영역2] 질문과 탐구 중심 수업 설계 및 성찰
☐ 탐구–실행–성찰의 과정을 통해 수업을 설계할 수 있는가?
☐ 질문 중심 수업을 통해 학생 주도적 학습을 촉진하는가?
☐ 깊이 있는 수업 성찰을 통해 교수학습 전략을 지속적으로 개선할 수 있는가?

〈수업공감 능력〉 영역

[영역3] 과정 중심 평가 및 성장 피드백에 대한 철학
☐ 과정 중심 평가를 통해 학생들의 성장을 촉진할 수 있는가?
☐ 평가가 수업과정에 적절히 연계되도록 설계할 수 있는가?
☐ 학생의 성장을 독려하는 과정 중심의 피드백을 제공하고 있는가?

[영역4] 학생 성장 지원 및 맞춤형 수업 실천 의지
☐ 학생 개개인의 요구와 수준에 맞추어 맞춤형 학습을 지원하는가?
☐ 피드백과 평가 결과를 활용하여 학생의 성장을 돕고 있는가?
☐ 학생 성장을 위한 수업 실천에 대한 의지와 노력을 기울이고 있는가?

<의사소통 능력> 영역

[영역5] 학생의 삶에 맥락화된 문제 해결 수업 성찰

☐ 학생의 실생활과 연계된 문제 해결 학습을 제공하는가?

☐ 경기교육정책과 주제를 맥락적으로 연계하여 실천하는가?

☐ 학생에게 깊이 있는 학습 성찰의 기회를 제공하여 문제 해결력을 증진하는가?

[영역6] 협력적 문제 해결 및 통합적 사고 촉진

☐ 교육 생태계와 협력, 활용하여 학생의 성장을 촉진할 수 있는가?

☐ 교과 간(내) 통합적 사고를 통해 실생활 문제 해결을 유도하는가?

☐ 학생의 협력적 문제 해결 경험을 통해 성장을 지원하는가?

---

1 <수업 성찰 및 반성적 사고> 영역의 평가기준

(1) 교사 교육과정 이해 및 깊이 있는 수업 철학 이해

"교사 교육과정의 의미를 이해하여 재구성하고, 깊이 있는 수업 철학을 반영하여 수업을 설계할 수 있는가?"

① 교사 교육과정의 이해와 재구성

수업나눔평가에서 첫 번째로 중요한 기준은 교사의 교육과정 이해 능력이다. 교사는 국가, 지역, 학교 수준의 교육과정을 바탕으로 이를 학생의 성장에 맞춰 재구성하는 능력을 가져야 한다. 특히 깊이 있는 수업 철학을 바탕으로 교과 수업을 설계할 수 있는가를 평가한다. 교사 교육과정 설계는 단순히 교과 내용을 전달하는 것을 넘어, 학생의 요구와 교육환경을 고려하여 수업을 맞춤형으로 설계하는 교사의 자율성과 전문성을 반영한다.

② 깊이 있는 수업 철학의 반영

경기교육의 핵심 철학인 깊이 있는 수업을 교사가 어떻게 반영하는지가 중요한 평가 요소이다. 깊이 있는 수업 철학을 기반으로 학생의 개별적인 요구와 성장을 고려한 수업 설계가 이루어졌는지를 평가한다. 이는 교육과정의 목표와 내용 요소를 단순히 전달하는 것 이상으로, 교사가 학생 중심의 수업 철학을 가지고 수업을 설계하고 실천할 수 있는지를 묻는다.

(2) 질문과 탐구 중심 수업 설계 및 성찰

"탐구–실행–성찰의 과정을 기반으로 학생 주도적인 수업을 설계하고, 성찰을 통해 교수학습 전략을 개선할 수 있는가?"

① 탐구–실행–성찰의 수업 설계

수업나눔평가의 핵심은 학생이 질문하고 탐구하는 학습 과정을 통해 성찰하는 수업 설계이다. 교사는 단순히 지식을 전달하는 것이 아니라, 학생이 주도적으로 탐구할 수 있는 질문과 활동을 설계하여, 학생의 자기주도적 학습을 촉진할 수 있어야 한다. 수업 설계에서 탐구–실행–성찰의 순환적 과정을 어떻게 구조화하고, 학생의 사고를 촉진하는지에 중점을 두고 평가한다.

② 성찰을 통한 교수학습 전략 개선

깊이 있는 수업을 실현하는 데 중요한 요소는 교사의 성찰이다. 교사는 수업 후 성찰을 통해 자신의 수업을 돌아보고, 학생의 학습 효과를 분석하며, 이를 토대로 교수학습 전략을 개선해야 한다. 이 과정에서 교사의 성찰 능력과 지속적인 학습 개선 의지가 평가된다.

2 〈수업공감 능력〉 영역의 평가기준

(1) 과정 중심 평가 및 성장 피드백에 대한 철학

"과정 중심 평가와 피드백을 통해 학생들의 학습과 성장을 촉진할 수 있는가?"

① 과정 중심 평가와 피드백

수업나눔평가에서 중요한 부분 중 하나는 과정 중심 평가와 피드백이다. 교사는 학습 과정에서 학생들에게 구체적인 피드백을 제공하여 성장을 촉진하는 역할을 해야 한다. 특히 학생 개개인의 학습 상황을 고려한 맞춤형 피드백을 제공함으로써 학생의 학습 태도와 성과를 개선할 수 있는 능력을 평가한다. 이는 단순한 평가가 아닌, 수업 과정에서 학습 성장을 지원하는 중요한 도구로 작용한다.

② 평가와 수업의 연계

교사는 수업 중 학생들이 평가를 통해 성장을 느끼고, 이를 바탕으로 학습 목표에 도달할 수 있도록 수업과 평가를 연계해야 한다. 교사의 수업이 평가와 얼마나 긴밀하게 연결되어 있는지, 평가가 학생의 성장에 기여하는지를 중점적으로 평가한다.

(2) 학생 성장 지원 및 맞춤형 수업 실천 의지

"학생의 개별 요구와 수준에 맞추어 학습을 지원하고, 성장을 위한 맞춤형 수업 실천 의지를 갖추고 있는가?"

① 맞춤형 수업을 통한 학생 성장 지원

수업나눔평가에서는 학생들의 개별적인 요구를 반영한 맞춤형 수업이 중요한 평가 요소이다. 교사는 학생의 개별적 요구와 수준에 맞추어 수업을 설계하고, 이를 통해 학생들의 성장을 효과적으로 지원할 수 있어야 한다. 맞춤형 수업을 통해 학생들이 학습 목표에 도달할 수 있도록 유도하고, 이 과정에서 학생들에게 적절한 학습 지원을 제공하는 교사의 능력이 평가된다.

② 수업 실천 의지와 노력

수업나눔평가에서는 교사의 수업 실천 의지와 노력이 매우 중요하다. 교사는 수업 과정에서 학생의 성장을 최우선으로 생각하고, 이를 실현하기 위한 노력을 지속해야 한다. 학생 중심의 맞춤형 수업을 실천하고자 하는 교사의 의지와 노력이 평가기준에 포함된다.

③ 〈의사소통 능력〉 영역의 평가기준

(1) 학생의 삶에 맥락화된 문제 해결 수업 성찰

"학생의 학습 경험을 실생활과 연계하여 맥락적으로 제공하고, 깊이 있는 학습을 성찰하도록 지원할 수 있는가?"

① 학생의 삶과 연계된 학습

학생들의 학습 경험이 단순한 교과 학습을 넘어 실생활과 어떻게 연결되는지가 평가의 주요 기준이다. 교사는 학생들이 수업을 통해 얻은 지식과 경험을 실제 삶의 문제에 적용할 수 있도록 수업을 설계하고, 이를 통해 학생들의 문제 해결 능력을 길러야 한다.

② 깊이 있는 학습 성찰

수업나눔평가는 학생의 성찰 과정을 중요시한다. 교사는 학생들에게 자신이 학습한 내용을 돌아보고, 이를 성찰할 수 있는 기회를 제공해야 한다. 이를 통해 학생은 자신의 학습 과정을 되돌아보고, 스스로 문제를 해결할 수 있는 역량을 기르게 된다.

(2) 협력적 문제 해결 및 통합적 사고 촉진

"공동체와 협력하여 학생의 협력적 문제 해결을 촉진하고, 통합적 사고를 통해 실생활 문제를 해결할 수 있는 학습 경험을 제공하는가?"

① 협력적 문제 해결을 위한 수업 설계

수업나눔평가에서는 학생들이 협력적 문제 해결을 경험할 수 있는 수업을 설계하는 능력이 중요한 평가 요소이다. 교사는 학생들이 서로 협력하여 문제를 해결하고, 그 과정에서 공동체적 사고를 기를 수 있도록 수업을 설계해야 한다.

② 교과 간 통합적 사고 촉진

경기교육에서 강조하는 교과 간 융합적 사고를 촉진하는 수업 설계는 학생들이 실생활의 복잡한 문제를 다각도로 분석하고 해결할 수 있도록 돕는 중요한 요소이다. 교사는 여러 교과의 내용을 통합하여 학생들이 사고의 폭을 넓히고, 이를 통해 실생활 문제를 해결할 수 있는 기회를 제공해야 한다.

③ 교육 생태계와의 협력을 통한 수업 실천

교사는 학생의 전인적 성장을 위해 교육 생태계와의 협력을 실천할 수 있어야 한다. 동료 교사와의 협력, 학부모와의 소통, 지역 사회 자원을 활용한 프로젝트 등은 학생의 학습을 더욱 깊이 있게 만들고, 공동체적 성장을 촉진하는 중요한 요소이다. 특히 지역 사회와 연계한 프로젝트 학습이나, 학부모와 함께하는 학습 지원 프로그램 등은 교육 생태계와의 협력을 잘 보여줄 수 있는 사례가 된다.

4 수업실연평가 채점기준표

주제	영역	평가기준	배점
수업 성찰 및 반성적 사고	[영역1] 교사 교육과정 이해 및 깊이 있는 수업 철학 이해	교사 교육과정의 의미를 이해하여 재구성하고, 깊이 있는 수업 철학을 반영하여 수업을 설계할 수 있는가?	5점
		• 교사 교육과정의 의미를 이해하고 재구성할 수 있는가? • 깊이 있는 수업 철학을 반영하여 수업을 설계할 수 있는가? • 교과와 학생 중심의 수업 철학을 명확히 가지고 있는가?	
	[영역2] 질문과 탐구 중심 수업 설계 및 성찰	탐구–실행–성찰의 과정을 기반으로 학생 주도적인 수업을 설계하고, 성찰을 통해 교수학습 전략을 개선할 수 있는가?	5점
		• 탐구–실행–성찰의 과정을 통해 수업을 설계할 수 있는가? • 질문 중심 수업을 통해 학생 주도적 학습을 촉진하는가? • 깊이 있는 수업 성찰을 통해 교수학습 전략을 지속적으로 개선할 수 있는가?	
수업공감 능력	[영역3] 과정 중심 평가 및 성장 피드백에 대한 철학	과정 중심 평가와 피드백을 통해 학생들의 학습과 성장을 촉진할 수 있는가?	5점
		• 과정 중심 평가를 통해 학생들의 성장을 촉진할 수 있는가? • 평가가 수업 과정에 적절히 연계되도록 설계할 수 있는가? • 학생의 성장을 독려하는 과정 중심의 피드백을 제공하고 있는가?	

		학생의 개별 요구와 수준에 맞추어 학습을 지원하고, 성장을 위한 맞춤형 수업 실천 의지를 갖추고 있는가?	
	[영역4] 학생 성장 지원 및 맞춤형 수업 실천 의지	• 학생 개개인의 요구와 수준에 맞추어 맞춤형 학습을 지원하는가? • 학생에게 깊이 있는 학습 성찰의 기회를 제공하여 문제 해결력을 증진하는가? • 피드백과 평가 결과를 활용하여 학생의 성장을 돕고 있는가? • 학생 성장을 위한 수업 실천에 대한 의지와 노력을 기울이고 있는가?	5점
의사소통 능력	[영역5] 학생의 삶에 맥 락화된 문제 해 결 수업 성찰	학생의 학습 경험을 실생활과 연계하여 맥락적으로 제공하고, 깊이 있는 학습을 성찰하도록 지원할 수 있는가?	5점
		• 학생의 실생활과 연계된 문제 해결 학습을 제공하는가? • 경기교육정책과 주제를 맥락적으로 연계하여 실천하는가?	
	[영역6] 협력적 문제 해 결 및 통합적 사 고 촉진	공동체와 협력하여 학생의 협력적 문제 해결을 촉진하고, 통합적 사고를 통해 실생활 문제를 해결할 수 있는 학습 경험을 제공하는가?	5점
		• 교육 생태계와 협력, 활용하여 학생의 성장을 촉진할 수 있는가? • 교과 간(내) 통합적 사고를 통해 실생활 문제 해결을 유도하는가? • 학생의 협력적 문제 해결 경험을 통해 성장을 지원하는가?	

척도	점수	내용
매우 우수	5.0	하위 조건 3개 중 3개를 제대로 답변하고 세부 사항을 모두 충족함
우수	4.5	하위 조건 3개 중 2개를 제대로 답변하고 세부 사항을 모두 충족함
보통	4.0	하위 조건 3개 중 1개를 제대로 답변하고 세부 사항을 모두 충족함
부족	3.5	하위 조건 3개 중 2개 이상을 답변하였으나 세부 사항을 모두 충족하진 못함
매우 부족	3.0	하위 조건 3개 중 1개만 답변하였으나 세부 사항을 모두 충족하진 못함

수업나눔평가는 수업실연평가와 긴밀하게 연계되기 때문에, 모든 문제에 일반화된 채점표를 만들기는 쉽지 않다. 이는 수업나눔평가가 다양한 수업 상황과 학생들의 학습 특성을 반영하고, 교사의 수업 성찰 능력과 실천 의지를 평가하는 데 초점을 맞추기 때문이다. 각각의 문제는 교사의 수업 설계와 실행 과정에서 나타난 철학과 전략, 그리고 학생 성장을 위한 구체적인 실천 방안을 평가한다.

다만 앞서 제시한 평가기준이 어느 정도 반영된 답안이 구성될 수 있도록 문제가 출제될 것으로 예상한다. 예를 들어, 교사의 교육과정 이해와 깊이 있는 수업 철학이 평가되는 질문에서는 교사가 교육과정을 어떻게 재구성하고, 학생 주도성을 반영한 깊이 있는 수업을 어떻게 설계했는지 구체적으로 설명하는 답이 구성되어야 한다. 또한, 질문과 탐구 중심의 수업 설계 및 성찰과 같은 영역에서는 학생들이 탐구와 성찰을 통해 학습 목표에 도달할 수 있도록 수업을 어떻게 조직하고 개선했는지 답변을 구성해야 할 것이다.

경기도교육청이 밝혔듯, 수업나눔평가에서 다루어지는 질문들은 교사의 수업 성찰 및 반성적 사고 능력, 수업공감 능력 그리고 의사소통 능력과 같은 영역에 대한 성찰을 요구할 것이며, 이에 맞춰 답변을 구성해야 높은 평가를 받을 수 있다. 각 문제는 교사가 자신만의 교육 철학과 수업 실천 전략을 바탕으로 학생들의 학습 성장을 촉진하고, 이를 심층적으로 성찰할 수 있는 능력을 평가할 것이다.

즉, 이 평가기준에 준거하여 수업나눔평가를 준비한다면, 자신의 예술작품인 수업을 실제 성찰하고 비평한다는 것이 무엇인지, 교육에 있어 '협력'이라는 것이 어떤 가치를 갖는지, '깊이 있는 수업'을 설계, 운영하고 이를 개선하기 위해서는 어떠한 관점이 필요한지에 대한 '나만의 시각'이 생기게 된다. 이 시각은 진솔한 수업나눔을 하는 데 필수적이다.

경기도교육청이 수업나눔평가를 실시하는 목적이 여기에 있다고 생각한다. 수업나눔 연습의 결과, 실제 자신의 '수업'을 바라보는 관점과 철학, 그리고 개선에의 '의지'를 가진 경기도형 신규 교사를 선발하고자 하는 것. 이를 유념하며 수업나눔에 임한다면 반드시 좋은 결과를 얻을 수 있을 것이다.

5 합격하는 수업나눔 준비 전략

2025년 경기 2차 수업나눔평가를 준비하는 우리의 '사이다 합격 전략'은 평가 준비-평가 답안 요소 학습-평가 답안 설계의 과정에 따라 크게 세 가지로 나뉜다.

전략 1. 문제가 요구하는 〈조건〉 명료화하기
전략 2. P-R-O다운 나눔 답안 필수 요소 추출하기
전략 3. 나눔 답안 구조화 SEED-L 전략

전략 1. 문제가 요구하는 〈조건〉 명료화하기

시험 상황에서 문제를 깊이 분석하고 기록할 시간이 부족하다는 점을 고려할 때, 빠르고 효율적으로 문제의 조건을 파악하는 능력이 매우 중요하다. 이 전략은 문제의 핵심을 명확히 이해하고, 요구하는 조건을 정확하게 이행하는 방법을 연습하는 데 중점을 둔다. 짧은 시간 내에 문제를 눈으로 훑어보며, 답안을 구성하기 전에 조건을 명료하게 이해하는 훈련을 통해 답변의 방향을 빠르게 설정할 수 있다.

전략 2. P-R-O다운 나눔 답안 필수 요소 추출하기

P-R-O는 나눔 답안에서 반드시 포함되어야 하는 핵심 요소로, 필수적인 평가기준과도 맞닿아 있다.

- P(철학): 교사의 교육 철학과 깊이 있는 수업 철학이 반영된 답변을 통해, 학생 성장을 위한 수업의 방향성을 제시해야 한다.
- R(성찰): 교사 자신과 학생의 학습 과정을 성찰하여, 깊이 있는 반성적 사고를 바탕으로 교사의 수업을 개선하는 태도를 보이는 것이 중요하다.
- O(공동체와 의사소통): 교육공동체와의 협력, 즉 동료 교사, 학부모, 지역 사회와의 소통을 통해 학생 성장을 돕고, 학생의 협력적 학습 환경을 조성하는 의지를 답변에 담아야 한다.

P-R-O 전략은 수업나눔에서 필수적으로 들어가야 하는 요소들을 답변에서 빠르게 추출하고, 이를 바탕으로 체계적으로 답안을 구성하는 연습을 돕는다.

전략 3. 나눔 답안 구조화 SEED-L 전략

합격자들의 공통점은 답안이 매우 논리정연하고 깔끔했다는 것이다. 따라서 그러한 답안을 구성해 내는 전략이 필요하다. SEED-L은 다음과 같은 다섯 단계를 통해 답변을 명확하고 일관되게 작성할 수 있도록 돕는다.

- S(Statement): 선언 진술을 제시하여 질문의 핵심을 간결하고 명확하게 하여 답변을 시작하는 단계이다.
- E(Evidence): 답변을 뒷받침하는 근거가 되는 수업 경험, 교육 이론, 정책 등을 '구체적으로' 제시한다.
- E(Explanation): 제시한 근거를 논리적으로 설명하여 답변의 흐름을 강화한다.
- D(Development): 답변에 대한 발전 가능성이나 개선 방안을 추가적으로 제시하여 심화된 답변을 구성한다.
- L(Link): 경기교육철학, 경기교육정책 또는 학생 성장과 관련된 방법과 연결하여 답변을 마무리한다.

SEED-L 전략은 답변의 흐름을 깔끔하게 정리하고, 논리적 일관성을 유지하며, 평가자가 요구하는 핵심 요소를 명확히 전달할 수 있는 구조를 제공한다.

수업나눔평가 채점기준

체크리스트: 오늘 나의 수업 성찰해 보기

1. 교사 교육과정 이해 및 깊이 있는 수업 철학 이해
- ☐ 교사 교육과정의 의미를 이해하고 재구성한 것이다.
- ☐ 깊이 있는 수업 철학을 반영하여 수업을 설계하였다.
- ☐ 교과와 학생 중심의 수업 철학을 명확히 가지고 있다.

2. 질문과 탐구 중심 수업 설계 및 성찰
- ☐ 탐구-실행-성찰의 과정을 기반으로 수업을 설계하였다.
- ☐ 질문 중심 수업을 통해 학생 주도적 학습을 촉진하였다.
- ☐ 깊이 있는 수업 성찰을 통해 교수학습 전략을 지속적으로 개선할 수 있다.

3. 과정 중심 평가 및 성장 피드백
- ☐ 과정 중심 평가를 통해 학생들의 성장을 촉진하였다.
- ☐ 평가가 수업 과정에 적절히 연계되도록 설계하였다.
- ☐ 학생의 성장을 독려하는 과정 중심의 피드백을 제공하였다.

4. 학생 성장 지원 및 맞춤형 수업 실천 의지
- ☐ 학생 개개인의 요구와 수준에 맞춘 맞춤형 학습을 지원하였다.
- ☐ 학생에게 깊이 있는 학습 성찰의 기회를 제공하여 문제 해결력을 증진하였다.
- ☐ 피드백과 평가 결과를 활용하여 학생의 성장을 도왔다.

5. 학생의 삶에 맥락화된 문제 해결 수업 성찰
- ☐ 학생의 실생활과 연계된 문제 해결 학습을 제공하였다.
- ☐ 경기교육정책과 주제를 맥락적으로 연계하여 수업을 실천할 수 있다.

6. 협력적 문제 해결 및 통합적 사고 촉진
- ☐ 교육 생태계와 협력하여 학생의 성장을 촉진하였다.
- ☐ 교과 간 통합적 사고를 통해 실생활 문제 해결을 유도하였다.
- ☐ 학생의 협력적 문제 해결 경험을 통해 성장을 지원하였다.

적용하기

수업의 어떤 부분에서 드러나고 있는가? 구체적인 수업 장면을 키워드 위주로 적어보자.

_____

_____

_____

_____

_____

04. 전략 1.
문제가 요구하는 〈조건〉 명료화

이것만은

1. 문제 끊어 읽어 조건 명확화하기	한 문장씩 끊어 읽으며 핵심 조건을 명확하게 파악한다.
2. 키워드 중심으로 답안 구상하기	핵심 키워드를 빠르게 추출하고 이를 중심으로 논리를 간결하게 구성한다.
3. 중복되는 답 피하기	전체 문항을 빠르게 읽고 중복되지 않도록 각각의 답안을 구상한다.
4. 두괄식으로 답변 시작하기	핵심 방안을 먼저 제시하고, 이유와 논리적 근거를 구체적으로 설명한다.

　수업나눔평가에서 가장 중요한 첫 번째 단계는 문제에서 요구하는 조건을 명료하게 파악하는 것이다. 평가관이 원하는 답변을 정확히 파악하지 못하면 좋은 답변을 만들 수 없기 때문에, 짧은 시간 내에 문제의 핵심을 신속하게 파악하는 것이 매우 중요하다. 수업나눔평가를 잘 치르고 나왔다고 생각하는 수험생들 중에서, 막상 나눔 점수가 기대보다 낮게 나온 경우가 종종 있다. 이런 경우, 본인은 문제에 정확한 답변을 했다고 생각했지만 실제로는 문제를 오독하여 엉뚱한 답변을 한 경우가 많다. 실제 시험 상황에서는 구상 시간을 갖거나 깊이 생각할 시간이 제한적이기 때문에, 짧은 시간 내에 문제의 조건을 효율적으로 파악하는 능력을 기르는 것이 매우 중요하다.

1 문제 끊어서 읽기로 조건 명확화하기

　문제를 읽을 때는 한 문장씩 끊어 읽으면서 출제위원과 평가위원이 구체적으로 무엇을 요구하는지 명확하게 파악해야 한다. 각 문장을 한꺼번에 읽기보다는 질문의 각각의 요소를 구분하고, 이를 통해 문제의 구조와 핵심 조건을 분명하게 이해하는 것이 중요하다. 예를 들어, "수업에서 학생의 깊이 있는 학습이 가장 잘 일어난 부분 2가지를 말하고, 관련하여 발생할 수 있는 어려움과 극복 방안을 말씀해 주십시오."라는 문제에서 요구하는 바는 다음과 같이 세분화할 수 있다.

- 학생의 깊이 있는 학습이 잘 일어난 부분 2가지 설명
- 그 부분에서 발생할 수 있는 어려움 제시
- 그 어려움에 대한 극복 방안 설명

이렇게 문제를 끊어서 읽고 명확하게 구분하는 연습을 통해, 답변의 방향을 올바르게 설정할 수 있다. 이러한 분석 과정은 짧은 시간 내에 문제의 본질을 파악하고, 답변을 보다 체계적으로 전개하는 데 중요한 첫걸음이 된다.

② 키워드 중심으로 답안 구상하기

수업나눔평가에서는 답안을 구상할 시간이 제한적이다. 따라서 문제를 읽는 동시에 중요한 키워드를 추출하고, 이를 중심으로 빠르게 답안을 구상하는 능력이 필요하다. 시험 시간 내에 많은 정보를 다루는 것은 불가능하기 때문에, 핵심 키워드를 빠르게 파악하여 논리를 간결하게 구성해야 한다.

- 깊이 있는 학습이 잘 일어난 부분 2가지
    - 탐구 질문 만들기, 학생 주도성
    - 삶과 연계, 맥락화
- 어려움 = 문해력이 부족한 다문화 학생
- 극복 방안 = 어휘 사전, 동료와 협력

이처럼 핵심 키워드를 빠르게 추출한 후, 이를 해결하는 답변을 머릿속으로 빠르게 구상한다. 이러한 방식은 문제를 신속히 분석하고 답변에서 중요한 핵심 내용을 놓치지 않도록 도와준다.

③ 중복되는 답 피하기

문제를 분석할 때, 각각의 질문에서 요구하는 답변이 중복되지 않도록 주의해야 한다. 이를 위해서는 처음 문제를 성찰하는 시간에 1~3번 질문을 모두 한꺼번에 훑는 연습이 필요하다. 문항별로 성찰하든, 전체 문항을 한번에 성찰하든 상관없이, 처음 성찰할 때에는 반드시 1번, 2번, 3번 질문을 빠르게 읽어내는 훈련이 필요하다.

예를 들어, 첫 번째 "학생의 협력적 문제 해결 역량을 증진하는 방안"을 제시하라는 질문이 있고, 두 번째 "학생 간 상호작용이 활발한 부분"을 제시하라는 질문이 있다면, 두 질문의 답

이 중복되지 않도록 주의해야 한다. 첫 번째 질문에서 협력적 문제 해결 역량에 대해 설명했다면, 두 번째 질문에서는 상호작용의 다른 장면을 제시할 수 있어야 한다. 첫 번째 질문에서는 팀 발표 활동을, 두 번째 질문에서는 하브루타 활동을 제시하는 방식처럼 말이다.

다시 말해, 문제를 처음 분석할 때 전체 문항을 성찰하고 답안을 구상하는 과정에서 중복을 피하는 것이 매우 중요하다. 이를 통해 각 질문에 맞는 적절한 답변을 구성하고, 논리적인 흐름을 유지할 수 있다.

④ 두괄식으로 답변 시작하기

답변은 두괄식으로 명확하게 시작하는 것이 효과적이다. 평가관이 질문에서 원하는 답을 빠르게 인지할 수 있도록, 핵심적인 방안을 먼저 제시하고 그 방안을 선택한 이유를 설명하는 방식으로 답변을 구성해야 한다. 예를 들어, "학생의 깊이 있는 학습이 잘 일어난 부분은 A와 B입니다. 이 부분에서 발생할 수 있는 어려움은 C이고, 이를 극복하기 위해 D를 활용하였습니다."와 같은 방식으로 결론을 먼저 제시하고 근거와 논리를 이어가는 것이다. 이러한 방식은 평가관이 빠르게 핵심을 파악할 수 있도록 돕는다.

✅ 사이다 Check Box

채점기준에 따라 나의 수업나눔 채점해 보기

체크리스트	적용하기
☐ 문제를 한꺼번에 읽지 않고 한 문장씩 끊어서 읽으며 조건을 파악한다.	최근 수업나눔평가 기출문제를 한 문장씩 끊어 읽으면서 조건의 개수를 세어보자.
☐ 답안에서 다룰 주요 개념과 방안을 간결하게 정리하고, 그에 따른 사례를 준비한다.	문제에서 중요한 핵심 키워드를 빠르게 추출하고, 그에 맞는 답안을 간결하게 구성하는 연습을 해보자.
☐ 전체 문항을 한번에 빠르게 분석하여 중복되는 답변을 방지한다.	시간 내에 전체 문항을 한꺼번에 성찰하며 중복되는 답변이 없도록 주의하고, 각 문항에 적합한 장면을 구상해 보자.
☐ 답변의 결론을 먼저 제시하고, 구체적인 근거와 사례를 뒷받침하는 두괄식 답변 방식을 활용한다.	답변을 두괄식으로 구상하고, 핵심 내용을 먼저 제시하는 연습을 해보자.

05. 전략 2.
PRO-X다운 나눔 답안 필수 요소

이것만은 꼭!

주제	내용
1. 철학(Philosophy)	교사의 교육 철학을 명확히 드러내고, 경기교육 철학과 연결하기
2. 성찰(Reflection)	수업에서 잘된 부분과 아쉬운 부분을 성찰하고, 개선 방안을 제시하기
3. 공동체(Organization)	교육공동체와의 협력, 학생 간 협력 학습을 통해 성장을 지원하는 방안 제시하기
4. 경기교육정책(X-Factor)	답변을 미래교육 환경 및 경기교육정책과 연계하기

수업나눔평가에서 답안의 재료가 되는 필수 요소들을 미리 준비하고 연습하는 것은 매우 중요하다. 평가 상황이다 보니 구상 시간이 제한적이고, 답변을 빠르게 인출해야 하므로, 답안의 재료들을 체계적으로 준비해 두지 않으면 유려하게 답하기가 쉽지 않다. 또한, 이러한 준비 과정에서 교사는 문제에 대한 즉각적인 반응뿐만 아니라, 질문의 본질을 깊이 이해하고 깊이 있는 수업이란 무엇인지에 대한 심층적인 공감을 모색할 수 있어야 한다.

특히, 평가관이 질문하는 문제 유형은 대개 반복적인 패턴을 가진다. 예를 들어, "학생의 성장을 촉진하는 수업 방안은 무엇인가요?" 또는 "교사는 수업을 성찰하며 어떻게 개선할 계획인가요?"와 같은 질문들은 종종 등장하며, 이러한 질문에 대한 기본 답변을 준비해 둔다면 시간에 쫓기지 않고 효과적으로 답변할 수 있다.

그렇다면 어떤 질문에 대한 기본 답변을 준비해야 하는가? 이를 위해 PRO-X다운 나눔 답안의 필수 요소를 제안한다.

Philosophy(철학): 교사의 교육관, 교육 철학, 그리고 경기교육 철학과의 연결
Reflection(성찰): 실제 수업 장면에 대한 직접적인 성찰, 학생의 성장에 관한 성찰
Organization(공동체와 의사소통): 교육공동체와의 협력, 학생 간 협력 강조
X-Factor(경기교육): 미래교육 환경 혹은 경기교육정책과의 연계

01 P - 교사의 교육 철학(Philosophy) 드러내기

수업나눔 답안의 첫 번째 핵심 요소는 교사의 철학(Philosophy)이다. 교사의 교육 철학은 수업의 방향과 목적을 결정하는 중요한 역할을 하며, 이를 통해 교사의 교육관이 수업에 어떻게 반영되는지를 명확하게 드러낼 수 있어야 한다. 수업나눔평가에서 교사의 철학은 수업을 설계하고 실행하는 과정에서 어떻게 학생의 성장을 촉진하고, 학습을 깊이 있게 이끌어 나가는지를 보여주는 중요한 기준이다.

> **철학[P]과 연관된 수업나눔 질문**
> • 교사 교육과정의 의미를 이해하고 재구성할 수 있는가?
> • 깊이 있는 수업 철학을 반영하여 수업을 설계할 수 있는가?
> • 교과와 학생 중심의 수업 철학을 명확히 가지고 있는가?
> • 학생의 개별 요구와 수준에 맞추어 맞춤형 학습을 지원하는가?
> • 학생 성장을 위한 수업 실천에 대한 의지와 노력을 기울이고 있는가?
> • 학생의 실생활과 연계된 문제 해결 학습을 제공하는가?
> • 경기교육정책과 주제를 맥락적으로 연계하여 실천하는가?

(1) 나만의 교육 철학 정리하기

교사는 수업을 구상할 때 '왜' 이 수업을 설계했는지, '어떤 교육적 가치를 반영하고자 했는지'를 끊임없이 성찰해야 한다. 이때, 교사 자신의 교육 철학과 더불어 경기교육이 지향하는 철학과 연결 지어 답변하는 것이 필요하다. 예를 들어, 협력적 문제 해결 역량을 중시하는 철학을 가지고 있다면, 수업에서 협력적 활동을 어떻게 설계했는지, 학생들이 이를 통해 어떤 성장과 변화를 경험할 수 있을지에 대해 구체적으로 설명할 수 있어야 한다.

(2) 경기교육 철학에 기반하기

교사의 철학은 경기교육 철학과도 연계되어야 한다. 경기교육에서는 "깊이 있는 수업"을 중요한 가치로 여긴다. 이를 수업에 어떻게 반영했는지를 설명할 수 있어야 하며, 그 과정에서 학생들이 깊이 있는 학습을 경험하고, 자신의 성장 가능성을 발견할 수 있도록 지원한 사례를 제시할 수 있어야 한다.

선생님이 중시하는 교육 철학은 무엇입니까? 이 철학을 가지게 된 배경은 무엇이며, 학생들이 어떤 가치를 중시했으면 좋겠습니까?

㉠ 저의 교육 철학은 학생 개별 성장과 공동체 내 협력적 문제 해결을 중시하는 것입니다. 저는 학생들이 서로 협력하면 서도 개별적 성장을 도모하는 과정에서 더 나은 성과를 거둘 수 있다고 믿습니다. 이러한 철학을 통해 학생들은 비판적 사고와 창의적 문제 해결 능력을 기를 수 있으며, 궁극적으로는 미래 사회에 필요한 역량을 갖춘 인재로 성장할 수 있도록 돕고자 합니다.

선생님의 교육 철학은 수업 설계에 어떻게 반영되었습니까? 수업 중 구체적인 사례를 제시하여 말씀해 주십시오.

㉠ 저는 학생들의 협력적 문제 해결 능력을 함양하기 위해 프로젝트 기반 학습(PBL)을 도입했습니다. 예를 들어, 학생들이 실생활과 관련된 문제를 팀별로 해결하는 과정을 통해, 스스로 학습 목표를 설정하고, 탐구하며, 협력하는 경험을 제공하였습니다. 이 과정에서 학생들은 자신의 의견을 팀원과 조율하며 문제를 해결하고, 함께 성장하는 즐거움을 느낄 수 있었습니다.

경기교육은 "깊이 있는 수업"을 중시합니다. 오늘 수업에서 깊이 있는 학습이 일어난 부분은 어디입니까? 구체적인 수업 사례와 함께 말씀해 주십시오.

㉠ 경기교육이 강조하는 "깊이 있는 수업" 철학을 반영하여, 저는 프로젝트 기반 학습을 통해 학생들이 스스로 문제를 탐구하고 협력하는 수업을 설계했습니다. 이 수업에서 학생들은 단순한 지식 습득을 넘어, 문제를 깊이 탐구하고, 비판적 사고와 창의적 문제 해결 능력을 발휘했습니다. 특히 과정 중심 평가를 통해 학생들이 학습 과정을 성찰하고, 그 과정에서 발전할 수 있도록 꾸준한 피드백을 제공하였습니다.

학생의 실생활과 연계된 학습 경험을 어떻게 제공하였는지 설명하고, 실생활과 관련된 경험에 맥락화된 수업이 중요한 이유는 무엇인지 말씀해 주십시오.

오늘 수업에서 학생들에게 삶과 연계된 문제 해결 학습을 어떻게 제공하였는지 말씀해 주십시오.

02 R – 수업을 진실되게 성찰(Reflection)하기

수업나눔평가에서 중요한 두 번째 핵심 요소는 성찰(Reflection)이다. 교사는 자신의 수업이 어떻게 이루어졌고, 어떤 부분이 효과적이었으며, 개선해야 할 점은 무엇인지 깊이 있는 성찰을 할 수 있어야 한다. 성찰을 통해 수업을 개선하고, 학생들에게 더 나은 학습 경험을 제공하는 교사의 능력이 평가되는 부분이다. 이 성찰 과정은 교사뿐만 아니라 학생도 성찰할 수 있도록 독려하는 것이 중요한 평가기준이 된다.

성찰은 단순히 수업의 문제점을 찾는 것이 아니라, 왜 그러한 문제가 발생했는지, 어떻게 개선할 수 있을지를 깊이 생각하는 과정이다. 또한, 교사의 교육관과 수업의 철학이 성찰 과정에서 어떻게 드러나는지도 중요한 평가 요소가 된다.

> **성찰[R]과 연관된 수업나눔 질문**
> • 탐구–실행–성찰의 과정을 통해 수업을 설계할 수 있는가?
> • 질문 중심 수업을 통해 학생 주도적 학습을 촉진하는가?
> • 깊이 있는 수업 성찰을 통해 교수학습 전략을 지속적으로 개선할 수 있는가?
> • 과정 중심 평가를 통해 학생들의 성장을 촉진할 수 있는가?
> • 평가가 수업 과정에 적절히 연계되도록 설계할 수 있는가?
> • 학생의 성장을 독려하는 과정 중심의 피드백을 제공하고 있는가?
> • 피드백과 평가 결과를 활용하여 학생의 성장을 돕고 있는가?

(1) 수업에서의 성공적인 부분 성찰

교사는 수업 중 성공적으로 이루어진 부분을 성찰하며, 학생들의 긍정적인 학습 경험을 분석해야 한다. 예를 들어, 학생들이 협력적 문제 해결 과정을 통해 스스로 문제를 해결한 장면이나, 교사의 발문을 통해 학생들의 사고가 확장된 사례를 성찰할 수 있다.

(2) 개선이 필요한 부분 성찰

성찰은 성공적인 부분뿐만 아니라, 개선이 필요한 부분을 찾고 이를 보완하는 계획을 세우는 과정도 포함된다. 이 과정에서 교사는 자신의 수업을 객관적으로 바라보며, 수업의 약점을 보완할 방안을 모색해야 한다.

(3) 학생의 성찰을 독려하는 수업

깊이 있는 수업의 핵심 요소 중 하나는 학생 스스로 자신의 학습을 성찰할 수 있도록 돕는 것이다. 교사는 수업 중 학생들이 학습 과정을 돌아보고, 자신의 성장을 인지하며, 더 나은 학습자로 발전할 수 있도록 성찰을 촉진해야 한다.

(4) 과정 중심 평가를 통한 성찰

교사는 수업 중 과정 중심 평가를 통해 학생들의 학습 과정을 성찰하고, 지속적인 피드백을 제공하여 학생들이 자신의 성장을 실감할 수 있도록 해야 한다. 과정 중심 평가를 통해 교사 역시 자신의 수업을 성찰하고, 평가와 피드백이 수업의 방향성을 어떻게 변화시켰는지 반영할 수 있어야 한다.

(5) 성찰을 통해 교사의 성장 도모

교사는 성찰을 통해 자신의 수업과 교사로서의 성장을 도모해야 한다. 수업에서 발견한 문제점을 단순히 수정하는 것에 그치지 않고, 교사로서의 교육적 철학과 방법론을 지속적으로 발전시키는 기회로 삼아야 한다.

> **실제 성찰[R]해야 하는 수업의 중요 지점들**
> - 학생의 삶과 연계하여 설계한 지점, 혹은 설계가 되지 않은 지점
> - 나의 교육관이 잘 반영된 지점, 혹은 되지 않은 지점
> - 학생의 개인차(배움의 평등)가 잘 고려된 지점, 혹은 되지 않은 지점
> - 학생의 사고를 확장하는 확산적 발문이 잘 된 지점, 혹은 되지 않은 지점
> - 학생에 대한 피드백 활동이 잘 이루어진 지점, 혹은 되지 않은 지점
> - 과정 중심 평가로 설계가 잘 된 지점, 혹은 되지 않은 지점
> - 교사-학생 간 의사소통이 원활하게 잘 이루어진 지점, 혹은 되지 않은 지점
> - 수업 중 발생한 다양한 돌발 상황에 잘 대응한 지점 혹은 되지 않은 지점

수업나눔 답변에서 교사의 '성찰함'이 잘 드러나는 가장 좋은 방법은 역시 실제 수업 장면과 긴밀하게 연계하여 대답하는 것이다. 답변은 구체적일수록 좋다. 예를 들어, 실제 수업 장면에서 '또래 교수'를 시행했다면 "또래 교수를 시행했습니다."라고만 대답하기보다는 다음과 같이 답변하는 것이 구체적인 답변이다.

"현수와 같이 배움이 느린 친구를 위해, 수학척척박사 민정이를 같은 모둠에 편성하였습니다. 특히 〈자료 1〉을 활용한 온라인 퀴즈 풀기 시간에, 현수가 문제 풀이에 어려움을 겪자 민정이는 '우리 저번 시간에 공부한 공식을 떠올려 보자.'라면서 현수의 학습을 독려하였습니다. 이처럼 저는 또래 교수를 시행하여, 단 한 명도 소외되지 않고 모두에게 성장이 일어날 수 있도록 노력하였습니다."

이를 위해서는 방금 진행한 '본 수업의 장면'과 연관하여 답변을 구성하는 연습이 충분히 되어야만 한다. 2차 시험 준비 기간 동안 나눔에 소홀하지 말아야 하는 가장 큰 이유가 여기에 있다.

(6) [종합] 수업 성찰 항목 정리

학생 맞춤형 수업에서 교사의 성찰은 매우 중요한 역할을 한다. 성찰을 통해 교사는 자신의 교수·학습 설계와 실행 과정을 되돌아보며, 어떤 부분이 효과적이었고, 개선이 필요한 부분은 무엇인지 평가할 수 있다. 또한 학생 개개인의 학습 성과와 반응을 분석함으로써, 보다 효과적인 맞춤형 교수전략을 개발할 수 있게 된다. 이 과정에서 교사는 자신의 교육 철학과 가치관을 재점검하고, 디지털 도구 및 에듀테크를 교육에 적절히 통합하는 방법을 고민하게 된다.

이러한 성찰은 교사의 전문성을 향상시키고, 학생들에게 더 나은 학습 경험을 제공하는 데 필수적이다. 교사의 성찰은 단순히 수업 후의 평가에 그치지 않고, 지속적으로 이루어져야 하며, 성공적인 맞춤형 교육을 구현하는 데 핵심 요소로 작용한다.

경기도교육청은 '(에듀테크를 활용한) 학생 맞춤형 수업은 다음과 같은 내용 요소를 통해 성찰하는 것이 필요하다.'라고 강조한 바 있다. 경기도교육청이 직접 성찰이 필요한 내용이라고 발표했다는 것은 두 가지를 의미한다고 볼 수 있다. 첫째, 해당 내용을 지키는 '수업실연'을 해야 한다는 것이다. 둘째, 해당 내용이 '나눔 문항'으로 출제될 수 있다는 것이다. 이에 해당 내용을 나눔 문항으로 만들어서 제시해 보았으니 꼭 깊이 있게 살피고 이대로 수업을 성찰해 보기를 바란다.

항목	내용	나눔 문항화
1. 교수 전략	수업에서 사용한 교수 전략이 효과적이었는지 평가하고, 어떤 전략이 더 나은 결과를 가져왔는지 분석한다.	본 수업에서 사용한 교수 전략이 무엇이었는지 말씀해 주십시오.
		본 수업에서 사용한 교수 전략이 효과적이었던 부분을 말씀해 주십시오.
		본 수업에서 사용한 교수 전략에서 아쉬운 점은 무엇이었고, 어떻게 극복할 것인지 말씀해 주십시오.
2. 학생 참여도	학생들이 수업에 얼마나 적극적으로 참여했는지, 참여도를 높이기 위한 방법은 무엇인지 성찰한다.	본 수업에서 학생이 가장 적극적으로 참여한 부분은 어디였습니까?
		학생의 참여도를 높이기 위해 어떤 전략을 사용하였습니까?
		학생의 참여도를 높이기 위해 앞으로 어떤 노력을 기울일 것인지 말씀해 주십시오.
3. 개별 학생 학습 성취도	각 학생의 학습 목표 달성 여부를 평가하고, 학습 성취도 향상을 위한 추가 지원 방안을 모색한다.	학생들의 학습 목표 달성을 위해 어떤 노력을 기울였는지 말씀해 주십시오.
		학생들 중 학습 목표를 달성하지 못한 학생이 있다면 이를 보완하기 위해 어떻게 할 것입니까?

4. 피드백	학생들에게 제공한 피드백이 구체적이고 효과적이었는지, 피드백을 통해 학습 개선이 이루어졌는지 검토한다.	본 수업에서 학생들에게 도움이 되기 위해 제공한 피드백을 구체적으로 제시해 주십시오.
		본 수업에서 제공한 피드백이 학생들에게 어떻게 도움이 되었는지 구체적으로 말씀해 주십시오.
		제공한 피드백을 통해 학생들의 학습 개선이 이루어진 부분을 말씀해 주십시오.
		학생들에게 피드백을 제공할 때 어려웠던 점과 앞으로 이를 극복하기 위해 어떤 노력을 기울일 것인지 말씀해 주십시오.
5. 에듀테크 활용	에듀테크 도구가 수업에서 얼마나 효과적으로 사용되었는지, 더 나은 활용 방안은 무엇인지 성찰한다.	본 수업에서 어떤 에듀테크 도구를 활용하였습니까?
		본 수업에서 사용된 에듀테크 도구는 어떤 점에서 효과적이었으며, 어떤 점에서 아쉬웠습니까? 각각 이유를 들어 말씀해 주십시오.
		에듀테크 활용 시 아쉬웠던 점을 이야기하고 이를 개선하기 위한 방안을 말씀해 주십시오.
		앞으로 에듀테크 도구를 효과적으로 활용하기 위해 어떤 노력을 기울일 것인지 말씀해 주십시오.
6. 수업 자료 및 콘텐츠	사용한 수업 자료와 콘텐츠가 학습 목표 달성에 적합했는지, 개선할 점이 있는지 분석한다.	수업에서 사용한 자료나 콘텐츠가 학습 목표 달성에 어떻게 기여했는지 설명해 주십시오.
		수업에서 사용한 자료나 콘텐츠를 설명하고, 그와 관련하여 아쉬운 점과 극복 방안을 말씀해 주십시오.
7. 시간 관리	수업 시간 관리가 효율적이었는지, 각 활동에 적절한 시간이 배분되었는지 성찰한다.	수업 시간 배분에서 아쉬운 점이 있었다면 설명하고, 이를 어떻게 개선할 것인지 말씀해 주십시오.
8. 학생 반응	학생들의 반응과 피드백을 분석하여, 수업 내용과 방법이 학생들에게 얼마나 유익했는지 평가한다.	본 수업에서 학생들의 반응이 가장 활발하게 일어날 것이라 생각되는 부분을 설명하고, 그 이유를 말씀해 주십시오.
		본 수업에서 학생들이 가장 긍정적으로 반응할 것이라고 생각되는 부분을 설명하고, 그 이유를 말씀해 주십시오.
		본 수업에 참여한 학생들은 이 수업을 어떻게 평가할 것이라 생각합니까? 그 이유는? 아쉬운 점과 극복 방안은?

9. 자기 주도 학습 및 학습의 지속성	학생들이 자기 주도적으로 학습할 수 있고 학습이 지속될 수 있도록 지원했는지, 이를 강화할 방법은 무엇인지 검토한다.	본 수업에서 학생의 주도성이 가장 크게 발휘된 부분을 설명해 주십시오.
		경기교육은 학생 주도적인 맞춤형 수업을 강조합니다. 이러한 관점에서 본 수업을 평가하고 아쉬운 점과 극복 방안을 말씀해 주십시오.
		학생들이 지속적으로 학습할 수 있도록 어떤 노력을 기울였습니까? 앞으로 학생들의 학습 지속성을 위해 어떤 지원을 제공하고 싶은지 말씀해 주십시오.
10. 협력 학습	협력 학습이 잘 이루어졌는지, 학생들이 협력적으로 문제를 해결하고 학습했는지 평가한다.	본 수업에서 학생의 협력이 가장 잘 일어난 부분을 말씀해 주십시오.
		학생의 협력적 문제 해결 역량의 함양이라는 측면에서 아쉬운 부분은 어디였으며 그 이유는 무엇입니까? 이를 보완하기 위한 계획은 무엇입니까?
11. 학습 환경	물리적 및 디지털 학습 환경이 학생들에게 적합했는지, 환경 개선을 위한 방안은 무엇인지 분석한다.	학교 현장에서 디지털 학습 환경을 개선하기 위해 어떤 노력을 기울일 것인지 구체적인 방안을 말씀해 주십시오.
12. 전문성 개발	교사 자신의 전문성 개발을 위해 필요한 추가 연수나 교육이 있는지 성찰한다.	수업나눔 이후 교사로서 자신의 전문성 개발을 위해 어떤 노력이 필요하다고 생각하였는지 말씀해 주십시오.
		자신의 전문성 개발을 위해 어떤 노력을 기울일 것인지 구체적인 계획을 말씀해 주십시오.

 **Advice**

구체적으로 나의 수업 성찰하기

처음 수업나눔을 해 보면 스스로가 두루뭉술하게 대답한다는 느낌이 들기 일쑤입니다. 그러나 수업나눔에서 좋은 점수를 받기 위해서는 실제로 내 수업을 성찰했다는 느낌을 주어야 합니다. 그러기 위해서는 수업에서 했던 학습 활동이나 제 발언을 그대로 언급해야 합니다.

예를 들어, 저는 수업실연에서 항상 학생들을 지명할 때 뒤에 있는 학생들을 고려하여 '재원 over there' '태훈 back there'라고 불렀습니다. 이를 수업나눔에 활용할 경우, "한 명도 소외되지 않는 수업을 위해 학생들의 이름을 고르게 불러 주었습니다."라고 답변하기보다는 "한 명도 소외되지 않는 수업을 위해 재원 over there, 태훈 back there라고 불러 주어 뒤에 앉은 학생들까지 교사가 관심을 갖고 있음을 느끼게 해 주었습니다."라고 답변하면 됩니다. 이처럼 실연에서 했던 활동이나 말을 구체적으로 언급하면 실연과 나눔의 연계성이 높아지고 좋은 점수를 받을 수 있을 것입니다.

• 사이다 합격자 김양현 선생님

오늘 했던 수업에서 잘한 부분과 아쉬운 부분에 대해 고민하고, 이에 대한 자신의 생각을 이야기해 봅시다.

아쉬운 부분은 왜 발생했을지 이유를 고민하고, 이를 개선하기 위해서는 어떤 노력이 필요할지에 대해 이야기해 봅시다.

학생들이 자신의 학습을 성찰할 수 있도록 수업 중 어떤 활동을 설계했는지 말씀해 주십시오. 또 학생들의 성찰을 독려하는 방법과 그 효과에 대해 말씀해 주십시오.

과정 중심 평가를 통해 수업 중 학생들의 성장을 관찰한 평가 방법을 설명하고, 피드백을 반영하여 수업을 어떻게 개선했는지 구체적인 사례를 들어 말씀해 주십시오.

03 O – 교육공동체(Organization)와 의사소통하기

수업나눔 답안의 세 번째 핵심 요소는 교육공동체와의 협력과 의사소통이다. 교사는 혼자서만 수업을 설계하고 실행하는 것이 아니라, 학생, 동료 교사, 학부모, 나아가 지역 사회와 협력하여 교육 생태계를 구축하고 학생의 성장을 도모해야 한다. 특히 협력적 문제 해결 능력과 통합적 사고를 강조하는 교육 환경에서는, 교사가 수업 안팎에서 학생과의 의사소통뿐만 아니라 교육공동체와의 유기적인 협력을 통해 실질적인 성과를 이끌어 내는 것이 중요하다.

> **공동체[O]와 연관된 수업나눔 질문**
> • 교육 생태계와 협력, 활용하여 학생의 성장을 촉진할 수 있는가?
> • 교과 간(내) 통합적 사고를 통해 실생활 문제 해결을 유도하는가?
> • 학생의 협력적 문제 해결 경험을 통해 성장을 지원하는가?

(1) 협력적 문제 해결과 교육 생태계 활용

교사는 수업 설계 시 협력 학습 활동을 반영하여 학생들이 협력적 문제 해결을 경험할 수 있도록 해야 한다. 이를 위해 교사는 교육 생태계 내 다양한 자원과 협력한다. 예를 들어, 교과 간 통합 수업을 설계하거나, 지역 사회와의 연계를 통해 학생들이 실생활 문제를 협력하여 해결하도록 유도할 수 있다. ⑩ 경기공유학교와 협력하여 지역 사회 문제를 팀 프로젝트로 해결하는 활동을 설계함으로써, 학생들은 교실 밖에서 협력적 사고와 문제 해결 역량을 기를 수 있다.

또한, 동료 교사와의 협업을 통해 수업을 개선하고, 학생 간의 협력적 학습 문화를 조성하는 것도 중요하다. 학부모와의 소통을 통해 학생의 학습 과정을 공유하고, 지역 사회 기관과 협력하여 실제 사회 문제를 교육 콘텐츠로 활용하는 방식도 유효하다.

(2) 교과 간 통합적 사고와 실생활 문제 해결

교과 간 통합적 사고는 깊이 있는 수업의 핵심 요소 중 하나이다. 교사는 다른 교과와 연계하여 실생활 문제를 해결할 수 있는 수업을 설계해야 한다. 예컨대 사회 교과에서 지역 문제를 다룰 때, 과학 교과에서 환경 문제를 함께 탐구하거나 수학 교과에서 데이터 분석을 통해 문제 해결을 지원하는 방식으로 교과 간 협력 수업을 설계할 수 있다.

이 과정에서 교사는 동료 교사와 긴밀히 협력하여 통합적 사고를 촉진하는 수업을 실행한다. 이를 통해 학생들은 다양한 교과의 관점을 결합하여 종합적 사고를 기르고, 문제 해결 능력을 기를 수 있다.

(3) 학생의 협력적 문제 해결 경험 지원

학생들이 협력하여 문제를 해결하는 경험을 통해 성장할 수 있도록 지속적인 피드백과 지원을 제공하는 것도 교사의 중요한 역할이다. 교사는 협력 학습을 적극 활용하고, 학생들이 자율적으로 학습 목표를 설정하고 협력하는 과정을 경험하게 해야 한다.

이 과정에서 교사는 학생 간 의사소통을 촉진하고, 서로의 의견을 경청하며 존중하는 협력 문화를 형성하도록 돕는다. 학생들은 협력적 문제 해결을 경험하며 더 큰 성장을 이룰 수 있는 기회를 얻게 된다.

연습하기 ★

교과 간 통합적 사고를 통해 학생들이 실생활 문제를 해결할 수 있도록 어떤 수업을 설계할 수 있습니까?

교육 생태계와의 협력을 통해 학생의 성장을 지원한 수업 사례를 말씀해 주십시오.

예 학부모, 지역사회 기관과의 협력 활동

학생 간 협력적 문제 해결을 독려하기 위해 수업을 어떻게 설계하였는지 말씀해 주십시오. 학생들은 협력과 의사소통을 통해 어떻게 성장했습니까?

최근 기출 경향에 따르면 교사의 디지털 환경에 대한 적응력이나 경기교육정책과의 연계성을 드러내는 것이 중요한 평가 요소가 되고 있다. 특히 에듀테크, 스마트 기기 활용, 경기공유학교와 같은 경기교육정책의 핵심 요소들이 수업에 어떻게 반영되는지를 나눔에서 묻곤 한다. 이를 위해 PRO 전략에 'X-Factor'를 추가하여, 디지털 환경과 정책적 요건을 반영한 더욱 포괄적인 답변을 준비하는 연습을 할 수 있다.

여기서 X-Factor는 교사가 디지털 환경에서의 교수학습 전략과 경기교육정책을 효과적으로 반영하여 답변을 강화하는 요소이다. 이는 기존 PRO 전략에서 다루지 못한 디지털 기술 활용이나 정책적 요구 사항에 대한 답변을 보완해 주며, 교사의 유연성과 혁신적인 교육 역량을 평가자에게 효과적으로 전달할 수 있는 중요한 역할을 한다.

PRO + X-Factor 전략의 구성

① P(Philosophy): 교사의 교육 철학

교사의 철학은 여전히 답변의 중심을 차지한다. 교사는 자신의 교육 철학을 바탕으로 수업을 설계하고, 그 철학이 수업의 모든 과정에 어떻게 반영되었는지를 명확히 설명해야 한다. 이때, 디지털 환경과 관련된 철학을 함께 녹여낼 수 있다면 더 강력한 답변이 된다.

> 예 "저는 협력적 문제 해결 역량을 중요하게 생각하며, 디지털 도구를 통해 이를 강화할 수 있다고 믿습니다. 학생들이 함께 디지털 플랫폼에서 문제를 해결하며 상호작용할 수 있는 수업을 설계하고자 했습니다."

② R(Reflection): 수업 성찰

성찰은 수업에서 무엇이 효과적이었고, 무엇을 개선해야 할지를 깊이 생각하는 단계이다. 여기서 교사는 디지털 도구가 어떻게 학생들의 학습에 기여했는지, 수업에서 어떤 문제를 해결했는지를 성찰해야 한다. 또한, 학생들이 자신의 학습 과정을 스스로 성찰할 수 있도록 돕는 디지털 환경에서의 피드백과 자가 성찰 활동도 설명할 수 있다.

> 예 "이번 수업에서 학생들은 온라인 포트폴리오를 활용해 자신의 학습 과정을 성찰하고, 교사와의 지속적인 피드백을 통해 발전할 수 있었습니다. 이를 통해 학생들이 자신의 성장을 인지하고, 더 나은 학습 방법을 모색할 수 있었습니다."

③ O(Organization): 공동체와의 협력

교사는 수업을 혼자 설계하고 운영하는 것이 아니라, 동료 교사, 학생, 학부모, 지역 사회와 협력하여 교육 생태계를 구성해야 한다. 이때 X-Factor를 통해 디지털 기술이나 정책적 요소를 접목한 협력 과정을 강조할 수 있다.

"경기공유학교와의 협력을 통해 해외 학생들과 연계하여 글로벌 토론을 진행하고, 이를 통해 지역 사회 문제를 해결하는 경험을 쌓았습니다. 저는 동료 교사와 함께 이 과정에서 필요한 디지털 도구와 플랫폼을 선정하고, 학생들이 실시간으로 협력하여 문제를 해결하도록 지도하였습니다."

④ X-Factor: 경기교육정책 연계

X-Factor는 경기교육정책과의 연계성을 반영하는 요소이다. 여기서 교사는 에듀테크, 스마트 기기, 디지털 시민성, IB 교육과정, 논술형 평가, 경기공유학교 등 경기교육정책을 바탕으로 수업을 설계한 내용과 이를 어떻게 학생들에게 실천했는지를 구체적으로 제시한다.

 "저는 디지털 환경에서 학생들이 적극적으로 학습에 참여할 수 있도록 온라인 퀴즈 플랫폼을 활용하였습니다. 또한, 학생들이 디지털 기기를 활용하면서 디지털 시민성을 지킬 수 있도록 지도하였습니다. 이는 경기교육정책에서 강조하는 '디지털 시민성 함양' 목표와도 맞닿아 있습니다. 학생들이 안전하고 책임감 있게 온라인에서 상호작용할 수 있는 기회를 제공하기 위해 수업 중 상황별 모의훈련도 실시하였습니다."

사이다 Check Box

PRO-X답게 나눔 답안 구성하기

체크리스트	적용하기
☐ 수업 설계에 나만의 교육 철학이 어떻게 반영되었는지 구체적으로 설명할 수 있다.	오늘 수업에서 이루어진 삶과 연계한 학습을 위한 활동을 말하고, 이를 통해 학생에게 기대되는 성장 2가지를 말씀해 주십시오.
☐ 경기교육 철학(깊이 있는 수업)과 나의 교육 철학을 연결하여 설명할 수 있다.	
☐ 수업에서 잘된 부분과 아쉬운 부분을 구체적으로 성찰할 수 있다.	오늘 수업에서 잘된 점과 아쉬운 점을 말씀해 주시고, 이를 동료 교사와 나눈다면 어떻게 할 것인지 말씀해 주십시오.
☐ 수업에서 아쉬운 부분의 발생 원인을 분석하고, 개선 방안을 마련할 수 있다.	
☐ 학생들이 자신의 학습을 성찰하도록 돕는 방법을 준비하였다.	
☐ 교과 간 통합을 바탕으로 융합 수업을 설계하여 운영할 수 있다.	미래 사회의 교육에서는 학교와 지역 사회의 협력이 필요합니다. 이를 고려하여 수업을 재구성할 때, 수업 주제와 운영 방안을 어떻게 할 것인지 말씀해 주십시오.
☐ 학생 간 협력 학습을 지원하기 위한 수업을 설계할 수 있다.	
☐ 동료 교사, 학부모, 지역 사회와의 협력 사례를 제시할 수 있다.	

06. 전략 3.
SEED-L 나눔 답안 구조화 전략

이것만은 꼭!

SEED-L 답변구조	선언적 진술(S), 근거(E), 설명(E), 발전 가능성(D), 연결(L)
S(선언적 진술)	답변의 방향을 명확하게 제시하여 평가자가 핵심을 빠르게 파악할 수 있도록 돕기
E(구체적인 근거)	실제 수업 장면과 구체적인 사례를 통해 신뢰성 높은 답변 구성하기
D(발전 가능성)	수업 개선과 발전 가능성을 제시하여 교사의 성찰과 성장을 드러내기
L(경기교육과의 연결)	경기교육정책 및 깊이 있는 수업 철학과 답변을 연결하여 일관성 있게 마무리하기

    수업나눔평가에서도 답안을 일관성 있고 깔끔하게 만드는 답변 구조, 일종의 답변 틀이 필요할 수 있다. 특히 즉답형 면접에 약한 수험생들에게는 큰 도움이 된다. 그러나 답변 틀을 유연하게 활용하는 것이 중요하며, 상황에 따라 각 단계를 생략하거나 조정할 수 있어야 한다. 모든 질문에 동일한 구조가 필요한 것은 아니므로, 문제의 성격에 따라 적절한 단계만을 선택하여 답변을 구성할 수 있도록 해야 한다.

1 S(Statement): 선언적 진술

    질문의 핵심을 명확하게 진술하여 답변을 시작하는 단계이다. 이는 답변의 전반적인 방향을 제시하고, 평가자가 무엇을 기대해야 하는지를 빠르게 알 수 있도록 돕는다. 간결하고 명확한 선언을 통해 답변의 주제와 초점을 분명히 해야 한다.

📝 다음으로 수업에서 질문이 일상화되도록 어떠한 노력을 기울일 것인지 3가지 말씀드리겠습니다.

② E(Evidence): 구체적인 근거(사례) 제시

답변의 주장을 뒷받침하는 구체적인 근거 및 사례를 제시하는 단계이다. 이때 수업 경험, 교육 이론, 정책 등을 활용하여 답변의 타당성을 강화한다. 이 근거는 답변의 신뢰성을 높이고, 교사의 전문성을 드러내는 중요한 요소가 된다. 수업 장면을 제시할 때는 마치 눈에 보일 듯 생생하고 자세하게 그리는 것이 중요하다.

⑩ 첫째, 허용적인 분위기를 조성하겠습니다. 학생이 먼저 질문할 수 있도록 이야기를 경청하고 수렴하도록 하겠습니다. 오늘 수업에서 진수는 계속해서 "A는 무엇인가요?", "B는 왜 그런가요?"라면서 질문을 하였는데, 저는 그중 하나의 질문을 짝꿍인 은지와 함께 탐구할 수 있도록 독려하였습니다.

③ E(Explanation): 설명

제시한 근거를 논리적으로 설명하는 단계이다. 근거가 왜 적절한지, 어떻게 수업 목표를 달성했는지에 대한 설명을 추가하여 답변의 흐름을 강화한다. 교사의 교육 철학이나 목표가 어떻게 실현되었는지 부연할 수 있으며, 이를 통해 답변에 설득력을 더할 수 있다. 설명 단계는 질문에 따라 생략할 수도 있다.

⑩ 허용적인 분위기는 학생들에게 질문에 대한 두려움을 없애고, 자유롭게 궁금한 점을 표현할 수 있는 기회를 제공합니다. 저는 질문을 통한 학생의 비판적 사고능력 향상을 지원하는 깊이 있는 수업이 중요하다고 생각합니다. 또한 진수와 은지의 대화는 학생들 간의 협력을 유도하며, 질문이 자연스럽게 학습의 일부로 자리 잡는 데 기여할 수 있습니다.

④ D(Development): 발전 가능성

제시한 답변을 심화하는 단계로, 발전 가능성이나 개선 방안을 추가하여 답변의 깊이를 더한다. 이를 통해 교사의 성찰과 수업 개선 의지를 드러내며, 보다 심화된 학습을 유도할 수 있다.

⑩ 질문의 일상화를 위해 가정과 연계한 사연채널을 운영하겠습니다. 학급 내 공유 채널로 사연채널을 운영하여 학생이 일상생활에서 궁금했던 내용이나, 자신의 고민을 나눌 수 있도록 하겠습니다. 이를 교과와 연계하여 배움문제로 만들고 이후 활동을 통해 질문에 대한 답을 찾아갈 수 있도록 하겠습니다. 이를 통해 학생들은 언제, 어디에서나 질문을 하며 답을 찾아갈 수 있을 것입니다.

⑤ L(Link): 연결

답변을 경기교육 철학, 경기교육정책 또는 학생 성장과 연결하여 마무리하는 단계이다. 답변을 정책적 또는 교육적 철학과 연결함으로써 교사의 교육 목표가 경기교육의 방향성과 일치함을 보여줄 수 있다. 이를 통해 답변이 보다 일관성 있게 마무리된다.

다만 매 문항마다 '경기교육'을 언급하는 것은 지양하는 것이 좋다. 억지스러운 느낌을 줄 수 있기 때문이다. 3번에서만 경기교육을 언급하며 마무리하고, 1, 2번의 답변에서는 경기교육을 제외한 교육 철학이나 정책만 언급하는 방법이 있다.

⑩ 경기교육에서 강조하는 '깊이 있는 수업'을 실현하기 위해 질문이 일상화된 교실을 만드는 것이 중요하다고 생각합니다. 이를 통해 학생들이 스스로 학습하고 성찰하는 능력을 기를 수 있을 것입니다.

SEED-L 답변 구조는 상황에 따라 조정될 수 있으며, 모든 단계가 항상 필요한 것은 아니다. 예를 들어, 간단한 문제의 경우 S와 E만으로도 충분할 수 있고, 더 복잡한 문제라면 D와 L을 포함하여 답변을 심화할 수 있다. 답변의 틀을 고정된 방식으로만 사용하기보다는, 질문의 성격과 맥락에 맞춰 유연하게 적용하는 것이 중요하다.

💬 예시

〈질문〉 학생의 주도적 학습을 촉진하고, 디지털 도구를 활용하여 학생의 성장을 지원하는 방법을 말씀해 주십시오.

- S(Statement): 지금부터 디지털 도구를 활용한 학생의 자기 주도적 학습 촉진 방법에 대해 말씀드리겠습니다. 저는 학생들이 자기 주도적 학습을 할 수 있도록 디지털 도구를 적극적으로 활용하여 수업을 설계하였습니다.
- E(Evidence): 수업에서 학생들은 구글 클래스룸을 통해 자신만의 학습 계획을 세우고, 과제를 제출하며, 지속적인 피드백을 받았습니다. 특히 디지털 포트폴리오를 활용해 학생들이 자신의 학습 과정을 시각적으로 성찰하고, 발전할 부분을 스스로 찾아갈 수 있도록 유도했습니다.
- E(Explanation): 이 과정을 통해 학생들은 단순히 지식을 습득하는 것에서 나아가, 스스로 목표를 설정하고 학습 방법을 탐구하며 성장을 도모할 수 있었습니다. 특히 디지털 도구는 학생들이 쉽게 접근할 수 있는 학습 도구로서, 학습의 자율성과 효율성을 동시에 제공했습니다.
- D(Development): 앞으로 디지털 학습 일지를 활용하여 학생들이 매일 자신의 학습 상태를 기록하고 성찰할 수 있도록 하고 싶습니다. 또한, 디지털 환경에서의 상호작용을 통해 협력적 문제 해결 능력도 강화할 수 있도록 추가적인 협업 프로젝트를 도입하고자 합니다.
- L(Link): 이처럼 '에듀테크를 활용한 깊이 있는 학습'을 전개함으로써, 학생들의 자기 주도적 학습을 더욱 강화할 수 있을 것입니다.

유연한 적용이 필요함에도 불구하고 SEED-L 구조를 강조하는 이유는 다음과 같다.

첫째, 선언적 진술(S)을 통해 답안의 흐름을 명확하게 제시함으로써 평가위원이 답변의 핵심을 빠르게 파악할 수 있도록 돕기 때문이다. 이는 평가 상황에서 답변의 전반적인 방향과 초점을 명확히 제시하는 역할을 하며, 질문의 핵심을 간결하게 진술함으로써 평가자가 답안의 방향을 바로 이해할 수 있게 한다.

둘째, 구체적인 수업 장면과 연결(E)을 강조함으로써 수업나눔평가에서 가장 중요한 요소인 '수업과의 연계성'을 놓치지 않게 할 수 있기 때문이다. SEED-L 구조는 교사의 답변을 구체적인 수업 경험과 연결하도록 설계되어 있어, 답변이 단순한 이론적 설명에 그치지 않고 실제 수업에서 어떻게 실현되었는지를 보여주는 역할을 한다. 이를 통해 교사는 구체적이고 생동감 있는 수업 사례를 제시하여, 평가자에게 교사의 실제 수업 능력을 효과적으로 전달할 수 있다.

셋째, D(발전 가능성) 단계를 통해 교사가 수업 성찰과 개선에 대한 의지를 명확히 보여줄 수 있기 때문이다. SEED-L 구조는 단순히 현재의 수업을 설명하는 것에 그치지 않고, 발전 가능성과 개선 방안을 제시함으로써 교사가 성찰적이고 발전적인 태도를 가지고 있음을 강조할 수 있는 기회를 제공한다. 이를 통해 교사는 수업 중 발견한 문제점을 보완할 구체적인 방안을 제시하고, 교사로서의 성장 가능성을 평가자에게 명확히 전달할 수 있다. 특히 수업 개선을 위한 의지와 계획을 제시함으로써, 교사는 지속적으로 학생들의 성장을 지원하고 수업의 질을 높이는 데 주력하는 교사임을 드러낼 수 있다.

넷째, 경기교육정책 및 깊이 있는 수업과의 연결(Link)을 명시함으로써 답변의 일관성과 교육 철학의 일치를 보여줄 수 있기 때문이다. SEED-L 구조의 마지막 단계인 Link는 교사가 경기교육정책이나 깊이 있는 수업 철학과 자신의 수업을 어떻게 연결하였는지를 설명하는 부분으로, 이를 통해 교사는 자신의 교육 철학이 경기교육의 방향성과 일치함을 강조할 수 있다. 이는 평가자에게 교사가 정책적 목표를 이해하고 있으며, 이를 실제 수업에 어떻게 반영했는지를 구체적으로 설명함으로써 교육 철학과 정책의 일관성을 유지하는 답변을 구성하게 해준다. 이러한 이유들로 인해 SEED-L 답변 구조는 수업나눔평가에서 일관성 있고 체계적인 답변을 제공하는 중요한 전략으로 활용될 수 있다.

SEED-L 구조가 아니더라도, 앞서 언급한 네 가지 요소는 수업나눔 답안이 반드시 갖춰야 할 핵심 요소들이다. 첫째, 선언적 진술을 통해 답안의 흐름을 명확히 제시하여 평가자가 쉽게 이해할 수 있게 해야 한다. 둘째, 구체적인 수업 장면과의 연결은 답변의 신뢰성을 높이며, 수업과 평가를 유기적으로 연결시키는 필수적인 전략이다. 셋째, 발전 가능성과 성찰을 통한 개선 의지를 답안에 포함시켜, 교사가 지속적으로 성장하고자 하는 의지를 표현하는 것은 매우 큰 장점이 된다. 넷째, 경기교육정책 및 깊이 있는 수업과의 연결을 통해 교사의 교육 철학과 정책적 목표가 일치함을 보여주는 것이 중요하다. 이러한 요소들은 어떤 답변 구조를 선택하든 반드시 포함해야 할 핵심 내용으로, 이를 통해 일관성 있고 논리적인 답안을 구성할 수 있을 것이다.

STEP

5

사이다!
수업능력평가 훈련하기

01. 수업능력평가의 기초 다지기

수업능력평가는 교사의 전문성과 교육 철학을 종합적으로 평가하는 중요한 평가 영역이다. 특히 경기도 2차 수업능력평가를 준비하는 교사라면, 철저하게 준비하여 자신감 있게 시험에 임할 수 있어야 한다. 이 장에서는 수업능력평가를 대비하기 위한 기초 학습 방법과 합격자들의 조언을 토대로 실질적인 방향을 제시하려 한다.

1 수업능력평가 이해

무엇보다 중요한 것은 수업능력평가가 무엇인지 제대로 이해하는 것이다. 《2025 사이다 수업》 Step 1을 숙독하여, 수업능력평가의 전반적인 흐름과 요구 사항을 파악하고, 실제 시험장에서 발생할 수 있는 변수에 대비하자.

- **평가 절차 숙지**: 시험의 진행 방식, 각 단계별 시간 배분, 평가기준 등을 명확히 이해한다. 합격자들 중 시험장에서 시계와 실제 시간이 맞지 않는 경우가 종종 있었다고 하니, 스스로 시간을 관리할 수 있어야 한다. 아날로그 손목시계를 별도로 준비하여 연습하면서 익숙해질 것을 추천한다.
- **경기교육정책 확인**: 경기도교육청의 공식 홈페이지와 자료를 통해 최신 교육정책과 방향성을 파악한다. 이는 수업나눔 답변에서 구체적인 사례로 활용할 수 있다.
- **관련 문서 수집**: 〈기본 계획〉, 최근 보도자료, 자료집 등을 통해 심도 있는 이해를 추구하고, 필요한 부분은 메모하여 암기한다.

② 교육과정 내용 파악

경기교육의 수업실연평가와 수업나눔평가는 교사가 학생들과 어떻게 소통하고, 핵심 개념을 효과적으로 전달할 수 있는지를 중점적으로 평가하고자 한다. 그렇기 때문에 먼저 학교급별, 교과별 '주요 단원'의 핵심 개념을 명확하게 이해하는 것이 중요하다. 특히 수업 중 오개념이 드러나지 않도록 성취기준과 학습 요소에 대한 정확한 이해가 필요하다. 교과서와 수업 자료를 꼼꼼하게 분석하고, 각 단원의 내용 체계를 파악하여 교육과정을 깊이 살펴봐야 한다.

특히 1차 시험 발표 전, 판서 구조화 작업을 미리 연습해 두면 좋다. 성취기준 위주의 판서를 구성하여, 학생들에게 쉽게 전달할 수 있는 방법을 고민하고 이를 교실에서 구현하는 훈련이 필요하다. 예를 들어, 교과서를 통해 학습 목표를 명확히 제시하고, 그 목표를 시각적으로 어떻게 구조화할지에 대한 고민을 판서로 풀어나가는 것이 중요하다.

- 핵심 개념 이해: 주요 단원의 내용 이해와 분석이 필요하다.
- 판서 구조화: 성취기준 위주로 판서를 직접 구성해 보는 것을 추천한다.

 **Advice**

교과서 내용 파악하여 판서 노트 정리하기

1차 시험 결과 발표 전인 12월에 꼭 교과서 내용을 정리한 자신만의 노트를 만들어 보세요. 초수생이라면 더더욱이요. 손으로 노트 정리하는 것이 오래 걸리는 편이라면 태블릿pc를 이용하여 정리하는 걸 추천합니다. 너무 많은 내용을 모두 다루려고 하지 마세요. 성취기준과 핵심 개념을 고려하여 '무슨 일이 있어도 이건 이야기한다!' 하는 것만 판서로 정리해 보세요. 이와 함께 해당 주제와 자료들을 활용한 수렴적 발문과 확산적 발문을 꼭 고민하여 밑에 정리하시길 바랍니다. 이에 관해 다양한 수준의 학생들이 대답하는 장면까지도요!

• 사이다 합격자 한수빈 선생님

 송쌤 Say

문제집 요약본을 통해 중요한 지식을 파악해 보세요!

오랜 시간 학교 현장에서 멀어져 있던 수험생이 '현장에서 필요로 하는 지식'이 무엇인지 가지치기하는 것은 쉬운 일이 아닙니다. 당연히 교육과정의 '성취기준'이 제일 중요하겠지만 문장들이 다 모호하지요.

저의 경우, 시중 문제집에 곁들여진 '요약본'을 참고했습니다. 요즘에는 교과서에도 대단원마다 요약과 정리 내용이 있으니 확인해 보시면 좋을 듯합니다. 요약본은 말 그대로 교육과정 지식 중 가장 중요하다고 여겨지는 '핵심 내용'들을 압축해 놓은 것이기 때문에 "아~ 이 단원에서는 이런 내용들을 중요하게 바라봐야 하는구나!"하며 힌트를 얻을 수 있습니다. 그때의 저처럼 가르쳐야만 하는 최소한의 지식이 무엇인지를 파악하기 어려운 수험생들에게 권하는 방법이니 참고하세요.

③ 이론 공부

이론을 충분히 이해하고 내면화하는 것도 수업능력평가를 준비하는 데 있어 매우 중요하다. 《2025 사이다 수업》의 Step 2를 통해 수업실연과 나눔 평가에서 필요로 하는 이론들을 충분히 습득하는 것이 필요하다.

특히 '깊이 있는 수업'은 두 평가 모두에서 중요한 역할을 한다. 교사는 단순히 이론을 이해하는 것에 그치지 않고, 이를 자신의 수업과 나눔에 어떻게 적용할 것인지 체계적으로 고민해야 한다. Step 2의 '활용하기'와 사이다 Check Box의 '적용하기'를 활용해 이론을 내면화하고, 이를 실제 수업에 반영하는 훈련이 필수적이다.

나눔평가에서는 이 이론들이 실제 수업 속에서 어떻게 실현되었는지를 구체적으로 설명해야 하므로, 이론의 적용 방식을 미리 연습해 두면 두 평가를 모두 대비할 수 있다. 다만, 이론 파트의 '문장'을 그대로 나눔 답안에 활용하는 경우가 많은데, 자신의 나눔 답안에 쓸만한 문장들은 수집하여 답안의 소재로 삼는 것이 좋다.

- 핵심 이론 정리: Step 2에 제시된 경기교육과 관련된 핵심 이론을 정리하고 이해한다.
- 문장 수집 및 암기: 이론 파트에서 활용할 수 있는 좋은 문장들을 메모하여 나눔 답안에 활용한다. 이는 답변의 전문성과 깊이를 더해준다.
- 실제 적용 연습: 학습한 이론을 수업 설계와 수업나눔 답변에 적용해 보는 연습을 한다.

 **Advice**

경기도 교육정책에 깊이 공감하기

〈경기교육 기본계획〉과 각종 공식 문서를 다 읽고서 4가지의 굵직한 테마를 뽑아 1쪽씩 정리했습니다. 4쪽으로 분량이 줄어드니 일단 심리적으로 편안해졌습니다. 그리고 이 정리본을 마치 교육학을 공부할 때처럼 구조화시키며 한 정책마다 제 생각을 덧붙였습니다. '나라면 어떻게 이 정책을 운영할까, 이 정책은 왜 시행하는 것일까, 부족한 점은 어떻게 보완할까?'와 같이 말이지요. 덕분에 수업나눔과 심층면접에서 풍부한 답변을 만들어낼 수 있었습니다.

• 사이다 합격자 정은지 선생님

(1) 수업능력평가 스터디 구성하기

수업능력평가 스터디를 구성할 때에는 동 교과(같은 학교급, 동 전공) 수험생과 함께하는 것이 좋다. 경력과 경험이 다양할수록 좋고, 짧은 시간 동안 여러 번 만날 수 있고, 시험 상황을 그대로 재현할 수 있도록 교실 대여가 가능한 사람이 있으면 더욱 좋다. 수업실연평가를 준비하는 스터디는 자연스럽게 수업나눔평가도 함께 준비하게 된다. 구상과 실연, 나눔까지 함께할 수 있는 스터디원과 팀을 이루도록 하자. 가능하다면 평가실이 겹칠 수 있기 때문에 같은 대기실의 사람은 피하는 것이 좋다.

그러나 스터디를 구성할 때 '반드시 스터디원이 되어야 하는 사람' 같은 것은 없다. 2차 경험이 꼭 있는 사람이어야 하는 것도, 초수는 피해야 하는 것도 아니다. 스터디원으로 가장 좋은 사람은 '나와 함께 성장하는 것을 기뻐할 수 있는 사람'이다. 그저 모두가 똑같은 상황임을 명심하고, '서로에게 배울 점을 나누고 성장할 수 있는 사람'들과 함께하면 된다. 중요한 것은 '서로에게'에 있다. 당신도 다른 수험생들에게 이런 스터디원이 되어 주자. 아낌없이 피드백해 주고, 상대의 성장을 마음으로 응원하며 좋은 것은 꾸준히 나누자. 모든 스터디원이 합격하여 발령 동기가 되는 것을 목표로 삼는 스터디가 되어야 한다.

🎓 합격자 Advice

성격이 맞는 사람과 스터디 구성하기

운이 좋게도 같이 스터디를 했던 구성원 중 3명이 합격을 했습니다. 더구나 대기실도 3명이 모두 같았습니다. 많은 분들이 2차 스터디는 남녀가 섞이는 것이 좋고 되도록 같은 대기실 사람을 피한다고 하여 순간 고민하기는 했으나, 워낙 재밌게 스터디를 진행했던 터라 큰 문제가 없을 것이라 판단했습니다. 오히려 남자만 3명이었기 때문에 더욱 편안하게 스터디할 수 있었습니다. 스터디원과는 가족보다도 더 많이 만나야 하므로 성격이 잘 맞는 사람들과 진행하는 것이 가장 중요하다고 생각합니다. 성격이 맞지 않으면 스터디의 질도 떨어질 수밖에 없습니다.

• 사이다 합격자 박상원 선생님

(2) 수업능력평가 스터디 계획 세우기

스터디를 구성하면, 우선은 계획을 구체적이면서도 효율적으로 세워야 한다. 지속적인 경험만이 우리를 성장시키므로 최대한 여러 번 수업실연을 할 수 있도록 계획한다. 스터디에서 활용할 체크리스트와 채점표를 만드는 것도 좋다.

① 수업실연과 나눔은 한 세트

이때 수업나눔은 수업실연에 비해 상대적으로 소홀히 준비하는 경우가 많다. 하지만 수업나눔은 실연만큼이나 배점이 높고, 교사의 성찰 역량을 직접적으로 평가하는 중요한 시험이다.

따라서 수업실연 준비를 시작하는 초반부터 수업나눔 연습도 함께 병행하는 것이 좋다. 처음에는 수업나눔 답안을 구성하는 것이 생각보다 어려울 수 있다. 그러나 수업나눔은 즉답형 문항이라는 특성상 무엇보다 연습량이 가장 돋보이는 평가이기 때문에 꾸준히 연습하는 과정이 매우 중요하다. 특히, 실제 시험 상황처럼 답변을 즉답형으로 빠르게 구성하는 연습을 반복하는 것이 필요하다. 처음에는 막막할 수 있지만, 연습을 거듭하다 보면 자연스럽게 자신의 입에 맞는 키워드와 표현들을 찾게 되고, 점차 나만의 답변 틀이 형성되면서 어느 순간 수월해진다. 그렇게 되면 시험 당일 긴장 속에서도 논리적이고 일관된 답변을 할 수 있는 능력이 길러질 것이다.

 **Advice**

수업은 나눔에서 출발한다

'수업은 결국 나눔에서 출발'은 제가 실제 나눔 답변에서도 사용했던 말입니다. 실제로 수업나눔을 해 보면 자신의 수업에서 부족했던 점들을 발견하게 됩니다. 예를 들어, 나눔에서 '단 한 명의 아이도 소외되지 않는 교육을 위해 무엇을 하였는가?'라는 질문을 보았을 때 '나는 소외되지 않는 교육을 위해 아무것도 하지 않았는데…'라는 생각이 든다면, 다음 수업을 구상할 때에는 소외되지 않는 교육도 고려하여 수업을 준비하게 됩니다. 따라서 나눔에서 느낀 점들을 반드시 기록해 두고 그것을 다음 수업에 어떻게 반영할 수 있을지 고민해야 합니다. 이렇게 나눔과 수업이 유기적으로 이어지다 보면 수업실연이 더 풍성해진다는 것을 느낄 수 있습니다.

• 사이다 합격자 김양현 선생님

② 25분 구상–15분 실연–10분 나눔 그대로 훈련

실제 시험 때와 동일하게 진행하면서 스터디에 임하는 것을 추천한다. 각자 25분 동안 구상을 진행하고, 15분 실연하고 10분 나눔을 하는 이 형태 그대로 훈련해야 한다는 것이다. 그래야만 실제 시험 상황과 같은 긴장감을 느낄 수 있고, 이를 단련할 수 있다. 나아가 기본적인 틀이 몸에 배어 들기 때문에 시험 당일의 돌발 상황에 순발력 있게 대처할 수 있다.

02. 훈련과 반복

수업능력평가를 준비하는 과정에서 기출문제는 가장 효과적인 학습 도구라고 할 수 있다. 실제 출제된 문제를 통해 특히 시험의 난이도와 출제 의도를 파악하고, 자신의 강점과 약점을 확인할 수 있다.

1 기출문제 분석하기(구상 중심 훈련)

첫 단계는 기출문제를 풀며 수업실연과 나눔 구상 연습을 하는 것이다. 기출문제를 풀면서 "이 문장은 왜 나왔을까?", "이 실연 방법의 의도는 무엇일까?"를 끊임없이 고민하고 비판적으로 접근하는 연습을 하는 것이 중요하다. 이를 통해 문제의 본질을 파악하고, 교사로서의 관점을 확장할 수 있다.

수업실연평가의 경우 Step 3의 전략을 참고하여 '적용하기'와 '연습하기'를 활용해 본인만의 답안을 체계적으로 구성하는 것이 효과적이다. 답변을 완성된 문장으로 외우는 것보다는 키워드를 중심으로 답안을 구성하는 것이 유연하고 실전에서도 더욱 실용적이다. 수업실연 블록을 차근차근 쌓아가며 구체적인 답안을 연습하는 과정은 수업실연뿐 아니라 수업나눔평가를 준비하는 데도 큰 도움이 된다.

수업나눔평가는 기출문제 분석이 중요하다. Step 6를 참고하자. 모든 연도의 문항을 다 구상해 보고, 스터디 때에는 각자 다른 연도의 나눔 기출문제로 답변하는 것도 괜찮다. 나눔 답변은 수업에 따라 달라지기 때문이다. 그러다 보면 반복되는 문제 유형이 보이면서 자연스럽게 중요한 키워드들이 무엇인지 알게 되고 익숙해진다. 이를 바탕으로 다양한 문항에 계속해서 노출되는 것이 중요하다.

특히 수업실연평가와 수업나눔평가 공히, 새롭게 정립된 '깊이 있는 수업'으로 준비하는 것이 중요한 포인트이다. 관련된 자료를 꼼꼼히 이해하고, 깊이 있는 수업으로 수업을 설계하고, 깊이 있는 수업으로 이루어졌는지를 성찰하는 나눔 답안을 구성하도록 노력하자.

② 모의문제로 연습하기(실연 중심 훈련)

    수업실연과 수업나눔은 교사의 역량을 다각도로 평가하는 중요한 시험이다. 특히 심화 연습 단계에서는 단순히 기출문제를 풀어보는 것에서 나아가, 예상문제를 스스로 제작하고, 보다 복잡한 문제에도 대응할 수 있도록 훈련하는 과정이 필요하다.

    기출문제로 기초를 다졌다면, 이제 직접 예상문제를 만들어 연습하는 것이 좋다. 시중에 다양한 예상문제가 있지만, 최소 세 번 이상은 스스로 문제를 제작해 보는 것이 중요하다. 시험 문제를 직접 제작하다 보면, 출제자가 어떤 의도로 문제를 내었는지를 더 깊이 이해하게 되고, 문제에 숨어 있는 '조건'을 파악하는 데 도움이 된다. 예상문제의 난도는 점차적으로 올리는 것이 좋다. 문제의 '조건' 개수를 조절하면서 연습하면, 조건이 많을 때는 답변의 논리성과 조건 충족에 신경을 쓰는 훈련을, 조건이 적을 때는 깊이 있는 수업 구상을 연습할 수 있다.

    수업나눔은 준비가 소홀하면 실전에서 매우 당황스러운 평가가 될 수 있다. 특히 지친 상태에서 즉시 답변을 해야 하는 특성상, 수업나눔에 대한 충분한 연습 없이는 높은 점수를 받기 어렵다. 따라서 스터디에서 다양한 질문 리스트를 만들어 연습하는 것이 효과적이다. 질문은 Step 7의 예상 문항이나 모의고사를 활용하는 것을 추천하며, 직접 제작하는 것도 필요하다. 이를 통해 다양한 키워드와 주제에 대해 즉각적으로 대응할 수 있는 능력을 키워나가야 한다. 특히 경기교육정책과 연계한 문제들을 포함하면, 정책과 철학에 대한 이해도 강화할 수 있다. 경기도교육청의 깊이 있는 수업, 경기공유학교와 같은 내용을 반영한 문항을 만들어 보는 것도 좋은 방법이다.

    수업나눔의 경우, 교사의 철학과 수업 방식에 대한 깊이 있는 설명이 요구되므로, 실제 수업 경험과 교수학습 전략을 어떻게 연결할 것인지에 대한 고민이 지속적으로 이루어져야 한다. 수업실연과 수업나눔을 세트로 꾸준히 연습해 나간다면, 수업철학이 견고해지고 성찰 역량이 함께 강화될 것이다.

③ 꾸준히 수업 성찰하기

(1) 마이크로티칭으로 수업 성찰하기

    수업실연이나 나눔이 어느 정도 익숙해지면, 이후부터는 모든 실연과 나눔을 영상으로 반드시 촬영해서 확인하자. 영상으로 촬영하고 분석하면, 자신이 예상치 못한 비언어적 습관이나 표정, 자세 등을 발견할 수 있다. 이는 비언어적 소통을 개선하는 데 매우 효과적이다.

(2) 스터디 통해 수업 성찰하기

스터디에서는 서로에게 '가감 없는' 피드백을 실행해야 한다. 잘한 부분과 아쉬운 부분을 함께 찾고, 아쉬운 점을 지적할 때에는 피드백을 하는 사람이 '어떻게 개선하면 좋을지를 고민해서' 함께 제시해 주는 것이 좋다. 이러면 서로의 감정을 덜 상하게 할 뿐만 아니라 발전적인 피드백 활동이 될 수 있다. 아울러 상대방 수업의 개선점에 대해 고민하다 보면 자신의 수업을 개선하는 데에도 큰 도움이 된다. 다양한 문제 상황을 미리 겪어본 것이나 진배없기 때문이다.

(3) 다양한 사람들로부터 피드백을 받아 수업 성찰하기

준비 기간 중 다양한 사람들로부터 여러 가지 피드백을 받아보자. 만약 수업실연을 본 타인의 피드백으로 인해 마음이 불안해지고 상처를 받게 된다면, 피드백 중 ① 반드시 수용해야 할 부분이라 생각되는 것, ② 수용할 수 있는 부분이라 생각되는 것만 남기고 과감하게 쳐내도 좋다. 피드백을 주는 사람들은 최대한 수험생의 부족한 부분을 찾는다. 짧은 시간 내에 도움을 주고 싶은 마음이 크기 때문이다. 그러나 사람마다 보는 관점이 다르고, 중요하게 여기는 부분도 동일하지 않으며, 사실 명확한 평가기준은 아무도 모르기에, 그 피드백 전부를 나의 것으로 만들 필요는 없다. 흔들리지 말고, 본인의 연습량을 믿자.

④ 어려운 상황 미리 대비하기

(1) 구상 때마다 시뮬레이션하기

실제 평가실에 들어서기 전 구상실에서 상상 훈련을 해 보는 것인데, 막상 시험장에서 처음 하면 쉽지가 않다. 구상 시 마지막 5분 정도를 따로 빼어 이미지 트레이닝 연습을 충분히 해 두고 가면 시험장에서도 덜 당황하게 될 것이다.

(2) 압박 면접 준비하기

실제 평가 시에는 긴장해서 말도 잘 안 나오고, 당황해서 노력한 만큼 보여 주지 못하고 나오는 경우가 부지기수이다. 스터디를 통해 단계적으로 실연 및 나눔 상황 난도를 상향하고, 압박 면접을 준비하여 어려운 상황에 대비하는 연습을 꾸준히 하는 것도 필요하다. 예측하기 어려운 돌발 상황을 비롯해 평가위원이 째려보고 있거나 졸고 있는 상황 등 실제로 발생할 수 있는 당황스러운 상황을 연출해 보자. 이는 비우호적인 평가위원을 대비하는 데 매우 유용하다.

경기 당일 실력 발휘하기

준비물 챙기기
- 시험 당일은 수업실연평가와 수업나눔평가가 함께 진행되는 중요한 날입니다.
- 대기실에서는 어차피 자료를 볼 수 없으므로, 많은 짐을 가져갈 필요는 없습니다.
- 준비물로는 수업실연 준비에 도움이 되는 노트나 키워드 정리 자료 정도만 챙기면 충분합니다.
- 복장은 최대한 단정하게 준비하되, 정장이 아니어도 괜찮습니다.
  - 투피스, 원피스, 청바지, 면바지 모두 가능합니다.
  - 판서를 고려하여 상의는 긴 것이 좋으며, 불편한 옷은 피하는 것이 좋습니다.
  - 신발은 소리가 크지 않은 편한 것으로 선택하고, 교사로서의 품위를 유지할 수 있는 복장을 갖춥니다.

구상 시간에 이미지 트레이닝하기
- 구상 시간 25분은 수업을 계획하기에도 빠듯하지만, 이미지 트레이닝을 해보는 것이 좋습니다.
- 머릿속으로 수업 진행 과정을 구체적으로 상상하며 연습하면 실전에서의 실수를 줄일 수 있습니다.
- 수업의 전체 흐름과 요구 사항을 멋지게 소화하는 자신의 모습을 시뮬레이션해 보세요.

평가실에서 당황하지 않기
- 평가위원들의 반응은 다양할 수 있습니다.
- 바쁘거나 지루해 보일 수 있고, 적극적인 호응이 없을 수도 있습니다.
- 이러한 반응에 너무 신경 쓰지 말고, 본인이 준비한 수업에 집중하세요.

 **Advice**

평가실 분위기에 당황하지 마세요

수업실연을 하기 위해 시험장에 들어갔을 때, 평가실의 분위기가 매우 어수선했습니다. 제가 "안녕하십니까, 관리번호 ○번입니다."라고 인사를 했음에도 아무도 저를 쳐다봐주지 않으셨고, 평가위원 선생님들께서는 무엇인가 바쁘게 적고 계셨습니다. 구상실에서 평가실로 이동하는 시간이 5분으로 책정되어 있는데, 제가 너무 일찍 평가실에 들어갔기 때문이라고 생각합니다. 제가 시험을 치른 시험장의 경우 구상실과 평가실의 거리가 멀지 않아, 1분도 안 되어서 평가실에 도착합니다. 그러니 긴장이 된다면 구상실에서 나오자마자 바로 평가실에 들어가지 않아도 됩니다.

문을 열기 전에 심호흡을 하고 긴장을 풀고 들어가세요. 시간은 충분합니다. 만약 시간이 너무 지체되었으면 복도 감독관님께서 얼른 평가실에 들어가라고 이야기해 주실 거예요. 그러니 너무 긴장하지 마시고 여유롭게 평가실에 들어가면 좋을 것 같습니다. 만약 저처럼 너무 일찍 평가실에 들어갔다면, 이전 수험자에 대한 평가를 하느라 바쁘신 것이니, 너무 신경 쓰지 않길 바랍니다. 저는 오히려 분위기가 어수선해서 긴장이 풀렸습니다.

・사이다 합격자 이수진 선생님

미리 손목시계 맞춰두기

- 시간 관리가 중요하므로, 손목시계를 미리 조정해 두는 것이 좋습니다. 시침과 분침을 12시에 맞추어 시계를 설정하면 수업 시간을 계산하기 편합니다.
- 평가실에 있는 시계는 '현재 시각'만 보여줍니다. 따라서 수업이나 나눔 중에는 평가실에 있는 시계가 눈에 잘 안 들어올 수 있으니, 아날로그 손목시계를 활용하는 것을 추천합니다(전자시계 소지 금지).
- 순회지도나 모둠 활동 중 자연스럽게 시간을 확인하며 수업 시간을 조절하는 것을 추천합니다. 학생들에게 "3분 남았습니다.", "시간을 조금 더 드릴게요."와 같이 안내하면서 손목시계를 보면 됩니다.

 Advice

손목시계를 활용하세요

경기도 시험장에 비치된 시계는 현재 시각을 알려 주는 디지털시계이기 때문에 언제 시작하고 언제 끝나는지는 본인이 계산해야 합니다. 저는 관리번호 6번이었고 제가 언제 구상실에 들어가고 수업이 몇 분에 시작하는지 대기하면서 미리 계산을 했습니다.

대기실에 가게 되면 칠판에 각 관리번호의 이동 시간을 적어 주시는데요. 그리고 각 관리번호의 구상 시작과 실연 시작을 알리는 안내방송이 나오기 때문에 저는 제 앞 번호 사람들의 시간 차이를 계산하여 제가 몇 분에 수업을 시작하고 수업이 끝나는지 미리 계산을 하고 들어갔습니다. 계산 결과, 저는 실연이 10분에 시작하고 25분에 끝나면 되는 상황이었습니다. 그래서 시계를 보는 것이 수월했습니다.

다만, 저는 특히 수업실연이라면 실연자는 현재 시간을 보여주는 디지털시계 없이 손목시계를 활용하여 연습하는 것을 추천하고 싶어요. 현재 시각으로 연습한다 하더라도, 실제 시험장에 가면 그 시계가 잘 보이지 않기 때문입니다.
　　　　　　　　　　　　　　　　　　　　　　　　　　　　　　　　• 사이다 합격자 신아영 선생님

경기 교사로서의 품위 지키기

- 교사로서의 태도는 중요한 평가 요소입니다(심지어 '과락'이 있다는 소문이 있어요!).
- 바른 자세와 진정성 있는 목소리로 수업을 이끌어야 합니다.
- 언어 사용에 주의하여 경솔한 표현, 유행어, 반말은 피하세요.
- 시선 처리와 몸가짐에 신경 써서 전문적인 이미지를 보여주세요.
- 학생을 대하는 태도는 존중과 배려를 담아야 합니다.

수업능력평가는
진정성이다!

저는 수업실연과 나눔, 집단토의와 면접 모두, 단 0.1점도 깎이지 않고 만점을 받았습니다. 1차 시험에서 소수점 커트였기에 죽자고 준비했고, 그 덕분에 2차 점수를 통해 뒤집은 케이스입니다. 특히 수업나눔에서 마지막 질문에 진정성 있게 답한 덕분에 만점을 받았다고 생각합니다.

첫 번째 질문은 스스로 느끼기에도 횡설수설했고, 평가위원님들도 갸우뚱하셨습니다. 두 번째 질문은 다행히 정신을 차려서 무난하게 넘어간 것으로 기억합니다. 여기까지만 보면 만점이 나올 이유가 없습니다. 그런데 마지막 질문이 "오늘 나의 수업에서 배움에 소외되었던 학생이 있다면 누구인가요? 다시 수업을 한다면 그 학생을 위해 어떻게 할 것인가요?"라는 요지의 질문이었습니다.

"잠시 생각해도 될까요?"

하고 평가위원님께 양해를 구하고 골똘히 수업을 돌이켜보는데 어떤 학생이 떠올랐습니다. 어려운 영어 작문을 꾸역꾸역 하긴 했는데 (수업실연 요구 사항이 작문+발표였습니다) 모둠 내 공유 및 피드백 시간도 없이 선생님(저)이 바로 잘하는 학생을 발표시켰고, 본인은 박수만 치고 아무런 피드백도 받지 못한 학생이었습니다.

영작을 잘하는 학생은 발표도 하고, 친구들에게 인정도 받고, 선생님께 피드백도 받았지만 지금 이 학생은 수업의 주인공이 아니었습니다. 이에 학생의 눈높이에 맞는 수업을 하기 위해서 동료장학, 컨설팅도 좋지만 사실 학생과 함께하는 장학이 제일 필요하지 않을까, 학교에 가면 꼭 그걸 해야겠다는 생각이 들었습니다.

생각이 여기에 이르자 제가 너무나도 부끄러워졌고 시험에 떨어져도 할 말이 없다는 생각까지 들었습니다. 불가항력적으로 눈물이 그렁그렁해서 대답을 하는데 평가위원님들의 시선이 따뜻했습니다. 카리스마가 있어야 할 교사가 나약한 모습을 보인 것으로 간주될까봐 합격 발표 전날까지 걱정이었지만, 만점이 나온 것을 보니 제 진정성을 봐주셨다는 걸 알 수 있었습니다.

어렵고 시간이 걸리더라도 수업에 대해, 학생에 대해 많이 고민하고 그렇게 키워진 진정성을 보여 주면 좋겠습니다. 여린 것 같지만, 실전에서 강한 무기가 되어 줄 것입니다.

• 사이다 합격자 정은지 선생님

사이다 수업

STEP

6

사이다!
수업능력평가 기출문제

2016~2024학년도
수업나눔평가 기출 분석

❶ 기출 주제와 영역 분석

(1) 초등 수업나눔 기출 주제 정리

연도	질문	영역
2024	수업에서 사용한 질문 전략과 질문이 일상화된 교실을 위한 노력	[영역2] 질문과 탐구 중심 수업 설계 및 성찰
2024	삶과 연계한 배움을 위한 활동과 학생 성장	[영역5] 학생의 삶에 맥락화된 문제 해결 수업 성찰
2024	수업 참여와 학생 몰입	[영역2] 질문과 탐구 중심 수업 설계 및 성찰
2023	과목 선택 이유와 학생 선택권	[영역1] 교사 교육과정 이해 및 깊이 있는 수업 철학 이해
2023	디지털 기기 활용과 평가 환류	[영역3] 과정 중심 평가 및 성장 피드백에 대한 철학
2023	성취기준에 근거한 프로젝트 수업 계획	[영역1] 교사 교육과정 이해 및 깊이 있는 수업 철학 이해
2022	성취기준 반영과 수업 설계	[영역1] 교사 교육과정 이해 및 깊이 있는 수업 철학 이해
2022	유권자 교육과 학생 시민 교육	[영역5] 학생의 삶에 맥락화된 문제 해결 수업 성찰
2022	학생 참여와 공약 제시	[영역5] 학생의 삶에 맥락화된 문제 해결 수업 성찰
2021	수업 중점과 학년 선택 이유	[영역1] 교사 교육과정 이해 및 깊이 있는 수업 철학 이해
2021	온라인 수업의 고려 사항과 어려움	[영역2] 질문과 탐구 중심 수업 설계 및 성찰
2021	학생 인권 감수성	[영역5] 학생의 삶에 맥락화된 문제 해결 수업 성찰
2020	독서 후 활동과 학생 성장	[영역4] 학생 성장 지원 및 맞춤형 수업 실천 의지

2020	성취기준 달성 평가와 피드백	[영역3] 과정 중심 평가 및 성장 피드백에 대한 철학
2020	다문화/정서행동장애 학생 지도와 수업 참여 방안	[영역4] 학생 성장 지원 및 맞춤형 수업 실천 의지
2019	수업에서 추구하는 가치	[영역1] 교사 교육과정 이해 및 깊이 있는 수업 철학 이해
2019	토의·토론 수업과 소외 학생 전략	[영역6] 협력적 문제 해결 및 통합적 사고 촉진
2019	수업 어려움과 개선 보완 방법	[영역2] 질문과 탐구 중심 수업 설계 및 성찰
2018	학생 참여 전략과 이유	[영역5] 학생의 삶에 맥락화된 문제 해결 수업 성찰
2018	교사 역할과 프로젝트 효과	[영역6] 협력적 문제 해결 및 통합적 사고 촉진
2018	수업 구상 고민과 성장 공유	[영역2] 질문과 탐구 중심 수업 설계 및 성찰
2017	학생관과 삶과 연계된 학습	[영역5] 학생의 삶에 맥락화된 문제 해결 수업 성찰
2017	성취수준 미달과 수업 보완	[영역4] 학생 성장 지원 및 맞춤형 수업 실천 의지
2017	수업 어려움과 해결 방법	[영역2] 질문과 탐구 중심 수업 설계 및 성찰
2016	교육 철학과 실생활 연계	[영역1] 교사 교육과정 이해 및 깊이 있는 수업 철학 이해
2016	의미 있는 발문	[영역2] 질문과 탐구 중심 수업 설계 및 성찰
2016	수업 어려움과 극복 노력	[영역2] 질문과 탐구 중심 수업 설계 및 성찰

(2) 중등 수업나눔 기출 주제 정리

연도	질문	영역
2024	비판적 사고와 문제 해결 역량을 기르기 위한 교수학습 전략과 동·타 교과 협력 방안 설명	[영역6] 협력적 문제 해결 및 통합적 사고 촉진
2024	특성이 다른 학생들에 대한 학교 안·학교 밖 교육 활동 지원 방안 설명	[영역4] 학생 성장 지원 및 맞춤형 수업 실천 의지
2024	에듀테크와 온라인 플랫폼을 활용한 형성평가 방법 및 디지털 시민성 관련 유의 사항 설명	[영역5] 학생의 삶에 맥락화된 문제 해결 수업 성찰
2023	에듀테크를 활용한 협력적 소통 역량 향상을 위한 잘된 점과 보완할 점 설명	[영역5] 학생의 삶에 맥락화된 문제 해결 수업 성찰
2023	성취기준 도달 실패 학생과 우수 학생에 대한 지도 방안 설명	[영역4] 학생 성장 지원 및 맞춤형 수업 실천 의지
2023	수업의 가치·덕목 함양을 위한 독서 활동과 연계 방안 설명	[영역3] 과정 중심 평가 및 성장 피드백 철학
2022	공감과 소통의 상호작용을 통해 본 수업의 잘된 점과 보완할 점 설명	[영역5] 학생의 삶에 맥락화된 문제 해결 수업 성찰
2022	온라인과 오프라인을 연계한 평가 설계 방안 설명	[영역3] 과정 중심 평가 및 성장 피드백 철학
2022	학교와 지역 사회 협력을 고려한 수업 재구성 방안 설명	[영역6] 협력적 문제 해결 및 통합적 사고 촉진
2021	창의적 사고 역량과 관련한 수업 평가 결과와 보완해야 할 점 설명	[영역1] 교사 교육과정 이해 및 깊이 있는 수업 철학 이해
2021	성취기준 도달 실패 학습자에 대한 보충학습 방안 설명	[영역4] 학생 성장 지원 및 맞춤형 수업 실천 의지
2021	다른 교과와 연계한 수업 재구성 방안과 평가 방안 설명	[영역6] 협력적 문제 해결 및 통합적 사고 촉진
2020	단 한 명도 소외되지 않는 수업을 위한 설계 방안 설명	[영역4] 학생 성장 지원 및 맞춤형 수업 실천 의지
2020	교사–학생 상호작용이 잘 이루어진 부분과 그 이유 설명	[영역5] 학생의 삶에 맥락화된 문제 해결 수업 성찰
2020	잘된 점과 아쉬운 점을 동료 교사와 나누는 방안 설명	[영역2] 질문과 탐구 중심 수업 설계 및 성찰

2019	학생 성장 기대와 이를 위해 설계한 수업과 보완점 설명	[영역1] 교사 교육과정 이해 및 깊이 있는 수업 철학 이해
2019	성취기준에 기반한 평가 방법과 결과 활용 방안 설명	[영역3] 과정 중심 평가 및 성장 피드백 철학
2019	학생의 삶과 연계한 융합수업 설계 방안 설명	[영역6] 협력적 문제 해결 및 통합적 사고 촉진
2018	학생에게 키워주고자 했던 역량과 이를 위해 설계한 수업 설명	[영역1] 교사 교육과정 이해 및 깊이 있는 수업 철학 이해
2018	공평한 배움을 위한 수업 성찰과 보완점 설명	[영역2] 질문과 탐구 중심 수업 설계 및 성찰
2018	수업실연에서 어려웠던 점과 동료 교사와의 공유 방안 설명	[영역5] 학생의 삶에 맥락화된 문제 해결 수업 성찰
2017	배움중심 수업에서 가장 의미 있는 부분과 그 이유 설명	[영역2] 질문과 탐구 중심 수업 설계 및 성찰
2017	소외된 학생을 위한 보완 수업 방안 설명	[영역4] 학생 성장 지원 및 맞춤형 수업 실천 의지
2017	수업나눔을 통해 새로 생긴 고민과 해결 방안 설명	[영역2] 질문과 탐구 중심 수업 설계 및 성찰
2016	배움중심 수업을 실현하기 위해 중점적으로 노력한 부분 설명	[영역1] 교사 교육과정 이해 및 깊이 있는 수업 철학 이해
2016	정의적 능력 계발을 위한 수업에서의 부분과 이를 개선하고 싶은 점 설명	[영역4] 학생 성장 지원 및 맞춤형 수업 실천 의지
2016	수업나눔을 통해 깨달은 점과 배움중심 수업 실천을 위한 노력 설명	[영역1] 교사 교육과정 이해 및 깊이 있는 수업 철학 이해

6

② 기출 경향 분석

(1) 영역별 기출 경향

영역	경향
[영역1] 교사 교육과정 이해 및 깊이 있는 수업 철학 이해	• 초등과 중등에서 꾸준히 출제되고 있으며, 특히 교사 교육과정의 의미와 수업 철학을 수업에 어떻게 반영했는지를 묻는 문제가 많다. 교사가 교육과정과 깊이 있는 수업의 철학을 얼마나 잘 이해하고 있으며, 이를 구체적인 수업으로 설계할 수 있는지를 평가하고 있다. • 성취기준에 대한 질문도 자주 등장하는데, 성취도를 수업과 평가 설계에 어떻게 반영하는지에 집중하는 경향이 있다.
[영역2] 질문과 탐구 중심 수업 설계 및 성찰	• 질문 전략과 탐구 중심 학습을 통한 수업 설계가 중요한 요소로 다루어진다. 학생 주도적 학습을 촉진하기 위한 질문 설계, 수업 성찰 등을 묻는 질문이 많으며, 질문과 성찰을 통해 학생들의 사고를 어떻게 촉진하는지 평가한다. • 학생 참여를 유도하기 위한 질문과 성찰에 대한 문항이 반복 출제되고 있어, 교사가 질문을 활용하여 학생의 주도적 참여를 어떻게 촉진했는지가 중요하게 평가된다.
[영역3] 과정 중심 평가 및 성장 피드백 철학	• 평가와 피드백에 대한 문항이 주로 출제되며, 특히 과정 중심 평가가 교육의 중심으로 자리 잡고 있다. 교사가 어떻게 학생들의 성장을 촉진하고, 그 과정에서 피드백을 제공하는지 평가한다. • 성취기준에 근거한 평가, 디지털 기기 활용 평가 등이 자주 출제되며, 학생들의 학습을 촉진하고 성장을 지원하는 교사의 역할이 강조된다.
[영역4] 학생 성장 지원 및 맞춤형 수업 실천 의지	• 학생 개별 지원과 맞춤형 학습을 실현하기 위한 교사의 노력에 대한 평가가 중심이다. 이 영역에서는 다문화 학생이나 특수 학생과 같은 다양한 학생들의 필요를 반영한 맞춤형 수업을 설계하고, 이를 통해 학생들의 성장을 도울 수 있는 능력을 평가한다. • 성취기준 미달 학생에 대한 보충학습 방안도 자주 다루어지며, 교사가 다양한 수준의 학생들을 어떻게 지도할 수 있는지 묻는다.
[영역5] 학생의 삶에 맥락화된 문제 해결 수업 성찰	• 학생의 실생활과 수업을 어떻게 연계했는지에 대해 묻는 문항이 많다. 교사가 학생들의 삶의 맥락을 반영한 수업을 설계하고, 이를 통해 문제 해결력을 증진시키는 방법을 평가한다. • 특히 에듀테크와 디지털 시민성에 대한 문제도 자주 출제되어, 교사가 학생들의 삶과 수업을 어떻게 기술적으로 연결하는지를 평가한다.
[영역6] 협력적 문제 해결 및 통합적 사고 촉진	교과 간 협력과 통합적 사고를 통한 문제 해결이 중요하게 다루어진다. 교사가 다른 교과나 학교 밖의 자원을 활용하여 학생들에게 협력적 문제 해결 경험을 제공하는지 평가하며, 이를 통해 학생들이 통합적 사고를 기를 수 있는지를 평가한다.

(2) 문항 구성 경향

① **1번 질문 경향**: 주로 수업 설계와 철학, 교사의 교육과정 이해와 관련된 문항이 많다. 교사가 자신의 수업 철학을 어떻게 설계하고 실행했는지를 구체적으로 묻는 경향이 강하다.

② **2번 질문 경향**: 학생 맞춤형 교육, 즉 학생의 성취도, 평가와 관련된 질문이 많이 나오며, 교사가 어떻게 개별 학생의 특성에 맞게 성장을 지원하고 평가 피드백을 제공했는지를 묻는다.

③ **3번 질문 경향**: 협력적 문제 해결, 교과 간 협력, 학생의 삶과 연계한 수업 등 실생활 중심의 문제 해결 능력에 대한 질문이 주를 이루며, 교사의 창의적인 사고와 통합적 사고를 촉진하는 방법을 묻는다. 경기교육정책 관련 질문은 3번에서 다루어지는 경우가 많다.

(3) 최근 기출 경향

① 초등

- 최근 초등 수업나눔 기출에서는 질문 전략과 학생 주도 학습을 촉진하기 위한 탐구 중심 수업 설계, 즉 깊이 있는 수업으로의 설계가 큰 비중을 차지하고 있다.
- 삶과 연계한 배움과 학생의 성장에 대한 문항도 출제 빈도가 높다.
- 디지털 기기 활용 및 에듀테크와 같은 기술적인 요소도 평가에서 중요하게 다루어지고 있으며, 피드백과 평가 환류가 중점적으로 다루어진다.

② 중등

- 비판적 사고와 문제 해결 역량을 기르기 위한 교수학습 전략을 묻는 문항이 주목받고 있으며, 협력적 문제 해결을 위한 교과 간 협력 방안에 대한 문항이 증가하는 추세이다.
- 에듀테크와 디지털 시민성이 최근 몇 년간 중요한 주제로 부각되고 있으며, 특성이 다른 학생 지원과 같은 맞춤형 학습과 학교 안팎의 협력에 대한 관심이 지속되고 있다.

③ 결론
교사의 교육과정 이해, 학생 주도적 학습 설계, 디지털 도구 활용, 협력적 문제 해결 능력 등 '깊이 있는 수업'과 관련된 답안을 중점적으로 준비해야 함을 알 수 있다.

- '깊이 있는 수업' 관련 질문이 작년 등장하여 올해도 큰 비중으로 출제될 것으로 보인다.
- 학생 개개인의 특성을 고려한 학생 맞춤형 교육에 관한 철학을 중시한다.
- 수업 성찰과 실제 수업 경험을 반영한 질문이 많아지고 있으며, 교사가 자신의 수업을 얼마나 성찰하고 발전시킬 수 있는지가 중요한 평가 요소로 자리 잡고 있다.
- 디지털 기술과 에듀테크 활용이 특히 형성평가에서 중요하게 다루어지며, 교사의 기술 활용 능력도 중요한 평가 요소로 등장했다.
- 협력적 문제 해결과 통합적 사고를 기르는 교과 간 연계 수업의 중요성이 강조되며, 교사의 통합적 사고 촉진 능력이 미래 교육의 핵심 역량으로 부각되고 있다.

02. 2016~2024학년도
초등 수업나눔평가 기출문제 풀이

1 2024학년도 경기도 초등 수업나눔평가

수업나눔(즉답형)

【문항】 실연한 수업에 대하여 다음 질문에 답하시오(총 10분 이내).

【질문 1】

수업에서 사용한 질문 전략과 사용 의도를 말하고, 질문이 일상화된 교실을 위해 노력할 점 3가지를 말씀해 주십시오.

【질문 2】

오늘 수업에서 이루어진 삶과 연계한 학습을 위한 활동을 말하고, 이를 통해 학생에게 기대되는 성장 2가지를 말씀해 주십시오.

【질문 3】

만약 내가 학생이었다면 수업의 어느 부분에 가장 적극적으로 참여했을지 그 이유와 함께 말씀해 주십시오.

연습하기

1번

2번

3번

예상 채점기준표

	채점기준	채점하기				
		매우 우수	우수	보통	부족	매우 부족
1번 (10)	☐ 수업에서 사용한 질문 전략과 사용의도가 적절한가?	5	4	3	2	1
	☐ 질문이 일상화된 교실을 만들기 위한 개선 의지가 충분한가?	5	4	3	2	1
2번 (10)	☐ 학생의 삶에 맥락화된 수업을 설계하였는가?	5	4	3	2	1
	☐ 학생 성장을 위한 의지와 노력을 갖추고 있는가?	5	4	3	2	1
3번 (5)	☐ 학생이 주도적으로 학습을 이끄는 깊이 있는 수업을 설계하였는가?	5	4	3	2	1

💡 해설 및 답변은 206쪽 Step 4_01 기출로 감 잡기를 참고하세요!

수업나눔(즉답형)

【문항】실연한 수업에 대하여 다음 질문에 답하시오(총 10분 이내).

【질문 1】

> 과목을 선택한 이유와 수업 중 학생의 선택권을 어떻게 고려하였는지 말씀해 주십시오.

【질문 2】

> 평가에 활용한 디지털 기기와 그 이유를 이야기하고, 학생 수준을 고려하여 평가를 어떻게 환류하였는지 말씀해 주십시오.

【질문 3】

> 성취기준에 근거하여 나머지 프로젝트 수업을 구성한다면 어떻게 계획할 것인지 말씀해 주십시오.

연습하기

1번

2번

3번

🎯 예상 채점기준표

채점기준		채점하기				
		매우 우수	우수	보통	부족	매우 부족
1번 (10)	☐ 교육과정을 제대로 이해하고 있는가?	5	4	3	2	1
	☐ 학생 맞춤형 수업에 대한 자신만의 철학이 있는가?	5	4	3	2	1
2번 (10)	☐ 학생 맞춤형 수업을 설계하고 실행하였는가?	5	4	3	2	1
	☐ 성장을 위한 자신만의 평가를 설계하고 실행하였는가?	5	4	3	2	1
3번 (5)	☐ 수업에 대한 질문을 생성하고 이를 성찰할 수 있는가?	2.5	2	1.5	1	0.5
	☐ 학생, 동료와의 의사소통 능력을 갖추고 있는가?	2.5	2	1.5	1	0.5

💡 2023학년도까지는 '깊이 있는 수업'의 정책 용어가 확정되지 않은 상태였으며, '학생 맞춤형 수업'이라는 용어를 활용하고 있었으므로 해설에도 유지함

6

【질문 1】 과목을 선택한 이유와 수업 중 학생의 선택권을 어떻게 고려하였는지 말씀해 주십시오.

답안도식

• [철학 P] 교육과정을 이해하여 적절한 수업 과목을 선택해 교사 교육과정을 구성함
• [철학 P] 학생의 학습 선택권을 고려하는 학생 맞춤형 수업 설계 의도 설명

과목을 선택한 이유를 묻는 것은 학습자에게 적절한 교육과정 내용을 수업 주제와 유형(프로젝트 학습)에 맞게 구성할 수 있는지 그 역량을 보고자 함이다. 즉, 교사 교육과정의 구성 능력을 보는 것으로 철학[P]을 갖춘 교사인지를 살피는 것이다. 주어진 조건인 '주제(따뜻한 관계)', '수업 내용(표현과 관련된 성취기준)', '학생 선택권(선호 표현 방식)' 등을 활용하여 과목을 선정하는 것이 필요하다. 또한, 학생 맞춤형 수업을 설계할 수 있는지를 확인하고 있다[P]. 학생 맞춤형 수업은 학생의 학습 선택권의 확대를 강조하고 있으며, 이를 통해 학생의 주도성을 함양하는 것을 중시한다.

나의 답변은 어땠을까?

잘한 점	부족한 점

점수를 준다면? (/ 10점)

예시 답변

1번 문항 답변드리겠습니다.
오늘 수업은 따뜻한 관계를 표현하는 주제와 방법을 정하는 프로젝트 수업 중 2차시에 해당하는 수업이었습니다.
저는 학습 목표와 주어진 조건을 고려하여 '도덕' 과목과 '음악', '미술', '체육' 과목을 융합하여 학생 주도의 융합 프로젝트 수업을 전개하고자 하였습니다. 그 이유는 교육과정 내용 체계에서 드러나듯 도덕은 자신과의 관계, 타인과의 관계, 사회 공동체와의 관계에서 함께하는 따뜻함의 가치를 배울 수 있는 과목이기 때문입니다. 따라서 따뜻한 관계란 무엇인지 생각할 수 있는 과목은 도덕이라고 여겼습니다. 아울러 이를 표현하기 위한 다양한 방법을 탐색하기 위해 음악, 미술, 체육 과목과 융합하도록 하였습니다.
다음으로 학생들의 학습 선택권을 어떻게 고려하였는지 세 가지 말씀드리겠습니다.
첫째, 모둠을 편성할 때 학생들의 표현 방법 선택을 최대한으로 존중하였습니다. 만약 정하지 못한 학생이 있다면 충분히 고민할 수 있도록 하였으며, 선택 방법이 바뀌었다면 다시 모둠을 결정할 수 있도록 선택권을 부여하였습니다.
둘째, 활동 방법을 결정할 때 학생들이 스스로 수업 규칙을 설정할 수 있도록 하였습니다. 학습 선택권은 학습

의 내용뿐만 아니라, 학습 방법과도 연관됩니다. 학생들이 수업 규칙을 결정하도록 함으로써 학생의 주도성을 함양하도록 하였습니다.

셋째, 표현 계획 발표 이후, 학생들이 직접 자신들의 댓글을 공유하는 시간을 갖자고 하였습니다. 학생들이 수업 방법을 주도적으로 선택한 점을 크게 칭찬하고 실제로 학생들의 건의대로 댓글 발표를 진행하였습니다. 학생이 주도하는 프로젝트 수업을 통해 학생의 주체성과 변혁적 역량을 키워주도록 노력하는 교사가 되겠습니다. 이상 1번 문항 답변 마치겠습니다.

【질문 2】 평가에 활용한 디지털 기기와 그 이유를 이야기하고, 학생 수준을 고려하여 평가를 어떻게 환류하였는지 말씀해 주십시오.

답안도식

- [성찰 R] 에듀테크를 활용한 학생 맞춤형 수업에 대한 성찰
- [성찰 R] 과정 중심의 평가 실천에 대한 수업 성찰

학생 맞춤형 수업은 에듀테크를 적절히 활용하여 미래형 수업을 구성하고 실천할 수 있는지 여부를 중요하게 여긴다. 디지털 기기를 활용한 평가 방법과 학생 수준을 고려한 피드백이 제대로 이루어졌는지를 묻는 이 문항은 학생을 위한 미래형 성장중심평가를 실행하고, 또 성찰할 수 있는지를 확인하는 것이다[R]. 학생의 개별적 특징에 근거한 피드백을 수업 중 장면과 연결하여 구체적으로 답변하는 것이 필요하다.

나의 답변은 어땠을까?

잘한 점	부족한 점

점수를 준다면? (/ 10점)

예시 답변

2번 문항 답변드리겠습니다.

이 수업은 디지털 기기를 활용한 학생 맞춤형 수업으로 진행되었습니다. 그중 평가에 활용한 디지털 기기는 크롬북과 핸드폰이었습니다.

첫째, 크롬북을 활용한 동료 평가입니다. 크롬북은 모둠마다 한 대씩 제공되었으며, 학생들은 이를 통해 패들렛에 접속하여 댓글 달기를 진행할 수 있었습니다. '좋아요'를 누르고 댓글을 다는 행위를 통한 동료 평가로 성장 중심의 평가를 진행하였습니다. 실제 라이언 모둠은 '좋아요'를 가장 많이 받아 우수 모둠으로 선정되기도 하였습니다.

둘째, 휴대폰을 활용한 자기 평가입니다. 학생들은 휴대폰을 통해 잼보드에 접속하여 이번 활동에서 자기를

칭찬하고 격려하였으며, 부족한 점을 성찰할 수 있었습니다.

다음으로 평가에 대한 환류 방법을 말씀드리겠습니다.

첫째, 동료 평가가 이루어진 댓글 발표를 통해 피드백을 진행하였습니다. 그리고 이를 바탕으로 성장할 수 있는 방안을 스스로 생각하게끔 독려하였습니다. 수업 중 춘식이 모둠은 '친구들이 모두 참여하는 계획이 아니어서 아쉬웠다.'라는 현수의 아쉬움 댓글 발표를 듣게 되었습니다. 저는 왜 이런 댓글이 달렸을지 생각해 보도록 시간을 주었고, 춘식이 모둠은 모두가 자기 역할을 맡아 할 수 있도록 계획을 수정하겠다고 발표하였습니다.

둘째, 자기 평가에 대한 피드백을 진행하였습니다. 시영이는 수업 중 노래 모둠에 참여했지만, 부끄러워서 노래를 부르지 못하고 계획서를 세울 때에도 의견을 제대로 말하지 못했다고 하였습니다. 이에 우선 자신의 부족한 점을 성찰할 수 있다는 점에서 대단하다며 시영이에게 피드백을 해준 뒤, 자기 평가에서 스스로에게 높은 점수를 준 같은 모둠의 연희에게 시영이와 함께 따뜻한 관계를 표현해 보자고 이야기하였습니다.

에듀테크를 활용한 수업과 평가는 경기 미래교육을 위한 발판이 될 것입니다. 이를 통해 학생들의 성장을 독려하는 교사가 되겠습니다.

이상으로 2번 문항 답변 마치겠습니다.

【질문 3】 성취기준에 근거하여 나머지 프로젝트 수업을 구성한다면 어떻게 계획할 것인지 말씀해 주십시오.

답안도식

• [성찰 R] 본 수업을 포함해 프로젝트 수업을 구상한다면 어떤 점을 고려해야 하는가
• [공동체 O] 협력적인 프로젝트 수업 구안

문제지에 빈 칸으로 주어진 것은 나눔 문항에서 출제 영역이 될 수 있다는 것을 염두에 두고 스스로 그 질문에 대한 답을 고민했어야 한다[R]. 답안을 구성할 때에는 프로젝트 수업을 실천하는 데 중요한 학생 간 협력과 문제 해결 역량을 고려하여야 한다[O].

세 문항 모두 수업실연 문제지에서 충분히 유추할 수 있는 나눔 문항이었다. 초등 수업나눔 문제는 실연 수업과의 연계성이 강하기 때문에, 수업에서 제대로 구현되지 않으면 나눔 역시 부족해질 수밖에 없다. 수업실연 문제지에 나눔 문제가 주어지는 경우가 많다는 것을 잊지 말고, 꼼꼼히 살펴 두 마리 토끼를 모두 잡을 수 있어야 하겠다.

나의 답변은 어땠을까?

잘한 점	부족한 점

점수를 준다면? (/ 5점)

3번 문항, 잠시 제 수업을 성찰한 뒤에 답변드리겠습니다.

3번 문항 답변드리겠습니다. 프로젝트 수업은 삶의 장면을 교실로 가져와 문제 해결을 위한 계획을 세우고, 이를 탐구하는 과정을 통해 삶에 필요한 핵심 역량을 함양하는 수업입니다. 학생이 주도적으로 참여하고, 통합적으로 학생들의 학습경험을 구성하도록 하며, 배움이 실천으로 연계될 수 있도록 설계해야 합니다. 이에 '따뜻한 관계 알아보기' 주제를 위한 프로젝트 수업을 설계하면 다음과 같습니다.

먼저 1차시에는 따뜻한 관계 맺기가 필요한 이유는 무엇이며, 이를 위해서는 어떤 노력이 필요할지에 대해 인터넷 뉴스 검색을 통해 알아보는 시간을 갖겠습니다. 학생들은 1차시 수업을 바탕으로 따뜻한 관계 맺기의 필요성에 깊게 공감하고 자신을 둘러싼 삶의 문제를 교실로 가져올 수 있을 것입니다.

2차시는 오늘의 수업에서와 같이, 따뜻한 관계를 표현하는 주제와 방법을 정하는 프로젝트 계획 세우기 시간을 갖겠습니다. 이렇게 세워진 프로젝트 계획을 3~4차시에 실행하도록 하겠습니다. 신체 활동, 미술, 음악 등으로 표현할 기회를 충분히 제공하여, 모둠별로 발표하고 서로 감상하도록 하겠습니다.

5차시에는 지난 시간까지 서로 공유된 발표 내용에 대한 동료 평가와 자기 평가를 실행하고, 성찰하는 시간을 갖도록 하겠습니다. 6차시에는 성찰 내용을 반영하여 세상을 따뜻하게 만드는 표현 영상 만들기 시간을 갖겠습니다. 만든 영상은 인터넷 플랫폼을 통해 공유하도록 합니다. 마지막 7차시에는 지역 내 복지 기관을 찾아가 봉사활동을 하는 것으로 마무리하겠습니다. 본 프로젝트 수업이 영상 공유와 지역 내 활동 등 세상을 따뜻하게 만드는 실천 활동으로 이어질 수 있도록 하겠습니다.

3번 문항 답변 마치겠습니다. 이상입니다.

수업나눔(즉답형)

【문항】 실연한 수업에 대하여 다음 질문에 답하시오(총 10분 이내).

【질문 1】

> 성취기준에 바탕하여 선생님의 수업 의도를 설명하고, 그 의도를 수업에서 어떻게 반영하였는지 말씀해 주십시오.

【질문 2】

> 유권자 교육의 중요성을 설명하고, 책임감 있는 학생 시민을 기르기 위해 해 보고 싶은 교육 활동을 말씀해 주십시오.

【질문 3】

> 자신이 만약 이 수업에 참여한 학생이라면, 어떤 공약을 제시할 것인지 이유와 함께 말씀해 주십시오.

연습하기

1번

2번

3번

🎯 예상 채점기준표

채점기준		채점하기				
		매우 우수	우수	보통	부족	매우 부족
1번 (10)	☐ 교육과정을 제대로 이해하여 학생 맞춤형 수업으로 구성하고 있는가?	5	4	3	2	1
	☐ 수업을 성찰하고 잘한 점, 아쉬운 점과 개선할 점을 고민할 수 있는가?	5	4	3	2	1
2번 (10)	☐ 학생의 삶과 배움을 연계하고 있는가?	5	4	3	2	1
	☐ 수업에 대한 질문을 생성하고 이를 성찰할 수 있는가?	5	4	3	2	1
3번 (5)	☐ 학생, 동료와의 의사소통 능력을 갖추고 있는가?	5	4	3	2	1

🎯 해설 및 답변 포인트

> **【질문 1】** 성취기준에 바탕하여 선생님의 수업 의도를 설명하고, 그 의도를 수업에서 어떻게 반영하였는지 말씀해 주십시오.

답안도식

- **[철학 P]** 성취기준을 바탕으로 수업 의도 설명
- **[성찰 R]** 의도가 드러나는 수업 장면에 대한 구체적 설명

성취기준을 바탕으로 수업의 의도를 설명하라는 것은 교육과정 성취기준을 교사 수준에서 얼마나 잘 이해하고 재구성할 수 있는지를 보겠다는 것이다[P]. 성취기준이 세 가지가 나왔으니 세 가지에 맞추어 설명하는 것이 깔끔하다. 의도가 나타난 수업 장면을 제시하라는 것은 수업 성찰의 가장 기본이 되는 문항이다[R]. 이런 질문에 대한 답안을 만들 때 가장 중요한 것은 '방금 실연한 자신의 수업'의 구체적인 장면과 연결하여 대답하는 것이다. 수업실연 중의 학생 이름을 그대로 언급해도 좋고, 교사가 했었던 발문을 옮겨 와 실연 때처럼 다시 물어보듯 읊어도 좋다. 수업 장면을 생생하게 상기할 수 있도록 하는 것이 중요하다.

나의 답변은 어땠을까?

잘한 점	부족한 점

점수를 준다면? (/ 10점)

예시 답변

1번 문항 답변드리겠습니다.

오늘의 수업은 4학년 학생들을 대상으로 하는 총 9차시의 융합 프로젝트 수업 중 6차시에 해당하는 수업이었습니다. 융합 프로젝트 수업은 학생들이 주도적으로 계획을 세우고 실천하여 결과를 도출하는 수업으로, 삶과 연관된 과제를 협력적으로 해결하도록 설계됩니다. 주제는 학생들의 삶의 공간인 우리 학교를 바꾸는 즐거운 상상으로, 학교의 문제 상황을 직접 찾아내고 개선하기 위해 정책을 설계해 실제 실행하는 것까지 진행하도록 하는 프로젝트 수업입니다.

특히 본시 수업은 학생들이 설정한 공약을 직접 검증하는 과제를 해결하도록 하는 수업이었습니다. 수업의 의도와 그 의도를 수업에 어떻게 반영하였는지를 성취기준을 바탕으로 설명하겠습니다.

첫째, 학생들이 타당한 의견을 판단하기 위한 기준의 필요성을 이해할 수 있기를 바랐습니다. 이를 위해 가상 반장선거 포스터의 공약을 분석하고 공약 검증의 필요성을 발표하도록 설계하였습니다. 특히 "만약 잘못된 공약을 제시한 후보가 반장이 되면 어떻게 될까?"와 같이 삶과 연계된 발문을 학생들에게 제시하여 공약을 검증해야 할 필요성을 학생들이 직접 도출할 수 있도록 이끌었습니다.

둘째, 학생들이 적합한 의견을 선택하고, 선택한 의견을 자신의 삶에서 실천하는 민주시민으로 성장할 것을

의도하였습니다. 이에 '훌륭한 공약'의 기준을 모둠별로 토의하여 제시하도록 활동을 설계하였습니다. 그리고 여기서 더 나아가 학생들이 직접 후보들의 공약을 설정한 기준에 따라 실제 검증할 수 있도록 하였습니다. 예를 들어 민주는 '실제 우리가 할 수 있는 공약인가' 여부를 좋은 공약의 기준으로 삼자고 이야기하였는데요. 그러면서 자기 모둠의 두 번째 공약인 '급식 반찬에 매일 햄이 나오게 하기'가 초등학생인 우리가 할 수 있는 일이 아니기 때문에 바꿔야겠다고 생각했다고 발표했습니다. 이처럼 학생들은 공약 검증 기준 만들기 활동을 통해 타당한 의견을 선택하고 스스로 실천해 갈 수 있었습니다.

셋째, 학생들이 이 수업을 통해 민주적 의사결정 원리를 이해하고, 실천할 것을 의도하였습니다. 특히 공약의 기준을 제시하고 모둠 대표들의 공약을 검증하는 모둠 활동 중에는 학생들이 다수결과 대화와 타협, 소수 의견 존중 등의 원칙을 강조함으로써 민주적 의사결정 원리의 의미를 터득할 수 있도록 하였습니다. 이때 세미가 다수결로만 하면 민주주의 아니냐고 질문하기도 하였는데요, 이에 대해 민주적으로 의사를 결정하는 것이 왜 필요한지를 대답해 줌으로써 학생들이 직접 이를 실천할 수 있도록 안내하였습니다.

교사는 교육과정과 배움중심수업, 성장중심평가의 선순환을 이룩하고자 노력해야 합니다. 특히 교육과정 문서가 고려하지 못한 우리 학생들의 교육환경을 고려하여 성취기준을 재구성할 수 있어야 합니다. 삶과 연계된 프로젝트 수업을 통해 미래 시대를 살아갈 학생들이 필요한 역량을 함양시킬 수 있도록 노력하는 교사가 되겠습니다. 이상 1번 문항 답변 마치겠습니다.

> 【질문 2】 유권자 교육의 중요성을 설명하고, 책임감 있는 학생 시민을 기르기 위해 해 보고 싶은 교육 활동을 말씀해 주십시오.

답안도식

- [철학 P] 교육정책(경기교육)에 대한 이해
- [철학 P] 민주시민 교육을 위한 교육 활동

다소 면접과 같은 질문이어서 많은 수험생들을 당황하게 했던 문제였다. 교육정책 중 경기교육과 깊이 있게 연결된 민주시민 교육과 관련된 질문이었다[P]. 경기도 교육과정의 민주시민 역량과도 연계할 수 있다. 말 그대로 유권자 교육과 실천 가능한 교육 활동을 제시하면 된다[P]. 다만, 수업나눔이기 때문에 본시 수업에 대한 성찰이라는 큰 테두리에서는 벗어나지 않는 것이 좋다. 혹여 이와 같이 교육정책 공감력만을 묻는 면접형 질문이 다시 주어지더라도, 웬만하면 '수업'과 관련하여 답변을 구성하는 노력이 필요하다. 본시 수업에서의 아쉬움과 연결하거나, 수업 중 이루어진 장면과 연계하는 방법 등이 있다.

나의 답변은 어땠을까?

잘한 점	부족한 점
점수를 준다면? (/ 10점)	

2번 문항 답변드리겠습니다.

선거할 권리를 지닌 유권자는 자신의 권리를 가치 있게 행할 수 있어야 합니다. 이를 위해서는 선거의 의미와 합리적 선택, 정치 참여에 대한 선거 교육이 이루어질 필요가 있습니다.

특히 학생들에게 유권자 교육이 이루어져야 하는 중요성을 말씀드리겠습니다. 최근 선거 연령이 만 18세로 하향 조정되면서 청소년들도 민주시민으로서의 권리를 행사할 수 있게 되었습니다. 이는 우리 사회가 학생들을 미성숙한 존재로만 인식하는 것에서 나아가 교복을 입은 시민으로 바라보게 되었음을 뜻하는 것이라고 생각합니다. 그러나 청소년의 정치적 권리가 올바르게 쓰일 수 있도록 하는 유권자에 대한 참정권 교육은 그동안 제대로 이루어지지 않고 있었습니다. 학생들이 한 명의 시민으로서 청소년 시기에 자신의 권리를 의미 있게 행사할 수 있으려면, 초등학교에서부터 유권자 교육이 차근차근 이루어질 수 있어야 한다고 생각합니다.

학생들이 자신의 책임을 다하는 시민으로 성장할 수 있도록 제가 실천하고자 하는 교육 활동은 크게 2가지가 있습니다.

첫째, 학급 자치회의를 정기적으로 개최하여 학생들이 민주적 의사결정에 익숙해지도록 하겠습니다. 또한 수업 활동 시 토의·토론 활동도 활성화하겠습니다. 오늘 수업에서도 학생들은 공약 검증의 필요성과 기준을 이야기하고 실제 후보들의 공약을 검증하는 과정 내내 협력적으로 문제를 해결하고 민주적으로 의사를 결정하는 연습을 꾸준히 할 수 있었습니다. 자신의 의견을 친구들에게 설득하고, 타인의 의견을 경청하는 연습이 꾸준히 이루어진다면 학생들은 민주적으로 살아가는 것이 무엇인지, 특히 삶에 있어 자신들의 선택이 어떠한 힘을 갖는지를 학습할 수 있게 될 것입니다.

둘째, 우리 마을 바꿔 나가기 프로젝트 수업을 진행하고 싶습니다. 오늘 제가 한 수업은 우리 학교에 대한 개선점을 찾아 바꿔 나가는 것이 주제였습니다. 이를 확장하여 5학년, 6학년 학생들을 대상으로 우리 마을을 개선해 나가는 프로젝트 수업을 진행하는 것입니다. 저는 중학생 때 친구들과 함께 동네 어린이 도서관에 카펫을 깔아달라고 건의하여 동네 어른들께 크게 칭찬을 받은 경험이 있는데, 이후 마을 곳곳에 더 관심이 가고 우리 마을을 좋은 동네로 만들고 싶다는 생각이 들게 되었습니다. 이처럼 학생들도 마을에 관심을 갖고 개선해 나가다 보면 민주사회를 만들어 가는 책임 있는 시민이 될 수 있으리라 생각합니다.

학생들에 대한 민주시민 교육을 꾸준히 전개하는 교사가 되도록 노력하겠습니다.

이상 2번 문항 답변 마치겠습니다.

【질문 3】 자신이 만약 이 수업에 참여한 학생이라면, 어떤 공약을 제시할 것인지 이유와 함께 말씀해 주십시오.

• [성찰 R] 수업과 연계하여 어떤 공약을 제시할 것인가
• [공동체 O] 공동체를 위한 정의적 요소를 구현하기 위한 수업 활동

이 문항 역시 수업과의 구체적인 연결이 관건인 문항이다. 이 수업에 참여한 학생이라는 전제가 있기 때문에, 수업 조건을 그대로 승계하여 답변을 고민해야 하는 것이다. 전체 프로젝트 수업의 취지와 본시 수업에서 제

시하는 검증 기준을 고려하되[R], 학교 현장에 대한 공감력을 발휘하고 공동체를 위한 인성적 요소를 고려한 공약을 제시할 수 있어야 했다[O]. 따라서 답안은 수업에 제시된 조건을 먼저 정리하고, 공동체 의식에 입각하게 구성되는 것이 좋다.

나의 답변은 어땠을까?

잘한 점	부족한 점

점수를 준다면? (/ 5점)

예시 답변

3번 문항 답변드리겠습니다.

이 수업은 우리 학교의 문제점을 학생들이 직접 찾아 바꿔 나가도록 하는 프로젝트 수업으로 민주시민 교육의 일환으로 이루어지고 있습니다. 특히 오늘 수업 중에 학생들은 공약을 검증하는 기준을 다 함께 만들었는데요. 그 기준은 '첫째, 실현 가능한 공약이어야 한다.', '둘째, 학생들 모두에게 좋은 공약이어야 한다.'였습니다. 이러한 기준을 떠올려서, 학교의 일원인 제가 공약을 제시한다면 다음과 같이 제시할 것입니다.

저는 중앙 공간에 독서 공간을 배치하는 공약을 건의하겠습니다. 계단을 올라오자마자 보이는 학교 교실과 교실 사이 유휴 공간이 있는데, 이를 학생 공간으로 바꾸고 도서를 배치하도록 하여 간이 도서관을 설치하는 것입니다. 이를 통해 학생들은 독서 습관을 생활화할 수 있을 것이며, 쉬는 시간을 보다 건강하게 지낼 수 있을 것입니다. 도서를 구입하는 것이 어렵다면, 학생들에게 집에서 잘 읽지 않는 책을 가져오도록 하는 것도 좋겠습니다. 실현 가능성도 높고, 학생들 모두에 대한 공익을 목적으로 한다는 데서 좋은 공약이 될 수 있다고 생각합니다.

앞으로 오늘 수업에서처럼 학생들이 자신의 손으로 직접 제 공간을 개선해 나갈 수 있도록 수업과 창의적 체험 활동, 학급 활동 등을 통해 꾸준히 기회를 부여하고, 이를 바탕으로 학생을 자기 주도적인 민주시민으로 키워내는 교사가 되고 싶습니다.

3번 문항 답변 마치겠습니다. 이상입니다.

수업나눔(즉답형)

【문항】실연한 수업에 대하여 다음 질문에 답하시오(총 10분 이내).

【질문 1】

이 수업에서 중점을 둔 점을 말하고, 이를 실현하기 위해 사용한 방법을 학년을 선택한 이유와 연계하여 말씀해 주십시오.

【질문 2】

만약 이 수업을 온라인 수업으로 한다면 고려할 점과 예상되는 어려움은 무엇인지 말씀해 주십시오.

【질문 3】

학생들의 인권 감수성을 높이기 위한 교실 내에서의 방안을 말씀해 주십시오.

연습하기

1번

2번

3번

🎯 예상 채점기준표

채점기준		채점하기				
		매우 우수	우수	보통	부족	매우 부족
1번 (10)	☐ 수업을 성찰하고 잘한 점, 아쉬운 점과 개선할 점을 고민할 수 있는가?	5	4	3	2	1
	☐ 학생 맞춤형 수업에 대한 자신만의 철학이 있는가?	5	4	3	2	1
2번 (10)	☐ 교사 교육과정에 기반한 학생 맞춤형 수업, 성장(과정)중심 평가를 설계할 수 있는가?	5	4	3	2	1
	☐ 학생-학생, 교사-학생의 상호작용을 촉진할 수 있는가?	5	4	3	2	1
3번 (5)	☐ 학생, 동료와의 의사소통 능력을 갖추고 있는가?	5	4	3	2	1

🎯 **해설 및 답변 포인트**

> **【질문 1】** 이 수업에서 중점을 둔 점을 말하고, 이를 실현하기 위해 사용한 방법을 학년을 선택한 이유와 연계하여 말씀해 주십시오.

답안도식

- [성찰 R] 수업에서 중점을 둔 점
- [철학 P] 교육과정상 학년 선택 이유
- [철학 P] 학년 선택 이유의 배움중심수업적 고찰

본시 수업이었던 인권 주제의 수업에서 중점을 둔 점을 성찰[R]하는 문항이나, 이를 〈조건〉의 학년 선택 이유와 함께 대답하도록 함으로써 수험생이 지닌 철학과 연결하여 생각해 보도록 하고 있다. 이와 같이 수업 설계 시 중점을 두어 설계한 부분을 이야기할 때에는 학생 맞춤형 수업 키워드와 연계하여 답안을 구성하면 좋다. 특히 문항지에 핵심 역량이 아예 주어져 있었기 때문에 그를 고려하여 설계한 부분을 대답했다면 〈조건〉도 수행하고 나눔 답안도 막힘없었을 것이다.

학년 선택 이유를 대답할 때에는 우선 사회 교육과정상 5, 6학년 안에서 선택했어야 한다. 교육과정에 대한 이해[P]가 부족하여 다른 학년을 골랐다면 큰 감점이 있었을 수도 있다. 아울러 수험생만의 학생 맞춤형 수업 철학[P]과 연계한 학년 선택 이유를 연결하여 대답했다면 무리 없이 완성도 높은 답안을 도출할 수 있었을 것이다. 이처럼 〈조건〉에 무언가 수험생이 선택하도록 주어졌다면, '수업 전 성찰' 과정에서 이를 충분히 고려하였는지를 수업나눔에서 물어볼 확률이 높다.

나의 답변은 어땠을까?

잘한 점	부족한 점

점수를 준다면? (/ 10점)

예시답변

1번 문항 답변드리겠습니다.

교사는 수업을 할 때 의도를 가지고 수업을 설계하고 이를 실행, 반성해야 합니다. 저는 이번 수업에서 학생중심수업을 중심으로 학생들의 다양한 역량 함양을 위해 노력하였습니다. 구체적으로 첫째, 협력 역량을 기르기 위해 〈활동 1〉에서 짝 활동을 진행하였습니다. 수업에서 학생들이 주체가 되기 위해서는 학생들이 친구들과 협력하여 문제를 해결하는 경험이 중요합니다. 이를 위해 인권의 정의를 한 문장으로 만들어 보는 활동을 짝과 함께 해결하도록 지도하였습니다.

둘째, 의사소통 역량을 함양하기 위해 〈활동 2〉에서 모둠 활동을 진행하였습니다. 〈활동 2〉에서 학생들은 모둠원들과 함께 생활 속에서 인권이 적용된 사례에 대해 각자의 경험을 살려 이야기를 나누었습니다.

셋째, 비판사고 역량을 기르기 위해 확산적 발문을 활용하였습니다. 구체적으로 동기유발에서 학생들이 노키즈존을 보면서 왜 불편한 감정을 느꼈는지 비판적으로 사고해 볼 수 있도록 발문하였습니다. 나아가 수업 전반에 걸쳐 학생들에게 "그렇게 생각한 이유는 무엇인가요?"라고 발문을 함으로써 학생들이 자신들의 사고를 확장할 수 있도록 지도하였습니다.

다음으로 저는 5학년을 선택하여 이번 수업을 진행하였습니다. 그 이유에 대해 말씀드리겠습니다. 첫째, 교육과정에 부합하기 때문입니다. 5학년의 경우 사회과에 인권에 대한 차시가 있습니다. 해당 학년을 대상으로 수업을 진행하게 될 경우 학생들이 교과의 내용과 수업을 연계하면서 융합적 사고를 할 수 있게 됩니다.

둘째, 학생들의 디지털 역량이 갖춰져 있기 때문입니다. 이번 수업에서는 활동 전반에 걸쳐서 태블릿PC를 활용하여 학생들이 조사를 하고, 온라인 플랫폼에 활동 결과물을 올리고 공유하였습니다. 학생들이 이러한 수업을 원활히 진행하기 위해서는 디지털 역량을 갖춰야 합니다. 때문에 어느 정도의 디지털 기기 사용에 능숙한 5학년을 선택하게 되었습니다.

이상 1번 문항 답변 마치겠습니다.

【질문 2】 만약, 이 수업을 온라인 수업으로 한다면 고려할 점과 예상되는 어려움은 무엇인지 말씀해 주십시오.

답안도식

- [철학 P] 온라인 수업에 대한 이해
- [성찰 R] 본 수업을 온라인 수업으로 했을 때 고려할 점
- [성찰 R] 온라인 수업 중 학생과의 의사소통에 대한 고려

코로나19의 시대적 상황과 연계하여 출제된 문항이었다. 온라인 수업 자체에 대한 이해가 없었다면 답안을 구성하기 어려웠을 것이다. 우선 온라인 수업으로 재구성한다고 하더라도 성취기준 달성과 학생 맞춤형 수업, 성장중심평가 등의 원격·등교수업 병행 학생 맞춤형 수업 철학[P]에 기반할 수 있어야 한다. 등교수업을 원격수업으로 재설계할 때[R]에는 ① 설계했던 발표 상황이나 모둠 학습을 어떻게 원격수업화할 것인지, ② 학생–학생 간 의사소통에서 교사가 신경 써야 할 점은 무엇인지, ③ 원격수업이 어려운 상황인 학생은 어떻게 할 것인지(IT 환경이 제대로 구축되지 않은 학생 등) 등을 충분히 고려해야 한다.

나의 답변은 어땠을까?

잘한 점	부족한 점
점수를 준다면? (/ 10점)	

2번 문항 답변드리겠습니다.

코로나19로 교육환경이 많이 변화하면서 블렌디드 러닝이 일반화되었습니다. 상황에 따라 본 수업도 충분히 원격수업으로 진행될 가능성이 있습니다. 원격수업으로 전환되었을 경우 학생들의 디지털 역량을 고려해야 합니다. 원격수업에서는 학생들의 디지털 역량이 또 다른 학습격차를 만들 수 있습니다. 때문에 학생들이 원격수업에 능숙하고 능동적으로 참여할 수 있는지를 고려하여 수업을 설계해야 합니다.

다음으로 원격수업 시 어려운 점에 대해 말씀드리겠습니다. 먼저 첫째, 학생들 간의 원활한 소통이 어려울 수 있습니다. 이번 수업에서는 협동 활동이 주를 이룹니다. 짝 활동뿐만 아니라 모둠 활동을 원활히 진행하기 위해서 원격수업 시 zoom의 소회의실을 활용하여 학생들이 소통에서 장애를 최소화시켜야 합니다.

둘째, 학생들에 대한 개별지도가 어려울 수 있습니다. 실시간 수업 시 교사는 학생들을 작은 화면을 통해서만 만나게 됩니다. 또한 학생들의 말소리가 겹치는 상황으로 인해 도움을 요청하는 학생들을 파악하기 어려울 수 있습니다. 이를 위해 저는 해당 어려움이 발생했을 시, '신호등'을 이용하겠습니다. 신호등은 학생들의 학습 상황을 파악하기 위한 교구입니다. 학생들이 보여 주는 신호등의 색깔에 따라 학생들의 개별지도가 신속히 이루어질 수 있을 것입니다.

이 외에도 원격수업 시 고려할 점과 어려운 점이 많을 것입니다. 현장에 나가 본 수업을 하게 되었을 경우, 동료 교사들과 협력하여 더 좋은 질의 수업을 위해 노력하겠습니다.

이상 2번 문항 답변 마치겠습니다.

【질문 3】 학생들의 인권 감수성을 높이기 위한 교실 내에서의 방안을 말씀해 주십시오.

- [철학 P] 인권 감수성의 중요성에 대한 이해
- [성찰 R] 수업 내용과 연계하여 인권 감수성을 기르는 방안 설계
- [공동체 O] 교실 내 방안 실행 시 학생 간 의사소통 고려

이 문항은 그동안의 수업나눔 문항과 다르다는 평가가 많았다. 수업나눔의 도입 취지를 고려하여 해석한다면, 본시 수업에서 인권을 주제로 학습하였으니 이에 대한 성찰과 연계하여 인권 감수성을 기르는 방안을 설계하도록 유도한 것으로 보인다. 평소 수업실연을 준비하면서 다양한 수업 방안을 구체적으로 고민하고, 이를 프로젝트 수업이나 학급 운영에 적용할 경우를 구상해 왔다면 무리 없이 답변할 수 있었다. 이와 같은 문항의 답안을 구성할 때 가장 중요한 것은 구체적인 적용안을 도출하는 것으로, '학부모와 꾸준히 소통한다.', '학생들에게 인권의 중요성을 강조한다.' 등과 같은 추상적인 문장보다는 '어떠한 주제로 다섯 차시에 걸친 프로젝트 수업을 어떻게 실시하여 학생들이 꾸준히 실천하도록 도모하겠다.', '입장 바꿔보기 학급 게임을 실시하여 다른 사람의 인권도 존엄함을 일깨우도록 하겠다.' 등과 같은 실제적이고도 적용 가능한 방안을 이야기해야 한다.

나의 답변은 어땠을까?

잘한 점	부족한 점

점수를 준다면? (/ 5점)

예시 답변

3번 문항 답변드리겠습니다.

학생들의 인권 감수성을 높이기 위해서는 학생들이 인권에 대해 알고, 인권의 소중함을 느끼고 생활 속에서 실천하는 것이 필요하다고 생각합니다. 이를 위해서 저는 교실 내에서 다음과 같은 방법으로 교육하고 싶습니다.

첫째, 프로젝트 수업을 활용하는 것입니다. 오늘 수업과 같이 인권이라는 주제를 중심으로 학생들이 다양한 교과를 융합하여 인지적으로 이해할 수 있는 시간을 가지고 싶습니다. 학생들이 인권의 정의뿐만 아니라 다양한 사례를 접하고 이에 대해 토의하게 된다면 인권 감수성을 가지게 될 것입니다.

둘째, '미안하데이 사랑하데이'를 실시하는 것입니다. '미안하데이 사랑하데이'는 학생들이 한 달에 2번 친구들에게 편지를 쓰는 학급자치 활동입니다. 인권 감수성을 높이기 위해서는 내 옆에 있는 친구를 소중히 여기는 경험이 중요하다고 생각합니다. 학생들은 친구에게 편지를 쓰고, 받게 됨으로써 우리 모두가 소중한 존재임을 정의적으로 느끼고 나아가 생활 속에서 실천하게 될 것입니다.

신규 교사로서 학생들의 역량 성장에 항상 관심을 기울이고, 지속적인 자기연찬과 협력을 하겠습니다.

3번 문항 답변 마치겠습니다. 이상입니다.

6

수업나눔(즉답형)

【문항】 실연한 수업에 대하여 다음 질문에 답하시오(총 10분 이내).

【질문 1】

> 독서 후 활동으로 선택한 활동과 그 이유, 활동을 통해 학생에게 어떤 성장이 일어났는지를 말씀해 주십시오.

【질문 2】

> 수업에서 성취기준 달성 여부를 평가한 방법은 무엇이었으며, 평가 결과에 대한 피드백은 어떻게 이루어졌는지 말씀해 주십시오.

【질문 3】

> 다문화 학생과 정서행동장애 학생을 수업에서 어떻게 지도했으며, 적극적으로 수업에 참여시킬 수 있는 방안은 무엇인지 말씀해 주십시오.

연습하기

1번

2번

3번

🎯 예상 채점기준표

	채점기준	채점하기				
		매우 우수	우수	보통	부족	매우 부족
1번 (10)	☐ 교육과정을 제대로 이해하고 있는가?	5	4	3	2	1
	☐ 수업에 대한 질문을 생성하고 이를 성찰할 수 있는가?	5	4	3	2	1
2번 (10)	☐ 교사 교육과정에 기반한 학생 맞춤형 수업, 성장중심평가를 설계할 수 있는가?	5	4	3	2	1
	☐ 학생–학생, 교사–학생의 상호작용을 촉진할 수 있는가?	5	4	3	2	1
3번 (5)	☐ 수업 개선 의지를 지니고 동료와의 협력적 성찰을 함께 할 수 있는가?	5	4	3	2	1

6

【질문 1】독서 후 활동으로 선택한 활동과 그 이유, 활동을 통해 학생에게 어떤 성장이 일어났는지를 말씀해 주십시오.

답안도식
• [철학 P] 독서 후 활동으로 선택한 활동과 그 이유
• [성찰 R] 어떤 성장이 일어났는가

교과-독서단원과 창의적 체험 활동의 진로 활동을 연계한 수업을 실연하는 수업실연 문제에 따른 수업나눔 문항이었다. 특히 독후 활동을 진로 활동과 연계하는 수업 활동이 본시의 학습 목표였다.

독후 활동으로 선택한 활동과 그 이유는 철학적인 관점에서 대답하면 된다. 따라서 '핵심 역량'이나 '성취기준'을 달성하는 수업 활동을 이야기하되, 자신의 철학[P]을 연계하여 대답해야 한다. 학생에게 어떤 성장이 일어났을까를 묻는 것은, 학생 맞춤형 수업 철학이기도 하지만 자신의 수업 활동을 통해 학생에게 일어날 성장을 고민해 보는 것으로 성찰[R]적 소양을 보여 줘야 하는 문항이다.

나의 답변은 어땠을까?

잘한 점	부족한 점

점수를 준다면? (/ 10점)

예시답변
1번 문항 답변드리겠습니다. 독서교육은 미래 사회에 필요한 공감 역량과 창의 융합적 사고를 함양하는 데 유용한 교육 활동으로 학교 현장에서 크게 강조되고 있습니다. 특히 초등학생 때 형성된 기본 독서 습관이 앞으로의 평생 독서 활동의 기반을 다질 수 있다는 점에서 초등 독서교육이 매우 중요한데요.

이러한 관점에서 저는 독서 후 활동으로 '미니 사람책 활동'을 진행하였습니다. '미니 사람책 활동'을 하게 된 이유는 다음과 같습니다.

첫째, 다음 차시인 '사람책' 프로그램 참여를 준비하는 사전 활동으로 진행하였습니다. 이 수업 활동은 독서와 창의적 체험 활동의 진로 영역을 통합한 재구성된 교육과정으로 운영되고 있습니다. 저는 수업 중 학생들이 자신들이 읽은 진로 도서와 연계하여 이 책은 자신의 꿈을 어떻게 소개하고 있는지 책의 내용을 안내하고, 꿈을 이룬 자신은 어떤 모습인지, 앞으로 이 꿈을 이루기 위해 어떤 노력을 할 것인지를 모둠 친구들 앞에서 이야기하는 '사람책'이 되어 보도록 하였습니다. 이를 통해 차시에 사람책 프로그램에 참여할 때에도 학생들은 사람책의 의미가 무엇인지를 생각할 수 있으며, 사람책을 만날 때 진지한 태도로 임할 수 있을 것입니다.

둘째, 사고력을 확장하고, 진로를 탐색하며, 친구들과 적극적으로 소통할 수 있다는 점에서 학습 목표와 성취

기준을 달성하기에 적절한 수업 활동이기 때문입니다. 학습 목표와 성취기준을 달성하기 위한 배움중심수업 활동은 체계적인 학생중심수업을 가능하게 하며 학생의 역량을 신장하는 데 크게 기여할 수 있습니다. 이러한 이유로 저는 '미니 사람책 활동'을 선택했습니다. (사람책 = 휴먼 라이브러리)

다음으로 이 활동을 통해 학생에게 일어날 수 있는 성장을 말씀드리겠습니다. 크게 세 가지 역량을 함양할 수 있습니다.

첫째, 학생의 자기 성찰 및 계발 역량을 증진시킵니다. 미니 사람책 활동은 학생들이 자신의 꿈과 미래의 자신의 모습을 구체화하는 활동으로 상상력과 판단력을 함양하고, 스스로의 미래를 계획함으로써 자기 성찰 역량을 크게 강화할 수 있습니다.

둘째, 이를 친구들에게 이야기하고 경청하는 과정에서 의사소통 역량을 크게 함양할 수 있습니다. 다른 사람 책인 모둠 친구들의 이야기를 경청하고 자신의 이야기를 조리 있게 전달하는 과정에서 활발한 상호작용이 일어나게 됩니다.

셋째, 모둠 활동으로 전개되기 때문에 공감과 배려, 존중 공동체 역량을 크게 함양할 수 있습니다. 특히 모둠 활동 내 또래 교수 활동을 활용해 타인과 협력하는 능력이 크게 증진되었으리라 생각합니다.

실제 학교 현장에서도 경기교육을 이상적으로 실현하고자 노력하는 전문가 교사가 되도록 꾸준히 노력하겠습니다. 이상 1번 문항 답변 마치겠습니다.

【질문 2】 수업에서 성취기준 달성 여부를 평가한 방법은 무엇이었으며, 평가 결과에 대한 피드백은 어떻게 이루어졌는지 말씀해 주십시오.

답안도식
- [철학 P] 성취기준 달성 여부를 파악하는 평가
- [성찰 R] 수업 중 활용한 평가 방법
- [성찰 R] 평가 결과에 대한 피드백

교육과정-수업-평가-기록의 일체화를 지향하는 수업 활동과 평가 활동이 이루어졌는지를 묻는 문항이었다. 평가 결과에 대한 피드백 역시 성장중심평가임을 전제하고 답변해야 한다. 따라서 [P]-[R]-[R]의 관점에서 답안을 도출하면 된다.

나의 답변은 어땠을까?

잘한 점	부족한 점

점수를 준다면? (/ 10점)

2번 문항 답변드리겠습니다. 배움중심수업에 대한 평가는 학생의 전인적 발달과 성장을 추구하는 성장중심평가로 진행되어야 합니다. 학생의 성취기준 달성과 성장 정도를 평가하기 위해, 저는 동료 평가와 자기 평가, 관찰 평가를 병행하였습니다.

먼저, 모둠 내 '미니 사람책 활동'에서, 모둠원들은 모둠 친구의 발표를 경청하고 이에 대한 평가를 전개하였습니다. 사람책 이야기를 들은 아이들은 친구의 꿈을 위한 노력을 별 스티커를 붙이며 응원하고, 수업 끝 글짓기에서 롤링페이퍼에 소감을 작성하여 동료 피드백을 전하도록 하였습니다. 이러한 수업 활동과 평가 활동을 통해 성취기준 [6국05-05]를 달성하도록 설계하였습니다.

또한 활동 전반에 대한 교사의 관찰 평가가 함께 진행되었습니다. 모둠 안에서 사람책이 되어 강의를 진행하는 학생들과 청중으로서의 학생 간의 소통을 관찰하고, 성취기준의 달성 여부를 확인하였으며, 적절한 피드백을 바탕으로 학생의 성장을 돕도록 하였습니다.

마지막으로 미니 사람책 활동을 마친 뒤 소감 롤링페이퍼 쓰기를 진행하여 자기 평가를 진행하도록 하였습니다. 이를 통해 바람직한 삶의 가치를 내면화할 수 있도록 하여 성취기준을 달성하도록 설계하였습니다.

평가된 결과는 반드시 피드백을 통해 학생에게 환류될 필요가 있습니다. 피드백은 수업 중과 수업 후 피드백을 병행하여 실시하였습니다.

먼저, 수업 중 학생들에게 실시된 평가에는 모두 즉각적인 피드백이 시도되었습니다. 예를 들면, 민수 사람책이 발표할 때, 민수의 꿈을 이루기 위한 4단계 시스템이 매우 창의적이고 현실적이라는 긍정적 피드백을 진행하거나, 윤주와 같이 롤링페이퍼에 제대로 참여하지 않을 경우 이를 교정할 수 있도록 피드백을 진행하는 것과 같습니다.

또한 수업 이후에도 개별 학생에게 피드백을 제공할 것을 예고하였습니다. 동료 평가, 관찰 평가, 자기 평가 등을 모두 검토하고 학생 개개인의 성장을 돕는 개별적 피드백을 통해 학생의 성장을 독려하였습니다.

성장중심평가와 배움중심철학을 실천하는 교사가 되어 학생의 전인적 성장을 지원하도록 하겠습니다.

이상 2번 문항 답변 마치겠습니다.

【질문 3】다문화 학생과 정서행동장애 학생을 수업에서 어떻게 지도했으며, 적극적으로 수업에 참여시킬 수 있는 방안은 무엇인지 말씀해 주십시오.

답안도식

- [성찰 R] 다문화, 정서행동장애 학생 지도법
- [공동체 O] 학생을 적극적으로 참여하게 하는 방법
- [공동체 O] 앞으로 어떻게 할 것인가

〈조건〉에 주어졌던 학생의 개인차에 대한 나눔 문항이 나왔다. 자신의 지도 방법을 실제 성찰하고, 앞으로 이를 보완하기 위해 동료와 어떤 노력을 할 것인가를 답하면 되는 문항이었다.

나의 답변은 어땠을까?

잘한 점	부족한 점

점수를 준다면? (/ 5점)

예시 답변

3번 문항 답변드리겠습니다.

배움중심수업은 학생 개개인의 다양성을 존중하고 그들의 성장을 도모합니다. 저 역시 이번 수업에서 모든 학생에게 공정한 배움이 일어날 수 있도록 노력하였습니다.

수업이 일어난 3반 교실에는 다문화 가정의 다니엘 학생과 정서행동장애 학생인 현수가 있었습니다.

먼저 다니엘 학생은 사람책 활동에 대해 이해하는 것 자체를 어려워하였습니다. 다니엘의 모둠에는 다니엘 아버지의 나라인 베트남을 잘 알고 있는 수연이와 국어 과목을 좋아하는 성용이가 또래 교수로 활동하고 있었습니다. 두 사람은 다니엘이 어려워하는 부분을 잘 알고 있어 다니엘에게 큰 도움을 주었습니다. 혹시 둘이서 하기에 버거운 활동은 교사인 제게 질문을 하도록 하였습니다. 즉, 사람책에 제시된 '삶의 경험'을 어떻게 이해시킬지를 어려워했던 수연이가 순회지도 중인 저에게 다니엘이 이 부분을 어려워한다고 알려 주었고 제가 이를 다니엘이 이해하기 쉽게 다시 설명해 주는 수업 부분이 여기에 해당합니다. 다니엘에게는 수연이, 성용이, 저와의 협력적 팀티칭이 이루어졌던 셈이며, 다니엘 역시 자신의 역할을 다할 수 있도록 노력하고 성장해 갔으리라 생각합니다.

다음으로 정서행동장애 학생인 현수를 지도하기 위해 현수와 학년 초 정했던 '규칙'을 상기하도록 하였습니다. 현수와 정했던 수업규칙 중 '1모둠 친구들과 이야기할 때에는 빨간 의자에 계속 앉아있도록 노력해요.'를 이야기하고 친구의 사람책 발표를 함께 경청했습니다. 현수에게는 교실 의자가 세 개 있는데요. 활동성이 뛰어난 현수의 성향을 독려하여, 모든 모둠 활동에 적극적으로 참여할 수 있는 교실환경을 만들어 보았습니다. 돌아다니는 학생을 무조건 다그치기보다 학생의 특성을 인정하고, 아이들에게 미리 안내하여, 교실 내 다른 친구들과 함께 현수에게 행복한 교실을 만들도록 하였습니다.

저는 다니엘과 현수와 같은 아이들은 배움이 느릴 뿐이라고 생각합니다. 두 학생의 적극적인 교실 참여를 위해서 노력해야 할 점은 다음과 같습니다.

먼저, 다문화 가정의 아이들에게는 기초학력을 갖추도록 기다려 주는 것이 필요하다고 생각합니다. 디딤학습을 꾸준히 제공하고, 이번 수업에서처럼 또래 교수를 적극적으로 활용하여 학생의 자존감과 안정감을 높여 주어야 합니다. 특히 다니엘이 잘하는 것이 있다면 이를 활용할 수 있는 수업 활동을 전개하여 다니엘 스스로 배움을 이끌어 가고 싶게끔 만들어 주도록 노력하겠습니다. 그리고 무엇보다 학생들의 다양성을 이해하고 존중하는 교사의 다문화 교육 역량이 중요합니다. 이에 저는 관련된 교사 연수를 찾아 이수하고, 관련된 마을교육공동체가 있다면 이에 참여해 마을 내 다문화 가정과 꾸준히 소통하겠습니다.

또한 현수는 정서행동장애 학생입니다. 현수가 적극적으로 교실 수업에 참여하기 위해서는, 현수가 지닌 부수적 주의를 창의성으로 인식하여 이를 격려해 주고, 충동성을 억제해 주는 교실 문화를 만들어 행복한 교실 생활을 할 수 있도록 노력해야 한다고 생각합니다.

어떻게 보면 이는 아직 교실에서 실제 학생들을 마주하지 못한 저이기에 할 수 있는 이상적인 생각일 수도 있습니다. 그러나 제가 가진 이 철학을 꾸준히 견지하고, 통합교육을 제대로 시행할 수 있도록 특수 선생님과 꾸준히 소통하며 협업하겠습니다. 아울러 학교 특수 선생님께 학생의 행동을 이해하고 아이를 위한 올바른 대처를 할 수 있도록 개별 연수를 요청할 것입니다.

마지막으로, 3월에 발령을 받아 바로 공동체를 만들기는 어렵겠지만 기회가 닿는다면, 배움이 느린 학생들을 위한 전문적 학습공동체를 구성해 보고 싶다는 작은 소망이 있습니다.

교육은 단 한 명의 아이도 포기해서는 안 된다고 생각합니다. 그 과정이 쉽지는 않을 것입니다. 이때 마음과 뜻이 맞는 교사공동체를 구성하여 함께 의지하고 공부해 나간다면, 교내외의 모든 학생에게 행복한 배움이 일어날 수 있는 공간을 만들어 갈 수 있으리라고 생각합니다.

초심을 잃지 않고 꾸준히 노력하여 학교 문화를 개선하는 교사가 되도록 하겠습니다.

3번 문항 답변 마치겠습니다. 이상입니다. 감사합니다.

수업나눔(즉답형)

【문항】 실연한 수업에 대하여 다음 질문에 답하시오(총 10분 이내).

【질문 1】

선생님이 수업에서 중요하게 생각한 가치와 그것을 구현하기 위해 수업에서 어떻게 설계했는지 말씀해 주십시오.

【질문 2】

이 수업을 위해 사용한 토의·토론 방법과 그 이유, 학습에서 소외되는 학생을 위해 사용한 전략을 말씀해 주십시오.

【질문 3】

수업을 하면서 학생들이 어려워했을 부분과 이를 어떻게 개선하고 보완할 것인지 말씀해 주십시오.

연습하기

1번

2번

3번

🎯 예상 채점기준표

채점기준		채점하기				
		매우 우수	우수	보통	부족	매우 부족
1번 (10)	☐ 교사 교육과정에 기반한 학생 맞춤형 수업, 성장(과정)중심 평가를 설계할 수 있는가?	5	4	3	2	1
	☐ 학생 맞춤형 수업 철학이 담긴 자신만의 수업과 성장중심 평가를 설계하고 실행하였는가?	5	4	3	2	1
2번 (10)	☐ 학생–학생, 교사–학생의 상호작용을 촉진할 수 있는가?	5	4	3	2	1
	☐ 학생, 동료와의 의사소통 능력을 갖추고 있는가?	5	4	3	2	1
3번 (5)	☐ 공동체 수업 개선의 의지를 지니고, 동료와의 협력적 성찰을 함께 할 수 있는가?	5	4	3	2	1

🎯 **해설 및 답변 포인트**

【질문 1】 선생님이 수업에서 중요하게 생각한 가치와 그것을 구현하기 위해 수업에서 어떻게 설계했는지 말씀해 주십시오.

답안도식

- [철학 P] 수업에서 중요하게 생각한 가치
- [철학 P] 가치 구현의 수업
- [성찰 R] 가치 구현을 위한 수업 설계

1번 문항은 배움중심수업에서 중요하게 생각한 가치[P]를 묻고 있다. 기존에 늘 준비해 왔던 내용의 문항이므로, 자신만의 교육관에 의거하여 답변을 구성하면 풍성한 답변이 이루어질 수 있다. 즉, 기존의 나눔-수업 블록들로 연습해 온 내용을 풀어내기만 해도 충분하다. 여기에서의 '가치'라는 단어가 생소했다면 핵심 '역량' 혹은 '덕목' 등에 대입하여 설명하면 무리 없을 것이다. 수업에서의 구현 설계를 깔끔하게 드러내기에는 '역량' 중심으로 풀어내는 것도 좋다. 예컨대 협력적 문제 해결 역량을 꼽고, 이를 함양하기 위해 설계한 장면들을 두세 가지 정도로 설명하는 것이다.

나의 답변은 어땠을까?

잘한 점	부족한 점

점수를 준다면? (/ 10점)

예시 답변

1번 문항, 잠시 제 수업을 성찰한 뒤에 답변드리겠습니다.

1번 문항 답변드리겠습니다. 제가 수업에서 가장 중요하게 생각한 가치는 바로 '협력'입니다. 모든 학생이 행복한 배움을 즐기며 성장하기 위해서는 함께하는 공동체의 가치가 중요하다고 생각하기 때문입니다. 협력의 가치를 구현하기 위해서 제가 설계한 수업 장면은 3가지가 있습니다.

첫째, 진정한 의미의 영웅을 알아보기 위해 모둠 토의를 진행하였습니다. 학생 혼자서 생각하는 것보다 함께 의견을 나누도록 모둠 토의를 진행하여, 협력적으로 문제를 해결하는 역량을 길러주도록 하였습니다.

둘째, 인지적 불균형을 유발하는 영상자료를 해석할 때 짝과 함께 문제를 해결하도록 하였습니다. 영상이 제시한 내용은 기존의 학생들이 가지고 있었던 관념과는 다른 이야기였습니다. 이에 짝꿍과 하브루타 토론을 진행하게 함으로써 협력적으로 영상을 해석하도록 설계하였습니다.

마지막으로, 동료 피드백 활동을 진행하여 지식을 함께 만들어 나가도록 하였습니다. 학생의 발문에 대한 대답을 다른 친구가 할 수 있도록 기회를 주고, 이에 대한 교정적 피드백도 서로 할 수 있도록 하여 학생 간의 상호작용이 활발하게 일어나도록 하였습니다. 또한 이를 통해 지식을 함께 만들어 가는 과정을 경험하도록 설계하였습니다.

협력적 배움을 바탕으로 한 협력적 문제 해결 역량은 앞으로 미래를 살아가는 핵심 역량 중 하나입니다. 백지장도 맞들면 낫다고 합니다. 나 혼자서는 할 수 없던 일도 함께 해 나가면 훨씬 더 좋은 결과를 만들어 낼 수 있다는 것을 가르치는 교사가 되고 싶습니다.

1번 문항 답변 마치겠습니다.

【질문 2】이 수업을 위해 사용한 토의·토론 방법과 그 이유, 학습에서 소외되는 학생을 위해 사용한 전략을 말씀해 주십시오.

답안도식

- [철학 P] 토의·토론 방법
- [성찰 R] 학습에서 소외되는 학생을 위한 전략
- [공동체 O] 토의·토론 방법의 이유, 소외학생 전략 고민

수업실연 문제에서 제시한 '토의·토론 방법' 중 어떤 토론을 선택하였는지와 그 이유, 그리고 배움에서 소외되는 학생에 대한 전략을 묻고 있다. 초등의 경우 수업 문제에서 제시된 수업 방법과 연계된 문항이 꼭 나오는 편이니 참고해 두어야 한다. 교육과정에 비추어 적절한 토의·토론 방법을 선택할 수 있는가[P], 학생 맞춤형 수업을 전략적으로 설계·실행할 수 있는가[R], 학생-학생 간 상호작용이 잘 나타나도록 수업을 운영했는가[O]의 관점에서 답변을 구성하면 된다. 비경쟁 토의·토론 방법을 선택했다면 협력적 배움이 일어나는 것을 중시했고, 전문가집단 활용 토의·토론이라면 개인차를 고려했고, 경쟁토론이라면 비판적 사고 역량을 키워주고자 했다는 식으로 자신의 수업과 철학을 성찰하면 된다. 특히 소외되는 학생을 위해 사용한 전략과 토의·토론 방법을 선택한 이유를 연계해 배움이 공평하게 일어나는 공동체를 운영하도록 노력했다고 전개한다면 더욱 매끄러운 답변이 나올 수 있다.

나의 답변은 어땠을까?

잘한 점	부족한 점

점수를 준다면? (/ 10점)

【질문 3】 수업을 하면서 학생들이 어려워했을 부분과 이를 어떻게 개선하고 보완할 것인지 말씀해 주십시오.

답안도식

- [성찰 R] 수업 중 학생이 어려워했을 부분 성찰
- [성찰 R] 어려운 부분을 예측하고 고민
- [공동체 O] 어떻게 개선하고 보완할 것인가

수업을 하며 학생들이 어려워했을 부분[R]과 해결 방법[O]을 묻고 있다. 즉, 수업 중 학생 수준에 대해 적절히 고려되었는가에 대한 성찰이 이루어진 뒤, 이를 극복하기 위한 방법으로 공동체를 활용하는 문제이다.

나의 답변은 어땠을까?

잘한 점	부족한 점

점수를 준다면? (/ 5점)

수업나눔(즉답형)

【문항】 실연한 수업에 대하여 다음 질문에 답하시오(총 10분 이내).

【질문 1】

> 이 수업에서 학생의 수업 참여를 높이기 위해 사용한 전략과 그 이유를 설명하시오.

【질문 2】

> 이 수업에서 교사의 역할은 무엇이었습니까? 그리고 프로젝트 수업의 효과는 무엇이라고 생각합니까?

【질문 3】

> 수업 구상 시 고민한 점과 수업을 하며 어려웠던 점, 수업 후 배운 점과 이를 동료 교사와 어떻게 나누며 성장할 것인지 설명하시오.

연습하기

1번

2번

3번

🎯 예상 채점기준표

	채점기준	채점하기				
		매우 우수	우수	보통	부족	매우 부족
1번 (10)	☐ 학생 맞춤형 수업 철학이 담긴 자신만의 수업과 성장중심 평가를 설계하고 실행하였는가?	5	4	3	2	1
	☐ 학생, 동료와의 의사소통 능력을 갖추고 있는가?	5	4	3	2	1
2번 (10)	☐ 학생 맞춤형 수업에 대한 자신만의 철학이 있는가?	5	4	3	2	1
	☐ 학생 맞춤형 수업 철학이 담긴 자신만의 수업과 성장중심 평가를 설계하고 실행하였는가?	5	4	3	2	1
3번 (5)	☐ 수업 개선의 의지를 지니고, 동료와의 협력적 성찰을 함께 할 수 있는가?	5	4	3	2	1

【질문 1】이 수업에서 학생의 수업 참여를 높이기 위해 사용한 전략과 그 이유를 설명하시오.

답안도식

- [성찰 R] 본 수업에서의 학생 참여 전략
- [성찰 R] 학생 참여를 증진하기 위한 전략 설계
- [공동체 O] 학생의 수업 참여를 높이는 전략

2018학년도 수업실연평가는 주제 통합 학습, 프로젝트 수업 중 한 차시를 기획하는 것이었다. 이러한 수업은 학생의 자발적 참여가 매우 중요하다. 이처럼 초등에서는 수업실연에서의 방법과 연계된 문항이 꾸준히 출제되고 있다. 수업 구상 때부터 이를 염두에 두면 도움이 될 것이다. 특히 이 수업은 학생의 삶과 마을 연계, 수업 보조도구 활용, 학부모 수업 등의 문제지 〈조건〉을 활용하여 학생 참여도를 높이는 방법이 가능했다. 이러한 점에 착안하여 답안을 구성했다면 좋은 점수를 받았을 것이다.

나의 답변은 어땠을까?

잘한 점	부족한 점

점수를 준다면? (/ 10점)

【질문 2】이 수업에서 교사의 역할은 무엇이었습니까? 그리고 프로젝트 수업의 효과는 무엇이라고 생각합니까?

답안도식

- [철학 P] 프로젝트 수업에서의 교사 역할
- [철학 P] 프로젝트 수업의 효과
- [성찰 R] 본 수업에서 설계한 교사 역할

프로젝트 수업에서의 교사 역할은 교육과정에 이미 규정된 '조력자'이다. 특히 프로젝트 수업은 '학생의 삶과 연계된 실생활 문제'를 해결할 수 있다는 데서 큰 효과가 있다. 이러한 철학을 자신의 수업과 연계하여 성찰하는 문항이었다.

나의 답변은 어땠을까?

잘한 점	부족한 점

점수를 준다면? (/ 10점)

【질문 3】 수업 구상 시 고민한 점과 수업을 하며 어려웠던 점, 수업 후 배운 점과 이를 동료 교사와 어떻게 나누며 성장할 것인지 설명하시오.

답안도식

- [성찰 R] 수업 구상 시 고민한 점
- [성찰 R] 수업하며 어려웠던 점, 수업 후 배운점
- [공동체 O] 동료와 어떻게 나누며 성장할 것인가

수업 구상 시 고민했던 점, 어려운 점, 배운 점을 솔직하게 나누면 되는 문항이었다. 특히 동료와 어떻게 나눌 것인지를 구체적으로 묻고 있으므로 실제 학교에서 어떤 식으로 '수업나눔'의 문화를 확산시킬 것인지를 고려해 대답하면 된다. 이 문항은 실제 수업 성찰 시 가장 많이 활용되는 플랫폼이다. 자신의 수업을 진솔하게 성찰할 수 있기 때문이다. 수업실연 스터디 때에도 자주 활용하면서 자신의 교육관을 단단하게 다져 나가는 데 활용할 수 있기를 바란다.

나의 답변은 어땠을까?

잘한 점	부족한 점

점수를 준다면? (/ 5점)

예시 답변

3번 문항, 잠시 제 수업을 성찰한 뒤에 답변드리겠습니다.

3번 문항 답변드리겠습니다.

먼저 수업 구상 시 고민했던 점을 말씀드리겠습니다. 저는 학생들에게 어떤 성장을 경험하게 해 줄 것인가를 가장 고민했습니다. 프로젝트 수업의 큰 장점은 실생활에서의 문제를 해결함으로써 미래 역량을 함양할 수 있다는 데 있습니다. 그러나 초등학교 3학년 시기에 사회 시간에 배워야 하는 지식적 측면의 요소들도 있다고 생각했습니다. 프로젝트 수업에 대한 학부모의 민원이 여기에서 시작된다고 들었습니다. 학생의 역량 함양을

목적으로 삼으면서도, 내용으로서의 지식도 알아야 하지 않을까 싶었습니다.

수업을 하며 어려웠던 점은 프로젝트 수업의 특성상 학생 개별적인 성장을 독려하기가 쉽지 않다는 것이었습니다. 개인차가 잘 드러나지 않을뿐더러 학생이 잘 이해했는지 점검하기도 어려웠습니다.

그럼에도, 저는 수업을 통해 프로젝트 수업 활동은 학생의 성장을 크게 돕는 지름길이 될 수 있다고 느꼈습니다. 미래 사회는 지식보다는 지혜가 중요하고, 실생활에 연계된 협력적 문제 해결 역량의 함양이 매우 중요하기 때문입니다. 고민했던 부분, 어려웠던 부분을 극복하고 해결해 나가기 위해서는 동료 선생님들과의 협업이 어느 때보다 중요하다고 생각합니다. 프로젝트 수업을 연구하는 전문적 학습공동체에 적극적으로 참여하여 학생의 역량을 키우는 수업 활동을 진행하는 교사가 되도록 노력하겠습니다.

3번 문제 답변 마치겠습니다. 이상입니다.

수업나눔(즉답형)

【문항】실연한 수업에 대하여 다음 질문에 답하시오(총 10분 이내).

【질문 1】

> 선생님의 학생관은 무엇이며, 학습 내용을 어떻게 삶과 연계시켰는지 말씀해 주십시오.

【질문 2】

> 학생이 〈활동 1〉의 학습 문제에 도달하지 못했을 때 이를 수업에 어떻게 보완하여 구상하였는지 말씀해 주십시오.

【질문 3】

> 이 수업을 실제로 진행하였을 때 예상되는 어려움과 해결 방법은 무엇인지 말씀해 주십시오.

연습하기

1번

2번

3번

🎯 예상 채점기준표

채점기준		채점하기				
		매우 우수	우수	보통	부족	매우 부족
1번 (10)	☐ 교사 교육과정에 기반한 학생 맞춤형 수업, 성장(과정)중심 평가를 설계할 수 있는가?	5	4	3	2	1
	☐ 학생 맞춤형 수업 철학이 담긴 자신만의 수업과 성장중심 평가를 설계하고 실행하였는가?	5	4	3	2	1
2번 (10)	☐ 교육과정을 제대로 이해하고 있는가?	5	4	3	2	1
	☐ 수업을 성찰하고 잘한 점, 아쉬운 점과 개선할 점을 고민할 수 있는가?	5	4	3	2	1
3번 (5)	☐ 수업 개선의 의지를 지니고, 동료와의 협력적 성찰을 함께할 수 있는가?	5	4	3	2	1

🎯 해설 및 답변 포인트

【질문 1】 선생님의 학생관은 무엇이며, 학습 내용을 어떻게 삶과 연계시켰는지 말씀해 주십시오.

> 답안도식

• [철학 P] 교사의 학생관
• [철학 P] 학생의 삶과 연계한 수업 구상

교사의 학생관은 교사로서의 가치관과 교육 철학의 핵심요소[P]로, 학생을 어떻게 바라보고 지원할 것인지에 관한 관점을 나타낸다. 배움중심수업에서의 학생관을 견지하는 것이 중요한 포인트였다. 또한 학습 내용을 학생의 실생활과 관련된 주제와 연결하여 맥락화한 경우 어렵지 않게 점수를 얻을 수 있었다.

나의 답변은 어땠을까?

잘한 점	부족한 점
점수를 준다면? (/ 10점)	

【질문 2】 학생이 〈활동 1〉의 학습 문제에 도달하지 못했을 때 이를 수업에 어떻게 보완하여 구상하였는지 말씀해 주십시오.

> 답안도식

• [철학 P] 학생의 성취기준 도달을 위한 설계
• [성찰 R] 수업을 어떻게 보완하여 설계했는가

배움의 격차가 나는 교실에서는 학생마다 학습 속도와 이해가 다를 수 있기 때문에 당연히 성취기준에 도달하지 못한 학생이 발생할 수 있다. 모든 학생이 성취기준에 도달할 수 있게 차별화된 수업 전략을 사용하였는지 [P], 그것을 학생에게 어떻게 적용하였는지[R]를 무난하게 연결하면 된다.

나의 답변은 어땠을까?

잘한 점	부족한 점
점수를 준다면? (/ 10점)	

2번 문항, 잠시 제 수업을 성찰해 본 뒤 답변드리겠습니다.

2번 문항 답변드리겠습니다. 학생은 무한한 잠재력을 가진 존재입니다. 현재로서는 성취기준을 달성하지 못했다고 하더라도, 적절한 비계를 설정하고 기회를 준다면 충분히 달성할 수 있다는 교육적 믿음이 필요합니다. 배움중심수업은 그러한 학생의 성장을 독려하기 위해 수업 중 과정중심평가를 연계하여 실시하도록 하고 있습니다.

저는 〈학습 활동 1〉을 달성하지 못한 학생들에게 〈학습 활동 2〉로 무조건 넘어가도록 '지시'하는 것은 교사가 할 일이 아니라고 생각합니다.

이에 첫째, 모둠 활동을 통해 학생들의 협력적인 배움이 일어나도록 독려했습니다. 즉, 개인 활동이었던 〈활동 1〉에서 마인드맵 분류 활동을 시도했지만, 해내지 못한 친구들이 있었는데요. 〈활동 2〉를 모둠 활동으로 수행하면서, 또래 교수를 적극 활용하여 친구들에게 물어 실생활에 이용되는 예를 들어가면서 이야기하는 방법을 통해 〈활동 1〉의 부족을 함께 해결할 수 있도록 하였습니다.

둘째, 순회지도를 통해 해결하지 못했던 친구의 상황을 파악하고 모둠 활동 이후 이를 다시 점검하여 성장 정도를 칭찬해 강화함으로써 성장중심평가와의 연계를 도모하도록 하였습니다.

이러한 상황은 실제 수업 현장에서 종종 일어날 수 있다고 생각합니다. 모든 학생에게 공정한 결과와 행복한 성장이 나타날 수 있도록 지속적으로 독려하는 교사가 되겠습니다.

2번 문항 답변 마치겠습니다.

【질문 3】 이 수업을 실제로 진행하였을 때 예상되는 어려움과 해결 방법은 무엇인지 말씀해 주십시오.

- **[성찰 R] 수업 진행 시 예상되는 어려움**
- **[공동체 O] 해결 방법**

교사가 예상할 수 있는 어려움에는 학생들의 학습 수준 차이, 수업 시간 내 목표 달성의 어려움, 학생들의 참여 부족 등이 있을 것이다[R]. 문제와 관련하여 더욱 구체적인 상황을 고민하여 제시하면 더 좋다. 이에 대한 해결 방안 역시 배움중심수업의 철학을 견지하여 다양하게 제시할 수 있었는데, 특히 동료와의 협업이나 학생과의 활발한 의사소통을 언급하면 좋다[O].

나의 답변은 어땠을까?

잘한 점	부족한 점

점수를 준다면? (/ 5점)

수업나눔(즉답형)

【문항】 실연한 수업에 대하여 다음 질문에 답하시오(총 10분 이내).

【질문 1】

선생님의 교육 철학을 수업에 어떻게 반영하였고, 실생활과 어떻게 연계했는지 말씀해 주십시오.

【질문 2】

이 수업에서 학생들이 배움을 달성하는 데 의미 있었던 발문은 무엇이었는지 말씀해 주십시오.

【질문 3】

수업을 진행하며 어려웠던 부분과 아쉬웠던 점을 설명하고, 이를 극복하기 위해 앞으로 어떤 노력을 할 것인지 말씀해 주십시오.

6

연습하기

1번

2번

3번

🎯 예상 채점기준표

채점기준		채점하기				
		매우 우수	우수	보통	부족	매우 부족
1번 (10)	☐ 교사 교육과정에 기반한 학생 맞춤형 수업, 성장(과정)중심 평가를 설계할 수 있는가?	5	4	3	2	1
	☐ 학생 맞춤형 수업에 대한 자신만의 철학이 있는가?	5	4	3	2	1
2번 (10)	☐ 학생–학생, 교사–학생의 상호작용을 촉진할 수 있는가?	5	4	3	2	1
	☐ 학생, 동료와의 의사소통 능력을 갖추고 있는가?	5	4	3	2	1
3번 (5)	☐ 수업을 성찰하고 잘한 점, 아쉬운 점과 개선할 점을 고민할 수 있는가?	5	4	3	2	1

【질문 1】 선생님의 교육 철학을 수업에 어떻게 반영하였고, 실생활과 어떻게 연계했는지 말씀해 주십시오.

답안도식

- [철학 P] 선생님의 교육 철학
- [철학 P] 실생활과 연계하려고 노력한 부분
- [성찰 R] 수업에 어떻게 반영하였는가

수업에 드러낸 나의 교육관을 그대로 이야기하면 된다. 다만 수업에 '구현'되었어야 한다. 수업 장면을 구체적으로 연결할 수 있어야 한다.

나의 답변은 어땠을까?

잘한 점	부족한 점

점수를 준다면? (/ 10점)

예시 답변

1번 문항, 잠시 제 수업을 성찰해 본 뒤 답변드리겠습니다.

1번 문항 답변드리겠습니다. 제 교육 철학이자 좌우명은 '모든 삶은 공동체로 구성된다.'입니다. 빠르게 발전하는 정보화 속도에 개인주의가 만연해지고 있습니다. 개인의 인권과 가치를 존중한다는 차원에서는 바람직하지만, 이 때문인지 공동체 사회를 살아가는 데 필요한 협력적 문제 해결 역량과 의사소통 역량이 크게 약화되고 있다고 생각합니다.

이에 저는 이번 프로젝트 수업 활동을 통해 모둠원들과 협력하고 서로 존중해 가며 문제를 해결해 갈 수 있도록 설계하였습니다. 또한 '학생의 삶이 곧 교육'이라는 저의 교육 철학에 따라, 프로젝트 수업 주제 자체를 사회 실천의 문제로 설정하였습니다. 배움은 학생들의 삶과 유리되어서는 안 된다고 생각합니다. 현재와 미래를 가치 있게 살아가도록 하기 위해 존재하는 것이 바로 교육이기 때문입니다. 그래서 저는 학생들이 우리 학교 공간의 문제점을 직접 조사하고, 이를 개선해 나가는 프로젝트 수업을 통해 실생활과의 연계를 도모했습니다. 신규 교사로 발령이 나면, 역시 학교에서도 공동체를 중시하여 프로젝트 수업을 꾸준히 실시해 사회에 긍정적으로 기여하는 학생들을 키워내도록 노력하겠습니다.

1번 문항 답변 마치겠습니다.

【질문 2】이 수업에서 학생들이 배움을 달성하는 데 의미 있었던 발문은 무엇이었는지 말씀해 주십시오.

답안도식
- [철학 P] 학생들이 배움을 달성하도록
- [성찰 R] 의미 있었던 발문

발문은 학생들이 수업 중 사고를 확장하고 깊이 있는 학습을 할 수 있도록 돕는 중요한 도구이다. 학생들의 사고를 촉진하거나 학습 목표에 효과적으로 도달할 수 있게 한 발문을 구체적으로 제시한다.

나의 답변은 어땠을까?

잘한 점	부족한 점

점수를 준다면? (/ 10점)

【질문 3】수업을 진행하며 어려웠던 부분과 아쉬웠던 점을 설명하고, 이를 극복하기 위해 앞으로 어떤 노력을 할 것인지 말씀해 주십시오.

답안도식
- [성찰 R] 수업을 진행하며 어려웠던 부분과 아쉬운 점
- [공동체 O] 앞으로 어떤 노력을 할 것인가

수업 중 발생한 어려움에 대해 솔직하게 설명할 수 있어야 한다. 구체적인 사례를 들어 이야기하는 연습이 역시 필요하다. 개선이 필요한 부분에 대해 이야기하고, 앞으로의 노력과 극복 방안을 이에 연계한다. 이때 동료와의 협력 등으로 연결하여 이야기하면 좋다.

나의 답변은 어땠을까?

잘한 점	부족한 점

점수를 준다면? (/ 5점)

03. 2016~2024학년도 중등 수업나눔평가 기출문제 풀이

1 2024학년도 경기도 중등 수업나눔평가

수업나눔(즉답형)

【문항】 실연한 수업에 대하여 다음 질문에 답하시오(총 10분 이내).

【질문 1】

학생의 비판적 사고와 문제해결 역량을 함양하기 위해 사용한 수업 전략이 무엇이었는지 말씀해 주십시오. 그리고 깊이 있는 학습이 일어나도록 동 교과, 타 교과 교사와 연계하는 방안을 각각 말씀해 주십시오.

〈깊이 있는 학습〉
깊이 있는 학습은 탐구와 사고를 통해 학생의 삶과 연계한 학습 내용을 자신의 것으로 만들고, 교과 간 연계와 통합을 바탕으로 문제를 해결할 수 있도록 하는 학습이다.

【질문 2】

오늘 실연한 수업에서 확인할 수 있는 '특성이 다른 학생'의 학습을 지원하는 방안을 학교 안·학교 밖 활동의 측면에서 각각 말씀해 주십시오.

【질문 3】

오늘 수업 주제를 에듀테크, 온라인 플랫폼을 활용하여 형성평가를 실시한다고 했을 때의 방법과 이를 실시할 때의 디지털 시민성과 관련된 유의 사항을 두 가지 말씀해 주십시오.

연습하기

1번
_____

2번
_____

3번
_____

🎯 예상 채점기준표

채점기준		채점하기				
		매우 우수	우수	보통	부족	매우 부족
1번 (10)	☐ 학생의 비판적 사고와 문제해결 역량을 함양하기 위해 사용한 수업 전략이 적절한가?	5	4	3	2	1
	☐ 깊이 있는 학습이 일어나도록 동 교과/ 타 교과 교사와 연계하는 방안이 적절한가?	5	4	3	2	1
2번 (10)	☐ 교실 내 특성이 다른 학생에게 필요한 지원을 제공하는 수업을 운영하였는가?	5	4	3	2	1
	☐ 특성이 다른 학생의 학습을 지원하기 위한 학교 안/ 학교 밖 활동 방안이 적절한가?	5	4	3	2	1
3번 (10)	☐ 에듀테크를 활용한 형성평가 설계 방안이 학교 현장에 적절한가?	5	4	3	2	1
	☐ 디지털 시민 교육에 대해 제대로 이해하여 방안 두 가지를 제시하고 있는가?	5	4	3	2	1

💡 해설 및 답변은 211쪽 Step 4_01 기출로 감 잡기를 참고하세요!

수업나눔(즉답형)

【문항】 실연한 수업에 대하여 다음 질문에 답하시오(총 10분 이내).

【질문 1】

> 에듀테크를 활용한 협력적 소통 역량을 함양하기 위한 관점에서 오늘 수업 중 잘한 점과 보완할 점을 말씀해 주십시오.

【질문 2】

> 오늘 수업의 성취기준에 도달하지 못한 학생과 우수한 학생에 대해 지식(기능), 태도 측면에서 지도할 방안을 각각 말씀해 주십시오.

【질문 3】

> 오늘 수업에서 추구하는 가치·덕목의 함양을 위해 중점을 두어 설계한 부분을 이야기하고, 이를 내면화하기 위해 독서 활동과 연계하는 방안을 말씀해 주십시오.

6

연습하기

1번

2번

3번

🎯 예상 채점기준표

채점기준		채점하기				
		매우 우수	우수	보통	부족	매우 부족
1번 (10)	☐ 학생 맞춤형 수업을 설계하고 실천할 수 있는가?	5	4	3	2	1
	☐ 수업을 성찰하고 아쉬운 점과 개선할 점을 고민할 수 있는가?	5	4	3	2	1
2번 (10)	☐ 교육과정을 제대로 이해하고 있는가?	5	4	3	2	1
	☐ 수업에 대한 질문을 생성하고 이를 성찰할 수 있는가?	5	4	3	2	1
3번 (10)	☐ 학생 맞춤형 수업 철학이 담긴 자신만의 수업을 설계하고 실행하였는가?	10	8	6	4	2

💡 2023학년도까지는 '깊이 있는 수업'의 정책 용어가 확정되지 않은 상태였으며, '학생 맞춤형 수업'이라는 용어를 활용하고 있었으므로 해설에도 유지함

> 【질문 1】 에듀테크를 활용한 협력적 소통 역량을 함양하기 위한 관점에서 오늘 수업 중 잘한 점과 보완할 점을 말씀해 주십시오.

답안도식

• [철학 P] 에듀테크를 활용해 협력적 소통 수업을 설계하고 실천하였는가
• [성찰 R] 오늘 수업의 아쉬운 점과 잘한 점

에듀테크를 활용한 학생 맞춤형 수업을 설계하고 실천할 수 있는지를 확인하고 있다[P]. 공동체를 위한 협력적 소통 역량 함양을 고려하여 수업 설계를 성찰하되[R], 아쉬운 점을 이야기할 때에는 극복 방안도 함께 대답할 수 있어야 한다. 수업실연 문항은 과목마다 다르지만, 수업나눔 문제는 동일한 문제를 공유하는 중등의 경우보다 일반적인 문제가 출제될 확률이 높다. 그런데 2023학년도의 경우 몇몇 과목 수업실연에서 에듀테크 활용에 관한 조건이 없었음에도 나눔 1번 문항에서 에듀테크 활용 수업에 대해 묻는 문제가 출제되었다. 만약 수업실연에서 다루지 못한 도구에 대한 질문이 나눔에 출제된다면, 이때에는 "본 수업에서는 다루지 못했으나,"와 같이 솔직하게 답변하는 것을 추천한다. 수업실연에서 나오지도 않은 장면을 연계해서 나눔 답안을 구성했다가는 실연도 나눔도 감점당할 수 있다.

나의 답변은 어땠을까?

잘한 점	부족한 점

점수를 준다면? (/ 10점)

예시 답변

1번 문항 답변드리겠습니다. 학습과 삶에서 발견된 문제를 서로 협력하고 소통하여 해결하는 역량은 학생들에게 매우 중요합니다. 특히 저는 에듀테크를 활용해 의사소통이 활발히 일어나는 수업을 지향하고 있습니다.
이를 위해 오늘 수업에서 저는 띵커벨 보드를 이용하여 학생과 학생, 교사와 학생 간 의사소통이 활발하게 일어날 수 있도록 노력했습니다. 띵커벨 보드를 통해 학생들은 모둠 내, 모둠 간에 협력적으로 소통할 수 있었습니다.
다음으로 보완해야 할 점을 말씀드리겠습니다. 하나의 사회인 교실 안에는 다양한 학생들이 존재합니다. 그러다 보니 아무래도 내성적이고 수업에서 적극적으로 발언하지 못하는 학생에 대한 배려가 부족했던 것 같습니다. 이에 앞으로 학생의 소통 역량을 증진시키기 위해서 멘티미터와 같은 에듀테크를 추가적으로 활용하도록 하겠습니다. 멘티미터는 익명으로 자신의 의견을 제출할 수 있기 때문입니다. 이때 개인용 태블릿PC로 접속하도록 해 소극적인 학생도 수업 안에서 적극적으로 의견을 제출할 수 있도록 돕겠습니다.
이상 1번 문항 답변 마치겠습니다.

【질문 2】 오늘 수업의 성취기준에 도달하지 못한 학생과 우수한 학생에 대해 지식(기능), 태도 측면에서 지도할 방안을 각각 말씀해 주십시오.

답안도식

- [철학 P] 성취기준 달성 못한 학생과 우수한 학생에 대한 보충 및 심화학습 설계
- [성찰 R] 개별적 학생에 대한 지도 방안

성취기준을 달성하지 못한 학생뿐만 아니라, 성취기준에 도달한 우수한 학생에 대한 학생 맞춤형 환류를 제대로 제공할 수 있는지를 확인하고 있다[P]. 수업 중 드러난 개별적인 학생의 특성을 수업의 장면과 연계하여 제시하고, 각각의 학생에게 적절한 지도 방안을 제공하도록 답안을 구성해야 한다[R].

나의 답변은 어땠을까?

잘한 점	부족한 점

점수를 준다면? (/ 10점)

예시 답변

2번 문항 답변드리겠습니다. 오늘 수업의 성취기준을 달성한 우수한 학생으로는 형우가 있었습니다. 형우는 집에서 유튜브를 보고 와서 수업에 잘 따라가지 못하는 짝꿍 은찬이에게 자신이 아는 것을 이야기하였는데요 (실제 실연에서 형우라는 학생이 계속 정답만 이야기하는 것 같아, 급하게 임기응변으로 형우 학생이 유튜브를 통해 관련 내용을 미리 학습하고 왔다고 이야기하는 부분이 있었습니다. 저는 여기서 미디어 리터러시 역량과 관련하여 긍정적인 피드백을 시도했습니다).

이러한 형우를 지도하기 위해서 우선 지식 측면에서는 유튜브에서 제공하는 지식이 무조건 정답이 아닐 수 있음을 지적하고, 다른 관점의 사료를 제공하여 다양한 관점에서 접근할 수 있게 지원하겠습니다. 또한, 태도 측면에서는 자신이 아는 것을 친구들에게 알려줄 수 있는 태도를 함양할 수 있도록 하겠습니다. 아는 것을 친구에게 나눔으로써 함께 배움이 일어나는 교실을 지향하기 때문입니다. 아울러 친구에게 알려주는 것은 자신이 머릿속에서 아는 것을 정리해서 가르쳐주어야 하기에 형우 자신에게도 도움이 될 것입니다.

다음으로 성취기준에 도달하지 못한 학생인 은찬이에 대한 지도 방안을 말씀드리겠습니다. 먼저 지식적인 측면에서는 개별 과제를 제시하여 보충 학습을 실시하도록 하겠습니다. 은찬이가 개별 과제를 해결해 나가면서 자연스럽게 성취기준에 도달할 수 있도록 꾸준히 관심을 가지고 신경 쓰겠습니다. 다음으로 태도 측면에서는 교사의 기대가 가장 중요할 것입니다. 이에 성취기준을 달성할 때까지 기대를 가지고 성장을 지켜봐 주도록 하겠습니다. 저는 고등학생 때 성적이 오르지 않아 힘들었던 경험이 있었는데, 그때 선생님의 긍정적인 기대 때문에 더욱더 노력할 수 있었습니다. 오늘 수업의 은찬이도 가장 가까운 어른인 선생님이 긍정적인 기대를 가지고 바라봐 주면 반드시 성장해 나갈 것입니다. 이상 2번 문항 답변 마치겠습니다.

【질문 3】 오늘 수업에서 추구하는 가치·덕목의 함양을 위해 중점을 두어 설계한 부분을 이야기하고, 이를 내면화하기 위해 독서 활동과 연계하는 방안을 말씀해 주십시오.

- [철학 P] 수업에서 추구하는 가치와 덕목
- [철학 P] 경기교육의 철학을 담은 독서교육 방안

수업에서 추구하는 가치와 덕목을 수업에서 어떻게 반영하였는지를 이야기하고[P], 이를 독서 수업으로 설계할 수 있는지를 묻고 있다[P]. 가치 및 덕목을 선정하는 데 있어서 경기교육의 가치임을 명심하고, 독서 수업 설계 시 그러한 가치가 잘 드러나도록 답안을 구성해야 한다.

나의 답변은 어땠을까?

잘한 점	부족한 점

점수를 준다면? (/ 10점)

3번 문항 답변드리겠습니다.

제가 오늘 수업에서 추구한 가치는 '공동체 역량'입니다. 공동체와 협력하며 공동의 발전에 적극적으로 참여하는 공동체 역량을 함양하기 위해 제가 중점을 두어 설계한 부분은 다음과 같습니다.

첫째, 모둠으로 사료 탐구를 진행하도록 하였습니다. 모둠 활동을 통해 학생들은 협력적으로 소통하며 공동의 문제를 함께 해결하는 경험을 할 수 있을 것입니다. 둘째, 발표에 대한 동료 평가를 진행하였습니다. 공동체의 가치를 함께 달성하기 위해 서로에게 잘한 부분을 칭찬하고 부족한 부분은 함께 보완 방안을 고민하도록 하였습니다.

다음으로 공동체의 가치를 내면화하기 위한 독서교육 방안을 말씀드리겠습니다. 저는 '독서 러닝 메이트'를 시행하겠습니다. 조선 후기 사회 변동과 관련된 책을 친구와 함께 읽어나가는 활동을 통해 소통하고 협력하며 독서교육을 진행하고자 합니다(이후 구체화해서 말씀드리려고 했으나 시간이 거의 다 된 것 같아 그냥 마무리 문장을 말하고 끝냈더니 바로 종이 울렸습니다).

수업나눔(즉답형)

【문항】실연한 수업에 대하여 다음 질문에 답하시오(총 10분 이내).

【질문 1】

> 경기교육은 삶의 역량을 기르고 자발적 배움이 일어나는 수업을 지향하며, 이를 위해서는 공감과 소통의 상호작용이 중요합니다. 이러한 관점에서 본인의 수업에서 잘한 점과 보완할 점을 말씀해 주십시오.

【질문 2】

> 오늘 수업과 관련하여 학생 개개인의 성장을 지원하는 평가라는 관점에서 온라인과 오프라인을 연계하는 평가를 설계한다면 어떻게 설계할 것인지 말씀해 주십시오.

【질문 3】

> 미래 사회의 교육에서는 학교와 지역 사회의 협력이 필요합니다. 이를 고려하여 수업을 재구성할 때, 수업 주제와 운영 방안을 어떻게 할 것인지 말씀해 주십시오.

연습하기

1번

2번

3번

🎯 예상 채점기준표

채점기준		채점하기				
		매우 우수	우수	보통	부족	매우 부족
1번 (10)	☐ 학생 맞춤형 수업에 대한 자신만의 철학이 있는가?	5	4	3	2	1
	☐ 수업을 성찰하고 잘한 점, 아쉬운 점과 개선할 점을 고민할 수 있는가?	5	4	3	2	1
2번 (10)	☐ 교사가 재구성한 교육과정에 기반한 성장중심평가를 설계할 수 있는가?	5	4	3	2	1
	☐ 학생의 성장을 독려하는 평가를 설계하여 실행할 수 있는가?	5	4	3	2	1
3번 (10)	☐ 수업에 대한 질문을 생성하고 이를 성찰할 수 있는가? (경기교육정책과 연계하여 수업을 다시 설계한다면 어떻게 할 수 있는가?)	5	4	3	2	1
	☐ 학생, 동료와의 의사소통 능력을 갖추고 있는가? (교육 생태계로 확장된 협력을 통해 교육을 전개할 수 있는가?)	5	4	3	2	1

【질문 1】 경기교육은 삶의 역량을 기르고 자발적 배움이 일어나는 수업을 지향하며, 이를 위해서는 공감과 소통의 상호작용이 중요합니다. 이러한 관점에서 본인의 수업에서 잘한 점과 보완할 점을 말씀해 주십시오.

답안도식

• [철학 P] 삶과 연계된 수업, 소통 중심의 수업에 대한 철학
• [성찰 R] 학생 맞춤형 수업을 설계할 수 있는가
• [성찰 R] 수업 성찰 후 보완할 점 고민

1번 문항과 같이 문제에서 "배움중심수업이란 '삶에 필요한 역량을 기르기 위해 학생들의 자발적, 협력적 배움이 일어나는 수업'이다. 상호작용과 소통이 중요하다."라고 주어졌다면, 여기에 초점을 맞추어 답변을 구성하는 것이 중요하다. 삶에 필요한 역량, 자발적 배움, 협력적 배움, 학생 간 상호작용, 다각적인 소통 등의 키워드를 확인하고, 이것이 잘 나타난 지점과 부족했던 지점을 본시 수업과 구체적으로 연결하여 설명해야 한다.

나의 답변은 어땠을까?

잘한 점	부족한 점

점수를 준다면? (/ 10점)

예시 답변

1번 문항 답변드리겠습니다.

저는 학생들이 자신의 생각을 이야기하고 친구들과 나누고 학급 전체가 공유하는 과정에서 배움이 확장되는 교실을 지향하고 있습니다. 즉, 학생과 학생, 교사와 학생 간 상호작용이 일어나는 교실을 통해서 학생들의 배움이 성장하는 것이 중요하다고 생각합니다.

이러한 소통과 상호작용이라는 관점에서 잘한 점을 두 가지 말씀드리도록 하겠습니다. 먼저, 강의식 수업 과정에서 교사와 학생 간 소통이 이루어진 점입니다. 오늘 수업에서 저는 제2차 세계대전의 배경과 전개 과정을 설명하면서 학생들에게 "이탈리아에서는 누구의 주도로 국민들이 단결했을까요?", "유럽 말고도 우리나라 주변에서 비슷한 상황이 있었어요. 어느 나라였을까요?" 등의 발문을 통해 교사와 학생과 소통을 통해 상호작용을 드러내고자 하였습니다.

다음으로, 모둠 활동 과정에서 학생과 학생 간 소통이 이루어진 점입니다. 나눔 모둠의 지도에 대해 A 학생은 '정보를 자세히 표현했지만, 한 지도에 너무 많은 정보가 담겨 있는 것 같다.'는 피드백을 주었습니다. 이 과정에서 학생과 학생 간 상호작용이 나타났다고 생각합니다. 여기서 더 나아가 해당 모둠의 의견을 물어보고 수정하는 과정에서 성장이 일어날 수 있도록 하였습니다.

앞으로 교사와 학생, 학생과 학생 간 상호작용이 두드러지는 교실을 만들기 위해 노력하도록 하겠습니다.

다음으로, 보완하고 싶은 점을 한 가지 말씀드리도록 하겠습니다.

저는 오늘 수업에서 다양한 발문을 사용하지 못한 점이 아쉽습니다. 교사의 발문은 학생들에게 다양한 생각을 이끌어 낼 수 있습니다. 하지만 저는 오늘 수업에서 "여러분이 만약 당시 독일·이탈리아의 정부 관료였다면, 대공황에서 국민을 하나로 모으기 위해 어떻게 했을 것 같나요?"라는 확산적 발문을 한 번밖에 사용하지 못했고, 대부분 인지기억적 발문에 그쳤던 것 같습니다.

제가 이 수업을 다시 한다면 학생들의 사고를 자극하기 위해 다양한 확산적 발문을 활용하도록 하겠습니다. 이를 위해 동료 선생님과 함께 전문적 학습공동체에서 다양한 발문에 대해 고민하는 교사가 되도록 하겠습니다.

이상 1번 문항 답변 마치겠습니다.

【질문 2】 오늘 수업과 관련하여 학생 개개인의 성장을 지원하는 평가라는 관점에서 온라인과 오프라인을 연계하는 평가를 설계한다면 어떻게 설계할 것인지 말씀해 주십시오.

답안도식

- [철학 P] 온·오프라인 연계 성장중심평가 설계
- [성찰 R] 학생의 성장을 독려하는 평가를 설계

포스트 코로나 시대의 미래교육에 대한 문항이 한 문항씩 꼭 추가되는 추세이다. 이에 온라인과 오프라인을 연계한 다양한 교육 방안에 대해 충분히 고민해 두어야 할 필요가 있다. 특히 이 문제의 경우 '성장중심평가'와 '온라인-오프라인 연계'의 키워드가 충실히 답변에 반영되어야 했다. 온라인과 오프라인을 활용하는 화려한 기술이 중요한 것이 아니다. 두 평가 방식이 적절히 연계됨으로써 '학생의 성장을 도울 수 있는지'가 포인트이다. 온라인 평가의 경우 학생들에게 개별화된 피드백을 제공할 수 있다는 데서 학생의 성장에 크게 도움이 될 수 있으며, 오프라인 평가 역시 학생들이 자발적으로 성장할 수 있게끔 설계되는 것이 중요했다.

나의 답변은 어땠을까?

잘한 점	부족한 점

점수를 준다면? (/ 10점)

예시 답변

2번 문항 답변드리겠습니다.

코로나 상황이 지속되면서 학교 현장에서는 온라인과 오프라인 수업이 병행되고 있습니다. 이 과정에서 온라인과 오프라인을 연계한 평가 역시 더욱 중요해지고 있습니다.

저는 온·오프라인을 연계한 평가를 위해 포트폴리오 평가를 활용할 수 있다고 생각합니다. 오늘 수업실연 과정에서 학생들로 하여금 자신의 활동 기록을 '온라인 성장실록'이라는 온라인 포트폴리오에 업로드하도록 함으로써 포트폴리오 평가와 연계하였습니다. 포트폴리오 평가는 학생들에게 즉각적인 피드백을 줄 수 있다는 점에서 유용하다고 생각합니다. 또한 오프라인 활동과 연계하여 학생들에게 과제물을 온라인 포트폴리오에 올리도록 함으로써 학생들의 성장 정도를 누적적으로 파악할 수 있습니다.

앞으로도 동료 선생님과 함께 온라인과 오프라인을 연계한 평가 방안을 고민함으로써 학생과 함께 성장하는 교사가 되도록 하겠습니다.

이상 2번 문항 답변 마치겠습니다.

> **【질문 3】** 미래 사회의 교육에서는 학교와 지역 사회의 협력이 필요합니다. 이를 고려하여 수업을 재구성할 때, 수업 주제와 운영 방안을 어떻게 할 것인지 말씀해 주십시오.

답안도식

- [성찰 R] 마을교육공동체를 고려하여 수업 재구성
- [공동체 O] 교육 생태계로의 확장된 배움을 위한 협력적 의사소통

교육의 4주체라는 관점에서 지역 사회의 중요성을 이해하고 있는지와 마을과의 협력적 배움을 설계할 수 있는지를 묻는 문항이다. 본시 수업 주제와 구체적으로 연결 지어 지역 사회와 협력하는 교육활동을 설계하고, 이 과정에서 학교 현장에서의 실행 가능성과 학생의 역량 함양을 고려하는 것이 드러나야 한다. 마을과의 연계, 학생의 주도적 배움, 온라인 세계시민 교육 등 미래교육과 관련된 교육정책에 관련해서는 학교현장에서 실천할 수 있는 수업 방안을 미리 충분히 고민해 둘 수 있어야 한다.

나의 답변은 어땠을까?

잘한 점	부족한 점

점수를 준다면? (/ 10점)

예시 답변

3번 문항 답변드리겠습니다.

학생들은 학교에서만 배우는 것이 아닙니다. 배움의 공간은 마을, 지역으로 점차 확대되고 있습니다. 교육 생태계가 확장되면서 마을과 함께하는 교육이 더욱 중요해지고 있다고 생각합니다.

오늘 수업의 주제는 제2차 세계대전의 배경과 전개 과정을 알아보는 것이었습니다. 수업의 성취기준에 따르면 학생들은 이 수업을 통해 제2차 세계대전의 원인과 결과뿐만 아니라 세계 평화를 실현하기 위한 방안을 생각

해 볼 수 있어야 합니다. 따라서 저는 이 수업을 재구성한다면 제2차 세계대전의 배경과 전개 과정을 넘어서 학생들이 세계 평화를 실현하기 위한 방안을 생각해 보는 것을 바탕으로 주제를 재구성하고 싶습니다. 이 주제를 통해 학생들은 세계 평화를 위한 방안을 생각해 보면서 세계시민의 자세까지 기를 수 있기 때문입니다.

다음으로 마을과 연계한 수업 방안을 설명드리도록 하겠습니다. 저는 마을 도서관이나 지역 커뮤니티 센터와 연계하여 마을 전시회를 진행하도록 하겠습니다. 먼저, 학생들이 스스로 세계 평화를 위한 방안을 생각해 보고, UCC를 제작하거나 역사 신문, 글쓰기 등을 통해 직접 제작물을 제작해 보는 것입니다. 이후 학생들이 제작한 제작물을 지역 커뮤니티 센터와 연계하여 전시회를 열겠습니다. 학생들은 친구들과 함께 세계 평화에 대한 제작물을 만들면서 협력의 자세를 기를 수 있고, 제작물을 마을 주민들과 나누면서 마을에 대한 주인의식을 느낄 수 있을 것입니다. 마을 주민들은 학생들의 제작물을 보고 자신의 소감을 적음으로써 마을 주민과 학생들이 함께하는 교육이 가능하다고 생각합니다.
학생과 마을 주민이 함께 성장할 수 있도록 노력하는 교사가 되겠습니다.
3번 문항 답변 마치겠습니다. 이상입니다.

수업나눔(즉답형)

【문항】 실연한 수업에 대하여 다음 질문에 답하시오(총 10분 이내).

【질문 1】

경기도 교육과정에서는 미래 사회에 요구하는 역량으로 새롭고 의미 있는 것을 창출하는 창의적 사고 역량을 중시하고 있습니다. 이 역량과 관련하여 오늘 스스로 수업을 평가한 결과와 보완해야 할 사항을 말씀해 주십시오.

【질문 2】

선생님이 학생의 학습동기를 유발하는 수업을 했음에도 성취기준에 도달하지 못한 학습자들에 대해 보충학습을 실시할 수 있는 방안에 대하여 말씀해 주십시오.

【질문 3】

다른 교과와 연계한 수업으로 재구성한다면 어떤 과목을 선택할 것인지 말하고, 수업의 중점 사항과 평가 방안을 말씀해 주십시오.

연습하기

1번

2번

3번

🎯 예상 채점기준표

채점기준		채점하기				
		매우 우수	우수	보통	부족	매우 부족
1번 (10)	☐ 교육과정을 제대로 이해하고 있는가?	5	4	3	2	1
	☐ 수업을 성찰하고 잘한 점, 아쉬운 점과 개선할 점을 고민할 수 있는가?	5	4	3	2	1
2번 (10)	☐ 교육과정을 제대로 이해하고 있는가?	5	4	3	2	1
	☐ 학생 맞춤형 수업 철학이 담긴 자신만의 수업과 성장중심평가를 설계하고 실행하였는가?	5	4	3	2	1
3번 (10)	☐ 교사 교육과정에 기반한 학생 맞춤형 수업, 성장(과정)중심평가를 설계할 수 있는가?	5	4	3	2	1
	☐ 수업 개선의 의지를 지니고, 동료와의 협력적 성찰을 함께할 수 있는가?	5	4	3	2	1

【질문 1】경기도 교육과정에서는 미래 사회에 요구하는 역량으로 새롭고 의미 있는 것을 창출하는 창의적 사고 역량을 중시하고 있습니다. 이 역량과 관련하여 오늘 스스로 수업을 평가한 결과와 보완해야 할 사항을 말씀해 주세요.

답안도식
- [철학 P] 창의적 사고 역량을 함양하기 위한 수업 설계
- [성찰 R] 역량을 함양하는 배움중심수업으로 설계, 운영
- [성찰 R] 수업 성찰 후 보완할 점 고민

교육과정의 핵심 역량 중 하나인 창의적 사고 역량을 함양하기 위한 수업 설계와 운영을 묻고 있다. 창의적 사고 역량은 다양한 영역의 경험을 융합적으로 활용해 새로운 것을 창출하는 역량으로, 예를 들어 '학생들이 직접 이야기를 구성하게 했다.' 또는 '태블릿PC 등을 활용하여 무언가를 제작했다.'와 같이 수업 중 이야기를 언급하면 좋다. 이 문항은 학생의 역량을 함양하는 학생 맞춤형 수업으로 제대로 실연했는지를 확인하고, 이에 대해 성찰할 수 있는지를 보는 것이다. 반드시 자신의 수업의 구체적인 부분과 연관하여 명확하게 답변을 구성할 필요가 있다.

나의 답변은 어땠을까?

잘한 점	부족한 점

점수를 준다면? (/ 10점)

예시 답변
1번 문항 답변드리겠습니다.
저는 오늘 학생들의 창의적 사고 역량을 함양하기 위해 다음과 같이 수업을 설계하고 실연하였습니다.
첫째, 저는 창의적 사고 역량을 키워주기 위해서 우선 사료 탐구 과정에서 학생들이 그림의 의미를 짝과 함께 토론하여 파악하고 순서대로 나열해 보는 과정을 가졌습니다. 교사가 내용을 모두 알려 주는 것이 아니라 학생들이 상상해 보고 그림에 나오는 인물들이 어떤 행위를 하고 있는지 스스로 파악해 봄으로써 창의력을 키울 수 있다고 생각합니다.
둘째, 인권선언문의 내용 역시 교사가 그 의미를 자세히 설명해 주는 것이 아니라 학생들이 눈에 띄는 특징을 찾아보고 그 특징에 대해 친구들과 이야기를 나누어 봄으로써 역사적 사고력과 함께 창의력을 키울 수 있었을 것이라고 생각합니다.

셋째, 카드 뉴스 기획안을 만드는 과정에서도 자료에 접근하는 방법을 한 번 더 확인하면서 모둠별로 주제를 스스로 설정하고 더 많은 자료를 태블릿PC를 통해 찾아봄으로써 적극적인 태도와 창의성을 키울 수 있었습니다.

이와 관련해 아쉬운 점이 있다면, 창의적 사고력을 진작시키는 다양한 발문이 조금 부족했다는 것입니다. 관점을 깨트리는 발문이나, 비판적으로 사고하게 하는 발문 등 확산적인 발문을 다양하게 제공했다면 학생들의 창의적 역량이 더 함양될 수 있었으리라고 생각합니다.

이상 1번 문항 답변 마치겠습니다.

【질문 2】 선생님이 학생의 학습동기를 유발하는 수업을 했음에도 성취기준에 도달하지 못한 학습자들에 대해 보충학습을 실시할 수 있는 방안에 대하여 말씀해 주세요.

답안도식

• [성찰 R] 학생과 함께 상황 개선 노력
• [철학 P] 성취기준 달성 못한 학생에 대한 보충수업 설계
• [성찰 R] 학생의 성장을 돕는 다양한 수업 방안

성취기준을 달성하지 못해 학습에서 소외된 학생이 발생했다면, 이 교실에서의 배움은 공평하게 일어나지 못한 셈이다. 따라서 교사는 반드시 이러한 학생의 개별적 특성을 파악하여 대응할 필요가 있다. 이에 답안 구성 시 학생과의 상호작용으로 출발하면 좋다. 학생 개인과의 소통을 통해 어떤 어려움이 있었는지를 확인하고, 이에 적합한 보충수업을 설계하는 방향으로 답안을 구성하는 것이다.

나의 답변은 어땠을까?

잘한 점	부족한 점

점수를 준다면? (/ 10점)

예시 답변

2번 문항, 잠시 제 수업을 성찰한 뒤에 답변드리겠습니다.

2번 문항 답변드리겠습니다. 교실 안에 30명의 학생이 존재한다면, 30개의 교육과정이 운영되어야 한다고 합니다. 교사가 나름대로 학습동기를 고취하기 위해 노력했으나, 학생들마다 배움의 속도가 동일하지 않을 수 있고 정해진 수업 시간 내에 성취기준을 달성하지 못하는 학생도 존재할 수 있습니다. 이러한 학생들을 위해 저는 다음의 3가지 보충 학습을 실시하고 싶습니다.

첫째, 먼저 상담을 통해 개별 학생의 특성을 파악하도록 하겠습니다. 다양한 자료를 활용한 동기유발 과정에도 불구하고 학생의 학습동기가 고취되지 않았다면, 어떤 자료에 흥미를 더 느낄 수 있는지를 면담과정을 통해 살펴보겠습니다. 또한 학습과정에서 어려움을 느꼈다면 어떤 부분에서 왜 어려웠는지를 묻고 어떻게 하면 이를 보완할 수 있을지 함께 고민하도록 하겠습니다.

둘째, 개별 학생의 특성에 맞는 맞춤형 과제를 부여하도록 하겠습니다. 학습동기를 고취하기 위해서 학생들이 흥미로워 하는 형태의 보충과제를 제시하도록 하겠습니다. 예컨대 그림 그리기를 좋아하는 학생에게는 공부한 부분을 그림으로 표현하기, 게임을 좋아하는 학생이라면 게임형으로 만들어진 퀴즈 프로그램을 제공하여 학생들의 흥미와 적성에 맞는 보충 과제를 부여하는 것입니다. 또한 학생들의 학습수준에 따른 단계별 학습과제를 제시하도록 하겠습니다. 자신의 능력에 따른 맞춤형 개별 과제를 통해 학생들의 자신감을 독려하겠습니다.

셋째, 또래 교수를 활용하여 학생의 성취기준 달성을 돕도록 하겠습니다. 개별 학생의 특성을 파악해 보면, 다른 친구들보다 배움의 기회가 조금 더 필요한 친구가 있을 수 있습니다. 한편으로는 빠른 속도로 성취기준을 달성하여 학습동기가 낮은 학생도 존재할 것입니다. 모둠 활동이나 개별 학생에게 주어진 맞춤형 과제를 수행할 때 만약 또래 교사가 도움을 주도록 한다면 성취기준 달성뿐만 아니라, 학생 간 교우관계 증진 및 교실 내 학습 분위기 고취에도 좋을 것입니다.

단 한 명의 학생도 포기하지 않고, 학생 한 명 한 명 모두가 행복한 배움을 누릴 수 있도록 노력하겠습니다. 2번 문항 답변 마치겠습니다.

【질문 3】 다른 교과와 연계한 수업으로 재구성한다면, 어떤 과목을 선택할 것인지 말하고, 수업의 중점 사항과 평가 방안을 말씀해 주세요.

답안도식
- **[철학 P] 교육과정에 근거한 연계수업 및 평가 설계**
- **[공동체 O] 다른 과목 교사와의 협력 강조**

다른 교과와 연계한 융합수업을 구성하라는 문항이 출제되었다. 다음 교육과정 개정에서도 화두에 오른 '융합'의 키워드는 잘 정리해 둘 필요가 있다. 융합수업을 구성할 때 가장 중요한 것은 결국 동료 교사와의 협업이다. 융합수업은 양 교과의 교육과정 성취기준을 달성할 수 있도록 수업과 평가가 설계되어야 하며, 수업과 수업 간의 연계성과 연속성이 확보되어야 한다. 따라서 지속적인 동료 교사와의 협업 활동이 가장 중요한 포인트이다. 이때 평가 역시 과정중심평가로 기획될 수 있어야 하며, 수업과 평가의 과정도 구체적으로 구성된다면 (각 과목에서 중점을 두어야 하는 사항은 무엇인지, 과목마다 평가는 어떤 방식으로 이루어질 것인지 등) 답안의 완성도가 한층 높아질 것이다.

나의 답변은 어땠을까?

잘한 점	부족한 점

점수를 준다면? (/ 10점)

`예시 답변`

3번 문항 답변드리겠습니다.

제가 오늘 수업과 관련하여 융합수업을 실시하게 된다면, 저는 음악교과와 연계하겠습니다. 프랑스 혁명에서 가장 인상 깊었던 장면을 뽑아서 뮤지컬로 표현해 보겠습니다.

뮤지컬은 학생들에게 잠재해 있는 감성 능력과 심미적 안목을 끌어낼 수 있고 함께 협력하여 대본을 작성하고 안무와 노래를 만들어 내면서 인성과 창의성을 키울 수 있을 것이라고 생각합니다. 이러한 연계학습을 위해서는 우선 음악 선생님과의 사전 협의가 필요하다고 생각합니다. 특히 연계수업와 융합수업에 대한 비전을 공유해야만 원활하게 수업이 진행될 수 있고 일회성이 아닌 지속적으로 연계수업이 이루어질 수 있을 것이라고 생각합니다. 그래서 음악 선생님과 끊임없이 수업에 대해 이야기를 나누고 수업 방법에 대해 학생들의 의견을 수렴하도록 하겠습니다.

다음으로 평가 방안에 대해 말씀드리겠습니다. 평가는 수업 과정을 관찰하여 과정중심평가를 진행하도록 하겠습니다. 이때에도 음악 선생님과 꾸준히 협의하여 음악교과와 역사교과의 성취기준과 교과 역량을 모두 고려할 수 있도록 구성하겠습니다. 또한 학생들의 의견도 역시 수렴해 가면서 연계수업의 효과를 높이도록 노력하겠습니다.

3번 문항 답변 마치겠습니다. 이상입니다.

6

수업나눔(즉답형)

【문항】 실연한 수업에 대하여 다음 질문에 답하시오(총 10분 이내).

【질문 1】

경기교육은 단 한 명의 아이도 포기하지 않는 교육을 지향하고 있습니다. 단 한 명도 소외되지 않는 수업을 만들어 가기 위해 설계한 부분을 말씀해 주십시오.

【질문 2】

배움중심수업은 교사-학생, 학생-학생 간의 상호작용이 중요합니다. 이를 통해 의미 있는 배움과 성장이 잘 드러났던 지점을 말씀해 주시고, 그 이유를 제시해 주십시오.

【질문 3】

오늘 수업에서 잘된 점과 아쉬운 점을 말씀해 주시고, 이를 동료 교사와 나눈다면 어떻게 할 것인지 말씀해 주십시오.

연습하기

1번

2번

3번

🎯 예상 채점기준표

채점기준		채점하기				
		매우 우수	우수	보통	부족	매우 부족
1번 (10)	☐ 학생 맞춤형 수업에 대한 자신만의 철학이 있는가?	5	4	3	2	1
	☐ 수업에 대한 질문을 생성하고 이를 성찰할 수 있는가?	5	4	3	2	1
2번 (10)	☐ 교사 교육과정에 기반한 학생 맞춤형 수업, 성장(과정)중심 평가를 설계할 수 있는가?	5	4	3	2	1
	☐ 학생–학생, 교사–학생의 상호작용을 촉진할 수 있는가?	5	4	3	2	1
3번 (10)	☐ 학생, 동료와의 의사소통 능력을 갖추고 있는가?	5	4	3	2	1
	☐ 수업 개선의 의지를 지니고, 동료와의 협력적 성찰을 함께 할 수 있는가?	5	4	3	2	1

【질문 1】 경기교육은 단 한 명의 아이도 포기하지 않는 교육을 지향하고 있습니다. 단 한 명도 소외되지 않는 수업을 만들어 가기 위해 설계한 부분을 말씀해 주십시오.

답안도식

- [철학 P] 단 한 명도 포기하지 않는 수업 설계
- [성찰 R] 경기교육정책과 연계한 수업

가장 전형적인 문제 형태로 꾸준히 수업나눔을 준비해 온 수험생들이라면 어렵지 않게 대답할 수 있었다. 학생이 소외되지 않도록 노력한 부분을 연계하여 구체적으로 대답을 구성하면 되었다.

나의 답변은 어땠을까?

잘한 점	부족한 점

점수를 준다면? (/ 10점)

예시 답변

1번 문항 답변드리겠습니다.

동시에 씨앗을 뿌리더라도 꽃이 피는 시기는 다를 수 있습니다. 학생들은 각기 저마다 다른 사랑을 품은 존재입니다. 저는 배움중심수업을 통해 배움이 빠르고, 느린 학생들도 함께 하고자 노력하였습니다.

첫째, 배움이 빠른 학생이 수업에 흥미를 느끼지 못하고 있었습니다. 이에 저는 〈자료 1〉을 활용해 기식이에게 발문을 진행하여, 기식이가 수업에 적극적으로 참여할 수 있도록 독려하였습니다. 자신의 지식을 다른 사람에게 나누도록 하는 것 역시 큰 배움이라고 생각합니다. 기식이는 학급의 3급 정교사가 되어 배움을 주도적으로 이끌어 나갈 것입니다.

둘째, 배움이 느린 다문화 가정의 토마스가 있었습니다. 토마스는 의사소통이 충분히 가능하지만 오늘 공부한 전문 용어에는 어려움을 느끼고 있었습니다. 이에 토마스와 친구들이 함께 만든 '○○용어 노트'를 활용하도록 안내하였습니다. 아울러 순회지도 중 토마스의 어려움을 확인하고 모둠 친구들과 함께 어려움을 해결하도록 했을 뿐 아니라, 〈자료 2〉를 활용할 때 토마스가 잘하는 검색 및 한자 읽기 활동을 독려하여 토마스의 장점을 드러내도록 하였습니다. 이는 특히 학생들의 역사 정보 활용 및 의사소통 역량을 함양하는 데 큰 도움이 되었을 것입니다. 토마스의 자존감을 높이며, 적극적인 수업 참여를 지원하고자 설계하였습니다.

마지막으로, 배움은 교사 혼자서가 아닌 학생들과 함께 만들어 가는 것이라 생각합니다. 모든 학생이 소외되지 않도록 자신의 의견을 고르게 말할 수 있게 모둠 내 토킹스틱을 도입하였습니다. 토킹스틱을 들고 있는 친구가 이야기할 때에는 모두가 반드시 경청하는 것이 모둠 규칙이었으며, 자율 토론 때에도 활발히 대화할 수 있도록 독려하였습니다. 또한 이를 바탕으로 학생의 의사소통 역량, 문제해결 능력이 크게 함양되었으리라고 생각합니다.

교사는 모든 학생에게 공정하고 정의로운 배움이 일어날 수 있도록 노력해야 합니다. 학생들 모두에게 행복한 성장이 일어나는 교실을 만들도록 하겠습니다.

1번 문항 답변 마치겠습니다.

【질문 2】 배움중심수업은 교사-학생, 학생-학생 간의 상호작용이 중요합니다. 이를 통해 의미 있는 배움과 성장이 잘 드러났던 지점을 말씀해 주시고, 그 이유를 제시해 주십시오.

답안도식

- [철학 P] 상호작용을 바탕으로 한 수업 철학
- [성찰 R] 의미 있는 배움과 성장이 일어난 지점
- [성찰 R] 그 이유

학생 간 상호작용이 활발히 일어나고, 이를 바탕으로 수업과 평가가 일체화되어야 한다는 것은 경기 배움중심 수업 철학의 기본적인 내용이다. 문제 자체에서 상호작용을 언급했으므로, 상호작용이 잘 나타난 지점을 선정하여, 활발한 상호작용이 이루어져 배움과 성장이 유의미하게 일어났다 판단했다고 대답했어야 한다.

나의 답변은 어땠을까?

잘한 점	부족한 점

점수를 준다면? (/ 10점)

예시 답변

2번 문항 답변드리겠습니다.

모든 수업은 의사소통과 상호작용으로 이루어진다고 생각합니다. 상호작용을 통해 의미 있는 배움과 성장이 잘 드러난 지점과 그 이유로 크게 3가지 부분을 말씀드리고 싶습니다.

첫째, 〈자료 1〉에 대한 발문 활동에서, 교사가 '왜 3국은 다른 이야기를 하고 있을까?'에 대한 확산적 발문을 하자 진형이가 대답을 하고, 그에 대한 영민이의 추가 발문이 이루어진 데에 혜진이가 대답하는 장면입니다. 진형이의 각자 자기 입장에서 얘기하는 것 같다는 합리적 추론에 대하여 영민이는 현대적인 시각으로만 역사를 판단하지 않는 태도가 필요하지 않겠냐고 물었고, 혜진이는 인간들의 이야기이니 감정이입이 필요하겠다고 이야기하였습니다. 이 지점을 말씀드리는 이유는, 역사 자료 분석과 해석 능력과 역사적 판단력과 문제 해결 능력이 크게 성장하는 부분이었다고 생각하기 때문입니다. 특히 혜진이 같은 경우는 역사에 전혀 관심이 없었지만, 자신의 생각을 말하고 듣는 과정에서 이미 역사적 사고력을 크게 함양했음을 볼 수 있었습니다. 이에 교사인 저는 칭찬의 피드백을 아끼지 않았고 학생들은 이를 바탕으로 더욱 적극적인 의사소통을 전개해 나갔습니다.

둘째, 가상인터뷰의 내용과 형식에 대한 유의 사항을 안내하는 상황이었습니다. 기존에 이와 유사한 활동을 해 보았다고 가정하고, 기존 활동 때의 부족한 부분을 보완하는 측면에서 함께 내용과 형식, 규칙을 설정하였습니다. 저는 이 지점이 교사-학생, 학생-학생 간의 유의미한 의사소통이 활발히 드러난 지점이라고 생각합니다. 또한 기존의 활동을 보완하는 측면에서 긍정적 환류가 일어나 수업 개선에도 크게 도움이 되었다고 여겨집니다.

셋째, 〈자료 3〉이 우수사례로 선정된 이유에 대한 동료 피드백 활동에서 활발한 상호작용이 드러났습니다. 특히 이 배움활동에서 의미 있는 성장이 일어났음을 알 수 있는데요. 〈모둠 활동지 1〉은 그 자체로 역사적 자료가 되었고, 학생들은 이에 대한 동료 평가를 실시하면서 역사자료 분석과 해석 역량을 크게 함양할 수 있었습니다. 또한 역사전쟁의 명칭에 대한 피드백 활동에서 베트남 다문화 가정의 '호치민'이 이야기한 역사의 주관성을 인정해야 한다는 피드백은 상호 존중 역량과 역사적 사고력을 키우는 데 크게 도움이 되었으리라 생각합니다.

교실의 학생과 교사의 상호작용은 아무리 강조해도 지나치지 않다고 생각합니다. 말하는 교실에서 공부한 학생들의 배움이 훨씬 유의미하다는 연구 결과와 같이 저는 학생들의 '소통'을 바탕으로 삶에 필요한 역량을 함양하는 교실을 만들어갈 수 있도록 노력하겠습니다.

2번 문항 답변 마치겠습니다.

【질문 3】 오늘 수업에서 잘된 점과 아쉬운 점을 말씀해 주시고, 이를 동료 교사와 나눈다면 어떻게 할 것인지 말씀해 주십시오.

답안도식

• [성찰 R] 수업 중 잘한 점, 아쉬운 점 성찰하기
• [공동체 O] 나누기
• [공동체 O] 동료와 어떻게 나눌 것인가

3번 문항의 전제는 '수업 개선을 위해' 어떻게 노력할 것인지에 대한 질문이다. 그러므로 [R]의 관점과 [O]의 관점을 적절히 수용한 진실된 답변을 했어야 한다.

나의 답변은 어땠을까?

잘한 점	부족한 점

점수를 준다면? (/ 10점)

3번 문항 답변드리겠습니다.

오늘 수업은 동아시아사 과목의 수업 활동이었습니다. 먼저 잘된 점에 대해 말씀드리겠습니다. 강의식 수업이 이루어진 〈전개 1〉까지 포함하여, 수업 전반적으로 학생이 주도하는 수업을 구성하도록 노력했다는 점입니다. 발문과 피드백을 진행하며 교사-학생, 학생-학생 간의 상호작용이 활발하게 이루어질 수 있었습니다. 아이들은 이를 통해 역사적 판단력과 상상력 등 역사적 사고력을 크게 함양할 수 있었을 것이라 생각합니다.

다음으로, 가장 아쉽다고 생각되는 지점입니다.

〈우수사례〉에 대한 동료 피드백만 진행했다는 점입니다. 우수사례를 작성한 모둠에게는 강화로서 기능할 수 있으나, 다른 모둠의 학생들은 열심히 했음에도 제대로 발표할 기회도 얻지 못하고, 필요한 피드백을 받지 못한 것이 아닌가 하는 생각이 들어 매우 아쉽습니다. 실제 모든 배움은 의미가 있다고 생각합니다. 학생의 성장을 독려하기 위해서는 부족한 활동 결과에 대해서 보완할 수 있도록 학생과 교사가 함께 생각해 보는 과정이 필요할 듯합니다.

만약 이 수업을 동료 교사와 나눈다면, 우선 제 수업을 상시적으로 공개하고 수업 중 일어나는 학생 간 의사소통과 배움 과정을 잘 살펴줄 것을 부탁드리겠습니다. 특히 부족한 활동 결과가 발생하는 지점, 그 과정에 대해 함께 논의하고 보완해 갈 수 있도록 하겠습니다. 특히 동 교과 선생님뿐만 아니라, 동 학년 선생님과 함께 전문적 학습공동체를 운영해 역사 수업이 아닌 다른 수업에서의 학생들의 모습에 대해 살피고, 학생에게 더욱 행복한 성장이 일어날 수 있도록 꾸준히 노력하고 싶습니다.

수업을 할 때마다 항상 느끼는 것이지만 만족하기가 참 어려운 것 같습니다. 계속된 자기연찬과 협력을 통해 수업을 개선해 나가는 전문가가 되도록 노력하겠습니다.

3번 문항 답변 마치겠습니다. 감사합니다. 이상입니다.

6

수업나눔(즉답형)

【문항】 실연한 수업에 대하여 다음 질문에 답하시오(총 10분 이내).

【질문 1】

이 수업을 통해 학생에게 어떤 성장이 일어나기를 기대했으며, 이를 구현하기 위해 수업을 어떻게 설계했는지 말씀해 주십시오. 이와 관련하여 이 수업에서 보완해야 할 점은 무엇입니까?

【질문 2】

이 수업의 성취기준에 기반하여 수업 과정에서 할 수 있는 평가 방법과 그 이유를 말씀해 주십시오. 그리고 학생 성장을 위해 이 평가 결과를 어떻게 활용할 것인지 말씀해 주십시오.

【질문 3】

오늘 수업 주제를 학생의 삶과 연계하여 융합수업을 설계한다면, 그 주제와 방법, 고려할 점을 말씀해 주십시오.

연습하기

1번

2번

3번

🎯 예상 채점기준표

	채점기준	채점하기				
		매우 우수	우수	보통	부족	매우 부족
1번 (10)	☐ 학생 맞춤형 수업에 대한 자신만의 철학이 있는가?	5	4	3	2	1
	☐ 수업을 성찰하고 잘한 점, 아쉬운 점과 개선할 점을 고민 할 수 있는가?	5	4	3	2	1
2번 (10)	☐ 학생-학생, 교사-학생의 상호작용을 촉진할 수 있는가?	5	4	3	2	1
	☐ 학생 맞춤형 수업 철학이 담긴 자신만의 수업과 성장중심평 가를 설계하고 실행하였는가?	5	4	3	2	1
3번 (10)	☐ 학생, 동료와의 의사소통 능력을 갖추고 있는가?	5	4	3	2	1
	☐ 수업 개선의 의지를 지니고, 동료와의 협력적 성찰을 함께 할 수 있는가?	5	4	3	2	1

6

【질문 1】 이 수업을 통해 학생에게 어떤 성장이 일어나기를 기대했으며, 이를 구현하기 위해 수업을 어떻게 설계했는지 말씀해 주십시오. 이와 관련하여 이 수업에서 보완해야 할 점은 무엇입니까?

답안도식

- [철학 P] 이 수업을 통해 어떤 성장이 일어나길 기대했는가
- [철학 P] 성장을 위한 수업
- [성찰 R] 이 수업에서 보완할 점

'어떤 성장이 일어나길 기대했는가'라는 질문에 대한 답변은 '역량'으로 치환할 수 있다. 수업 구상 중 학생의 성장을 위한 역량 중심 교육과정과 학생 맞춤형 수업을 충분히 고민했다면 어려운 문항은 아니었다. 특히 이 수업에서 보완해야 할 점을 물어 수업 성찰력도 함께 묻고 있다.

나의 답변은 어땠을까?

잘한 점	부족한 점

점수를 준다면? (/ 10점)

【질문 2】 이 수업의 성취기준에 기반하여 수업 과정에서 할 수 있는 평가 방법과 그 이유를 말씀해 주십시오. 그리고 학생 성장을 위해 이 평가 결과를 어떻게 활용할 것인지 말씀해 주십시오.

답안도식

- [철학 P] 성취기준에 기반한 평가 설계
- [성찰 R] 수업 과정에서 할 수 있는 평가와 그 이유
- [성찰 R] 학생 성장을 위해 평가 결과 활용

성취기준에 기반한 수업과 평가를 묻는 문항은 일체화 공감력의 관점에서 답안을 시작하면 좋다. 아울러 성장중심평가를 위해서는 반드시 적절한 피드백이 병행되어야 한다.

나의 답변은 어땠을까?

잘한 점	부족한 점

점수를 준다면? (/ 10점)

【질문 3】 오늘 수업 주제를 학생의 삶과 연계하여 융합수업을 설계한다면, 그 주제와 방법, 고려할 점을 말씀해 주십시오.

답안도식

• [철학 P] 융합수업을 설계한다면
• [공동체 O] 융합수업 설계 시 주제, 방법

3번 문항은 변칙 문항으로 회자되고는 한다. 그러나 삶과 연계한 '융합수업'은 학생 맞춤형 수업 철학에서 늘 강조되어 왔다. 융합수업의 설계 시 주제는 전공마다 다를 수 있으므로 교과 전문성이 드러나야 하는 부분이다.

중요한 것은 '현실성'이 있는가의 여부이다. 현장에서 실현 가능한 수업 개선을 해낼 수 있는지를 알아보려는 것이 임용 2차임을 잊지 말자. 융합수업의 현실성을 위해서는 뛰어난 의사소통 능력과 동료 교사와의 협업이 가장 중요하다.

요컨대, 주제와 방법이 교과 전문성을 띠며 현실적이어야 한다는 것은 당연한 이야기이고, 답변 과정에서 '동료 선생님과의 협업 과정에서 충분히 협의하겠다.', '전문적 학습공동체 내의 선생님들과 함께 융합 프로젝트형 수업을 설계하겠다.'와 같이 답변했다면 분명 높은 점수를 받았으리라 사료된다.

이 문제에서는 학생 상호작용 촉진력에 대한 내용을 담지 않아도 적절한 답안을 구성할 수 있었다. 채점기준표에 제시된 '준거'라 하더라도 실제 시험장에서는 평가의 기준이 되지 않을 수 있다. 허나 시험을 준비하는 입장에서는 채점기준표에 제시된 준거는 모두 답안에 담을 수 있도록 노력해야 한다.

나의 답변은 어땠을까?

잘한 점	부족한 점

점수를 준다면? (/ 10점)

3번 문항, 잠시 제 수업을 성찰한 뒤에 답변드리겠습니다.

3번 문항 답변드리겠습니다.

저는 이 수업 주제를 융합수업으로 설계할 경우, 미술 과목과 연계하여 우리 마을 지도 만들기 수업을 진행하고 싶습니다. 방법은 다음과 같습니다.

첫째, 우리 마을, 우리 지역, 우리 동네에 대한 지리 정보를 학생들이 직접 습득합니다. 둘째, 지도 그리기의 기초 정보를 수업 시간에 학습합니다. 이때 마을교육공동체와 연계하여 학생들이 지도를 그리기 위한 답사 조사를 병행하도록 합니다. 셋째, 미술 수업과 융합하여, 미술 시간에 직접 지도를 그리도록 합니다. 이와 같은 수업 과정은 매 차시 보고서를 작성하여 포트폴리오로 평가될 것입니다.

학생 삶의 터전은 마을입니다. 마을을 활용한 생생한 교육, 학생들의 심미적 감수성 역량을 기르는 미술 수업과의 융합교육을 통해 삶과 연계한 수업 활동이 이루어지리라고 생각됩니다. 또한 어려운 과목처럼 여겨지는 지리 과목을 학생들이 친숙하게 여기게 될 것입니다.

이러한 수업과 방법을 진행할 때 고려해야 할 점은 두 가지가 있습니다.

첫째, 수업을 진행하기 위해 수업 시간을 확보할 수 있어야 합니다. 특히 마을교육공동체와의 협업을 위해서는 원활한 의사소통 능력을 발휘하여 일정을 미리 조율해 둘 필요가 있습니다.

둘째, 미술 선생님과의 협업입니다. 교육과정을 재구성할 때 미리 수업의 목적과 철학을 공유하고 함께 교육과정과 수업, 평가의 일체화를 도모해야 합니다.

모든 교육 활동은 교육 생태계의 협력을 바탕으로 이루어져야 효과적으로 진행할 수 있습니다. 경기 배움중심 수업 철학을 구현할 수 있도록 동료와 함께 꾸준히 노력하는 교사가 되도록 하겠습니다.

3번 문항 답변 마치겠습니다.

수업나눔(즉답형)

【문항】 실연한 수업에 대하여 다음 질문에 답하시오(총 10분 이내).

【질문 1】

경기교육에서는 역량을 중요시하고 있다. 교사가 수업에서 학생들에게 키워주고자 했던 역량을 설명하고, 그것을 위해 수업을 어떻게 설계하였는지 설명하시오.

【질문 2】

모든 학생에게 배움이 공평하게 일어나야 한다. 이러한 측면에서 자신의 수업을 성찰하고, 잘한 점과 보완해야 할 점을 설명하시오.

【질문 3】

수업 구상과 실연 시에 어려웠던 점을 말하고, 이를 동료 교사와 나눈다면 어떠한 배움이 있을지 설명하시오.

연습하기

1번

2번

3번

예상 채점기준표

채점기준		채점하기				
		매우 우수	우수	보통	부족	매우 부족
1번 (10)	☐ 학생 맞춤형 수업에 대한 자신만의 철학이 있는가?	5	4	3	2	1
	☐ 학생 맞춤형 수업 철학이 담긴 자신만의 수업과 성장중심평 가를 설계하고 실행하였는가?	5	4	3	2	1
2번 (10)	☐ 학생 맞춤형 수업에 대한 자신만의 철학이 있는가?	5	4	3	2	1
	☐ 수업을 성찰하고 잘한 점, 아쉬운 점과 개선할 점을 고민 할 수 있는가?	5	4	3	2	1
3번 (10)	☐ 학생, 동료와의 의사소통 능력을 갖추고 있는가?	5	4	3	2	1
	☐ 수업 개선의 의지를 지니고, 동료와의 협력적 성찰을 함께 할 수 있는가?	5	4	3	2	1

【질문 1】 경기교육에서는 역량을 중요시하고 있다. 교사가 수업에서 학생들에게 키워주고자 했던 역량을 설명하고, 그것을 위해 수업을 어떻게 설계하였는지 설명하시오.

답안도식

- [철학 P] 역량 중심 교육과정
- [철학 P] 키워주고자 한 역량
- [성찰 R] 역량을 키우기 위해 어떻게 설계했는가

역량 중심 교육과정을 제대로 이해하고 있는지를 물으며 교사의 철학[P]을 점검하는 문항이다. 교육과정의 핵심 역량을 중심으로 수업을 설계한 부분을 묻는 문항은 단골 문제이다. 혹시라도 역량이라는 말이 문제에 나오지 않는다 하더라도 '학생의 삶과 연계', '학생에게 어떤 배움'을 묻는 경우(대부분의 경우이다) 답변은 '역량'을 중심으로 풀어 내는 것이 좋다. 철학 문제는 핵심 역량을 중심으로 풀어 나가면 웬만하면 다 가능하다.

나의 답변은 어땠을까?

잘한 점	부족한 점

점수를 준다면? (/ 10점)

6

【질문 2】 모든 학생에게 배움이 공평하게 일어나야 한다. 이러한 측면에서 자신의 수업을 성찰하고, 잘한 점과 보완해야 할 점을 설명하시오.

답안도식

- [철학 P] 배움이 공평하게 일어나야 한다
- [성찰 R] 공평한 배움이 일어나게 설계했는가
- [성찰 R] 잘한 점과 보완할 점

공평한 배움이 일어나도록 설계하는 것은 학생 맞춤형 수업으로 설계했다면 어려운 일이 아니다. 이러한 점에서 자신의 수업을 성찰하는 문항이 연계되어 출제되었다. 실제 자신의 수업을 진실하게 성찰하면 된다.
다만 보완할 점이라고 했을 때, '실제 학생이 없어서'와 같은 답변은 금물이다. 학생이 실재한다고 전제하고 실연을 진행했기 때문이다.

나의 답변은 어땠을까?

잘한 점	부족한 점

점수를 준다면? (　　　 / 10점)

예시 답변

2번 문항, 잠시 제 수업을 성찰한 뒤에 답변드리겠습니다.

2번 문항 답변드리겠습니다. 모든 학생들은 공평하게 배움을 누릴 권리가 있습니다. 경기교육은 단 한명도 배움에서 소외되지 않는 교육을 추구하고 있습니다. 이러한 측면에서 제 수업을 성찰해 보니, 잘했다고 생각되는 지점이 두 가지 있었습니다.

첫째, 또래 교수를 설정하여 학생 간 상호작용을 바탕으로 한 협력적 배움이 일어나도록 설계하였습니다. 이를 통해 배움에서 소외되는 학생 없이 모두가 공평하게 배움을 누릴 수 있도록 하였습니다.

둘째, 배움이 느린 학생을 꾸준히 독려하였습니다. 모둠 활동 시간에 순회지도를 하였는데, 그때 배움이 느린 나머지 수업 활동에 제대로 참여하지 못하는 수연이가 있었습니다. 저는 수연이에게 디딤카드를 살펴볼 것을 제안하였고, 수연이는 카드의 내용을 바탕으로 수업 내용을 이해하고 참여하기 시작했습니다.

그러나 보완해야 할 점도 두 가지 있었습니다.

첫째, 개인차를 고려한 발문이 이루어지지 않았다는 것입니다. 학생의 사고를 확장하고자 확산적 발문을 꾸준히 시도하였는데, 이러한 발문을 어려워하는 학생이 있었을 것입니다. 다양한 발문을 배치하여 학생 모두가 즐겁게 참여할 수 있도록 개선이 필요합니다.

둘째, 모둠 내 공유와 피드백 시간도 없이 잘하는 학생에게 발표의 기회를 주었기에 소외된 학생이 있었습니다. 영작을 어렵게 했음에도 불구하고, 그 학생은 수업의 주인공이 될 수 없었습니다. 모둠 내 공유 시간을 모두 갖도록 하고, 잘한 학생뿐만 아니라 모두가 발표하고 자신의 성장을 인정받는 수업 활동을 구상하도록 노력하겠습니다.

배움은 모두에게 공정해야 합니다. 소중한 학생들 한 명 한 명이 수업의 주인이 될 수 있도록 최선을 다해 노력하고 배워 나가겠습니다.

2번 문항 답변 마치겠습니다.

【질문 3】 수업 구상과 실연 시에 어려웠던 점을 말하고, 이를 동료 교사와 나눈다면 어떠한 배움이 있을지 설명하시오.

답안도식

- [성찰 R] 수업 구상과 실연 시 어려웠던 점
- [공동체 O] 동료 교사와 나누면
- [공동체 O] 어떠한 배움이 있을까

수업 구상 시에 어려웠던 점을 묻는 것은 수업실연 이전 적절한 '질문'을 생성하는 능력이 있는지를 점검하는 문항이다. 역시 자신의 수업 구상과 실연을 진솔하게 성찰하는 것이 필요하다.

나의 답변은 어땠을까?

잘한 점	부족한 점

점수를 준다면? (/ 10점)

수업나눔(즉답형)

【문항】 실연한 수업에 대하여 다음 질문에 답하시오(총 10분 이내).

【질문 1】

> 경기도가 추구하는 배움이 중심이 되는 수업의 관점에서 수업의 전체 흐름을 요약하고, 가장 의미 있었다고 생각하는 지점에 대해 말씀해 주십시오.

【질문 2】

> 수업에서 소외되는 학생이 있을 수 있습니다. 오늘 이에 대해 아쉬운 점과 다시 수업을 한다면 어떻게 할 것인지 말씀해 주십시오.

【질문 3】

> 오늘 수업나눔을 해 보니 어떠합니까? 나눔을 통해 새로 생긴 고민은 무엇이며 어떻게 해결할 것인지 말씀해 주십시오.

연습하기

1번

2번

3번

🎯 예상 채점기준표

	채점기준	채점하기				
		매우 우수	우수	보통	부족	매우 부족
1번 (10)	☐ 교사 교육과정에 기반한 학생 맞춤형 수업, 성장(과정)중심 평가를 설계할 수 있는가?	5	4	3	2	1
	☐ 학생 맞춤형 수업 철학이 담긴 자신만의 수업과 성장중심평가를 설계하고 실행하였는가?	5	4	3	2	1
2번 (10)	☐ 학생 맞춤형 수업에 대한 자신만의 철학이 있는가?	5	4	3	2	1
	☐ 수업을 성찰하고 잘한 점, 아쉬운 점과 개선할 점을 고민할 수 있는가?	5	4	3	2	1
3번 (10)	☐ 학생, 동료와의 의사소통 능력을 갖추고 있는가?	5	4	3	2	1
	☐ 수업 개선의 의지를 지니고, 동료와의 협력적 성찰을 함께 할 수 있는가?	5	4	3	2	1

6

🎯 해설 및 답변 포인트

> **【질문 1】** 경기도가 추구하는 배움이 중심이 되는 수업의 관점에서 수업의 전체 흐름을 요약하고, 가장 의미 있었다고 생각하는 지점에 대해 말씀해 주십시오.

[답안도식]

- [철학 P] 배움중심수업 철학
- [철학 P] 수업의 흐름 전체 요약
- [성찰 R] 의미 있는 배움이 일어난 지점

2017학년도를 기점으로 결합형 문항의 틀이 어느 정도 자리 잡혔다. 1번 문항은 배움중심수업 철학과 반성적 사고를 평가하는 문항이다. 특히 배움중심수업의 관점에서 수업 전체의 흐름을 요약하라는 문제는, 자신의 수업을 전체적으로 조망하는 메타인지가 가능한지를 묻는 것으로 많은 수험생을 혼란에 빠뜨렸다. 사실 서울시교육청에서는 성취기준을 바탕으로 수업자의 의도를 설명하라는 내용의 '수업 소개'를 실연 전에 하게 하는데, 만약 이를 알고 준비해 본 경험이 있다면 도움이 되었으리라 생각한다. 답변은 어렵지 않다. 학생 맞춤형 수업 요소를 반영했던 수업 장면을 추려서 간결하게 정리하면 되었던 문제이다. 이 중에서도 학생 역량을 성장시켰던 중요 장면을 선택하여 의미 있었음을 강조했다면 좋은 점수를 획득할 수 있었을 것이다.

나의 답변은 어땠을까?

잘한 점	부족한 점

점수를 준다면? (/ 10점)

[예시 답변]

1번 문항, 잠시 제 수업을 성찰해 본 뒤 답변드리겠습니다.

1번 문항 답변드리겠습니다. 경기교육이 추구하는 배움중심수업이란 삶에 필요한 역량을 기르기 위해 학생의 자발적 배움이 일어날 수 있도록 하는 수업 형태를 말합니다. 저는 학생이 삶의 맥락에서 배움을 경험하도록 수업 전체를 구성했는데요.

먼저, 동기유발 단계에서 학생들이 어제 일어났던 일들을 서로 발표하게 한 뒤, 이를 종합하여 배움목표를 이끌어낼 수 있도록 독려하였습니다. 이는 학생들의 삶과 수업을 연계할 뿐 아니라, 학생이 직접 수업의 목표를 설정하게 함으로써, 학생이 자발적으로 주도하는 수업 활동을 구성할 수 있었습니다.

둘째, 〈활동 1〉을 시작하기 전, 학생들이 모둠 활동 규칙을 직접 구성하도록 하였습니다. 특히 모둠 내, 모둠 간 소통과 협력, 상호작용이 꾸준히 일어날 수 있도록 독려하였습니다.

셋째, 〈활동 2〉를 통해 학생들이 전인적인 성장을 경험하도록 하였습니다. 학생들이 예술작품을 살펴보고 이에 대한 토의를 진행하도록 하여, 심미적 감수성 역량과 비판적 사고 역량을 같이 함양하도록 도울 수 있었습니다.

마지막으로 배움중심수업을 '수업나눔'을 통해 성찰함으로써 학생에게 유의미한 배움이 일어났는지, 수업의 문제는 무엇이었는지를 되돌아보았습니다.

저는 이 중 모둠 활동 규칙을 학생들이 자발적으로 정할 수 있도록 한 활동이 가장 의미 있는 지점이었다고 생각합니다. 학생들이 스스로의 동기에 의해 실천적인 지혜를 획득할 수 있을 뿐 아니라 행복한 배움을 위한 작은 성취감을 안겨 줄 수 있었으리라 생각하기 때문입니다.

이처럼 지속적으로 배움중심수업을 설계하고 전개함으로써 학생에게 유의미한 배움이 일어날 수 있도록 꾸준히 성장하는 교사가 되겠습니다.

1번 문항 답변 마치겠습니다.

【질문 2】 수업에서 소외되는 학생이 있을 수 있습니다. 오늘 이에 대해 아쉬운 점과 다시 수업을 한다면 어떻게 할 것인지 말씀해 주십시오.

답안도식

- [철학 P] 수업 소외 학생이 발생해서는 안 된다
- [성찰 R] 수업의 아쉬운 점

학생 맞춤형 수업 철학을 제대로 지녔는지를 확인하기 위해, 배움에서 소외되는 학생을 물었다. 나아가 다시 수업을 한다면 어떻게 할 것인지를 물어 성찰하는 답변이다. 배움을 함께하는 공동체에서 소외 현상을 극복하기 위해서는 학생–학생 간 상호작용을 촉진하도록 독려하는 것이 필요하다.

나의 답변은 어땠을까?

잘한 점	부족한 점

점수를 준다면? (/ 10점)

【질문 3】 오늘 수업나눔을 해 보니 어떠합니까? 나눔을 통해 새로 생긴 고민은 무엇이며 어떻게 해결할 것인지 말씀해 주십시오.

답안도식

- [공동체 O] 수업나눔에 대한 소감
- [성찰 R] 새로운 고민

편안하게 자신의 소감과 새로운 고민을 말하면 되는 부분이었다. 진정한 수업 성찰과 나눔에 대한 답변이었다. 한 합격자는 이 부분에서 자신이 놓쳤던 학생에 대한 후회를 이야기하며 진솔한 답변을 전개하고, 부족했던 수업실연을 보완하는 기회로 삼았다. 그의 결과는 수업실연과 나눔 모두 만점이었다.

나의 답변은 어땠을까?

잘한 점	부족한 점

점수를 준다면? (/ 10점)

수업나눔(즉답형)

【문항】실연한 수업에 대하여 다음 질문에 답하시오(총 10분 이내).

【질문 1】

> 이번 수업에서 배움중심수업을 실현하기 위해 중점적으로 노력한 부분이 있다면 말씀해 주십시오.

【질문 2】

> 선생님의 수업에서 학생들의 정의적 능력을 계발하기 위한 부분은 무엇이었으며, 이를 위해 개선하고 싶은 점은 무엇이었는지 말씀해 주십시오.

【질문 3】

> 수업나눔을 통해 깨달은 점은 무엇이며, 앞으로 배움중심수업을 실천하기 위해 노력해야 할 점을 말씀해 주십시오.

연습하기

1번

2번

3번

채점기준		채점하기				
		매우 우수	우수	보통	부족	매우 부족
1번 (10)	☐ 학생 맞춤형 수업에 대한 자신만의 철학이 있는가?	5	4	3	2	1
	☐ 학생 맞춤형 수업 철학이 담긴 자신만의 수업과 성장중심평가를 설계하고 실행하였는가?	5	4	3	2	1
2번 (10)	☐ 학생 맞춤형 수업에 대한 자신만의 철학이 있는가?	5	4	3	2	1
	☐ 수업을 성찰하고 잘한 점, 아쉬운 점과 개선할 점을 고민할 수 있는가?	5	4	3	2	1
3번 (10)	☐ 학생 맞춤형 수업에 대한 자신만의 철학이 있는가?	5	4	3	2	1
	☐ 수업 개선의 의지를 지니고, 동료와의 협력적 성찰을 함께 할 수 있는가?	5	4	3	2	1

해설 및 답변 포인트

【질문 1】 이번 수업에서 배움중심수업을 실현하기 위해 중점적으로 노력한 부분이 있다면 말씀해 주십시오.

답안도식

- [철학 P] 배움중심수업 실현 노력
- [성찰 R] 수업에서 어떻게 설계했는가

실제 배움중심수업으로 실연한 부분을 구체적으로 연계하여 드러내면 된다.

나의 답변은 어땠을까?

잘한 점	부족한 점
점수를 준다면? (/ 10점)	

【질문 2】 선생님의 수업에서 학생들의 정의적 능력을 계발하기 위한 부분은 무엇이었으며, 이를 위해 개선하고 싶은 점은 무엇이었는지 말씀해 주십시오.

답안도식

- [철학 P] 정의적 능력을 계발하기 위한 부분
- [성찰 R] 수업에서 어떻게 설계했으며 개선할 것인가

학생의 정서와 관련된 부분을 연계하고 개선할 점을 성찰하면 된다.

나의 답변은 어땠을까?

잘한 점	부족한 점
점수를 준다면? (/ 10점)	

【질문 3】 수업나눔을 통해 깨달은 점은 무엇이며, 앞으로 배움중심수업을 실천하기 위해 노력해야 할 점을 말씀해 주십시오.

- [성찰 R] 수업나눔을 통해 깨달은 점
- [공동체 O] 노력해야 할 점

가장 전형적인 배움중심수업 성찰에 해당하는 문항이었다.

나의 답변은 어땠을까?

잘한 점	부족한 점

점수를 준다면? (/ 10점)

3번 문항, 잠시 제 수업을 성찰해 본 뒤 답변드리겠습니다.
3번 문항 답변드리겠습니다. 수업나눔은 교사의 반성적 사고를 촉진하고 수업을 개선하기 위한 역량을 신장시키기 위해서 꼭 해야 하는 작업이라고 생각합니다.
수업을 나누면서 깨달은 점은 크게 2가지가 있습니다.
첫째, 오늘의 제 수업 설계가 성취기준을 달성하기에는 조금 부족했다는 점입니다. 학습 목표를 달성할 수업 활동으로 모둠별 토의 활동을 설계했지만, 성취기준을 고려하자면 그보다는 학생들의 탐구식 수업 활동을 독려하는 것이 알맞았으리라 생각됩니다.
둘째, 배움에서 소외된 학생에게 기회를 주지 못한 점이 매우 아쉽습니다. 모둠 활동이 끝난 뒤 스스로 잘했다고 생각한 학생에게만 발표의 기회를 주었는데, 그보다는 수업 중 피드백을 통해 성장한 학생들에게 기회를 주는 것이 더 좋겠다는 생각이 들었습니다. 다른 학생들에게도 더욱 귀감이 되고, 할 수 있다는 성취감과 자신감을 통해 해당 학생 역시 더욱 성장하게 될 것이기 때문입니다.
이처럼 수업 활동이 교육과정에 근거하여 명료하게 설계되면서, 공평한 배움이 일어나도록 설계하는 것이 중요하면서도 매우 어려운 일이라는 점을 느꼈습니다. 앞으로 배움중심수업을 실현하기 위해 저는 학교에서 상시적으로 제 수업 활동을 공개하고 학생들의 배움 장면을 모든 선생님들과 함께 협력적으로 성찰하는 수업 성찰을 꾸준히 시도하고자 합니다. 기회가 주어진다면, 수업 개선 프로젝트라는 전문적 학습공동체를 개설하여 수업나눔과 개선에 적극적으로 활용하도록 하겠습니다.
자신을 꾸준히 성찰하고, 끊임없이 연찬하는 교사로 거듭날 수 있도록 노력하겠습니다.
3번 문항 답변 마치겠습니다. 이상입니다.

04. 2021~2023학년도 초등 수업실연평가 기출문제 풀이

1 2023학년도 경기도 초등 수업실연평가

(1) 기출문제

▶학습 주제와 관련해서 도덕 과목이 적당할 듯하고, 도표의 표현 양식을 고려해서 음악, 미술, 체육과 융합하는 프로젝트 수업으로 구성해야겠다.

- 과목 및 학년: 수험자가 선택할 것 [조건 ①]
- 프로젝트 학습 주제: 따뜻한 관계 알아보기
- 성취기준 ▶나눔에서 그 이유를 말해야겠다!

  - 표현 주제를 잘 나타낼 수 있는 다양한 소재를 탐색할 수 있다.
  - 다양한 표현 방법의 특징과 과정을 탐색하여 활용할 수 있다.
  - 작품 제작의 전체 과정에서 느낀 점, 알게 된 점 등을 서로 이야기할 수 있다.

- 본시 학습 목표: 따뜻한 관계를 표현하기 위한 주제와 표현하는 방법을 정할 수 있다.
- 실연 조건 ▶경기교육이 제시하는 학생 맞춤형 수업의 조건을 고려하여 수업을 구성해야겠다!
  - 학생 맞춤형 수업을 진행할 것 [조건 ②]
  - 다음의 도표를 활용할 것 [조건 ③] ▶표현 양식에 따라 모둠을 구성하면 되겠다!

    * 선호하는 표현 양식

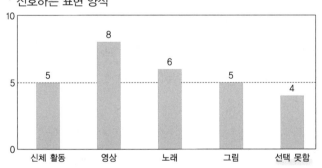

  - 디지털 기기를 활용한 평가를 실행하고, 이를 환류할 것 [조건 ④]
  - 학생에게 학습 선택권을 제공할 것 [조건 ⑤]
    ▶선택 못한 학생들에게 선택권을 제공하는 모습을 보여 주자!
- 실연 부분: 전개 부분을 실연하되, 중간 학생 활동은 생략할 것 [조건 ⑥] ▶활동 1과 활동 3을 실연하면 되겠구나!

도입	전개			정리
	실연 부분 1	학생 활동 생략	실연 부분 2	

• **차시별 계획** [조건 ⑦]━━▶차시별 계획이 공란이므로 프로젝트 계획 전체를 짜라는 것이
나눔에 나올 수 있겠다! 고민해 두자!

1차시	
2차시(본시)	표현 주제 선정 및 계획하기
3차시	
4차시	
5차시	
6차시	
7차시	

(2) 합격자의 답안

① 활동 1 – 모둠 정하기, 따뜻한 관계를 표현하기 위한 주제 정하기 [학습 목표]

따뜻한 관계라고 하여 도덕과 음악, 미술, 체육 과목 프로젝트 수업으로 설계했습니다. [조건 ①, ⑦ 달성] 전개 부분만 실연하는 것이었기에 큰 소리로 "자 그럼 활동을 시작하겠습니다! 우리 모두 집중!" 하고 활동 시작 구호를 외쳤습니다. [조건 ⑥ 고려] "활동 1은 모둠으로 모여 주제를 정하는 것입니다."라고 안내하고, 도표의 선호하는 표현 양식을 고려해서 모둠을 정하도록 했습니다. "선생님이 여러분에게 지난 시간에 물어봤었지요? 여러분의 대답을 정리해서 모둠을 배정하고 우리 반 패들렛에 올려두었습니다. [조건 ③ 달성] 화면에 띄워 둘 테니 본인이 원하는 활동에 맞게 모여주세요!"라고 했어요. 여기서 돌아다니면서 생각을 정하지 못한 친구 4명과 대화하는 모습을 보여 주었습니다. 그리고 다른 친구들 중에서도 생각이 바뀌었다면 얼마든지 다시 정해도 괜찮다고 말해서 선택권을 고려하는 모습을 강조했습니다. [조건 ③, ⑤ 달성]

"자 모두 모둠을 정해서 자리에 앉았나요? 그럼 이제부터 무엇을 활동할지 안내할게요." 라고 활동 방법을 안내했고요. '주제를 정한다, 각자 역할을 정한다, 우리 반 패들렛에 올린다'를 안내했어요. 제시한 세 가지 말고도 또 생각해야 할 것에 무엇이 있는지를 학생들에게 물어 학생들이 활동 방법 한 가지(크롬북 사용 규칙)를 더 정하도록 했습니다. [조건 ⑤ 달성] 수업 곳곳에서 에듀테크를 활용하려고 했습니다. [조건 ② 달성] 여기서 순회지도를 하면서 주제 정하는 과정이 답답하다고 말하는 학생을 지도했고, 또래 교수 활동을 녹였습니다.

② 활동 2 – 활동 방법 안내

"자, 활동 1이 끝났습니다. 모두 멋진 주제를 결정해 주었네요."라고 칭찬하고, 활동 2 안내를 했어요. 활동 2는 '따뜻한 관계를 표현하는 방법을 정해 계획 세우기'였습니다. [학습 목표] 모둠 활동을 어떻게 할지 활동 방법을 안내했습니다. 다양한 소재를 탐색하라는 성취기준이 있어서, 표현을 위한 물건들을 제공하는 모습을 실연했습니다. 신체 활동 모둠에게는 공과 리본을 주었고, 그림 모둠에는 색연필과 크레파스, 영상 모둠에는 카메라와 영상 만들기 앱이 설치된 태블릿이었던 것 같아요. [성취기준 확인] 물건을 활용해서 활동 계획서를 만들어 패들렛에 올리도록 안내했습니다. 실제 활동하는 장면은 생략했습니다. [조건 ⑥ 달성]

③ 활동 3 – 표현 계획 발표하기

"자, 활동 2, 표현 방법을 정하여 계획 세우기 활동이 끝났습니다. 이제 발표해 보겠습니다."라고 말하고, 패들렛에 올려진 계획서를 각자 모둠에서 크롬북을 활용해 열어 확인하도록 한 후 모둠 발표를 진행했습니다. 발표를 마친 뒤 다른 모둠 계획서 게시글에 '좋아요'를 누르도록 하고, 좋았던 점과 아쉬웠던 점을 나누어 댓글로 달도록 했습니다. 이때 학생들에게 "친구들의 발표에 대한 여러분의 생각에서 배울 점이 정말 많네요."라고 이야기했고, 학생들이 "친구들의 댓글을 같이 읽어보면 좋을 것 같아요!"라고 해 댓글 발표를 실연했습니다. 학생들이 수업 방법을 선택한 것으로 했어요. [조건 ⑤ 달성] 좋았던 점, 아쉬웠던 점, 부러웠던 점 이렇게 나누어서 세 명이 발표했고 긍정적인 피드백을 진행하려고 노력했습니다. 그리고 나서 휴대폰을 활용해 잼보드 자기 평가를 하도록 했어요. [조건 ④ 달성]

🎯 해설 및 답변 포인트

수험생이 채워 넣어야 할 공간이 많았던 문제였다. [조건 ①]과 [조건 ⑦] 같이 문제에서 수험자 선택 혹은 자율적인 공간이 주어진다면 나눔에서 반드시 '왜 그것을 선택했는가?'를 물어볼 것이기 때문에 구상 시부터 정확한 자신만의 이유를 준비해 두어야 한다. 복기가 다소 부정확한 점이 아쉬우나, 이 합격자의 답안은 문제의 취지와 의도를 명확하게 간파하여 실연된 정답에 가까운 수업이었다. 문제지에 주어진 모든 조건을 부드럽게 풀어냈을 뿐만 아니라, 학습 목표와 성취기준, 학생 맞춤형 수업 철학도 놓치지 않았다.

(1) 기출문제 배움중심수업!: 배움 격차 고려, 학생중심수업 / 다양한 발문과 피드백 진행!

- 학습 주제: 학교를 바꾸는 즐거운 상상
- 과목: 융합 프로젝트 수업(국어, 사회, 창의적 체험 활동) [조건 ①]
- 학년: 4학년 [조건 ②]
- 성취기준 ──▶ 의견 판단의 기준 고민, 선택 의견 실행 방안, 민주적 의사결정을 수업에서 구현해야!

  > – 타당한 의견을 판단하기 위한 기준과 방법의 필요성을 알 수 있다.
  > – 적합한 의견을 선택하여 선택한 의견을 자신의 삶에서 실천할 수 있다.
  > – 민주적 의사결정 원리의 의미와 필요성을 이해하고, 이를 실제 생활 속에서 실천하는 자세를 지닌다.

  ▶ 다수결, 대화와 타협, 소수 의견 존중의 원리가 잘 나타나게 수업을 실연해야겠구나!

- 본시 학습 목표: 공약을 검증해야 하는 필요성과 기준을 알고, 공약을 검증할 수 있다.
- 역량 [조건 ③]: 협력적 문제 해결 역량, 민주시민 역량
- 실연 부분 [조건 ④] ──▶ 학생이 협력하는 모습이 나타나야겠다.

도입	전개	정리

▶ 도입에서 전개 1/3 정도까지 진행할 것, 도입에서 성취기준 모두를 다룰 수 있는 수업 구성 계획을 안내할 수 있어야 할 듯

- 차시별 계획 ──▶ 프로젝트 수업임을 고려하여 전체 차시별 계획을 꼼꼼히 살피기

1차시	학교를 돌아다니며 학교의 문제 상황과 개선할 부분 찾기
2차시	내가 다니고 싶은 학교 모습 상상하기
3차시	유목화된 상황별 모둠을 설정하여 개선 방안을 도출하기
4차시	모둠 대표 선발하고 공약 설정하기
5차시	선거 홍보하기
6차시(본시)	공약 검증의 필요성 느끼고 선거공약 검증하기
7차시	선거하기
8차시	공약 실행하기
9차시	공약 실행 이후 느낀 점 공유하기

(2) 합격자의 답안

① 도입

분위기 환기를 위해 큰 목소리로 "4학년 3반 친구들 다 같이 인사해 봅시다."라고 하면서 시작했습니다. [조건 ① 달성] "수업 시간에 자꾸 돌아다니는 윤성이도 자리에 잘 앉았네."라고 칭찬하고 "모두의 꿈을 위한 박수!"라고 하며 시작했어요.

지난 시간에 친구들의 선거 홍보를 보며 어떤 생각을 했는지를 물었고, 가장 열띤 응원을 받았던 후보의 캠프(풀잎 모둠)에 속한 학생 한 명이 "이 프로젝트 수업을 통해 학교를 바꿔 나가고 있다는 생각에 정말 뿌듯하고 좋았다."라는 발표를 했습니다. [주제 언급] 그 다음에 한 학생이 많은 친구들의 홍보를 보면서 재미있었는데, 도대체 누구한테 투표를 해야 할지 고민이 된다는 발표도 했어요. 그러자 민수가 "너 해수랑 친하니까 저 친구 뽑아!"라고 말을 했고, 다른 친구들이 "그렇게 선거하면 안 돼!", "그럼 뭘 보고 뽑는데?"라면서 웅성대는 분위기가 형성됐습니다. 학생들을 진정시킨 다음에 여기서 동기 유발로 이어갔습니다. 한 대통령 후보의 공약 발표 영상을 편집해서 보여 주고, "예를 들면 우리나라 1년 예산이 550만 원 정도인데, 한 사람당 지금 5만 원씩 다 지급한다는 것이에요. 그런데 우리나라 사람들은 5천만 명이지요."라고 터무니없는 공약임을 이야기해 주었습니다. "만약 이 후보가 대통령이 된다면, 우리나라는 어떻게 될까요?"라고 발문하자, 다양한 학생들의 반응이 있었습니다. 특히 민수가 "그럼 친구보다는 공약을 보고 뽑아야 하는군요!"라고 이야기하는 것으로 마무리했습니다. [배움중심수업]

충분히 칭찬 피드백을 해 주고, 매일 했던 것처럼 배움 목표를 다 같이 설정해 보자고 했습니다. [첫째, 공약을 검증해야 할 필요성과 기준을 말할 수 있다. 둘째, 우리 모둠 대표의 공약을 검증할 수 있다. 셋째, 다른 후보들의 공약을 검증할 수 있다.]로 정해서 키워드 위주로 판서했습니다. [학습목표 달성] 특히 이때 둘째까지 하고 끝나려고 했는데, 학생들이 "우리 반 친구들의 공약을 직접 검증해야 해요!"라고 외쳤습니다. 이를 크게 칭찬하면서 우리는 곧 대통령과 국회의원을 선거로 선출하는 권한을 갖고 있는 민주시민이고, 지금처럼 직접 삶에서 실천하는 것이 중요하다고 말해서 조건을 상기하도록 했습니다. [성취기준 확인] 활동도 상세하게 안내했습니다. 검증 기준 만들기와 모둠 대표들의 공약 검증 활동을 모둠으로 할 것이며, 협력하여 문제를 해결하는 민주시민이 되도록 하자고 역량을 한 번 더 덧붙였습니다. [조건 ③ 확인]

그리고 수업을 시작하기에 앞서 지금 우리가 프로젝트 수업 중인 것을 다시 이야기하고, 다음 시간에 실제 선거를 치르기 때문에 오늘 공약 검증이 정말 중요하다는 것을 여기서 한 번 더 짚어줬습니다. [차시 계획 확인] 시간은 거의 8분 정도 지났습니다.

② 활동 1 – [탐정되기] 공약 검증의 필요성 발표하기

학생들에게 태블릿을 활용한 수업을 할 테니 꺼내라고 하고, 활용 시 주의할 점을 안내했습니다. 그리고는 [짝과 함께 탐정되기]를 시작했습니다. 지금 방금 우리 반 학습 카페에 반장 후보 세 명의 가상 포스터 예시를 섞어서 업로드했으니 확인하라고 했습니다. 그리고는 이 세 명 중 누가 반장이 됐고, 그 이유가 된 대표 공약이 무엇이었을지 짝과 함께 추리해 보도록 했어요. 이때 일부러 ▷자극적이거나 인기를 끌기 위해 설정된 공약을 제시한 후보 ▷달성하기 어려운 공약을 제시한 후보 ▷실현 가능하고 좋은 공약을 제시한 후보를 섞어 업로드한 것으로 가정했습니다.

특히 《사이다 수업》에서 공부해서 나름 틀로 만들었던 것을 떠올려서 긍정적인 피드백을 받을 학생과 교정 피드백을 받을 학생 두 명을 대비시켜 발표하게 하고, 후자의 경우 다른 친구가 수정해 준 것으로 했습니다. 예를 들면 유선이는 '자극적이거나 인기를 끌기 위해 설정된 공약을 제시한 후보'를 선택하고는 이 후보가 아이스크림을 사주는 공약을 제시했다고 발표했습니다. 그러자 앉아있던 해영이가 "아이스크림은 누구 돈으로 살수 있는데?"라고 말하는 식이었어요. 발표를 종합하면서 공약 검증이 필요한 이유를 정리했습니다. [배움중심수업]

③ 활동 2 – 공약 검증의 기준 공유하기

그리고는 우리 반 모둠 대표들의 공약 중에 어떤 공약이 좋은 공약인지를 판단할 때 활용할 세 가지 기준을 모둠에서 만들어 보자고 했어요. 이때 모둠 활동을 안내하면서 시작할 때 우선 모두 자신의 생각을 돌아가면서 발표해서 소수 의견도 존중할 수 있어야 한다고 말하고, 충분히 의견을 교환하며 이야기하고, 친구들의 의견은 경청해야 한다고 언급했습니다. 그러자 한 학생이 "왜 그렇게 해야 하나요? 다수결로만 정하면 안 되나요?"라고 물어봤고, 다른 친구가 피드백해 주도록 했습니다. 이것을 종합해서 "민주적으로 의사를 결정하는 원리"라고 설명했습니다. [성취기준, 역량 달성]

모둠에서 논의한 공약 검증 기준은 패들렛에 작성해 다른 모둠과 공유하도록 했습니다. 활동 시간은 10분을 줬고, 시작하면서 단어를 잘 모르는 학생들은 선생님에게 질문해 달라고 했는데, 시간 때문에 순회를 못해서 그 부분은 보여 주지 못했습니다.

활동이 끝나고는 가장 '좋아요'를 많이 받은 모둠과 친구들의 의견을 듣고픈 모둠, 이렇게 두 모둠에서 발표하도록 했습니다. 과정 평가를 여기서 언급하면서 여러분의 성장을 관찰하고 있다고 했습니다. [성장중심평가] 발표가 끝나고 두 모둠에서 공통으로 '실현이 가능할 것', '나랑 친한 친구의 공약이라고 좋게 보지 말 것'이 도출됐다 했고, 여기서 학생 중 한 명이 소수 의견이긴 하지만 믿음 모둠이 만든 '행복한 학교를 만드는 공약일 것'도 너무 좋은 것 같다고 이야기하는데, 종료령이 울렸습니다. [조건 ④ 달성]

🎯 해설 및 답변 포인트

까다로운 문제였다. 특히 도입부와 전개의 1/3까지 실연하라는 다소 모호한 실연 부분 안내 때문에 선생님들마다 이견이 분분했다. 제시된 성취기준과 핵심 역량은 본시 수업 전체에 대한 이야기이지만, 수험생은 실연 시 이 조건들을 모두 보여 줄 수 있어야 한다. 이 답안은 그러한 조건들을 모두 놓치지 않고 수행하고자 하였고, 거기에 배움중심수업으로서의 요소도 놓치지 않으려 노력하였다.

3 2021학년도 경기도 초등 수업실연평가

(1) 기출문제 배움중심수업: 배움 격차 고려, 학생중심수업 / 다양한 발문과 피드백 진행!

- 학습 주제: 인권
➤학년에 대한 언급으로 수업 시작할 것!
- 학년: 수험생이 직접 선택하여 실연하되, 수업 시작 시 언급하시오. [조건 ①]
- 성취기준 ──➤성취기준 달성 신경 써서 구성할 것!

> - 인권의 중요성을 인식하고 인권 신장을 위해 노력했던 옛 사람들의 활동을 탐구한다.
> - 생활 속에서 인권 보장이 필요한 사례를 탐구하여 인권의 중요성을 인식하고, 인권 보호를 실천하는 태도를 기른다.

- 역량: 비판적 사고력, 의사소통 역량, 협력적 문제 해결 역량 [조건 ②]
- 차시별 계획 ➤이 역량들을 달성할 수 있는 수업모형은 무엇일까?

1차시(본시)	학생의 삶과 연계하여 인권의 개념 이해하기
2~3차시	생활 속 인권 침해 사례 알아보고 해결 방안 찾기
4차시	해결 방안 실천하기

➤차시 학습 주제를 침범하지 말기
- 실연 부분: 도입 ~ 전개 전반부 [조건 ③]
- 실연 방법: 학생의 실생활과 연계하여 지도하시오. [조건 ④]
➤학생 경험과 연관한 발문을 할 것!

(2) 합격자의 답안

① 도입

'6학년 2반~'으로 시작했습니다. [조건 ① 달성]

동기유발은 아동학대 뉴스를 보여 주고 무슨 내용인지 어떤 느낌이 드는지 물어보고, 그 중 한 명이 "어린 아기에게도 인권이 있다~"라는 식으로 말해서 인권이 중요한 단어라고 집어내었습니다. 그리고 인권이 어떤 의미인지, 그 정의를 정확하게 아냐고 물어보니 아이들이 모른다고 해서, "오늘은 인권에 대해 배우겠습니다."라고 하면서 배움 목표를 이끌어 내고 활동들도 발표로 이끌어 내도록 했습니다. [성취기준 달성]

② 활동 1 - 인권의 개념 알아보기

학생들이 인권이라는 단어의 정의를 서로 이야기해 보게 한 후 발표하도록 했습니다. "인간이 누려야 할 권리라 줄여서 인권이다~"라는 식의 이야기들이 아이들 사이에서 나오도록 했습니다. 그리고 나서 교사가 인권의 정의를 알려줬습니다.

다음으로 인권보장과 관련된 생활 속 사례를 떠올려보고 짝과 이야기해 본 후 발표하도록 했습니다. [조건 ④ 달성] 이때 학생의 발표 내용으로는 아동학대, 9시 등교, 모든 직업에서 인권이 보장되어야 한다(경비실 에어컨 설치 반대에 대한 내용은 학생이 뉴스에서 봤다고 했습니다)는 내용을 얘기하도록 했습니다.

이 활동에서 다문화 아동(단어를 잘 못 읽어서 태블릿 제공), 부진 아동(인권의 의미를 더 쉽게 설명한 학습지 제공)을 한 번씩 지도했습니다. [배움중심수업]

③ 활동 2 – 인권이 없다면?

인권이 보장되지 않는다면 어떻게 될지 상상해 보라고 했습니다. 그리고 모둠토의를 진행했습니다. 이때 화이트보드에 자신의 의견을 적고 돌아가며 이야기하면서 모둠토의를 하도록 했습니다. [조건 ② 달성]

활동 중 순회지도를 1회 했으며, 먼저 끝난 한 모둠이 있어 발표 내용을 정리해 보자는 과제를 줬습니다. [배움중심수업] 토의 내용을 발표 한 후(뭉뚱그려서 인권이 없으면 행복하게 살 수 없을 것 같다) "이렇게 토의하니 어떤 느낌이 들었나요?"라는 질문을 해서 학생들이 인권의 중요성을 느꼈다고 발표하게 했습니다. 모둠 발표할 때 나–너–우리 평가지를 작성하고 학생들이 평가기준도 정했습니다. 성취기준에 있는 인권의 중요성을 지도하려고 의도하고 활동을 짰습니다. [성취기준 달성]

이어 활동 3으로 넘어가서 느낀 점을 바탕으로 다짐 일기를 써 보자고 하고 끝냈습니다. [조건 ③ 달성]

인권 침해라는 말은 쓰지 않고 [다음 차시 침범 예방] 인권 보장이라는 말을 사용했습니다. 시간은 40초 정도 남았습니다.

🎯 해설 및 답변 포인트

학년을 설정하라는 비교적 까다로운 조건에도 불구하고 당황하지 않고 기량을 제대로 발휘하였다. 특히 성취기준을 신경 써서 어떤 내용에 중점을 두어야 하는지를 놓치지 않았고, 학생과의 꾸준한 발문을 통해 수업을 이끌어 나갔다. 복기에 의존한 자료이기에 정확하진 않으나 비판적 사고력을 함양하기 위해 노력한 부분이 잘 드러나지 않은 점을 제외하고는, 배움중심수업의 관점을 견지하는 가운데에서도 조건을 모두 달성하기 위해 노력한 훌륭한 수업이었다.

사이다 수업

STEP

7

실전 수업나눔평가
모의고사

01. 수업나눔평가 영역별 예상문항

예상문항 모음은 일종의 문제은행이라 생각할 수 있다. 수업나눔을 준비하는 많은 경기 예비 선생님들께 도움이 되었으면 좋겠다. 예상문항의 관점을 이해하고, 이를 수업실연과 연계하여 충분히 연습하는 것이 필요하다.

'깊이 있는 수업' 이론을 최대한 제대로 담아낸 여기 이 문항들은 각기 하나하나가 수업나눔평가의 평가 문제이자, 채점 준거가 될 수 있다. 수업나눔 스터디를 할 때 유용하게 활용되었으면 한다. 예상문항을 펼쳐두고 각 영역당 2문항 정도씩 뽑아 오늘 연습한 수업실연과 관련하여 답안을 구성하는 연습을 해 보자. 수업나눔평가를 준비하기 위해서는 이 예상문항이 담은 '관점'에서 수업을 바라보는 연습을 꾸준히 해야 한다. 이러한 관점들은 단순히 임용 시험에서뿐만 아니라 학교 현장에서도 크게 도움이 된다.

 **Advice**

《사이다 수업》으로 수업나눔 준비하기

수업나눔은 문제를 즉석에서 보고 즉석에서 답을 생각해 내는 것이 중요합니다. 그래서 저는 《사이다 수업》 뒤쪽에 있는 다양한 예상문항을 참고해서 한글에 타이핑했습니다. 그리고 이것을 잘라서 통에 넣고, 수업실연 후 즉석에서 뽑아서 수업나눔을 하는 형식으로 준비했습니다. 이렇게 하니 순발력을 연습할 수 있어서 좋았습니다. 더불어 제 답변을 적고 또 다른 답 2~3개를 생각해서 적어 보는 방식으로 연습했습니다.

• 사이다 합격자 김예은 선생님

1 철학[P] 관련 영역 예상문항

영역	질문
깊이 있는 수업	깊이 있는 수업이라는 관점에서 본인의 수업의 흐름을 설명해 주십시오.
깊이 있는 수업	학생이 수업에서 핵심 개념을 깊이 이해하고 이를 실생활에 적용할 수 있도록 설계한 부분은 어디였습니까?
깊이 있는 수업	학생이 자율성과 주도성이 가장 많이 발휘되도록 수업이 설계된 부분은 각각 어디였는지 말씀해 주십시오.

깊이 있는 수업	학생의 사유와 능동적 이해를 촉진하도록 수업이 설계된 부분은 어디였습니까?
깊이 있는 수업	과도한 활동을 지양하고 학생의 사유를 촉진하기 위해 어떤 학습 전략을 사용하였는지 2가지 말씀해 주십시오.
깊이 있는 수업	학생이 수업 중 스스로 질문하고 탐구할 수 있는 기회를 제공한 부분은 어디였습니까?
깊이 있는 수업	학생 주도성과 교사 주도성이 조화를 이룬다는 것이 어떤 의미라 생각하는지 말씀해 주십시오.
깊이 있는 수업	학습 과정에서 학생의 주도성이 두드러진 부분과, 교사의 주도성이 두드러진 부분을 각각 말씀해 주십시오.
깊이 있는 수업	학생의 인지적, 정의적, 행동적 참여를 고루 반영한 수업 활동을 설계한 부분은 각각 어디였는지 말씀해 주십시오.
깊이 있는 수업	학생이 표면적 학습에서 심층적 학습으로 나아가도록 지원한 수업 활동에 대해 말씀해 주십시오.
교육관과 역량 함양	수업에서 의사소통 역량을 키워주기 위해 설계하고 운영한 부분은 어떤 부분이었습니까?
교육관과 역량 함양	교사의 교육관은 무엇이며, 이와 연관된 수업 활동은 어떤 부분이었습니까?
교육관과 역량 함양	수업에서 창의적 사고 역량을 키워주기 위해 중점을 두고 설계한 부분은?
교육관과 역량 함양	수업에서 학생의 역량을 키워주기 위해 설계한 부분과 어떤 역량을 키우고자 했는지 3가지 말씀해 주십시오.
교사 교육과정	본 수업의 핵심 질문은 어떤 과정을 통해 개발되었는지 말씀해 주십시오.
교사 교육과정	본 수업을 다시 한다면 핵심 질문과 탐구 질문을 어떻게 개발할 것인지 말씀해 주십시오.
교사 교육과정	학생이 수업을 통해 성취기준을 달성하도록 어떤 노력을 기울였습니까?
교사 교육과정	교사 교육과정의 의미란 무엇이라 생각하며, 교사 교육과정 문해력을 향상시키기 위해 어떤 노력을 기울일 것인지 2가지 말씀해 주십시오.
교사 교육과정	학생의 교육과정 선택권을 강화하고 자율성, 주도성을 지원하고자 어떤 노력을 기울였는지 말씀해 주십시오.
질문과 탐구 중심 수업	질문과 탐구 중심 수업은 학생이 스스로 질문을 생성하고, 그 질문을 바탕으로 탐구할 수 있도록 유도하는 수업 설계를 중시합니다. 이와 관련하여 본 수업에서 두드러진 부분을 말씀해 주십시오.
질문과 탐구 중심 수업	학생들에게 사실적, 개념적, 토의·토론(논쟁적) 질문을 제공하여 사고의 폭을 넓힌 부분을 말씀해 주십시오.
질문과 탐구 중심 수업	학생이 다양한 관점에서 문제를 바라보고 토론하며, 비판적 사고력을 기를 수 있도록 질문을 어떻게 활용하였는지 말씀해 주십시오.
질문과 탐구 중심 수업	수업에서 핵심 질문을 통해 학생의 사고를 촉진하고 문제 해결 능력을 키우도록 한 부분을 말씀해 주십시오.

7

질문과 탐구 중심 수업	학생이 탐구한 내용을 스스로 성찰하고 발전시킬 수 있도록 설계한 수업 활동은 무엇이었습니까?
질문과 탐구 중심 수업	학생의 질문을 중심으로 학습의 흐름을 조정한 부분을 이야기하고, 이를 통해 본 수업이 어떻게 개선될 수 있는지 말씀해 주십시오.
질문과 탐구 중심 수업	학생이 수업에서 직접 발견하고 적용할 수 있도록 유도한 활동은 무엇이었습니까?

② 성찰[R] 관련 영역 예상문항

영역	질문
학생 성장 지원	본 수업에서 학생이 다양한 피드백과 성찰 기회를 통해 스스로 성장할 수 있도록 지원한 방법을 2가지 말씀해 주십시오.
학생 성장 지원	학생이 수업 목표를 설정하고 성취하는 과정에서 자신의 학습을 조절할 수 있도록 수업을 설계한 방안은 무엇이었습니까?
학생 성장 지원	학생이 스스로 자신의 학습을 조절할 수 있도록 어떠한 성찰 기회를 제공하였습니까?
학생 성장 지원	학생들이 성취기준을 기반으로 자신의 학습 성과를 스스로 평가할 수 있도록 설계한 수업 평가를 말씀해 주십시오.
학생 성장 지원	깊이 있는 학습을 통해 학생이 삶의 문제를 해결하는 역량을 함양한다는 측면에서 본 수업을 성찰하고 잘된 점과 보완할 점을 말씀해 주십시오.
학생 성장 지원	깊이 있는 수업이 탐구–실행–성찰의 과정이라는 측면에서 본 수업을 성찰하고, 아쉬운 점과 극복 방안을 말씀해 주십시오.
학생 성장 지원	학생 개개인에게 개별화된 맞춤형 학습을 지원하기 위해 노력한 부분을 말씀해 주십시오.
학생 성장 지원	학생이 자신의 학습 목표를 스스로 설정하고 성취할 수 있도록 지원하기 위해 어떤 방법을 활용하였는지 3가지 말씀해 주십시오.
학생 성장 지원	학생이 자신의 질문을 탐구하며 문제를 해결하는 과정을 성찰하고 개선할 수 있도록 한 피드백 전략을 말씀해 주십시오.
학생 성장 지원	다양한 학생들의 학습 수준과 흥미를 반영하여 맞춤형 수업을 설계하고 실행하기 위해 어떤 노력을 기울일 것인지 말씀해 주십시오.
배움 격차 고려	수업 시간에 배움에서 소외된 학생은 없었습니까? 이를 극복하고 더 깊이 있는 학습을 유도한 방법은 무엇이었습니까?
배움 격차 고려	이 수업에서 배움의 격차는 어떻게 고려되었습니까?
배움 격차 고려	수업을 통해 배움이 크게 일어난 학생과 적게 일어난 학생은 누구였고, 이를 보완하기 위해 어떤 노력을 기울였습니까?

배움 격차 고려	학생들의 배움과 나눔이 두드러지게 나타난 부분은 어디였으며, 학생 간 배움의 격차를 줄이기 위한 방법은 무엇이었습니까?
과정중심평가	학습의 다양성을 반영하여 학생들에게 맞춤형 평가와 피드백을 제공한 전략을 각각 말씀해 주십시오.
과정중심평가	수험생이 실시한 과정중심평가에 대해 설명하고, 보완할 점을 말씀해 주십시오.
과정중심평가	이 수업에서 학생의 성장을 위한 평가는 어떻게 운영되었으며, 아쉬운 점은 무엇인지 말씀해 주십시오.
과정중심평가	이번 수업에서 학생이 제 시간에 평가를 끝내지 못했다면, 어떻게 할 것인지 말씀해 주십시오.
수업 성찰	교사가 의도한 대로 수업이 진행되었습니까? 돌발적인 상황이 발생하였다면 어떻게 대처하였습니까?
수업 성찰	수업 중 어려운 상황이 발생하였다면 어떤 상황인지 이야기하고, 어떻게 대처할 것인지 말씀해 주십시오.
수업 성찰	이 수업을 통해 학생에게 의미 있는 성장이 일어난다면, 어떤 성장이 일어났을지 이야기하고 그 이유도 말씀해 주십시오.
수업 성찰	수업에서 가장 중요하게 여긴 가치를 구현하기 위해 설계한 수업 부분과 그에 대한 평가는 어떻게 설계되었습니까?
수업 성찰	이 수업에서 잘한 점과 부족했던 부분, 극복 방안은 무엇입니까?
수업 성찰	이번 수업과 평가 중 개선하고 싶은 부분은 어디였고, 어떻게 개선할 것입니까?

③ 공동체와 의사소통[O] 관련 영역 예상문항

영역	질문
삶과 연계	학생의 삶에 맥락화된 수업으로 신경 써서 설계한 부분과, 이를 통해 문제 해결 학습이 어떻게 전개되었는지 흐름을 말씀해 주십시오.
삶과 연계	실생활 문제와 연계된 수업 내용을 학생 자신이 실제 상황에 적용할 수 있어야 한다는 전이의 측면에서 본 수업을 성찰하고 부족한 점을 말씀해 주십시오.
삶과 연계	본 수업에서 학생이 배움의 성과를 실생활에 전이할 수 있도록 한 수업 활동의 구체적인 모습을 두 가지 말씀해 주십시오.
삶과 연계	학생의 삶과 연계된 학습을 통해 학생의 비판적 사고력을 함양한 부분은 어디였습니까?
삶과 연계	지역 사회의 이슈를 반영하여 학생이 주체적으로 참여하는 프로젝트 수업을 설계한다면 그 방법을 구체적으로 설계하여 말씀해 주십시오.

의사소통과 상호작용	본 수업에서 학생과 학생 간, 교사와 학생 간의 활발한 상호작용이 나타난 부분을 각각 2가지 말씀해 주십시오.
의사소통과 상호작용	이 수업을 의사소통의 측면에서 평가하고, 부족한 점과 극복 방안을 이야기한다면?
의사소통과 상호작용	학교 현장에서 이 수업을 진행할 때, 교사가 미처 발견하지 못하는 배움에서 소외된 학생이 존재할 수 있는데, 이를 위해 어떤 노력을 기울이겠는가?
의사소통과 상호작용	학생 간 상호작용이 일어난 부분을 설명하고, 아쉬운 점과 극복 방안을 이야기한다면?
의사소통과 상호작용	학생들이 배움을 달성하도록 하기 위한 의미 있는 발문은 무엇이었습니까?
협력적 문제 해결	학생 간 협력적 학습이 이루어졌던 부분과 그 과정에서 깊이 있는 배움이 이루어진 부분은?
협력적 문제 해결	본 수업에서 학생의 협력적인 문제 해결 능력이 크게 함양되었다고 생각되는 부분을 이야기하고, 관련하여 부족한 부분에 대한 보완 방안을 말씀해 주십시오.
협력적 문제 해결	교육 생태계와 협력하여 본 수업의 질을 제고한다면 어떤 방법으로 노력할 것인지 3가지 방법을 말씀해 주십시오.
학생의 성찰 지원	학생이 자신의 가치관과 신념을 성찰하도록 유도한 질문 혹은 수업 활동은 무엇이었습니까?
교과 통합적 사고	여러 교과 혹은 교과 내 다양한 개념을 통합하여 학생이 다양한 시각에서 문제를 탐구하게 한 부분을 말씀해 주십시오.
교과 통합적 사고	오늘 수업의 주제로 교과 간 통합 수업을 설계하여 운영한다면 어떻게 할 것입니까?
인성교육	학생들이 교육공동체의 상호 간 권리를 존중하고 타인의 학습권을 소중하게 여길 수 있도록 어떤 노력을 기울일 것인가?
인성교육	이 수업에서 인성적 요소(정의적 능력)를 고려하여 설계한 부분은 어디인가?
인성교육	학생의 자아존중감을 신장하는 정서 지원 수업을 위해 중점을 두어 설계한 부분과 부족한 점은?
인성교육	경기형 인성교육을 통해 학생들의 공동체 의식을 함양하기 위한 수업 설계 방안을 말씀해 주십시오.
공동체와 수업나눔	수업나눔을 통해 깨달은 점은 무엇입니까? 다시 한다면 무엇을 보완하겠습니까?
공동체와 수업나눔	이 수업을 실제로 한다면 실제 수업에서 예상되는 어려움과 극복 방안은?
공동체와 수업나눔	학교 현장에서 수업나눔을 확산하기 위해서 어떤 노력을 할 것인가?
공동체와 수업나눔	이 수업을 동료 교사와 나눈다면 어떤 장점이 있을까?
공동체와 수업나눔	동료 교사가 오늘 이 수업을 했다고 가정하고 이 수업을 비평한다면 어떻게 할 것인가?
공동체와 수업나눔	앞으로의 수업 개선을 위해 어떤 노력을 기울일 것인가?
공동체와 수업나눔	당신에게 오늘의 수업나눔은 어떤 의미인가?

④ 경기교육정책 및 미래교육 관련 영역 예상문항

영역	질문
경기교육의 미래 역량	교사로서 학생의 자율성과 주도성을 길러주기 위해 설계한 수업 활동은 무엇이며, 이를 통해 학생은 어떠한 성장을 경험하였습니까?
경기교육의 미래 역량	본 수업에서 사회 정서적 성장과 지식의 균형을 맞추기 위한 수업 전략이 무엇이었는지 말씀해 주십시오.
경기교육의 미래 역량	디지털 전환 시대에 맞춰 창의적 사고와 새로운 가치를 창출할 수 있도록 설계한 부분이 어디였는지 말씀해 주십시오.
경기교육의 미래 역량	학생이 비판적 사고와 문제 해결 능력을 함양할 수 있도록 설계한 수업 활동은 무엇이었는가?
경기교육의 미래 역량	본 수업에서 학생의 다양한 배움과 감정적 성장을 동시에 고려하여 설계한 부분을 말씀해 주십시오.
경기교육정책 및 미래교육	하이러닝(AI 기반 교수·학습 플랫폼)을 수업에 어떻게 활용하여 학생 맞춤형 학습을 지원하였는지 말씀해 주십시오.
경기교육정책 및 미래교육	학생 주도 맞춤형 학습을 위해 AI 기반 교수학습 플랫폼을 어떻게 설계하고 운영할 것인지 방안을 말씀해 주십시오.
경기교육정책 및 미래교육	학생의 기초학력 보장을 위한 디지털 도구 및 플랫폼 활용 방안을 말씀해 주십시오.
경기교육정책 및 미래교육	본 수업을 경기공유학교와 연계하여 지역 사회 자원을 활용한 수업으로 재설계할 경우, 어떻게 설계할 것이며 그 과정에서 예상되는 어려움과 극복 방안은 무엇이었습니까?
경기교육정책 및 미래교육	본 수업의 주제와 관련하여 경기 지역의 박물관과의 협력을 통해 학생의 문화예술 감수성과 인문학적 소양을 함양하기 위한 수업 방안을 말씀해 주십시오.
경기교육정책 및 미래교육	지역 사회와의 협력을 통해 교육 격차를 해소하는 방안을 구체적으로 말씀해 주십시오.
경기교육정책 및 미래교육	본 수업의 주제를 학생 주도형 체험 프로젝트로 설계하고 운영한다면 어떻게 할 것인지 말씀해 주십시오.
경기교육정책 및 미래교육	본 수업에서 에듀테크를 활용한 학생 맞춤형 평가가 어떻게 운영되었는지 말씀해 주십시오.
경기교육정책 및 미래교육	이 수업에서 디지털 시민성 교육을 강화하기 위해 어떤 노력을 기울였습니까?
경기교육정책 및 미래교육	본 수업을 다시 수업한다고 가정하였을 때, 디지털 역량을 강화하기 위한 스마트 기기와 플랫폼을 활용한 수업 설계 방안을 말씀해 주십시오.
경기교육정책 및 미래교육	경기형 IB 프로그램을 통해 학생들의 비판적 사고와 국제적 감각을 함양하는 수업을 설계하시오.

경기교육정책 및 미래교육	디지털 성범죄 예방을 위해 학생들에게 디지털 시민교육을 실시할 때 중요한 요소는 무엇이며, 그 교육 방안을 제시하시오.
경기교육정책 및 미래교육	온라인 학습 격차를 줄이기 위해 디지털 시민교육에서 고려해야 할 사항과 구체적인 실행 방안은 무엇입니까?
경기교육정책 및 미래교육	경기교육은 미래교육을 대비하여 에듀테크를 강조하고 있습니다. 본 수업에서 에듀테크를 활용하여 설계, 운영된 부분은 어디였으며, 이와 관련하여 발생할 것으로 예상되는 어려움을 말씀해 주십시오.
경기교육정책 및 미래교육	이 주제로 지역 사회와 연계하여 수업을 전개한다면 어떻게 할 것입니까?
경기교육정책 및 미래교육	이 주제로 학생 주도형 프로젝트 수업을 구성한다면 고려할 점은 무엇입니까?
경기교육정책 및 미래교육	이 주제로 독서교육을 계획, 운영한다면 어떻게 구성할 것입니까?
경기교육정책 및 미래교육	이 주제로 학생 맞춤형 진로교육을 설계할 때 고려해야 할 요소는 무엇이며, 그 구체적인 방법을 말씀해 주십시오.
경기교육정책 및 미래교육	에듀테크를 적극적으로 활용하여 학생 맞춤형 평가를 설계한다면 어떻게 구성하고 운영할 것인지, 발생할 것으로 보이는 어려움은 무엇인지 말씀해 주십시오.
경기교육정책 및 미래교육	생태환경 변화에 대응하기 위한 생태환경교육 및 기후변화교육을 수업에 어떻게 반영할 수 있는지 말씀해 주십시오.
경기교육정책 및 미래교육	개별 학생의 특성과 강점이 발현되는 창의융합교육의 관점에서 이 수업이 잘 설계된 부분과 아쉬운 부분은 무엇입니까?
경기교육정책 및 미래교육	이 주제로 온라인을 통한 세계시민교육을 한다면 어떻게 구성하여 운영할 것입니까?
경기교육정책 및 미래교육	이 주제를 다양한 미디어 매체를 활용하여 다시 수업한다면 어떻게 운영할 것이며, 고려해야 할 점은 무엇입니까?
경기교육정책 및 미래교육	이 주제로 학생 개인의 스마트 기기를 활용한 수업을 한다면 학생에게 일어날 수 있는 어려움은 무엇이며 어떻게 극복할 것입니까?
경기교육정책 및 미래교육	이 수업과 연계하여 문제 해결 중심의 논술 글쓰기 평가를 실시한다면 어떻게 평가를 설계할 것이며 채점 시 주의할 점은 무엇입니까?
경기교육정책 및 미래교육	이 주제로 온라인 수행평가를 진행한다면 어떻게 할 것입니까? 이때 어려운 점과 극복 방안은 무엇입니까?

수업나눔 예상문항 풀어 보기

오늘 스터디 때 진행한 나의 수업실연을 떠올려 다음의 질문에 대답해 봅시다. 매일 매일 해 보는 것을 권장합니다.

철학 영역에서 랜덤으로 3문항을 뽑아 키워드 중심으로 답안을 적어 봅시다.

_____

_____

_____

성찰 영역에서 랜덤으로 3문항을 뽑아 키워드 중심으로 답안을 적어 봅시다.

_____

_____

_____

공동체 영역에서 랜덤으로 2문항을 뽑아 키워드 중심으로 답안을 적어 봅시다.

_____

_____

_____

경기교육 및 미래교육 관련 영역에서 랜덤으로 2문항을 뽑아 키워드 중심으로 답안을 적어 봅시다.

_____

_____

_____

이것만은 🧊

스터디 때 쓸 수 있는 30회분의 모의고사를 준비하였습니다. 기출문제와 예상문항을 적절히 배합하여 즉시 활용할 수 있도록 시험문제와 동일한 양식으로 구성하였습니다. 다양한 방식의 스터디 유형이 있을 것입니다. 자신의 스터디에 맞게 활용하시면 됩니다. 늘 응원하고 지지합니다.

2025학년도 경기도 공립 교사 임용후보자 선정경쟁시험 (2차)

수업나눔(즉답형) 1회

관리 번호	

【문항】 실연한 수업에 대하여 다음 질문에 답하시오(총 10분 이내).

【질문 1】

> 본 수업에서 학생들이 학습의 주도권을 가질 수 있도록 신경 써서 설계한 부분과, 이를 통해 학생들이 수업의 핵심 질문을 해결해 나갔는지 말씀해 주십시오.

【질문 2】

> 수업에서 학생들이 자신의 학습 과정과 결과를 성찰할 수 있도록 어떤 구체적인 기회를 제공하였으며, 그 결과 학생들의 학습 태도에 어떠한 변화가 있었는지 2가지 말씀해 주십시오.

【질문 3】

> 학생들에게 지역 사회와 연계된 실제 문제를 제공하여 깊이 있는 학습을 경험하게 한다면, 그 과정에서 어떤 지역 자원과 협력 관계를 구축하고 실행하고 싶은지 구체적인 계획을 말씀해 주십시오.

2025학년도 경기도 공립 교사 임용후보자 선정경쟁시험 (2차)

수업나눔(즉답형) 2회

관리 번호	

【문항】 실연한 수업에 대하여 다음 질문에 답하시오(총 10분 이내).

【질문 1】

2022 개정 교육과정에서 강조하는 교과 간 연계 학습의 장점을 극대화하기 위해, 서로 다른 교과목을 통합하여 융합적 사고를 촉진하는 수업을 어떻게 설계하고 진행했는지 이야기하고, 잘한 점과 아쉬운 점을 말씀해 주십시오.

【질문 2】

본 수업 중 예상하지 못한 학습 결과나 어려움이 발생하였다면, 어떤 어려움이 발생하였을 것이며, 어떠한 조치를 취할 것인지 말씀해 주십시오.

【질문 3】

오늘 수업 주제로 경기공유학교와 협력하여 학생들이 실생활에서 경험할 수 있는 학습 기회를 제공하는 프로젝트 수업을 구성한다면 어떻게 구성할 것인지 말씀해 주십시오.

수업나눔(즉답형) 3회

관리 번호	

【문항】 실연한 수업에 대하여 다음 질문에 답하시오(총 10분 이내).

【질문 1】

수업에서 깊이 있는 학습을 촉진하기 위해 도입한 질문 전략을 설명하고, 그 전략이 학습에 어떻게 기여했는지 말씀해 주십시오.

【질문 2】

수업 중 학생들의 성취기준 달성 여부를 평가한 방법을 설명하고, 평가 결과를 피드백으로 어떻게 활용했는지 말씀해 주십시오. 그리고 이에 관해 아쉬운 점과 극복 방안도 말씀해 주십시오.

【질문 3】

경기교육에서 강조하는 삶과 연계한 학습의 철학을 바탕으로, 학생들이 자신의 삶과 학습 내용을 연결할 수 있는 수업 방법과 유의할 사항 3가지를 말씀해 주십시오.

수업나눔(즉답형) 4회

관리	
번호	

【문항】 실연한 수업에 대하여 다음 질문에 답하시오(총 10분 이내).

【질문 1】

깊이 있는 수업 철학을 바탕으로, 학생들이 협력적 문제 해결을 할 수 있도록 수업을 어떻게 설계하였는지 말씀해 주십시오.

【질문 2】

학생들이 학습 과정 중에 자신의 강점과 약점을 파악하고 이를 개선할 수 있도록 어떤 성찰의 기회를 제공했으며, 그 성찰이 학습에 어떤 긍정적인 영향을 미쳤는지 말씀해 주십시오.

【질문 3】

본 수업을 프로젝트 기반 학습으로 실시한다면, 깊이 있는 학습을 위한 과제 설계와, 그 과제가 학생들의 창의적 문제 해결 역량을 어떻게 기를 수 있는지 설명해 주십시오.

수업나눔(즉답형) 5회

관리 번호	

【문항】실연한 수업에 대하여 다음 질문에 답하시오(총 10분 이내).

【질문 1】

깊이 있는 수업에서 강조하는 탐구–실행–성찰의 과정을 수업에 어떻게 적용하였는지 구체적으로 설명해 주십시오.

【질문 2】

오늘 수업에서 학생들이 형성평가를 활용하여 자신의 학습 수준을 점검하도록 설계한 방법을 설명하고, 그 평가를 통해 학생들이 어떻게 학습을 보완했는지 설명해 주십시오.

【질문 3】

경기도교육청의 에듀테크 활용 학생 맞춤형 교수–학습 지원 정책을 반영하여, 수업에서 디지털 도구를 어떻게 활용하였는지 설명해 주십시오.

수업나눔(즉답형) 6회

관리 번호	

【문항】실연한 수업에 대하여 다음 질문에 답하시오(총 10분 이내).

【질문 1】

학생들의 비판적 사고력을 기르기 위해 수업을 어떻게 설계하였는지 말씀해 주십시오. 그와 관련하여 개선해야 할 점은 무엇입니까?

【질문 2】

만약 선생님이 구상한 수업 활동을 학생이 제 시간에 마무리하지 못했다면, 이를 어떻게 평가에 반영할 것인지 말씀해 주십시오.

【질문 3】

수업 중 협력적 학습을 통해 학생들의 상호작용을 촉진한 방법과, 그 방법이 학생들의 학습 태도에 미친 영향을 설명해 주십시오.

수업나눔(즉답형) 7회

관리 번호	

【문항】 실연한 수업에 대하여 다음 질문에 답하시오(총 10분 이내).

【질문 1】

이 수업을 통해 학생에게 어떤 성장이 일어나기를 기대했으며, 이를 구현하기 위해 수업을 어떻게 설계했는지 말씀해 주십시오. 이와 관련하여 보완해야 할 점은 무엇입니까?

【질문 2】

깊이 있는 학습을 위한 의미 있는 발문은 무엇이었는지 설명하고, 상호작용을 통해 학생이 성장하도록 설계된 수업 장면에 대해 말씀해 주십시오.

【질문 3】

수업 후 자기성찰과 수업나눔을 통해 발견한 개선점을 3가지 이야기하고, 이를 다음 수업에 어떻게 반영할 계획인지 말씀해 주십시오.

수업나눔(즉답형) 8회

관리 번호	

【문항】실연한 수업에 대하여 다음 질문에 답하시오(총 10분 이내).

【질문 1】

교사 교육과정은 교사가 학생들의 학습 필요와 학교의 특성에 맞게 교육과정을 조정하고 설계하는 것을 의미합니다. 이번 수업에서 국가 교육과정을 학교 및 학급의 특성에 맞게 재구성하기 위해 어떤 노력을 기울였는지 세 가지 측면에서 구체적으로 설명해 주십시오.

【질문 2】

오늘 수업과 연계해 논술형 글쓰기 평가를 실시한다면 평가 주제와 방법은 무엇입니까? 또한 평가 운영 시 고려할 점을 말씀해 주십시오.

【질문 3】

경기도교육청의 디지털 시민교육을 통합하여 학생들의 디지털 윤리의식을 함양하기 위한 방안을 제시해 주십시오.

수업나눔(즉답형) 9회

관리 번호	

【문항】 실연한 수업에 대하여 다음 질문에 답하시오(총 10분 이내).

【질문 1】

학생들의 삶과 연계된 실생활 문제 해결을 중심으로 수업을 설계한 방법과 그 의의를 설명해 주십시오.

【질문 2】

학생 개별의 학습 수준을 고려하여 맞춤형 피드백을 제공한 사례를 말씀해 주십시오. 아울러 수업 활동에서 피드백을 어떻게 활용할 것인지 말씀해 주십시오.

【질문 3】

본 수업을 다시한다고 가정했을 때, 경기도교육청의 학생 맞춤형 교육과정 운영 정책을 반영하여, 학생들의 선택권을 확대하기 위한 수업 설계 방안을 제시해 주십시오.

수업나눔(즉답형) 10회

관리 번호	

【문항】 실연한 수업에 대하여 다음 질문에 답하시오(총 10분 이내).

【질문 1】

깊이 있는 수업 철학에 따라 개념 간의 연결성을 강조하여 수업을 진행한 방법을 설명해 주십시오. 이와 관련하여 부족한 부분이 있었다면 무엇인지 극복 방안과 함께 말씀해 주십시오.

【질문 2】

수업에서 사용한 형성평가 도구와 그 선택 이유, 그리고 평가 결과를 수업에 어떻게 활용하였는지 말씀해 주십시오.

【질문 3】

경기도교육청의 창의융합교육 강화 정책을 반영하여, 교과 간 융합수업을 설계한다면 어떻게 할 것인지 구체적으로 말씀해 주십시오.

수업나눔(즉답형) 11회

관리 번호	

【문항】 실연한 수업에 대하여 다음 질문에 답하시오(총 10분 이내).

【질문 1】

> 학생들의 사유를 촉진하기 위해 사용한 핵심 질문과, 그 질문이 수업에서 어떤 역할을 했는지 설명해 주십시오.

【질문 2】

> 수업 중 예상되는 학생들의 오개념이나 어려움을 어떻게 파악하고 지원하였는지 말씀해 주십시오.

【질문 3】

> 경기도교육청의 인성교육과 디지털 시민성 함양 정책을 반영하여, 학생들의 공동체 의식을 길러주기 위해 어떤 노력을 할 것인지 말씀해 주십시오.

수업나눔(즉답형) 12회

관리 번호	

【문항】 실연한 수업에 대하여 다음 질문에 답하시오(총 10분 이내).

【질문 1】

> 학생의 주도성과 창의성을 키워주기 위해 중점을 두어 설계한 부분은 어디입니까? 그리고 교사의 의도대로 수업이 진행되지 않았던 부분과 이를 극복하기 위한 방안을 말씀해 주십시오.

【질문 2】

> 이 수업을 주제로 수행 중심 과제 평가를 진행한다면 어떻게 설계할 것인지 이야기하고, 학생의 삶과 성장을 위해 평가 내용을 어떻게 활용하고 싶은지 말씀해 주십시오.

【질문 3】

> 수업 구상 시 고민한 점과 수업을 하며 어려웠던 점, 수업 후 배운 점과 이를 동료 교사와 어떻게 나누며 성장할 것인지 말씀해 주십시오.

2025학년도 경기도 공립 교사 임용후보자 선정경쟁시험 (2차)

수업나눔(즉답형) 13회

관리 번호	

【문항】 실연한 수업에 대하여 다음 질문에 답하시오(총 10분 이내).

【질문 1】

> 수업에서 과도한 활동을 지양하고 학생의 사유를 촉진하기 위해 사용한 학습 전략을 세 가지 말씀해 주십시오.

【질문 2】

> 학생들이 자신의 학습 목표를 설정하고 성취할 수 있도록 지원하기 위해 어떤 방법을 활용하였는지 세 가지 이야기하고, 이와 관련하여 아쉬운 점을 말씀해 주십시오.

【질문 3】

> 경기도교육청의 디지털 성범죄 예방을 위한 디지털 시민교육을 본 수업에 통합하여 운영한다면, 어떤 요소를 강조할 것이며 그 이유는 무엇입니까?

2025학년도 경기도 공립 교사 임용후보자 선정경쟁시험 (2차)

수업나눔(즉답형) 14회

관리 번호	

【문항】실연한 수업에 대하여 다음 질문에 답하시오(총 10분 이내).

【질문 1】

학생들의 인지적, 정의적, 행동적 참여를 고루 반영한 수업 활동을 설계한 부분은 각각 어디였는지 설명해 주십시오.

【질문 2】

수업 중 돌발적인 상황이 발생하였다면 어떤 상황이었으며, 이를 어떻게 대처하였는지 말씀해 주십시오.

【질문 3】

경기도교육청의 생태환경교육을 반영하여, 학생들이 기후변화에 대응하는 역량을 기를 수 있는 프로젝트 수업 방안을 제시해 주십시오.

수업나눔(즉답형) 15회

관리 번호	

【문항】 실연한 수업에 대하여 다음 질문에 답하시오(총 10분 이내).

【질문 1】

개별 학생의 특성과 강점이 발현되는 창의융합교육의 관점에서 이 수업이 잘 설계된 부분과 아쉬운 부분이 무엇인지 말씀해 주십시오.

【질문 2】

학생들이 성취기준을 기반으로 자신의 학습 성과를 평가할 수 있도록 설계한 평가 방법을 설명해 주십시오. 이를 에듀테크를 활용하여 온라인으로 다시 평가한다면 어떤 점을 보완할 수 있을지 말씀해 주십시오.

【질문 3】

학생의 표면적 학습에서 심층적 학습으로의 전이를 지원하기 위해 수업을 어떻게 설계하였는지 말씀해 주십시오. 또한, 사유하는 학생, 깊이 있는 수업을 위해 어떤 노력을 기울일 것인지 말씀해 주십시오.

수업나눔(즉답형) 16회

관리 번호	

【문항】 실연한 수업에 대하여 다음 질문에 답하시오(총 10분 이내).

【질문 1】

깊이 있는 수업 철학에서는 학생의 사유와 능동적 이해를 촉진하는 것이 중요합니다. 이번 수업에서 학생들이 스스로 사고하고 이해할 수 있도록 하기 위해 어떤 교수학습 전략을 사용하였는지 구체적으로 설명해 주십시오.

【질문 2】

학생마다 배움의 양태는 달리 나타날 수 있습니다. 교사는 그러한 배움의 격차를 줄이고 학생 모두의 성취 수준 도달을 위해 노력해야 합니다. 본 수업에서 배움이 크게 일어난 학생과 적게 일어난 학생을 설명하고, 적게 일어난 학생의 학습동기를 고취하기 위해 어떠한 노력을 할 것인지 말씀해 주십시오.

【질문 3】

경기도교육청의 인성교육과 디지털 시민성 함양 정책을 반영하여 학생들이 자아존중감을 높이고 공동체 의식을 기를 수 있도록 수업에서 어떤 활동이나 노력을 기울였는지 자세히 설명해 주십시오.

수업나눔(즉답형) 17회

관리 번호	

【문항】 실연한 수업에 대하여 다음 질문에 답하시오(총 10분 이내).

【질문 1】

깊이 있는 수업에서는 학생들이 학습 내용의 핵심 개념을 깊이 있게 이해하고 이를 다양한 상황에 적용할 수 있도록 지원하는 것이 중요합니다. 이번 수업에서 학생들이 핵심 개념을 깊이 이해하도록 돕기 위해 사용한 교수학습 전략은 무엇이었으며, 그 전략을 통해 학생들의 사고력과 이해도가 어떻게 향상되었는지 구체적으로 설명해 주십시오.

【질문 2】

수업 중 학생들의 학습 수준과 속도는 다양할 수 있습니다. 이러한 학습자 개별성을 고려하여 수업을 설계하고 실행하는 것은 교사의 중요한 역할입니다. 이번 수업에서 학습자들의 다양한 수준을 고려하여 어떤 차별화된 교수 방법이나 자료를 제공하였는지 설명하고, 그 결과 학생들의 참여도와 성취도에 어떤 변화가 있었는지 말씀해 주십시오.

【질문 3】

본 수업에서 학생의 비판적 사고와 사회적 상호작용을 촉진하기 위해 활용한 질문과 상호작용 전략을 제시하고, 그 효과가 어땠는지 말씀해 주십시오. 이와 관련하여 아쉬운 점과 극복 방안도 함께 말씀해 주십시오.

수업나눔(즉답형) 18회

관리 번호	

【문항】 실연한 수업에 대하여 다음 질문에 답하시오(총 10분 이내).

【질문 1】

깊이 있는 수업에서는 학생들의 협력적 학습과 상호작용을 통한 의미 있는 배움이 중요합니다. 이번 수업에서 학생들이 협력하여 문제를 해결하고 지식을 구성할 수 있도록 설계한 활동은 무엇이었으며, 그 활동을 통해 학생들이 어떤 역량을 함양하였는지 구체적으로 설명해 주십시오.

【질문 2】

학생들의 학습 동기를 높이기 위해서는 흥미롭고 의미 있는 학습 경험을 제공하는 것이 중요합니다. 이번 수업에서 학생들의 학습 동기를 유발하기 위해 사용한 전략은 무엇이었으며, 그 전략이 학생들의 학습 참여도와 성취도에 어떤 영향을 미쳤는지 사례를 들어 말씀해 주십시오.

【질문 3】

경기도교육청은 지역 사회와의 협력을 통해 교육의 질을 높이고자 합니다. 본 수업 주제와 관련하여 지역 사회 자원(박물관, 도서관, 지역 전문가 등)과 연계하여 학생들의 학습 경험을 풍부하게 할 수 있는 방안을 구체적으로 제시하고, 그 기대 효과를 설명해 주십시오.

수업나눔(즉답형) 19회

관리 번호	

【문항】 실연한 수업에 대하여 다음 질문에 답하시오(총 10분 이내).

【질문 1】

학생들의 자기주도적 학습 능력을 함양하기 위해서는 학생들이 학습 목표 설정, 계획 수립, 학습 실행, 성찰의 전 과정을 주도적으로 수행할 수 있도록 지원해야 합니다. 이번 수업에서 학생들이 자기주도적 학습을 할 수 있도록 어떤 방법을 활용하였는지 구체적으로 설명하고, 학생들에게 어떤 영향을 미쳤을 것으로 예상되는지, 부족한 점은 없었는지 각각 말씀해 주십시오.

【질문 2】

수업 중 예상하지 못한 문제나 상황이 발생할 수 있습니다. 이번 수업에서 발생한 돌발 상황이나 어려움이 있었다면 무엇이었으며, 교사로서 어떻게 대처하였고, 그 결과 수업 목표를 어떻게 달성하였는지 구체적으로 설명해 주십시오.

【질문 3】

경기도교육청의 미래교육 정책은 학생들의 창의성과 문제 해결력을 기르는 것을 강조합니다. 본 수업 주제를 기반으로 학생들의 창의적 사고를 촉진하고 문제 해결 능력을 향상시킬 수 있는 프로젝트 학습을 설계한다면, 구체적으로 어떤 활동을 포함할 것이며, 그 기대 효과는 무엇인지 상세히 설명해 주십시오.

수업나눔(즉답형) 20회

관리번호	

【문항】 실연한 수업에 대하여 다음 질문에 답하시오(총 10분 이내).

【질문 1】

깊이 있는 수업에서는 학생들이 자신의 삶과 학습 내용을 연결하여 학습의 의미를 발견할 수 있도록 지원하는 것이 중요합니다. 이번 수업에서 학생들이 학습 내용을 자신의 경험이나 일상생활과 연결할 수 있도록 어떤 활동이나 질문을 제공하였는지 구체적으로 설명해 주십시오.

【질문 2】

학생들의 다양한 학습 요구와 배경을 고려하여 수업을 설계하는 것은 교사의 중요한 역할입니다. 이번 수업에서 다문화 학생이나 학습 부진 학생 등 다양한 학습자를 지원하기 위해 어떤 차별화된 전략을 사용하였는지 설명하고, 그 결과 학생들의 학습 참여도와 성취도에 어떤 변화가 있었는지 말씀해 주십시오.

【질문 3】

경기도교육청은 에듀테크를 활용한 학생 맞춤형 학습을 강조하고 있습니다. 본 수업에서 에듀테크를 활용하여 학생들의 학습을 개인화하고 지원한 사례를 구체적으로 설명하고, 그 결과 학생들의 학습 성과에 어떤 영향을 미쳤는지 말씀해 주십시오.

수업나눔(즉답형) 21회

관리 번호	

【문항】 실연한 수업에 대하여 다음 질문에 답하시오(총 10분 이내).

【질문 1】

> 학생들의 창의적 사고력을 기르기 위해서는 열린 질문과 다양한 사고를 촉진하는 활동이 필요합니다. 이번 수업에서 학생들의 창의성을 촉진하기 위해 어떤 질문이나 활동을 제공하였는지 구체적으로 설명하고, 그 결과 학생들의 사고나 아이디어가 어떻게 발전하였는지 말씀해 주십시오.

【질문 2】

> 수업에서 학생들의 정의적 영역 발달을 지원하는 것은 전인 교육에 중요합니다. 이번 수업에서 학생들의 정서적 발달이나 인성 함양을 위해 어떤 활동이나 전략을 사용하였는지 구체적으로 설명해 주십시오.

【질문 3】

> 학교 현장에서 이 수업을 진행할 때, 개별 학생의 학습권이 침해당하는 상황이 발생할 수 있습니다. 이러한 일을 방지하기 위해 어떠한 노력을 기울일 것인지 말씀해 주십시오.

수업나눔(즉답형) 22회

관리 번호	

【문항】 실연한 수업에 대하여 다음 질문에 답하시오(총 10분 이내).

【질문 1】

학생 주도성과 교사 주도성이 조화되는 관계중심수업이라는 관점에서 중점을 두어 설계한 부분을 설명하고, 이와 관련하여 아쉬운 점을 어떻게 보완할 것인지 말씀해 주십시오.

【질문 2】

학생들의 의사소통 역량을 기르는 것은 중요한 교육 목표 중 하나입니다. 이번 수업에서 학생들이 자신의 생각을 효과적으로 표현하고 다른 사람의 의견을 경청하며 소통할 수 있도록 어떤 활동이나 전략을 사용하였는지 구체적으로 설명해 주십시오.

【질문 3】

경기도교육청은 사회적 정의와 다양성 존중 교육을 강조하고 있습니다. 본 수업에서 이러한 가치를 반영하여 학생들의 사회적 감수성을 기르기 위해 어떤 내용이나 활동을 포함하였는지 설명하고, 아쉬운 점이 있다면 무엇이며 어떻게 극복할 것인지 말씀해 주십시오.

수업나눔(즉답형) 23회

관리 번호	

【문항】실연한 수업에 대하여 다음 질문에 답하시오(총 10분 이내).

【질문 1】

수업에서 메타인지 전략을 활용하여 학생들이 자신의 학습 과정을 점검하고 조절할 수 있도록 지원하는 것은 중요합니다. 이번 수업에서 메타인지 전략을 어떻게 적용하였으며, 그 결과 학생들의 자기주도 학습 능력이 어떻게 향상되었는지 구체적으로 설명해 주십시오.

【질문 2】

학생들이 학습 내용에 대해 깊이 있게 이해하고 기억할 수 있도록 다양한 시각 자료나 멀티미디어를 활용하는 것은 효과적입니다. 이번 수업에서 시각 자료나 멀티미디어를 어떻게 활용하였으며, 이와 관련하여 아쉬운 점과 극복 방안을 말씀해 주십시오.

【질문 3】

경기도교육청은 생태환경교육을 통해 지속 가능한 발전 교육을 강조하고 있습니다. 본 수업 주제를 생태환경과 연계하여 학생들이 환경 문제에 대한 인식을 높이고 친환경적인 행동을 실천할 수 있도록 수업을 어떻게 설계할 것인지 구체적으로 제시해 주십시오.

수업나눔(즉답형) 24회

관리 번호	

【문항】 실연한 수업에 대하여 다음 질문에 답하시오(총 10분 이내).

【질문 1】

학생들의 비판적 사고력을 기르기 위해서는 문제에 대한 다양한 관점을 탐색하고 근거를 바탕으로 판단하는 활동이 필요합니다. 이번 수업에서 학생들의 비판적 사고력을 촉진하기 위해 어떤 활동이나 질문을 제공하였는지 구체적으로 설명하고, 그 결과 학생들의 사고 과정이 어떻게 발전하였는지 말씀해 주십시오.

【질문 2】

수업 중 학생들이 학습 목표에 도달하지 못하는 경우, 보충 학습이나 추가 지원이 필요합니다. 이번 수업에서 성취기준에 도달하지 못한 학생들을 지원하기 위해 어떤 방안을 마련하였으며, 그 방안을 통해 학생들의 학습 성취도가 어떻게 향상되었는지 설명해 주십시오. 이에 관련하여 아쉬운 점이 있다면 무엇이며, 이를 극복하기 위한 방안을 말씀해 주십시오.

【질문 3】

경기도교육청은 학생들의 건강한 성장과 발달을 위해 인성교육을 강화하고 있습니다. 본 수업에서 학생들의 인성 함양을 위해 어떤 가치나 덕목을 강조하였으며, 이를 실천하기 위해 수업에서 어떤 활동을 포함하였는지 구체적으로 설명해 주십시오.

수업나눔(즉답형) 25회

관리 번호	

【문항】 실연한 수업에 대하여 다음 질문에 답하시오(총 10분 이내).

【질문 1】

학생들의 문제 해결 능력을 기르기 위해서는 실제적인 문제 상황을 제공하고 이를 해결하도록 지원하는 것이 중요합니다. 이번 수업에서 학생들에게 어떤 실제적 문제를 제시하였으며, 문제 해결 과정을 통해 학생들이 어떤 역량을 함양하였는지 구체적으로 설명해 주십시오.

【질문 2】

수업에서 학생들의 다양성을 존중하고 포용하는 학급 문화를 조성하는 것은 중요합니다. 이번 수업에서 다양한 배경을 가진 학생들이 모두 참여하고 존중받을 수 있도록 어떤 노력을 기울였는지 구체적으로 설명해 주십시오.

【질문 3】

디지털 기술이 확대되면서 사회의 편리성은 증대되었으나, 그와 함께 다양한 유형의 디지털 범죄도 급증하고 있습니다. 학교 현장에서 학생의 '디지털 시민 역량'을 함양하기 위한 수업 방안 3가지를 구체적으로 제시해 주십시오. 그리고 교사로서의 디지털 전문성을 키우기 위해 어떤 노력을 기울일 것인지 함께 말씀해 주십시오.

수업나눔(즉답형) 26회

관리 번호	

【문항】 실연한 수업에 대하여 다음 질문에 답하시오(총 10분 이내).

【질문 1】

교사의 피드백은 학생들의 학습을 촉진하는 데 중요한 역할을 합니다. 이번 수업에서 학생들에게 어떤 형태의 피드백을 제공하였으며, 그 피드백이 학생들의 학습에 어떻게 기여하였는지 구체적인 사례를 들어 설명해 주십시오.

【질문 2】

학생들의 학습 스타일은 다양하며, 이에 맞는 교수 방법을 사용하는 것은 효과적입니다. 이번 수업에서 다양한 학습 스타일을 가진 학생들을 지원하기 위해 어떤 교수 방법이나 자료를 활용하였는지 설명하고, 그 결과 학생들의 학습 참여도에 어떤 변화가 있었는지 말씀해 주십시오.

【질문 3】

경기도교육청은 학생들의 안전하고 건강한 학교생활을 위해 노력하고 있습니다. 본 수업에서 학생들의 안전을 고려하여 어떤 조치를 취하였는지 구체적으로 설명하고, 특히 실험이나 실습 등 학습 활동에서 안전 교육을 어떻게 실시하였는지 말씀해 주십시오.

수업나눔(즉답형) 27회

관리 번호	

【문항】 실연한 수업에 대하여 다음 질문에 답하시오(총 10분 이내).

【질문 1】

> 수업에서 학생들의 학습 결과를 다양한 방식으로 발표하고 공유하는 것은 학습 효과를 높입니다. 이번 수업에서 학생들이 자신의 학습 결과를 발표하거나 공유할 수 있도록 어떤 기회를 제공하였는지를 이야기하고, 이와 관련하여 잘한 점, 아쉬운 점과 극복 방안을 말씀해 주십시오.

【질문 2】

> 수업 중 학생들의 행동 관리와 학습 환경 조성은 원활한 수업 진행에 필수적입니다. 이번 수업에서 긍정적인 학습 환경을 조성하기 위해 어떤 규칙이나 절차를 마련하였으며, 수업 분위기를 형성하는 데 어떤 영향을 미쳤을 것이라 예측하는지 말씀해 주십시오. 또한 학교 현장에서 실행하였을 때 보완할 점도 말씀해 주십시오.

【질문 3】

> 최근 교육 현장에서는 디지털 리터러시의 중요성이 대두되고 있습니다. 수업에서 학생들이 디지털 매체를 비판적으로 분석하고 윤리적으로 활용할 수 있도록 어떤 활동이나 지도를 실시하였는지 설명하고, 학생들의 디지털 역량을 함양시키는 방안 3가지를 말씀해 주십시오.

수업나눔(즉답형) 28회

관리 번호	

【문항】 실연한 수업에 대하여 다음 질문에 답하시오(총 10분 이내).

【질문 1】

교육과정 문해력은 교사가 교육과정을 깊이 이해하고 적용하는 능력을 말합니다. 이번 수업에서 교육과정의 성취기준을 어떻게 반영하여 수업을 설계하였는지 설명하고, 이를 통해 학생들에게 어떤 역량이 함양될 수 있으리라 기대하는지 두 가지 이상 제시하여 말씀해 주십시오.

【질문 2】

수업에서 고차원적 사고력을 기르기 위해서는 학생들이 분석, 평가, 창조의 과정을 경험하는 것이 필요합니다. 이번 수업에서 학생들이 이러한 인지 과정의 상위 단계를 경험할 수 있도록 어떤 학습 혹은 평가 활동을 설계하였고, 관련하여 아쉬운 점을 말씀해 주십시오.

【질문 3】

경기도교육청은 교육의 국제화를 추진하고 있습니다. 본 수업을 국제적인 관점에서 재구성하여 학생들이 글로벌 이슈를 이해하고 세계시민 의식을 함양할 수 있도록 수업을 어떻게 설계할 것인지 구체적으로 제시해 주십시오.

수업나눔(즉답형) 29회

관리 번호	

【문항】 실연한 수업에 대하여 다음 질문에 답하시오(총 10분 이내).

【질문 1】

수업에서 학생들의 다양하고 독특한 아이디어를 존중하고 발전시키는 것은 창의성 함양에 중요합니다. 이번 수업에서 학생들의 창의적인 발상을 촉진하기 위해 어떤 교수 전략을 사용하였는지 말씀해 주십시오.

【질문 2】

경기교육에서 학교는 교과용 도서 이외에 다양한 교수·학습 자료를 개발하여 활용할 수 있습니다. 오늘의 수업 주제에 관련된 미래형 교과서를 개발한다면 어떠한 자료를 개발할 것인지 설명하고, 개발한 자료를 활용하는 데 있어 주의할 점을 말씀해 주십시오.

【질문 3】

경기교육은 공동체성 기반의 일상적 수업나눔과 협력적 성찰 문화 확산을 도모하고 있습니다. 학교 현장에서 수업나눔 문화를 확산하기 위해 어떠한 노력을 기울일 것인지 말씀해 주십시오.

수업나눔(즉답형) 30회

관리 번호	

【문항】 실연한 수업에 대하여 다음 질문에 답하시오(총 10분 이내).

【질문 1】

학습자 중심 수업에서는 학생들의 선호도, 흥미, 학습 스타일을 고려하여 수업을 설계하는 것이 중요합니다. 이번 수업에서 학생들의 개별적인 학습 요구를 파악하기 위해 어떤 사전 조사나 진단을 실시하였으며, 이를 바탕으로 수업을 어떻게 개별화하였는지 구체적으로 설명해 주십시오.

【질문 2】

본 수업의 주제로 질문-탐구에 기반한 논술형 평가를 시행한다면 어떻게 설계할 것인지 설명하고, 이와 관련하여 발생될 수 있는 어려움과 극복 방안을 말씀해 주십시오.

【질문 3】

2022 개정 교육과정으로 [초등] 학교 자율시간 / [중등] 고교학점제가 도입되어 학교 현장을 크게 변화시키고 있습니다. 학교 현장에 나아간다면, 관련하여 어떤 수업 활동을 전개하고 싶은지 구체적으로 말씀해 주십시오.

참고
문헌

1. 기본 자료

- 송수연·구영모, 《사이다 수업》, 박문각, 2023.
- 이지수·구영모, 《사이다 면접》, 박문각, 2023.
- 구영모·송수연·이지수, 《사이다 경기 2차 수업능력 심층면접》, 박문각, 2019.
- 전국 시·도 교육청, 초등·중등 임용시험 1차, 2차 공고문.
- 경기도교육청 각종 보도자료 및 시험 관련 공고문.

2. 경기도교육청 자료

- 경기도교육청, 《2022 개정 교육과정 기반 수업설계 도움자료: 탐구–실행–성찰과정 프레임워크》, 2024.
- 경기도교육청, 《2024 정보공시 개정에 따른 중등 교수학습·평가 계획서 작성 도움자료》, 2024.
- 경기도교육청, 《초등 깊이 있는 수업 프레임워크》, 2024.
- 경기도교육청, 《초등 깊이 있는 수업 단원 설계 예시자료》, 2024.
- 경기도교육청, 《2024학년도 초등학교 1~6학년 1학기 수업–평가계획 예시자료》, 2024.
- 경기도교육청, 《2024학년도 초등학교 1~6학년 2학기 수업–평가계획 예시자료》, 2024.
- 경기도교육청, 《사유하는 학생, 깊이 있는 수업 이해자료(중학교)》, 2024.
- 경기도교육청, 《사유하는 학생, 깊이 있는 수업 이해자료(고등학교)》, 2024.
- 경기도교육청, 《2022 개정 교육과정 중등 교수학습을 위한 깊이있는 수업 이해자료)–국어과, 영어과, 수학과, 사회과, 도덕과, 과학과, 기술가정과, 예술체육과, 2024.
- 경기도교육청, 《고차원적 사고력을 키우는 논술형 평가》, 2024.
- 경기도교육청, '생각의 힘을 키우는 학기' 논술형 평가 운영 도움자료》, 2024.
- 경기도교육청, '생각의 힘을 키우는 학기' 논술형 평가 학생교육용 도움자료》, 2024.
- 경기도교육청, 《2024 학생의 사고력과 문제해결력을 키우는 중등 논술형 평가 길라잡이》, 2024.
- 경기도교육청, 《에듀테크 활용, 학생 맞춤형 교육의 이해와 실제》, 2024.
- 경기도교육청, 《하이러닝, 수업의 패러다임을 바꾸다》, 2024.
- 경기도교육청, 《프로젝트 수업, 에듀테크를 만나다》, 2024.
- 경기도교육청, 《신학기 에듀테크 세우기》, 2023.
- 경기도교육청, 《2022 개정 교육과정 연계 디지털 창의역량교육 사례집(초등)》, 2023.
- 경기도교육청, 《2022 개정 교육과정 연계 디지털 소양 교육 가이드(중등)》, 2024.
- 경기도교육청, 《경기 디지털 창의역량교육 콘텐츠 공모전 2023 우수사례집 100선(초등)》, 2023.
- 경기도교육청, 《경기 디지털 창의역량교육 콘텐츠 공모전 2023 우수사례집 100선(중등)》, 2023.
- 경기도교육청, 《디지털 미디어 문해교육, 학교를 만나다》, 2024.
- 경기도교육청, 〈2024 디지털 시민교육 기본 계획〉, 2024.
- 경기도교육청, 《2023 디지털 시민역량교육 실천학교》, 2024.
- 경기도교육청, 《2024 생활인성교육 정책추진 기본계획》, 2024.
- 경기도교육청, 〈경기인성교육 함께하기 리플릿〉, 2024.
- 경기도교육청, 〈경기도 디지털 성범죄 피해자 지원 리플릿〉, 2024.
- 경기도교육청, 〈2024 경기공유학교 운영 계획(개요)〉, 2024.
- 경기도교육청, 〈2024 경기공유학교 리플릿〉, 2024.
- 경기도교육청, 〈2024 경기 기초학력 보장 시행 계획〉, 2024.
- 경기도교육청, 〈2024 초등 교육과정–수업–평가, 기초학력 보장 추진 계획〉, 2024.
- 경기도교육청, 〈경기도교육청 기초학력 지원센터 리플릿〉, 2024.
- 경기도교육청, 〈IB 프로그램 운영 계획〉, 2024.
- 경기도교육청, 〈IB 프로그램 주요 추진 사항〉, 2024.
- 경기도교육청, 〈2024 경기 교사 크리에이터 선발 및 추진 계획(안)〉, 2024.
- 경기도교육청, 《배움중심수업 2.0의 이해와 실천》, 2016.
- 경기도교육청, 《배움중심수업 함께하기》, 2014.
- 경기도교육청, 〈2024 경기교육 기본계획〉, 2024.
- 경기도교육청, 〈2024 경기교육 주요업무계획(2024.3.1 조직개편 반영)〉, 2024.

- 경기도교육청, 〈2024학년도 경기 교수학습 기본 계획〉, 2024.
- 경기도교육청, 〈2024 중등 학생주도 맞춤형 수업 기본 계획〉, 2024.
- 경기도교육청, 〈2024 초등 학생 맞춤형 수업 기본 계획〉, 2024.
- 경기도교육청, 〈2024 경기 독서인문교육 정책 추진 계획〉, 2024.
- 경기도교육청, 〈2024 교원인사과 업무추진 기본계획〉, 2024.
- 경기도교육청, 〈2024 교원 직무연수 기본계획〉, 2024.
- 경기도교육청, 〈2024 교육과정정책과 정책추진 기본계획〉, 2024.
- 경기도교육청, 〈'나'와 '우리'의 질문에 답을 찾는 수업과 평가〉, 2023.
- 민선 5기 경기도교육감직인수위원회 위원장 이주호, 〈경기교육, 새롭게〉, 민선5기 경기도교육감직인수위원회, 2022.
- 경기도교육청, 〈2021학년도 중등 학생평가 도움자료〉, 2021.
- 경기도교육청, 〈성장중심평가 기본문서〉, 2018.
- 경기도교육청, 〈2016학년도 경기도교육청 교육정책 및 신규 교원 임용 제도 설명회〉 자료, 2015.
- 경기도교육청, 〈2018학년도 경기도교육청 교육정책 및 신규 교원 임용 제도 설명회〉 자료, 2017.

3. 교육과정 자료

- 경기도교육청, 《경기도 초·중등학교 교육과정 총론》, 경기도교육청 고시 제2024-541호, 2024.
- 교육부, 《초·중등학교 교육과정 총론》 교육부 고시 제2022-33호 [별책 1], 2022.
- 교육부, 《2022 개정 교육과정 총론 주요사항(시안)》, 2021.
- 교육부, 《2022 개정 고등학교 교육과정 편성·운영 톺아보기》, 2024.
- 교육부, 《2022 개정 교육과정 총론 시안 개발 연구 보고서》, 2022.
- 교육부, 《2022 개정 교육과정 각론》-국어과, 영어과, 수학과, 사회과, 도덕과, 과학과, 기술가정과, 예술체육과(미술, 음악, 체육), 2022.
- 경기도교육청, 《초등학교 2022 개정 교육과정 학교자율시간 과목 및 활동 개설 예시자료》, 2024.
- 경기도교육청, 《2024 함께 만들어가는 학생중심 학교교육과정 도움자료집(중학교편)》, 2024.
- 경기도교육청, 《2024 함께 만들어가는 학생중심 학교교육과정 도움자료집(고등학교편)》, 2024.
- 경기도교육청, 《2022 개정 교육과정 고등학교 과목 선택 안내자료》, 2024.
- 경기도교육청, 〈2022 개정 고등학교 교육과정 편성·운영 톺아보기〉, 2023.
- 경기도교육청, 〈2024학년도 경기 고교학점제 추진 계획(안)〉, 2024.
- 교육부, 《초·중등학교 교육과정 총론》 교육부 고시 제2015-74호 [별책 1], 2015.
- 교육부, 《2015 개정 교육과정 편성·운영 톺아보기》, 2015.

4. 기타

- 송슬기, 〈깊이 있는 학습을 위한 필요조건으로서의 논술형 평가의 특징과 지원 방향에 관한 탐색〉, 교육문화연구 30(4), 2024.
- 권유진 외, 〈교육환경 변화에 적합한 디퍼러닝 실행 지원 전략 탐색〉, 한국교육과정평가원, 2023.
- 경기도교육청 경기교육모아, https://more.goe.go.kr/ (접속일: 2024년 10월 16일)
- 경기고교학점제, https://more.goe.go.kr/ (접속일: 2024년 10월 16일)
- 경기도교육청 하이러닝, https://hi.goe.go.kr/ (접속일: 2024년 10월 16일)
- 경기 교사온TV_초등, https://www.youtube.com/@tv_9586 (접속일: 2024년 10월 16일)
- 경기 교사온_중등, https://www.youtube.com/@tv_8219 (접속일: 2024년 10월 16일)
- 경기도교육청 공식 유튜브 채널 GOE, https://www.youtube.com/user/GoeEduNews (접속일: 2024년 10월 16일)
- 경기도교육청 채널 GO3, https://www.youtube.com/@Go3EduNews (접속일: 2024년 10월 16일)
- 경기도교육청 공식 블로그, https://blog.naver.com/go_edu (접속일: 2024년 10월 16일)
- 경기도교육청 교육기자단 미래나래, https://blog.naver.com/goe_press (접속일: 2024년 10월 16일)
- 경기도교육청 공식 인스타그램, https://www.instagram.com/gyeonggiedu_official/ (접속일: 2024년 10월 16일)
- 경기도교육청 페이스북, https://www.facebook.com/kgedu1 (접속일: 2024년 10월 16일)
- 경기도교육청 열린교육감실, https://www.goe.go.kr/gyeonggiedu/index.do (접속일: 2024년 10월 16일)

사이다 수업

초판인쇄 | 2024. 11. 15.   **초판발행** | 2024. 11. 20.   **공저자** | 송수연, 구영모

발행인 | 박 용   **발행처** | (주)박문각출판

등록 | 2015년 4월 29일 제2019-000137호

주소 | 06654 서울특별시 서초구 효령로 283 서경빌딩

교재문의 | (02)6466-7202

ISBN 979-11-7262-295-4

정가 27,000원